DIE PRINZIPIEN DER LEBENSVERSICHERUNGS-TECHNIK

VON

DR. ALFRED BERGER
MATHEMATIKER DER LEBENSVERSICHERUNGSGESELLSCHAFT
PHÖNIX IN WIEN

ZWEITER TEIL

RISIKOTHEORIE · RÜCKVERSICHERUNG
VERSICHERUNG DER NICHT NORMALEN
RISIKEN · INVALIDITÄTSVERSICHERUNG

Springer-Verlag Berlin Heidelberg GmbH
1925

ISBN 978-3-642-93917-4 ISBN 978-3-642-94317-1 (eBook)
DOI 10.1007/978-3-642-94317-1

SOFTCOVER REPRINT OF THE HARDCOVER 1ST EDITION 1925

Vorwort zum zweiten Teil.

Die überaus günstige Aufnahme, welche der vor Jahresfrist erschienene erste Teil dieses Buches seitens der Fachgenossen und der Kritik des In- und Auslandes gefunden hat, gewährt dem Verfasser die Befriedigung, daß die auf die Abfassung des Werkes gewidmete Zeit und Mühe dem behandelten Gegenstande zugute kommen wird. Zugleich war diese Anerkennung ein Ansporn, den seit längerer Zeit vorbereiteten zweiten Teil ohne Verzug, soweit es Zeit und Umstände erlaubten, für den Druck zu vollenden.

Gegenüber dem ersten Teile dürfte der vorliegende zweite in mancher Hinsicht eine etwas andere Einstellung des Lesers verlangen. Die hier zu behandelnde Materie ist weder bezüglich ihrer Geschlossenheit und der Möglichkeit ihrer einheitlichen Behandlung noch in Rücksicht auf die theoretischen und praktischen Resultate dem im ersten Teile behandelten Stoffe vergleichbar. Vielfach sind die Meinungen der Fachgenossen über die hier zu beschreitenden Wege noch geteilt, ja manche der behandelten Fragen werden mitunter als für die Praxis bedeutungslos bezeichnet und damit ihre Behandlung abgelehnt. Soweit sich ein solcher ablehnender Standpunkt allein auf die Unzulänglichkeit der bisherigen Ergebnisse der statistischen Forschung berufen kann, könnte er in einem den Prinzipien der Versicherungstechnik gewidmeten Buche unberücksichtigt bleiben. Denn man wird eine als richtig und betriebsnotwendig erkannte versicherungstechnische Methode nicht deshalb preisgeben wollen, weil sie statistischer Resultate bedarf, die noch nicht zur Verfügung stehen. Man wird vielmehr danach streben müssen, diese Resultate so bald als möglich zu erhalten. Der Verfasser glaubte jedoch in diesem zweiten Teile auch Fragen behandeln zu sollen, deren Beantwortung über die Bedürfnisse der Praxis wenigstens im gegenwärtigen Zeitpunkte hinausreicht. Das liegt eben im Wesen der mathematischen Methode und bedarf kaum einer Begründung.

Im allgemeinen darf gesagt werden, daß die hier behandelten Fragen an Bedeutung für die Praxis sicherlich hinter dem Inhalte des ersten Teiles zurückstehen. Keinesfalls kann aber der Praktiker über sie einfach hinwegsehen, wenngleich ihm oft eine vorläufige, vom theoretischen Standpunkte unzureichende Lösung genügen mag. Die mitunter recht schwierige Behandlung zahlreicher in diesem Teile zu behandelnder Fragen sichert ihnen im übrigen ein dauerndes Interesse. Und wenn die Theorie da manchmal Wege weist, welchen zu folgen die Praxis heute noch weit entfernt ist, so spricht das nicht gegen die Berechtigung der auf die endgültige Beantwortung gerichteten Bemühungen.

Wie im ersten Teile habe ich wieder die vorwiegend mathematischen Untersuchungen — sie betreffen hier die Risikotheorie — an die Spitze gestellt, um in dem darauffolgenden Abschnitt über Lebensrückversicherung die einschlägigen Entwicklungen zur Verfügung zu haben. In dem Abschnitt über die Versicherung der minderwertigen Leben habe ich mich bemüht, die Versuche zur Lösung dieses Problems in einer mehr sachlich als historisch orientierten Darstellung zu geben. Das gleiche gilt von dem folgenden Abschnitt über die Behandlung der Extrarisiken. Im letzten Abschnitt über die Invaliditätsversicherung habe ich im Gegensatz zu allen anderen mir bekannten Darstellungen dieses Gegenstandes alle jene Momente besonders betont, welche für die private Lebensversicherung im Gegensatze zur öffentlichen Versicherung in Betracht kommen und hier in vielen Belangen auch Besonderheiten des technischen Apparates und der zu befolgenden Methode bedingen.

Es lag ursprünglich in meiner Absicht, diesem zweiten Teile auch die Volksversicherung anzuschließen. Ich bin jedoch nach reiflicher Überlegung hiervon abgekommen. Einmal weil dadurch bei einigermaßen zureichender Behandlung der Umfang des Werkes sehr erheblich vergrößert worden wäre, hauptsächlich aber aus dem Grunde, weil ich die Bearbeitung dieses Gegenstandes lieber einem Fachmanne anvertraut sehen möchte, welchem auf diesem weiten Gebiete reichere Erfahrungen zur Seite stehen als mir.

In dem Abschnitt über die Risikotheorie wird der Kenner der Materie manches finden, was gegenüber den bisherigen Darstellungen neu erscheinen mag. Dies gilt insbesondere von gewissen überaus einfachen Darstellungsformen für das durchschnittliche Risiko. Dem Verfasser sind zwar gleichartige Untersuchungen nicht bekannt geworden, es ist aber immerhin möglich, daß die recht einfachen Resultate dem einen oder anderen Fachkollegen geläufig sein mögen, ohne daß die Art ihrer Herleitung jemals publiziert worden ist. Im übrigen muß ich es natürlich dem Leser überlassen, zu beurteilen, inwieweit es mir gelungen ist, in der Darstellung das Wesentliche der Behandlungsmethoden der oft recht spröden Materie dieses zweiten Teiles zu treffen und hierbei eigene Ansichten und Untersuchungen des Verfassers nach Wert und Unwert zu bemessen.

Herr Prof. Dr. E. Fanta hat sich der großen Mühe einer Durchsicht des Manuskriptes unterzogen. Ich schulde ihm Dank für eine große Zahl textlicher und sachlicher Verbesserungen und für die Anordnung des Stoffes zweckdienlicher Ratschläge. Herrn A. Davidson, Aktuar der New York, danke ich für die leihweise Überlassung sehr zahlreicher mir sonst nicht zugänglicher Abhandlungen und Zeitschriften und einer großen Reihe von Fachkollegen für briefliche Mitteilungen. Herr Vers.-Techn. R. Janicek hat mich bei der Abfassung einzelner Teile des ersten Abschnittes dieses Bandes sowie beim Lesen der Korrekturen unterstützt. Wenn der erste Teil, wie die Kritik hervorheben konnte, fast fehlerfrei aus der Presse kam, so ist dies ausschließlich sein Verdienst. Nicht zuletzt gilt mein Dank dem Verlage für alles bewiesene Entgegenkommen.

Ober-St. Veit, November 1924.

Dr. Alfred Berger.

I. Risikotheorie.

§ 1. Allgemeines.

Das Wort Risiko hat in der Versicherungstechnik eine recht vielfältige Bedeutung. Man spricht von normalen und nicht normalen Risiken, von Versicherungsformen größeren und kleineren Risikos, von einem durchschnittlichen, mittleren, maximalen, absoluten und relativen Risiko; von einem durchschnittlichen Einzelrisiko, einem Totalrisiko u. a. m. Aber auch wenn wir das Wort Risiko nur im Sinne der im nachfolgenden zu entwickelnden Theorie gebrauchen wollen, ist noch verschiedenen Auffassungen Möglichkeit gegeben. Rothauge definiert das Risiko — es heißt hier Zufallrisiko — als die Möglichkeit, daß das Versicherungsunternehmen in einem gegebenen Zeitabschnitt durch den zufällig nicht rechnungsmäßigen Verlauf der Sterblichkeit einen Verlust erleidet. Die Größe des Zufallrisikos wird gegeben durch die Differenz zwischen dem Betrage der möglichen und der rechnungsmäßigen Ausgabe während des betreffenden Zeitabschnittes. Nach Bohlmann ist es Aufgabe einer Theorie des Risikos, den Einfluß zufälliger Sterblichkeitsschwankungen auf das finanzielle Gleichgewicht einer Lebensversicherungsgesellschaft zu untersuchen. Blaschke definiert das mathematische Risiko als einen Zuschlag, welcher die Rückversicherung bis zur Höhe des zu gewärtigenden Verlustes — nämlich der Differenz von versichertem Kapital und Prämie — ermöglichen soll. Bei anderen Autoren wird der Begriff des mathematischen Risikos in engerem oder weiterem Sinne wieder verschieden aufgefaßt. Allen Auffassungen gemeinsam ist wohl das Bestreben, durch eine Entwicklung der Theorie des mathemathischen Risikos der Lebensversicherung ein Instrument an die Hand zu geben, welches eine ziffernmäßige Bewertung des mit dem Betriebe der Lebensversicherung hinsichtlich des zufälligen Verlaufes der Sterblichkeit verbundenen Gefahrenmomentes im einzelnen und im ganzen gestattet. Hier würde dann die Aufgabe anschließen, im Verfolge der Gewinnung eines geeigneten Maßstabes für das genannte Gefahrenmoment Mittel und Wege aufzuweisen, welche für die Sicherung der Gesellschaften notwendig sind.

Über den Wert einer solchen Theorie für die heutige Praxis haben wir uns bereits im ersten Teile dieses Buches gelegentlich der Bemessung der Sicherheitszuschläge zu den Prämien kurz geäußert. Wir konnten dort der Risikotheorie nur bedingt einen Wert zuerkennen, zumal sich die Praxis bislang in Hinsicht auf den speziellen Zweck der Bemessung der Sicherheitszuschläge ohne die genannte Theorie beholfen hat. Aber die Anwendungsmöglichkeit einer Theorie des mathematischen Risikos reicht sehr viel weiter. Bei zahlreichen in diesem zweiten Teile zu behandelnden Problemen der Versicherungstechnik dürfte eine brauchbare Formulierung unter Verzichtleistung auf die Risikotheorie gar nicht existieren, und wenn auch in der Praxis der gesunde Takt und mehr oder weniger gefühlsmäßige Behandlung der Dinge an die Stelle des festen Fundamentes theoretischer Erwägungen getreten sind, so sind damit die letzteren nicht etwa einfach entbehrlich oder gar zwecklos. Daß eine mathematische Theorie der Rückversicherung ohne Heranziehung der Risikotheorie möglich wäre, wird zumindest geradesowenig zu behaupten sein, wie etwa, daß der heutige Zustand der Lebensrückversicherung ein befriedigender genannt werden kann, wenn man bemüht ist, einer Notwendigkeit mit den geringsten technischen und administrativen Hilfsmitteln gerecht zu werden. Im übrigen aber sind die Meinungen der Fachgenossen über den Wert der Theorie des mathematischen Risikos für die Lebensversicherung noch geteilt, und von völliger Ablehnung einer solchen bis zur Aufrollung von Fragen, welche die Bedürfnisse der Praxis weit hinter sich lassen, sind in der Literatur so gut wie alle Meinungen vertreten. Finden sich doch sogar Ansichten, welche die Notwendigkeit oder auch nur Vorteilhaftigkeit jeder Rückversicherung ablehnen und damit natürlich erst recht eine Theorie, welche unter anderen Resultaten auch das der Beschränkung des Risikos und damit der Notwendigkeit der Rückversicherung erbringt.

Allerdings hängt diese Zwiespältigkeit der Meinungen auch mit der alten Streitfrage zusammen, ob die Wahrscheinlichkeitstheorie auf das Gebiet der Lebensversicherung ohne weiteres anwendbar ist oder nicht, eine Frage, welche hier nicht zur Erörterung gestellt werden soll und durch die Beiträge von Blaschke, Bohlmann, Peek u. a. wohl endgültig als geklärt angesehen werden sollte. Jedenfalls beruht es aber auf einem Irrtum, wenn mitunter noch immer angenommen wird, daß die Anwendung der Theorie des mathematischen Risikos in der Lebensversicherung Voraussetzungen bedingt, welche von den Annahmen, auf welche sonst die versicherungstechnischen Rechnungen basiert werden, verschieden sind. Bohlmann betont mit Recht, daß das grundlegende Schema in beiden Fällen dasselbe ist, und daß es nur den Worten nach, nicht begrifflich, einen Unterschied bedeute, ob man dieses Schema durch die fingierte Absterbeordnung oder durch die Wahrscheinlichkeitsrechnung beschreibt. Auch für die Risikotheorie kann die fingierte Absterbeordnung als alleinige Grundlage der Darstellung gewählt werden, ohne daß es nötig wird, weitere Annahmen aus der Wahrscheinlichkeitstheorie heranzuziehen. Für die Berechnung der Versicherungswerte in dem Umfange, wie sie heute in der Praxis eingeführt sind, hat sich das Schema der Wahrscheinlichkeitsrechnung bewährt. Ob dies in gleicher Weise auch bei der Risikotheorie der Fall ist, kann nur wieder durch deren Anwendung in der Praxis erwiesen werden. Bisher liegt kein Grund vor, daran zu zweifeln.

Wenn Altenburger sagt, daß hohe Anfangsprämien und rationelle Gewinnbeteiligung der Versicherten an den Überschüssen die theoretischen Untersuchungen über das mathematische Risiko überflüssig machen, so könnten wir dem unter zwei Einschränkungen zustimmen. In der Tat wird es sich erweisen, daß ein rationelles Gewinnsystem in vielen Belangen über jene Sicherheitsmaßnahmen hinausgeht, welche sich aus einer Theorie des mathematischen Risikos ableiten lassen. Steht es aber a priori fest, was wir unter einem rationellen Gewinnsystem zu verstehen haben, und müssen wir nicht jedes Hilfsmittel begrüßen, welches dazu erdacht ist, diese Frage zu beantworten? Auch wir haben im ersten Teile hervorheben müssen, daß die Sicherheitsmaßnahmen, welche heute in der Praxis üblich oder doch wünschenswert sind, die Einführung eines relativ komplizierten Apparates, wie ihn die Risikotheorie darstellt, entbehrlich erscheinen lassen. Damit ist aber schon zum Ausdruck gebracht, daß man sich über die Grenzen der Wirksamkeit der genannten Maßnahmen im klaren ist, und daß diese, wenn nicht aus der Risikotheorie, so doch anderweitig genügend begründet erscheinen. Man vergegenwärtige sich nur, was über die Bemessung der Höhe der Überschüsse und damit der Tarifprämien gesagt wurde, welch letztere, zu niedrig bemessen, zu einer Gefahr für das Unternehmen werden, während die Einführung zu hoch bemessener Prämien an deren Unwirtschaftlichkeit scheitert. In zweiter Hinsicht aber ist zu bemerken, daß eine Durchbildung der Risikotheorie außerhalb des Rahmens der Direktversicherung normaler Risiken wünschenswert ist. Das ist in der Tat der Fall in der Lebensrückversicherung und auch in der Theorie der Versicherung der nicht normalen Risiken. Ganz zu schweigen von dem hohen theoretischen Interesse, welches der Risikotheorie eignet, mit deren Hilfe viele Fragen der Lebensversicherungstechnik außerordentlich zu vertiefen sind.

Uns erscheint die Möglichkeit der Gewinnung eines zuverlässigen Vergleichsmaßstabes für die Beurteilung des mit den einzelnen Versicherungsformen, und innerhalb derselben mit Beitrittsalter und Versicherungsdauer und Prämienzahlart differenzierten Gefahrenmomentes sowohl bei normalen wie bei nicht normalen Risiken von außerordentlichem Wert. Nicht minder die Möglichkeit, die Qualität eines Unternehmens hinsichtlich seiner technischen Einrichtungen an Hand einer Theorie beurteilen zu können, deren Resultate mit den bisherigen auf dem Wege der praktischen Erfahrung gewonnenen Erkenntnissen aufs beste übereinstimmen. Wir wollen aber nicht übersehen, daß die Schwankungen des Sterblichkeitsverlaufes nur eines jener unvorhersehbaren Momente darstellen, welche die Finanzgebarung einer Lebensversicherungsgesellschaft zu beeinflussen vermögen. Dazu vielleicht nicht einmal jenes, welchem eine überragende Bedeutung zukommt. Für den Theoretiker mag es allerdings selbstverständlich sein, die voraussichtlichen Grenzen der Gültigkeit seiner mathematischen Schätzungen näher zu umschreiben und damit erst die Anwendbarkeit und Brauchbarkeit seines Kalküls zu erweisen. Die Praxis hingegen leistet immer gerne auf all das Verzicht, was sich nicht als unabweisliche Betriebsnotwendigkeit herausgestellt hat. Wir glaubten, in einem Buche, das der Darstellung der Prinzipien der Versicherungstechnik gewidmet ist, der Risikotheorie auch aus dem Grunde entsprechenden Raum gewähren zu müssen, weil die vorhandenen Lehrbücher mit Ausnahme der von Czuber und Broggi auf diesen Gegenstand nicht näher eingehen und die Ergebnisse der Theorie für das Verständnis der später folgenden Kapitel dieses Bandes nicht entbehrt werden können.

§ 2. Definitionen und Begriffsbildung.

Wie schon gesagt, ist es Aufgabe einer Theorie des mathematischen Risikos in der Lebensversicherung, den Einfluß zufälliger Schwankungen im Verlaufe der Sterblichkeit eines Versicherungsbestandes auf die finanzielle Gebarung eines Unternehmens zu untersuchen. Genau so wie die Berechnung der Prämien, Rücklagen und Dividenden beruht auch die Berechnung des mathematischen Risikos auf der Annahme, daß der Verlauf der Ereignisse im allgemeinen den gewählten Rechnungsgrundlagen und im speziellen der Verlauf der Sterblichkeit der gewählten Absterbeordnung entsprechen werde. Wir wissen aber, daß das finanzielle Gleichgewicht einer Lebensversicherungsgesellschaft nur im Hinblick auf die Gesamtheit der Versicherungen gewahrt werden kann, daß aber für jede Unterteilung des Versicherungsbestandes, für jede zu bildende Teilgesamtheit Abweichungen vom Gleichgewichtszustand zu erwarten sind, und daß dieser auch im großen ganzen nicht gewährleistet werden kann, wenn dem Versicherungsbestande die Homogenität mangelt, die einzelnen Versicherungen also untereinander nicht gleichartig, sondern nach Qualität des Versicherungsnehmers, Versicherungsart und Höhe der Versicherungssumme außerhalb gewisser nicht zu weiter Grenzen voneinander abweichen.

Wie diese Abweichungen im einzelnen maßgebend dafür sind, welches „Risiko“ mit der Übernahme der Versicherung verbunden ist, so bestimmt ihre summarische Auswirkung im Rahmen des ganzen Versicherungsbestandes das totale Risiko, welchem der Versicherer durch die Führung seines Unternehmens ausgesetzt ist. Nach Maßgabe eines gerechten Spieles, als welches die Versicherung im Hinblick auf das Äquivalenzprinzip aufzufassen ist, wird man hierbei dem Risiko des Versicherers gegenüber dem Versicherungsbestande das Risiko der Versicherten gegenüber dem Versicherer gleichzustellen haben. Ob und in welcher Weise sich das Risiko für den ganzen Versicherungsbestand aus den Risiken der Einzelversicherungen als Durchschnittsversicherungen zusammensetzt, ist a priori nicht zu entscheiden und hängt von der verschiedenen Art und Weise der mathematischen Mittelbildung ab, welche zur speziellen Formulierung des Risikobegriffes herangezogen wird. In der sonstigen Versicherungstechnik ist ausnahmslos die gewöhnliche Durchschnittsbildung in Verwendung. In der Risikotheorie ist es aber für viele Fragen vorteilhaft, auch vom quadratischen Mittel Gebrauch zu machen. Seine Verwendung erscheint hier aus zwei Gründen angezeigt: Einmal, weil dieses Mittel für einen genügend großen Versicherungsbestand auf die genannte Durchschnittsbildung zurückführt, d. h. die betreffenden Werte in einer einfachen Relation stehen, in erster Linie aber wegen der großen Vorteile für die numerische Berechnung, welche seit Gauss die Verwendung des quadratischen Mittels allen anderen Mittelbildungen als überlegen erwiesen haben. Man weiß aber, daß der allgemeine Zusammenhang der hier vorliegenden Begriffsbildungen in die tiefsten Probleme der Wahrscheinlichkeitstheorie hineinreicht. Ein Eingehen auf diesen Gegenstand wird in den folgenden Betrachtungen, welche in Übereinstimmung mit dem Plane des Buches die praktische Seite aller Fragen in den Vordergrund stellen, nicht in Erwägung zu ziehen sein.

Im Anschluß an die Darstellung Bohlmanns nehmen wir für einen bestimmten Zeitpunkt t einen Versicherungsbestand Γ als gegeben an. Von der Heranziehung der dritten Rechnungsgrundlage, den Verwaltungskosten, können wir zunächst absehen. Ihre Berücksichtigung unterliegt keiner Schwierigkeit, bedeutet jedoch keinen prinzipiellen Gewinn. Die ersten beiden Rechnungsgrundlagen sollen dem zu erwartenden Verlauf der Ereignisse möglichst entsprechen; wir werden demnach für die numerischen Berechnungen Rechnungsgrundlagen zweiter Ordnung zu verwenden haben. Das liegt in der Natur der Sache. Denn wenn uns die Risikotheorie in die Lage setzen soll, Abweichungen vom voraussichtlichen Verlauf in ihrer finanziellen Auswirkung zu beurteilen, dann wird man offenbar von möglichst den Tatsachen entsprechenden Annahmen hinsichtlich der Rechnungsgrundlagen auszugehen haben. Wir wollen ferner voraussetzen, daß in dem zu betrachtenden Versicherungsbestande jeder Versicherte nur mit einer Police vertreten ist, Mehrfachversicherungen daher zu einer zusammengefaßt erscheinen, sofern sie sich auf denselben Versicherungsplan beziehen, andernfalls jedoch durch einen einzigen Plan ersetzt werden.

Dies gilt auch für den Fall, daß eine Beteiligung eines Versicherten an Versicherungen für verbundene Leben vorliegt. Bei der relativen Seltenheit solcher Fälle liegt hierin keine irgend ins Gewicht fallende Beschränkung. Wir wollen weiter die vereinfachende Annahme einführen, daß die Kapitalien am Ende der Versicherungsjahre fällig werden, um die Formeln nicht unnötig zu überlasten, zumal die Verlegung der Auszahlungen auf die Mitte der Jahre nur leicht anzubringende Korrekturen erfordert. Unter den gemachten Voraussetzungen können wir je zwei Versicherungen des Bestandes als voneinander unabhängig ansehen, weil das gleiche von den Sterbenswahrscheinlichkeiten der verschiedenen Versicherten gilt.

Wenn wir nun jedem Versicherten von vornherein ein bestimmtes Sterbejahr zuschreiben, so können wir eine bestimmte Gruppierung aller künftigen Todesfälle des Bestandes festlegen. Die Anzahl μ aller logisch denkbaren Gruppierungen von Todesfällen ist dann für den Bestand Γ eine endliche, und diese Gruppierungen können daher nach irgendeinem Prinzip in eine Folge geordnet und numeriert werden, sofern nur alle sich gegenseitig ausschließenden Einzelfälle zur Aufzählung gelangen. Jeder dieser Gruppierungen wäre dann eine bestimmte Wahrscheinlichkeit $\mathfrak{q}$ zuzuordnen, welche für die Realisierung dieser Gruppierung maßgebend ist. Wir beziehen uns nun auf eine bestimmte Zeitperiode $(t_1\, t_2)$, die mit dem Zeitpunkte t_1 beginnt und mit dem Zeitpunkte t_2 abläuft. Während dieser Periode wird der Versicherer an den Bestand Leistungen zu bestreiten haben, und wir wollen von diesen nur die Zahlungen der versicherten Kapitalien, die in dieser Periode fällig werden, und die Zurückstellung des Deckungskapitals am Ende dieses Zeitraumes in Betracht ziehen. Die auf den Zeitpunkt t bezogenen Werte dieser Beträge mögen mit $\mathfrak{A}$ bezeichnet werden. Andererseits wollen wir unter den Einnahmen des Versicherers für diese Periode das Deckungskapital zu Beginn derselben und die Prämieneinnahme während $(t_1\, t_2)$ verstehen und den auf den Zeitpunkt t bezogenen Wert dieser Beträge mit $\mathfrak{E}$ bezeichnen. Einer bestimmten durch den Index n charakterisierten Gruppierung der Todesfälle entsprechen sonach die auf den Zeitpunkt t bezogenen Werte $\mathfrak{A}_n$ und $\mathfrak{E}_n$.

Die Differenz $\mathfrak{A}_n - \mathfrak{E}_n$ kann positiv oder negativ sein und demnach einem Gewinn des Versicherungsbestandes gegenüber der Gesellschaft oder umgekehrt entsprechen. Das Maximum der Differenz $\mathfrak{A}_n - \mathfrak{E}_n$ bezeichnet man als das maximale Risiko der Gesellschaft gegenüber dem Bestande Γ und das Maximum von $\mathfrak{E}_n - \mathfrak{A}_n$ als das maximale Risiko des Bestandes gegenüber der Gesellschaft.

Bilden wir das durchschnittliche Mittel aller möglichen Verluste der Gesellschaft, so erhalten wir das durchschnittliche Risiko der Gesellschaft gegenüber Γ

$$(1_1) \qquad \mathfrak{D}' = \sum\nolimits^{n} \mathfrak{q}_n (\mathfrak{A}_n - \mathfrak{E}_n), \quad \text{wobei} \quad \mathfrak{A}_n > \mathfrak{E}_n$$

und analog

$$(1_2) \qquad \mathfrak{D}'' = \sum^{n} \mathfrak{q}_n (\mathfrak{E}_n - \mathfrak{A}_n), \qquad \text{wobei} \qquad \mathfrak{E}_n > \mathfrak{A}_n$$

als das durchschnittliche Risiko von Γ gegenüber der Gesellschaft. Bilden wir hingegen das quadratische Mittel aller Differenzen $\mathfrak{A}_n - \mathfrak{E}_n$, so erhalten wir das mittlere Risiko des Versicherungsbestandes für die Periode $(t_1\, t_2)$, wieder bezogen auf den Zeitpunkt t

$$(2) \qquad \mathfrak{M}^2 = \sum_{1}^{n} \mathfrak{q}_n (\mathfrak{A}_n - \mathfrak{E}_n)^2 .$$

Wir können nun den Versicherungsbestand Γ auf eine einzige Versicherung reduzieren und erhalten dann das Risiko einer Einzelversicherung als Durchschnittsversicherung für die Periode $(t_1\, t_2)$, bezogen auf den Zeitpunkt t. Identifizeren wir t und t_1 mit dem Beginn und t_2 mit dem Schlußtermin der Versicherung, so erhalten wir das Risiko für die ganze Dauer der Versicherung, bezogen auf deren Beginn, oder das Risiko schlechthin. Wählt man dagegen $t = t_1 = m$, wo m innerhalb der Versicherungsdauer liegt, so erhält man, falls t_2 weiter dem Schlußtermin der Versicherungsdauer entspricht, das fernere Risiko der laufenden Versicherung. Läßt man den Versicherungsbestand Γ allgemein, wählt aber $t_1 = m$ und $t_2 = m + 1$, so erhalten wir das Risiko des Bestandes für die Dauer eines Jahres. Die eben genannten Spezialisierungen sind in gleicher Weise auf das durchschnittliche wie auf das mittlere Risiko zu beziehen.

Man bezeichnet endlich noch die Ausdrücke $\mathfrak{D}$ und $\mathfrak{M}$ genauer als absolutes durchschnittliches und absolutes mittleres Risiko zum Unterschiede von den entsprechenden relativen Risiken, welche als Quotienten dieser absoluten Risiken und irgendwelcher anderer Versicherungswerte zu verstehen sind. Als Divisor dieses Quotienten können die Versicherungssumme, die Prämie, das Deckungskapital, aber auch der zu erwartende Gewinn oder andere Größen in Betracht kommen.

§ 3. Das durchschnittliche Risiko.

Entsprechend der Definition des durchschnittlichen Risikos ist bei Bestehen der Äquivalenz von Leistung und Gegenleistung $\mathfrak{D}' = \mathfrak{D}'' = \mathfrak{D}$. Demnach gilt

$$\sum_{\mathfrak{A}_n > \mathfrak{E}_n}^{n} \mathfrak{q}_n (\mathfrak{A}_n - \mathfrak{E}_n) + \sum_{\mathfrak{A}_n < \mathfrak{E}_n}^{n} \mathfrak{q}_n (\mathfrak{A}_n - \mathfrak{E}_n) = 0 .$$

Führen wir die absoluten Beträge $|\mathfrak{A}_n - \mathfrak{E}_n|$ der Differenzen $\mathfrak{A}_n - \mathfrak{E}_n$ ein, so kann das durchschnittliche Risiko auch in der Gestalt

$$(3) \qquad \mathfrak{D} = \tfrac{1}{2} \sum_{1}^{n} \mathfrak{q}_n \,|\mathfrak{A}_n - \mathfrak{E}_n|$$

angesetzt werden, während auf Grund des Ansatzes (1) nunmehr unter Geltung des Äquivalenzprinzipes

$$(4)\quad \begin{aligned} \mathfrak{D} &= \sum\nolimits^{n} \mathfrak{q}_n (\mathfrak{A}_n - \mathfrak{E}_n) \qquad \mathfrak{A}_n > \mathfrak{E}_n \\ &= \sum\nolimits^{n} \mathfrak{q}_n (\mathfrak{E}_n - \mathfrak{A}_n) \qquad \mathfrak{A}_n < \mathfrak{E}_n \end{aligned}$$

folgt.

Wir beziehen uns nunmehr auf eine einzelne Versicherung als Durchschnittsversicherung. Es sei m die Versicherungsdauer, n der laufende Index für die einzelnen Jahre, q_x die Sterbenswahrscheinlichkeit des x-jährigen, ${}_{n-1|}q_x$ die Wahrscheinlichkeit für den x-jährigen, im n ten Versicherungsjahre, demnach auf der Altersstrecke von $x+n-1$ bis $x+n$ zu sterben. Die A_n bezeichnen die auf den Beginn der Versicherung diskontierten Werte der in den einzelnen Versicherungsjahren zur Auszahlung gelangenden Kapitalien bzw. des Deckungskapitals am Ende der Versicherungsdauer, während die E_n den auf den Beginn der Versicherung diskontierten Wert der bis zum n ten Versicherungsjahr bezahlten Prämien bedeuten. Das durchschnittliche Risiko ist dann

$$(5)\quad \mathfrak{D} = \sum\nolimits^{n} {}_{n-1|}q_x (A_n - E_n) \qquad A_n > E_n\,.$$

Würde es sich darum handeln, das durchschnittliche Risiko nach ν abgelaufenen Versicherungsjahren für die fernere Versicherungsdauer anzusetzen, so hätten wir bei der Prämieneinnahme das zu Beginn des $\nu+1$ ten Versicherungsjahres vereinnahmte Deckungskapital V_ν zu berücksichtigen. Wir können das Risiko unter (5) auch in der Form

$$\sum\nolimits^{n} {}_{n-1|}q_x (E_n - A_n) \qquad A_n < E_n$$

oder

$$6)\quad \tfrac{1}{2} \sum_{1}^{m} {}_{n-1|}q_x \,|A_n - E_n|$$

schreiben, wobei wir nur ${}_{m-1|}q_x$ richtig als Wahrscheinlichkeit auffassen müssen, daß der $x$jährige im $m$ten Versicherungsjahre stirbt oder aber das Ende dieses Jahres erlebt. Ist hierbei die im Erlebensfalle bereitzustellende Summe von der Todesfallsumme dieses Versicherungsjahres verschieden, dann müßte der letzte Summand in (6) entsprechend zerlegt werden. Das durchschnittliche Risiko für die Einzelversicherung ist dadurch ausgezeichnet, daß es sich als einmalige Prämie auffassen läßt, gegen welche sich der Erstversicherer bei einem Rückversicherer gegen die Verluste $A_n - E_n$ rückversichern könnte. Dieser Rückversicherer könnte sein Risiko selbst wieder bei einem zweiten Rückversicherer gegen die einmalige Prämie

$$\mathfrak{D}^{(1)} = \sum\nolimits^{n} {}_{n-1|}\mathfrak{q}_x (A_n - E_n - \mathfrak{D}) \qquad A_n > E_n + \mathfrak{D}$$

rückdecken. Die nächstfolgende Rückversicherungsprämie wäre dann

$$\mathfrak{D}^{(2)} = \sum\nolimits^{n} {}_{n-1|}\mathfrak{q}_x (A_n - E_n - \mathfrak{D} - \mathfrak{D}^{(1)}) \qquad A_n > E_n + \mathfrak{D} + \mathfrak{D}^{(1)}$$

und man überlegt leicht, daß die unendliche Reihe der stets positiven Beträge $\mathfrak{D}$, $\mathfrak{D}^{(1)}$, $\mathfrak{D}^{(2)}, \ldots$ immer konvergiert, und zwar gegen das maximale Risiko, welches der Erstversicherer bei der betreffenden Versicherung läuft. (Für den Beweis vergleiche man das Lehrbuch von Broggi, S. 315.)

Für die numerischen Berechnungen des durchschnittlichen Risikos leistet unter Umständen der Begriff der kritischen Zahl (kritische Dauer, mathematische Dauer, Risikodauer) der Versicherung gute Dienste. Man versteht darunter die größte ganze Zahl $N = E(k)$, welche in der Wurzel der Gleichung $A_k - E_k = 0$ enthalten ist, wenn k die Unbekannte bedeutet. Soll diese Zahl jedoch eindeutig bestimmt sein, dann muß offenbar die Bedingung erfüllt sein, daß die Differenz $A_n - E_n$ mit wachsendem n beständig wächst oder beständig abnimmt, eine Bedingung, welche die gebräuchlichen Versicherungsformen erfüllen. Die kritische Zahl definiert dann jene Dauer der Versicherung, welcher weder Gewinn noch Verlust für den Versicherer entspricht. Für die temporäre Leibrente ergibt sich die kritische Zahl aus

$$a_{x\overline{m}|} = a_{\overline{k}|}\,, \qquad a_{\overline{k}|} = \frac{1 - v^k}{1 - v}\,.$$

Da aber

$$A_{x\overline{m}|} = 1 - (1 - v)\, a_{x\overline{m}|}$$

und

$$v^k = 1 - (1 - v)\, a_{\overline{k}|}\,,$$

so ist

$$A_{x\overline{m}|} - v^k = 0$$

und

$$N = E(k) = E\left(\frac{\log A_{x\overline{m}|}}{\log v}\right).$$

Hieraus entnimmt man, daß die kritischen Zahlen für die temporäre Rente und die Versicherung auf Ab- und Erleben gegen Einmalprämie zusammenfallen. Bei jährlicher Prämienzahlung gilt die Bedingungsgleichung

$$P_{x\overline{m}|} \cdot a_{\overline{k}|} - v^k = 0\,.$$

Es folgt aber aus

$$P_{x\overline{m}|} \cdot a_{x\overline{m}|} = A_{x\overline{m}|}$$

wieder

$$P_{x\overline{m}|}\,(a_{\overline{k}|} - a_{x\overline{m}|}) = v^k - A_{x\overline{m}|} = 0\,,$$

so daß die kritische Zahl wieder dieselbe bleibt. Bei der Versicherung mit bestimmter Verfallzeit gegen Jahresprämie ist die kritische Zahl durch die Gleichung

$$P \cdot a_{\overline{k}|} = v^m$$

definiert; weil aber zwischen der Prämie dieser Versicherung und der für die Versicherung auf Ab- und Erleben die Relation

$$P \cdot A_{x\,\overline{m}|} = P_{x\,\overline{m}|} \cdot v^m$$

besteht, so folgt auch hier wieder derselbe Wert der kritischen Zahl.

Ist die kritische Dauer ermittelt, dann kann die Berechnung des durchschnittlichen Risikos durch Multiplikation der Wahrscheinlichkeiten mit den bezüglichen diskontierten Werten der Gewinne bzw. Verluste der einzelnen Versicherungsjahre nach den bisher gegebenen Formeln erfolgen. Allerdings ist dieses Verfahren recht mühsam. Es ist daher naheliegend, zu versuchen, die Risikoformeln in einer der Berechnung dienlicheren Form umzugestalten. Uns ist aus der Literatur nur eine solche Umformung bekannt, welche unter Benutzung der kontinuierlichen Methode in den Wiener Kongreßschriften von Guldberg veröffentlicht wurde. Im folgenden sollen zwei Ausdrücke für das durchschnittliche Risiko entwickelt werden, welche für die numerische Berechnung überaus geeignet sind und auch an sich des Interesses nicht entbehren. Aus der ersten sind die Guldbergschen Resultate unmittelbar zu erhalten. Die zweite, welche das Deckungskapital verwendet, läßt an Einfachheit nichts mehr zu wünschen übrig und gilt unter Verwendung der kontinuierlich Veränderlichen ebenso wie bei Annahme von Jahreszins, Jahresprämien und Sterbenswahrscheinlichkeiten statt der bezüglichen Intensitäten.

§ 4. Eine spezielle Darstellungsform des durchschnittlichen Risikos als Rente.

Ist δ die Zinsintensität und π die kontinuierlich zahlbare Jahresprämie, dann können wir das durchschnittliche Risiko einer Versicherung auf Ab- und Erleben mit gleichbleibender Prämienzahlung, wenn wir zunächst diesen speziellen Fall betrachten, folgender Art schreiben:

$$\mathfrak{D}(\pi) = -\frac{1}{l_x}\int_0^k d\,l_{x+t}\, e^{-\delta t}\left(1 - \pi\frac{e^{\delta t}-1}{\delta}\right). \tag{7}$$

Die kritische Zahl k bestimmt sich hierbei aus

$$\pi\frac{e^{\delta k}-1}{\delta} = 1, \tag{8}$$

woraus

$$\pi e^{\delta k} = \pi + \delta = \frac{1}{\bar{a}_{x\,\overline{m}|}} = \frac{1}{\bar{a}_{\overline{k}|}} \tag{8'}$$

folgt. Wir können daher den Ausdruck (7) vermittels (8) auch in die Gestalt

$$\mathfrak{D}(\pi) = -\frac{1}{l_x}\int_0^k dl_{x+t}\cdot\pi\cdot\frac{e^{\delta(k-t)}-1}{\delta}$$

$$= -\left|\frac{l_{x+t}}{l_x}\cdot\pi\cdot\frac{e^{\delta(k-t)}-1}{\delta}\right|_0^k - \frac{1}{l_x}\int_0^k l_{x+t}\cdot\pi\cdot e^{\delta(k-t)}\cdot dt$$

bringen, und hieraus ergibt sich

$$\mathfrak{D}(\pi) = \pi\frac{e^{\delta k}-1}{\delta} - \pi e^{\delta k}\int_0^k \frac{l_{x+t}}{l_x}e^{-\delta t}\cdot dt$$

oder endlich auf Grund von (8) und (8′)

(9) $$\mathfrak{D}(\pi) = 1 - \frac{\bar{a}_{x\overline{k}|}}{\bar{a}_{\overline{k}|}} = 1 - \frac{\bar{a}_{x\overline{k}|}}{\bar{a}_{x\overline{m}|}}\,.$$

Der logische Inhalt dieser Formel ist unmittelbar einleuchtend, und es liegt nahe, das durchschnittliche Risiko für den speziellen hier vorliegenden Fall direkt durch (9) zu definieren. Denn mit Ablauf der kritischen Dauer hat der Versicherer aus den vereinnahmten Prämien gerade die Summe 1 in Händen. Der Versicherer läuft demnach durch den Abschluß der Versicherung Gefahr, bei vorzeitigem Ableben des Versicherten vor dem durch k bestimmten Termin die vom Todestag bis zu diesem Termin noch fälligen Prämien zu verlieren und überdies für den letztgenannten Zeitraum die Zinsen aus dem vor dem Ablaufstermin der Versicherung liquidierten Kapital einzubüßen. Sein Verlust beträgt daher voraussichtlich

(10) $$(\pi + \delta)\,(\bar{a}_{\overline{k}|} - \bar{a}_{x\overline{k}|})\,,$$

wobei der zweite Klammerfaktor dieses Ausdruckes den Barwert einer Rente darstellt, welche vom Todestage bis zum Ablauf der kritischen Dauer zu zahlen ist. Nachdem aber

$$\pi = \frac{1}{\bar{a}_{x\overline{m}|}} - \delta = \frac{1}{\bar{a}_{\overline{k}|}} - \delta\,,$$

so ist Ausdruck (10) sofort in (9) überzuführen.

Für dieselbe Versicherung auf Ab- und Erleben gegen laufende Prämie hat Guldberg den Ausdruck

(11) $$\mathfrak{D}(\pi) = -\frac{\pi+\delta}{\delta}\left[A_{x\overline{m}|}\cdot {}_kq_x - {}_k\bar{A}_x\right]$$

gewonnen, welcher auch in der Gestalt

$$\mathfrak{D}(\pi) = -\frac{1}{\bar{a}_{x\overline{m}|}\cdot\delta}\left[\bar{A}_{x\overline{m}|}\cdot {}_kq_x - {}_kA_x\right]$$

oder

$$\mathfrak{D}(\pi) = -\frac{\bar{A}_{x\overline{m}|}\cdot {}_kq_x - {}_k\bar{A}_x}{1 - \bar{A}_{x\overline{m}|}}$$

geschrieben werden kann. Die Identität der Guldbergschen Formeln mit (9) ist leicht zu erweisen. Denn statt (9) können wir auf Grund der Relationen

$$\bar{A}_{x\overline{k}|} = 1 - \delta\,\bar{a}_{x\overline{k}|}$$

$$\bar{A}_{x\overline{m}|} = 1 - \delta\,\bar{a}_{x\overline{m}|} = 1 - \delta\,\bar{a}_{\overline{k}|}$$

auch schreiben

$$\frac{\bar{A}_{x\overline{k}|} - \bar{A}_{x\overline{m}|}}{1 - \bar{A}_{x\overline{m}|}}\,.$$

Nun ist aber unter Rücksicht auf $\bar{A}_{x\overline{m}|} = v^k$

$$\begin{aligned} {}_k\bar{A}_x - \bar{A}_{x\overline{m}|}\cdot {}_kq_x &= \bar{A}_{x\overline{k}|} - {}_kE_x - \bar{A}_{x\overline{m}|} + \bar{A}_{x\overline{m}|}\cdot\frac{l_{x+k}}{l_x} \\ &= \bar{A}_{x\overline{k}|} - \bar{A}_{x\overline{m}|} - {}_kE_x + v^k\,\frac{l_{x+k}}{l_x} \\ &= \bar{A}_{x\overline{k}|} - \bar{A}_{x\overline{m}|}\,, \end{aligned}$$

womit die Identität der Formeln erwiesen ist. Für numerische Berechnungen wäre offenbar Formel (9) vorzuziehen.

Im übrigen kann man das durchschnittliche Risiko für die temporäre Rente und die Versicherung auf Ab- und Erleben gegen Einmalprämie ohne weiteres hinschreiben, ganz analog wie dies bei Formel (10) auf Grund des Inhaltes des Risikobegriffes möglich ist. Die Risikodauer ist in diesen drei Fällen, wie schon erwähnt, dieselbe. Bei der Versicherung auf Ab- und Erleben gegen Einmalprämie läuft der Versicherer Gefahr, bei vorzeitigem Ableben des Versicherten vor Ablauf der Risikodauer die Zinsen des Kapitals 1 vom Todestage bis zum Ablaufstermin der Risikodauer, welchen wir künftig als kritischen Termin bezeichnen wollen, einzubüßen. Demnach ist das durchschnittliche Risiko unter Rücksicht auf (8')

$$(12)\qquad \mathfrak{D}\,(\bar{A}_{x\overline{m}|}) = \delta(\bar{a}_{\overline{k}|} - \bar{a}_{x\overline{k}|}) = \frac{\delta}{\pi+\delta}\cdot\mathfrak{D}\,(\pi) = (1 - \bar{A}_{x\overline{m}|})\,\mathfrak{D}(\pi)\,.$$

Bei der temporären Rente hingegen läuft der Versicherte Gefahr, bei Ableben vor dem kritischen Zeitpunkt die vom Todestage bis dahin fälligen Rentenzahlungen einzubüßen. Das durchschnittliche Risiko ist sonach

$$(13)\qquad \mathfrak{D}(\bar{a}_{x\overline{m}|}) = \bar{a}_{\overline{k}|} - \bar{a}_{x\overline{k}|} = \frac{1}{\delta}\cdot\mathfrak{D}(\bar{A}_{x\overline{m}|}) = \frac{1}{\pi+\delta}\cdot\mathfrak{D}(\pi)\,.$$

Auch für einen innerhalb der Versicherungsdauer liegenden Zeitpunkt läßt sich das durchschnittliche Risiko auf gleichem Wege ermitteln. Sei etwa seit Beginn der Versicherung die Zeitspanne ν verflossen und das Deckungskapital für diesen Zeitpunkt V_ν. Bestimmen wir für diesen Zeitpunkt das fernere Risiko, so haben wir als Einnahmen des Versicherers das Deckungskapital V_ν und die ferneren Prämien π anzusehen. Wir müssen aber beachten, daß die Risikodauer, gerechnet vom Beginn der Versicherung, jetzt nicht mehr durch k gegeben ist, weil der Versicherer nicht die ganzen aufgezinsten Prämien, sondern nur V_ν erhalten hat. Bezeichnen wir jetzt die Risikodauer, wieder gerechnet vom Beginn der Versicherung ab, mit k_ν, so daß die restliche Risikodauer, gerechnet vom Termin ν, $k_\nu - \nu$ beträgt, dann ist das fernere durchschnittliche Risiko für den Termin ν bei der Versicherung auf Ab- und Erleben mit laufender Prämie

$$(14)\qquad \mathfrak{D}_\nu(\pi) = (\pi + \delta)\left(\bar{a}_{\overline{k_\nu - \nu}|} - \bar{a}_{x+\nu,\, \overline{k_\nu - \nu}|}\right) = \frac{\bar{a}_{\overline{k_\nu - \nu}|} - \bar{a}_{x+\nu,\, \overline{k_\nu - \nu}|}}{\bar{a}_{\overline{k}|}} = \frac{\bar{a}_{\overline{k_\nu - \nu}|} - \bar{a}_{x+\nu,\, \overline{k_\nu - \nu}|}}{\bar{a}_{x\overline{m}|}}.$$

Nach der allgemeinen Formel für das durchschnittliche Risiko hätten wir in diesem Falle von dem Ausdruck

$$\mathfrak{D}_\nu(\pi) = -\int_0^{k_\nu - \nu} \frac{d\, l_{x+\nu+t}}{l_{x+\nu}} e^{-\delta t}\left(1 - \pi \frac{e^{\delta t} - 1}{\delta} - e^{\delta t} V_\nu\right)$$

auszugehen. Die Risikodauer k_ν bestimmt sich jetzt aus

$$\pi \frac{e^{\delta(k_\nu - \nu)} - 1}{\delta} + e^{\delta(k_\nu - \nu)} \cdot V_\nu = 1\,.$$

Hieraus folgt als Ausdruck für das Deckungskapital

$$V_\nu = e^{-\delta(k_\nu - \nu)} - \frac{\pi}{\delta}\left(1 - e^{-\delta(k_\nu - \nu)}\right)$$

und demnach für das durchschnittliche Risiko

$$\mathfrak{D}_\nu(\pi) = -\int_0^{k_\nu - \nu} \frac{d\, l_{x+\nu+t}}{l_{x+\nu}} e^{-\delta t}\left(1 - \frac{\pi}{\delta} e^{\delta t} + \frac{\pi}{\delta} + \frac{\pi}{\delta} e^{\delta t} - \frac{\pi + \delta}{\delta} e^{-\delta(k_\nu - \nu - t)}\right)$$

$$= -(\pi + \delta)\int_0^{k_\nu - \nu} \frac{d\, l_{x+\nu+t}}{l_{x+\nu}} \cdot e^{-\delta t} \cdot \frac{1 - e^{-\delta(k_\nu - \nu - t)}}{\delta}$$

$$= -(\pi + \delta)\int_0^{k_\nu - \nu} \frac{d\, l_{x+\nu+t}}{l_{x+\nu}} \cdot e^{-\delta t} \cdot \bar{a}_{\overline{k_\nu - \nu - t}|}\,.$$

Der negative Integralausdruck bedeutet hier nichts anderes als eine kurze Todesfallversicherung auf die Beträge $\bar{a}_{k_\nu - \nu - t}$, demnach auf temporäre Zeitrenten, welche sämtlich vom Todestage bis zum kritischen Termin laufen. Demnach ist der Integralausdruck gleich dem Barwert einer Rente, welche für den Fall des Absterbens vor dem kritischen Termin vom Todestage bis zu diesem Termin zu zahlen ist, daher gleich $\bar{a}_{\overline{k_\nu - \nu}|} - \bar{a}_{x+\nu,\, \overline{k_\nu - \nu}|}$. Sonach erhalten wir für das Risiko in der Tat den Ausdruck (14). Wir wollen noch beachten, daß der kritische Termin für eine Versicherung, welche im Alter $x + \nu$ gegen laufende Prämie zum gleichen Liquidationstermin wie die eben besprochene abgeschlossen wird, ebenfalls durch $k_\nu - \nu$ gegeben ist. Dies folgt einfach aus der Tatsache, daß jeweils dem Deckungskapital, betrachtet als Einmalprämie, und der laufenden Prämie die gleichen kritischen Dauern entsprechen. Das fernere Risiko nach ν-jährigem Bestande war aber durch

$$\mathfrak{D}_\nu(\pi_x) = \frac{\bar{a}_{\overline{k_\nu - \nu}|} - \bar{a}_{x+\nu,\, \overline{k_\nu - \nu}|}}{\bar{a}_{x,\overline{m}|}}$$

gegeben, während das Risiko für eine analoge Versicherung der Dauer $m - \nu$ für das Zugangsalter $x + \nu$ durch

$$\mathfrak{D}(\pi_{x+\nu}) = \frac{\bar{a}_{\overline{k_\nu - \nu}|} - \bar{a}_{x+\nu,\, \overline{k_\nu - \nu}|}}{\bar{a}_{x+\nu,\, \overline{m-\nu}|}}$$

definiert ist. Hieraus folgt aber die Relation

$$(15) \qquad \mathfrak{D}_\nu(\pi_x) = \frac{\bar{a}_{x+\nu,\, \overline{m-\nu}|}}{\bar{a}_{x\overline{m}|}} \cdot \mathfrak{D}(\pi_{x+\nu}) \, .$$

Die im vorstehenden gewonnene Darstellung des durchschnittlichen Risikos ist leicht für alle praktisch in Betracht kommenden Fälle mit ganz beliebig festgesetzter Prämienzahlung zu verallgemeinern. Wir wollen dies zunächst nur noch für die Todesfallversicherung mit temporärer Prämienzahlung und die Versicherung mit bestimmter Verfallzeit ausführen. Ist für die erstere k die Risikodauer und m die Dauer der Prämienzahlung, dann ist das durchschnittliche Risiko, wie man sofort einsieht,

$$(16) \qquad \pi(\bar{a}_{\overline{m}|} - \bar{a}_{x\overline{m}|}) + \delta(\bar{a}_{\overline{k}|} - \bar{a}_{x\overline{k}|})$$

oder je nachdem $m \gtrless k$.

$$(\pi + \delta)(\bar{a}_{\overline{k}|} - \bar{a}_{x\overline{k}|}) \, .$$

Bei der zweitgenannten Versicherungsart mit laufender Prämie erleidet der Versicherer bei vorzeitigem Ableben nur den Verlust, der durch den Fortfall der weiteren Prämienzahlung entsteht. Das Risiko ist demnach

$$(17) \qquad \pi(\bar{a}_{\overline{k}|} - \bar{a}_{x\overline{k}|}) \, ,$$

während der gleichen Versicherungsart mit Einmalprämie das Risiko Null entspricht.

Für numerische Berechnungen nach einer der angeführten Formeln werden die Näherungsformeln heranzuziehen sein, welche auch sonst in der Versicherungstechnik bei Verwendung der kontinuierlichen Veränderlichen Anwendung finden.

Nunmehr wollen wir das durchschnittliche Risiko für eine hinsichtlich der Höhe der Kapitalzahlungen und der Prämien ganz allgemein gehaltene Versicherung nach den bisher entwickelten Gesichtspunkten zur Ableitung bringen, den Ausdruck für das Risiko demnach auf den Barwert von Rentenzahlungen zurückführen, welche vom

Todestage ab bis zum kritischen Termin laufen. Wir bringen für solche Renten, welche auch sonst in der Kinderversicherung und in der Annuitätenversicherung eine Rolle spielen, die Bezeichnung Nachrente in Vorschlag. Sind die Beträge, welche als Rentenzahlungen in Betracht kommen, bei Verwendung kontinuierlich Veränderlicher r_t und bei ganzjähriger Rentenzahlung $r_1, r_2, \ldots$, dann wollen wir den Barwert der Nachrente im ersteren Falle durch

$$n\,\bar{a}_{x\overline{m}|}(r_t) = \overset{r_t}{\bar{a}_{\overline{m}|}} - \overset{r_t}{\bar{a}_{x\overline{m}|}}$$

und im zweiten Falle mit

$$n\,a_{x\overline{m}|}(r_1 \ldots r_m) = \overset{r_1 \ldots r_m}{a_{\overline{m}|}} - \overset{r_1 \ldots r_m}{a_{x\overline{m}|}}$$

näher bezeichnen.

Unter den eben genannten allgemeinen Annahmen ist dann das durchschnittliche Risiko durch

$$\mathfrak{D}(\pi) = -\int_0^k \frac{d\,l_{x+t}}{l_x} e^{-\delta t}\left[A_t - \int_0^t \pi_\lambda e^{\delta(t-\lambda)}\,d\lambda\right] \tag{18}$$

und die kritische Dauer k durch die Bedingungsgleichung

$$A_k - \int_0^k \pi_\lambda e^{\delta(k-\lambda)}\,d\lambda = 0 \tag{19}$$

definiert. Hierbei sei vorausgesetzt, daß die Werte der A_t bzw. π_t so beschaffen sind, daß die kritische Zahl k durch (19) eindeutig festgelegt ist. Vermöge (19) läßt sich der Ausdruck (18) in

$$\mathfrak{D}(\pi) = -\int_0^k \frac{d\,l_{x+t}}{l_x}\cdot e^{-\delta t}\left[A_t - A_k e^{-\delta(k-t)} + \int_0^k \pi_\lambda e^{\delta(t-\lambda)}\,d\lambda - \int_0^t \pi_\lambda e^{\delta(t-\lambda)}\,d\lambda\right]$$

$$= -\int_0^k \frac{d\,l_{x+t}}{l_x}\cdot e^{-\delta t}\left[A_t - A_k e^{-\delta(k-t)} + \int_0^{k-t} \pi_{\lambda+t} e^{-\delta\lambda}\,d\lambda\right]$$

umformen, und wegen

$$-\int_0^{k-t} \frac{d}{d\lambda} e^{-\delta\lambda} A_{t+\lambda} = A_t - A_k e^{-\delta(k-t)} = \int_0^{k-t}\left(\delta e^{-\delta\lambda} A_{t+\lambda} - e^{-\delta\lambda}\frac{d}{d\lambda} A_{t+\lambda}\right) d\lambda$$

resultiert für das durchschnittliche Risiko der Ausdruck

$$\mathfrak{D}(\pi) = -\int_0^k \frac{d\,l_{x+t}}{l_x} e^{-\delta t}\int_0^{k-t}\left[\delta A_{t+\lambda} - \frac{d}{d\lambda} A_{t+\lambda} + \pi_{t+\lambda}\right] e^{-\delta\lambda}\,d\lambda\,.$$

Dies ist aber nichts anderes als der Barwert einer Nachrente auf die in dem Klammerausdruck enthaltenen Beträge, so daß wir auch

$$\mathfrak{D}(\pi) = n\,\bar{a}_{x\overline{k}|}\left(\delta A_t - \frac{d}{dt} A_t + \pi_t\right) \tag{20}$$

schreiben können.

Die Betrachtung des Risikos für einen innerhalb der Versicherungsdauer befindlichen Zeitmoment erübrigt sich vollständig. Denn für diesen Moment hätten wir nebst der gerade fälligen Prämie das vorhandene Deckungskapital als Einnahme des Versicherers zu betrachten. Beide Beträge fallen aber aus der vermittels der Nachrente angesetzten Risikoformel heraus, weil die Nachrente als Differenz einer Zeit- und einer Leibrente definiert ist, weshalb die für den Berechnungstermin in Betracht kommenden Rentenbeträge ohne Belang sind. Die Formel (20) gilt daher ganz allgemein, wenn nur für einen späteren Berechnungstermin auf das erhöhte Alter und die dann gültige Risikodauer Rücksicht genommen wird.

Im übrigen lassen sich alle Spezialfälle vermittels (20) ohne Rechnung hinschreiben. Für die gewöhnliche Versicherung auf Ab- und Erleben sind die A_t bzw. π_t sämtlich untereinander gleich 1 bzw. π zu setzen, und man erhält für das Risiko

$$n\,\bar{a}_{x\overline{k}|} \cdot (\pi + \delta)\,.$$

Für die Versicherung mit bestimmter Verfallszeit gegen gleichbleibende laufende Prämie π' gilt

$$A_t = e^{-\delta(m-t)}, \qquad \frac{d}{dt} A_t = \delta A_t$$

und daher für das Risiko

$$n\,\bar{a}_{x\overline{k}|} \cdot \pi'\,.$$

Bei Ermittlung des Risikos der kurzen Leibrente wären die A_t Null zu setzen und die negativen, mit 1 angenommenen Prämien als Rentenbeträge aufzufassen, demnach das Risiko

$$-\,n\,\bar{a}_{x\overline{k}|}\,.$$

Nur wenn die Versicherungsdauer mit der Prämienzahlungsdauer nicht übereinstimmt, müßte die Teilung des Ausdruckes in zwei Nachrenten vorgenommen werden, wie sie uns schon früher bei Betrachtung der reinen Todesfallversicherung mit abgekürzter Prämienzahlung begegnet ist.

Neben dieser Darstellung des durchschnittlichen Risikos vermittels der Nachrente ergibt sich sofort eine verwandte Darstellung vermittels des Begriffes der aufgeschobenen Rente. Wir brauchen zu diesem Behufe nur statt der Zeitspanne vom Beginne der Versicherung bis zum kritischen Zeitpunkt die Zeitspanne von diesem Zeitpunkt bis zum Ablauf der Versicherung ins Auge zu fassen. Für diese Zeitstrecke erleidet der Versicherte im Falle des Ablebens und im Falle des Erlebens des Ablaufstermins Verlust, und wir wissen, daß der versicherungstechnische Barwert dieses Verlustes dem gleichen Barwert des durchschnittlichen Verlustes des Versicherers für die erstgenannte Zeitstrecke, demnach dem Werte des durchschnittlichen

Risikos der Versicherung gleichkommt. Offenbar besteht nun der Verlust des Versicherten darin, daß er über den kritischen Zeitpunkt hinaus bis zum Ablaufstermin Prämie bezahlt und das Kapital statt am kritischen Zeitpunkt erst zum Ablaufstermin erhält, demnach die Kapitalzinsen über diese Zeitstrecke einbüßt. Für die Versicherung auf Ab- und Erleben könnte man sonach das durchschnittliche Risiko in der Gestalt

$$\mathfrak{D}(\pi) = (\pi + \delta)_k E_x \cdot \bar{a}_{x+k,\overline{m-k}} \tag{21}$$

ansetzen. In der Tat erhalten wir aus der jetzigen Form des durchschnittlichen Risikos

$$\mathfrak{D}(\pi) = \int_k^m \frac{d\,l_{x+t}}{l_x} \cdot e^{-\delta t}\left(1 - \pi \frac{e^{\delta t} - 1}{\delta}\right) - {}_mE_x\left(1 - \pi \frac{e^{\delta m} - 1}{\delta}\right)$$

oder

$$\mathfrak{D}(\pi) = \left|\frac{l_{x+t}}{l_x} \cdot \pi \cdot \frac{e^{\delta(k-t)} - 1}{\delta}\right|_k^m + \frac{1}{l_x}\int_k^m l_{x+t} \cdot \pi \cdot e^{\delta(k-t)}\,dt - {}_mE_x\left(1 - \pi \frac{e^{\delta m} - 1}{\delta}\right)$$

unter Heranziehung der Risikogleichung (8)

$$\begin{aligned}\mathfrak{D}(\pi) &= {}_mE_x \cdot \pi \cdot \frac{e^{\delta k} - e^{\delta m}}{\delta} + (\pi + \delta)\,{}_kE_x \cdot \bar{a}_{x+k,\overline{m-k}} - {}_mE_x\left(1 - \pi \frac{e^{\delta m} - 1}{\delta}\right)\\ &= {}_mE_x\left(\frac{\pi + \delta}{\delta} - \frac{\pi}{\delta}\, e^{\delta m} - 1 + \frac{\pi}{\delta}\, e^{\delta m} - \frac{\pi}{\delta}\right) + (\pi + \delta)\,{}_kE_x \cdot \bar{a}_{x+k,\overline{m-k}}\\ &= (\pi + \delta)\,{}_kE_x \cdot \bar{a}_{x+k,\overline{m-k|}}\,,\end{aligned}$$

somit den Ausdruck (21). Man überlegt sofort, daß sich für die gleiche Versicherung mit Einmalprämie

$$\mathfrak{D}(\bar{A}_{x\,\overline{m|}}) = \delta \cdot {}_kE_x \cdot \bar{a}_{x+k,\,\overline{m-k|}}\,,$$

für die kurze Rente

$$\mathfrak{D}(\bar{a}_{x\,\overline{m|}}) = {}_kE_x \cdot \bar{a}_{x+k,\overline{m-k}} = \frac{1}{\delta}\,\mathfrak{D}(\bar{A}_{x\,\overline{m|}}) = \frac{1}{\pi + \delta}\,\mathfrak{D}(\pi)$$

und für die Versicherung mit bestimmter Verfallszeit

$$\mathfrak{D}(\pi') = \pi' \cdot {}_kE_x \cdot \bar{a}_{x+k,\,\overline{m-k}}$$

ergibt. Es erübrigt wohl den Fall allgemeiner A_t und π_t näher auszuführen. Man vermutet sogleich das Resultat

$$\mathfrak{D}(\pi_t) = {}_kE_x \cdot \bar{a}_{x+k,\,\overline{m-k|}}\left(\delta\, A_t - \frac{d}{dt}A_t + \pi_t\right). \tag{22}$$

Die im vorstehenden entwickelten Darstellungsformen für das durchschnittliche Risiko benutzen sämtlich die Risikogleichung (8). Wenn wir nunmehr die Darstellung des Risikos auf Grund kontinuierlich Veränderlicher verlassen und nach den entsprechenden Ausdrücken unter Verwendung von Jahresprämien und von Sterbenswahrscheinlichkeit und Jahreszins an Stelle der bezüglichen Intensitäten suchen, so ergibt sich eine Schwierigkeit. Statt der Risikogleichung stehen uns jetzt nur zwei Ungleichungen für die Bestimmung der Größe N zur Verfügung. Wir werden daher nur in dem Falle eine den bisherigen analoge Umformung des Ausdruckes für das durchschnittliche Risiko erhalten können, wenn an Stelle dieser Ungleichungen eine Gleichung tritt, und dies ist nur dann der Fall, wenn die Risikodauer eine ganze Zahl wird. Es wird sich aber herausstellen, daß wir auch jetzt das durchschnittliche Risiko in der für die Rechnung bequemen Form der Nachrente oder der aufgeschobenen Rente darstellen können, wenn wir überdies von einem linearen Interpolationsverfahren Gebrauch machen.

Unter den allgemeinen Annahmen, auf Grund deren der Ausdruck (20) hergeleitet wurde, haben wir jetzt für das durchschnittliche Risiko von dem Ausdruck

$$\mathfrak{D}^N(P) = \sum_1^N{}^{\mu} \frac{C_{x+\mu-1}}{D_x} \left[A_\mu - \sum_1^\mu{}^{\lambda} P_\lambda r^{\mu-\lambda+1}\right] \tag{23}$$

auszugehen. Die Risikodauer N ist bestimmt durch die beiden Ungleichungen

$$A_N - \sum_1^N{}^{\lambda} P_\lambda r^{N-\lambda+1} \geqq 0 \geqq A_{N+1} - \sum_1^{N+1}{}^{\lambda} P_\lambda r^{N-\lambda+2}, \tag{24}$$

wo nur eines der beiden Gleichheitszeichen gelten kann. Wir führen nunmehr an Stelle der Prämien P_λ diesen proportionale Prämien P_λ^N ein, welche die Bedingung

$$A_N - \sum_1^N{}^{\lambda} P_\lambda^N r^{N-\lambda-1} = 0 \tag{25}$$

erfüllen. Hierbei nehmen wir wieder an, daß dies nur für einen Wert von N der Fall ist. Setzen wir diese Prämien an Stelle der Prämien P_λ in den Ausdruck (23) ein und berücksichtigen die Relation (25), dann erhalten wir

$$\mathfrak{D}^N(P^N) = \sum_1^N{}^{\mu} \frac{C_{x+\mu-1}}{D_x} \left[A_\mu - A_N v^{N-\mu} + \sum_{\mu+1}^N{}^{\lambda} P_\lambda^N v^{\lambda-\mu-1}\right].$$

Die Umformung

$$A_\mu - A_N v^{N-\mu} = \sum_{\mu+1}^N{}^{\lambda} (A_{\lambda-1} \cdot d - \varDelta A_{\lambda-1} \cdot v)\, v^{\lambda-\mu-1}, \qquad \varDelta A_{\lambda-1} = A_\lambda - A_{\lambda-1}$$

führt den erhaltenen Ausdruck in

$$\mathfrak{D}^N(P^N) = \sum_1^N{}^{\mu} \frac{C_{x+\mu-1}}{D_x} \cdot \sum_{\mu+1}^N{}^{\lambda} (A_{\lambda-1} \cdot d - \varDelta A_{\lambda-1} \cdot v + P_\lambda^N) \cdot v^{\lambda-\mu-1}$$

über, was sich auch als

(26) $$\mathfrak{D}^N(P^N) = n\, a_{x\,\overline{N}|}\,(A_\mu \cdot d - \Delta A_\mu \cdot v + P^N_{\mu+1})$$

schreiben läßt. Man übersieht sofort, daß sich unter den gleichen Verhältnissen der Ausdruck (26) auch vermittels der aufgeschobenen Rente in der Gestalt

(27) $$\mathfrak{D}^N(P^N) = {}_N E_x \cdot a_{x+N,\,\overline{m-N}|}\,(A_\mu \cdot d - \Delta A_\mu \cdot v + P^N_{\mu+1})$$

ansetzen läßt.

Ganz analog könnte man nun Prämien P^{N+1}_λ vermittels der Gleichung

(28) $$A_{N+1} - \sum_{1}^{N+1}\lambda\, P^{N+1}_\lambda\, r^{N-\lambda+2} = 0$$

festlegen, welche auf einen den Ausdrücken (26) bzw. (27) entsprechenden Ausdruck für

(29) $$\mathfrak{D}^{N+1}(P^{N+1})$$

führen. Wir vermerken sogleich, daß wegen Relation (28) aus (23)

(30) $$\mathfrak{D}^N(P^{N+1}) = \mathfrak{D}^{N+1}(P^{N+1})$$

folgt. Die Prämien P_μ liegen nun wegen der Ungleichungen (24) zwischen den Werten P^N_μ und P^{N+1}_μ mit Einschluß eines der beiden Grenzwerte, und weil die P^N_μ und P^{N+1}_μ für jedes μ den Prämien P_μ proportional bestimmt sind, so gilt

(31) $$P_\mu = P^N_\mu - \Theta(P^N_\mu - P^{N+1}_\mu)\,, \quad \text{wo} \quad 0 \leqq \Theta \leqq 1\,,$$

mit eventueller Gültigkeit eines der beiden Gleichheitszeichen. Weil aber die $\mathfrak{D}$ lineare Funktionen der P sind, so gilt auch

$$\mathfrak{D}^N(P) = \mathfrak{D}^N(P^N) - \Theta[\mathfrak{D}^N(P^N) - \mathfrak{D}^N(P^{N+1})]\,.$$

Hieraus aber folgt unter Bestimmung des Θ aus (31) und unter Rücksicht auf (30)

(32) $$\mathfrak{D}^N(P) = \frac{P - P^{N+1}}{P^N - P^{N+1}} \cdot \mathfrak{D}^N(P^N) + \frac{P^N - P}{P^N - P^{N+1}} \cdot \mathfrak{D}^{N+1}(P^{N+1})$$

und damit die gesuchte Interpolationsformel. Die Indizes μ haben wir hier bei den Prämien P^N, P^{N+1} und P nicht mehr besonders vermerkt, um den Ausdruck nicht zu überlasten. Die P^N_μ bzw. P^{N+1}_μ sind hierbei auf Grund der Relationen (25) und (28) durch proportionale Erhöhung bzw. Erniedrigung der Prämien P_μ leicht zu erhalten; damit ist aber der vollständige Anschluß an die bei den kontinuierlich Veränderlichen gegebene Darstellung des durchschnittlichen Risikos erreicht. Wir hätten auch hier zu vermerken, daß sich die Bestimmung des durchschnittlichen Risikos für einen innerhalb der Versicherungsdauer zu Beginn eines Versicherungsjahres liegenden Zeitpunkt aus den gleichen Gründen wie bei der kontinuierlichen Methode erübrigt.

Vermöge der Interpolationsformel (32) sind wir demnach auch jetzt in der Lage, von der Darstellung des durchschnittlichen Risikos durch die Nachrente oder die aufgeschobene Rente Gebrauch zu machen und damit, wie aus einem numerischen Beispiele erhellen wird, erhebliche Vorteile für die numerische Rechnung zu erlangen. Die Größen P^N bzw. P^{N+1} bestimmen sich übrigens im Falle der meist gebräuchlichen Versicherungsarten durch einen Blick in die Tabellen der Zinseszinsrechnung. Für die gewöhnliche Versicherung auf Ab- und Erleben mit gleichbleibender Prämie ergibt sich z. B. aus (26) sofort

$$\mathfrak{D}^N(P^N) = n\, a_{x\,\overline{N}|}\,(d + P^N) = (a_{\overline{N}|} - a_{x\,\overline{N}|})\,(d + P^N) = 1 - \frac{a_{x\,\overline{N}|}}{a_{\overline{N}|}}$$

und

$$\mathfrak{D}^{N+1}(P^{N+1}) = 1 - \frac{a_{x\,\overline{N+1}|}}{a_{\overline{N+1}|}},$$

demnach das durchschnittliche Risiko mit

$$(33)\qquad \mathfrak{D}^N(P_{x\,\overline{m}|}) = \left(1 - \frac{a_{x\,\overline{N}|}}{a_{\overline{N}|}}\right)\cdot\frac{P_{x\,\overline{m}|} - P^{N+1}}{P^N - P^{N+1}} + \left(1 - \frac{a_{x\,\overline{N+1}|}}{a_{\overline{N+1}|}}\right)\cdot\frac{P^N - P_{x\,\overline{m}|}}{P^N - P^{N+1}}.$$

Durch Ausrechnung überzeugt man sich leicht von der Richtigkeit der Relation

$$\left(1 - \frac{P^{N+1}}{P^N}\right)\, {}_N A_x = 1 - \frac{a_{x\,\overline{N+1}|}}{a_{\overline{N+1}|}} - \frac{P^{N+1}}{P^N}\left(1 - \frac{a_{x\,\overline{N}|}}{a_{\overline{N}|}}\right),$$

so daß sich in diesem speziellen Falle das durchschnittliche Risiko auch durch die Formel

$$(34)\qquad \mathfrak{D}^N(P_{x\,\overline{m}|}) = \left(1 - \frac{P_{x\,\overline{m}|}}{P^N}\right)\cdot {}_N A_x + \frac{P_{x\,\overline{m}|}}{P^N}\left(1 - \frac{a_{x\,\overline{N}|}}{a_{\overline{N}|}}\right)$$

darstellen läßt. Auch der Inhalt dieser Formel ist ohne Rechnung, rein logisch unschwer zu überblicken.

§ 5. Eine andere Darstellung des durchschnittlichen Risikos als Versicherung auf den Erlebensfall.

Wir wenden uns noch einer anderen Darstellungsmöglichkeit des durchschnittlichen Risikos zu, welche neben großer Anschaulichkeit auch den Vorteil leichter numerischer Berechenbarkeit für sich hat. Betrachten wir wieder zuerst den Fall kontinuierlich Veränderlicher, so folgt aus der Definition des durchschnittlichen Risikos

$$\mathfrak{D}(\pi) = -\int_0^k \frac{d\,l_{x+t}}{l_x}\, e^{-\delta t}\left(A_t - \int_0^t \pi_\lambda e^{\delta(t-\lambda)}\, d\lambda\right)$$

unter Benutzung der auf Grund partieller Integration zu erhaltenden Relation

$$\int_0^k \frac{d\,l_{x+t}}{l_x}\int_0^t \pi_\lambda e^{-\delta\lambda}\, d\lambda = \frac{l_{x+k}}{l_x}\int_0^k\left(\pi_t - \frac{l_{x+t}}{l_{x+k}}\,\pi_t\right) e^{-\delta t}\, dt$$

der Ausdruck

$$\mathfrak{D}(\pi) = \frac{l_{x+k}}{l_x} \cdot e^{-\delta k}\left[\int_0^k \pi_t e^{\delta(k-t)}\,dt - \left(\int_0^k \frac{l_{x+t}}{l_{x+k}}\pi_t e^{\delta(k-t)}\,dt + \int_0^k \frac{d\,l_{x+t}}{l_{x+k}} A^t e^{\delta(k-t)}\right)\right].$$

Die beiden letzten Integrale in der eckigen Klammer sind aber nichts anderes als der retrospektive Ausdruck für das Nettodeckungskapital, so daß sich für das Risiko

$$(35) \qquad \mathfrak{D}(\pi) = {}_kE_x\left(\int_0^k \pi_t e^{\delta(k-t)}\,dt - {}_kV_x\right)$$

ergibt. Wir beachten hierbei, daß zur Ableitung dieses Ausdruckes für das durchschnittliche Risiko von der Risikogleichung

$$A_k - \int_0^k \pi_t e^{\delta(k-t)}\,dt = 0$$

kein Gebrauch gemacht wurde. Zieht man aber diese heran, dann ergibt sich für das durchschnittliche Risiko eine weitere Darstellungsform

$$(36) \qquad \mathfrak{D}(\pi) = {}_kE_x(A_k - {}_kV_x)\,.$$

Für einen innerhalb der Versicherungsdauer gelegenen Zeitpunkt ν, auf welchen sich die Risikoberechnung in Rücksicht auf die fernere Dauer der Versicherung beziehen soll, können wir das vorhandene Deckungskapital ${}_\nu V_x$, wie schon wiederholt bemerkt, bei der Prämie π_ν verrechnen und erhalten als Ausdruck für dieses Risiko

$$(37) \quad \mathfrak{D}_\nu(\pi) = {}_{k_\nu-\nu}E_{x+\nu}\left(\int_0^{k_\nu-\nu} \pi_{\nu+\lambda} e^{\delta(k_\nu-\nu-\lambda)}\,d\lambda + {}_\nu V_x e^{\delta(k_\nu-\nu)} - {}_{k_\nu}V_x\right),$$

wobei wieder die fernere Risikodauer, gerechnet vom Beginn der Versicherung ab, mit k_ν bezeichnet wird. Es ergibt sich dann auch analog (36) der Ausdruck

$$38) \qquad \mathfrak{D}_\nu(\pi) = {}_{k_\nu-\nu}E_{x+\nu}(A_{k_\nu} - {}_{k_\nu}V_x)\,.$$

Hierbei ist von der für diesen Zeitpunkt gültigen Risikogleichung

$$A_{k_\nu} - \int_0^{k_\nu-\nu} \pi_{\nu+\lambda} e^{\delta(k_\nu-\nu-\lambda)}\,d\lambda - {}_\nu V_x e^{\delta(k_\nu-\nu)} = 0$$

Gebrauch gemacht.

Wir wollen bei den eben erhaltenen Ausdrücken etwas verweilen. Sie enthalten zunächst den Satz: Das durchschnittliche Risiko ist für jeden innerhalb der Versicherungsdauer gelegenen Zeitpunkt gleich dem Barwert einer reinen Erlebensversicherung auf das reduzierte Kapital im kritischen Zeitpunkt. Wir können aber auch sagen: Das durchschnittliche Risiko ist gleich dem Barwerte einer reinen Erlebensversicherung auf die im Zeitpunkte der Berechnung für die betreffende Versicherung geltende kritische Dauer, und zwar auf ein Versicherungskapital, welches gegeben ist durch die Differenz der bis zum kritischen Zeitpunkt noch zahlbaren aufgezinsten Prämien samt dem aufgezinsten vorhandenen Deckungskapital und dem zum kritischen Zeitpunkt vorhandenen Deckungskapital. Diese Definitionen gelten bei Verwendung kontinuierlich Veränderlicher. Bei Verwendung diskontinuierlich Veränderlicher, demnach von Jahresprämie, Jahreszins und Sterbenswahrscheinlichkeit an Stelle der bezüglichen Intensitäten gilt die zweite Definition ganz unverändert, wie sogleich näher erwiesen werden wird. Bei der Darstellung des durchschnittlichen Risikos als Erlebensversicherung auf das reduzierte Kapital im kritischen Zeitpunkt wird hingegen von der Risikogleichung Gebrauch gemacht. Wir werden daher im Falle der diskontinuierlich Veränderlichen, wenn wir von dieser Darstellungsform des Risikos Gebrauch machen wollen, wieder von der linearen Interpolation wie im vorhergehenden Paragraphen Gebrauch machen müssen.

Im Zusammenhange mit der eben gegebenen Darstellung des durchschnittlichen Risikos möge noch folgende Überlegung Erwähnung finden: Wenn der Versicherte den innerhalb der Versicherungsdauer gelegenen Zeitpunkt t erlebt, dann ist für den Fall, daß er in diesem Momente von der Versicherung zurücktritt und ihm das volle Deckungskapital zur Verfügung gestellt würde, sein Gewinn bzw. Verlust durch die Differenz der bis zu diesem Zeitpunkte aufgezinsten Prämien und des vorhandenen Deckungskapitals gegeben. Der versicherungstechnische Barwert dieses Betrages für den Beginn der Versicherung ist demnach

$$(39) \qquad {}_tE_x\Bigl(\int_0^t \pi_\lambda e^{\delta(t-\lambda)}d\lambda - {}_tV_x\Bigr)\,.$$

Man kann nun das durchschnittliche Risiko als das innerhalb der Versicherungsdauer mögliche Maximum dieses Barwertes definieren. Hierbei wird in Übereinstimmung mit der auch im vorhergehenden stets gemachten Annahme, daß die Risikodauer eindeutig festgelegt ist, auch jetzt die Voraussetzung zu machen sein, daß ein und nur ein solches Maximum existiert, d. h. daß die Versicherungskombination von der Art ist, daß die Reihe der Werte der jeweils versicherten Kapitalien nur einmal von der Wertereihe der Summe der aufgezinsten Prämien geschnitten wird.

In der Tat ergibt sich durch Differentiation des Ausdruckes (39) nach t und unter Benutzung der Formel der Integralrechnung

$$\frac{d}{d\alpha}\int_a^b \varphi(x,\alpha)\,dx = \int_a^b \frac{d\varphi(x,\alpha)}{d\alpha}dx - \varphi(a,\alpha)\frac{da}{d\alpha} + \varphi(b,\alpha)\frac{db}{d\alpha}$$

als Bedingungsgleichung für das Maximum

$$A_t - \int_0^t \pi_\lambda e^{\delta(t-\lambda)} d\lambda = 0$$

eine Gleichung, welche unter den gemachten Voraussetzungen nur für den Wert $t = k$ erfüllt ist. Wir erhalten sonach als Bedingungsgleichung für das genannte Maximum gerade wieder die Risikogleichung.

Wenden wir uns nunmehr der Behandlung des diskontinuierlichen Falles zu, so verläuft die Ableitung ganz analog der von (35).

Nach der Definition ist

$$\mathfrak{D}(P) = \sum_1^N {}_\lambda \frac{C_{x+\lambda-1}}{D_x} \left(A_\lambda - \sum_1^\lambda {}_\mu P_\mu r^{\lambda-\mu+1}\right),$$

woraus sich auch

$$\mathfrak{D}(P) = \frac{D_{x+N}}{D_x}\left(\sum_1^N {}_\lambda \frac{C_{x+\lambda-1}}{D_{x+N}} A_\lambda - \sum_1^N {}_\lambda \frac{D_{x+\lambda-1}}{D_{x+N}} P_\lambda + \sum_1^N {}_\lambda P_\lambda r^{N-\lambda+1}\right)$$

ergibt. Denn man bestätigt leicht die Richtigkeit der Relation

$$\sum_1^N {}_\lambda \frac{C_{x+\lambda-1}}{D_x} \sum_1^\lambda {}_\mu P_\mu r^{\lambda-\mu+1} = \sum_1^N {}_\lambda P_\lambda \frac{D_{x+\lambda-1}}{D_x} - \frac{D_{x+N}}{D_x} \sum_1^N {}_\lambda P^\lambda r^{N-\lambda+1}.$$

Sonach ist dieses durchschnittliche Risiko auch gleich

$$\mathfrak{D}(P) = \frac{D_{x+N}}{D_x} \sum_1^N {}_\lambda P_\lambda r^{N-\lambda+1} - \frac{D_{x+N}}{D_x}\left(\sum_1^N {}_\lambda \frac{D_{x+\lambda-1}}{D_{x+N}} P_\lambda - \sum_1^N {}_\lambda \frac{C_{x+\lambda-1}}{D_{x+N}} A_\lambda\right)$$

oder

(40) $$\mathfrak{D}(P) = {}_N E_x \left(\sum_1^N {}_\lambda P_\lambda r^{N-\lambda+1} - {}_N V_x\right),$$

womit die gesuchte Darstellung gewonnen ist. Die Formel ist für numerische Berechnungen stets allen anderen vorzuziehen, wenn die Prämien, was meist zutrifft, untereinander gleich vorgesehen sind, zumal Tabellen der Deckungskapitalwerte fast immer zur Verfügung stehen. Auf den ersten Blick erscheint es befremdlich, daß für die Gestaltung des Risikos während der ganzen Versicherungsdauer nur zwei für einen bestimmten Moment definierte Werte maßgebend sein sollen. Tatsächlich drückt sich aber die Höhe der sonst beliebig anzunehmenden Werte A_λ voll in dem Betrage des zum kritischen Zeitpunkt geltenden Deckungskapitales ${}_N V_x$ aus.

Betrachten wir als speziellen Fall wieder die Versicherung auf Ab- und Erleben mit gleichbleibender Jahres- bzw. Einmalprämie, so erhalten wir nach (40)

(41) $$\mathfrak{D}(P_{x\overline{m}|}) = {}_N E_x \left(P_{x\overline{m}|} \cdot r \frac{r^N - 1}{r - 1} - {}_N V_x\right)$$

und

(42) $$\mathfrak{D}(A_{x\overline{m}|}) = {}_N E_x \left(A_{x\overline{m}|} \cdot r^N - A_{x+N,\overline{m-N}|}\right).$$

Man berechnet aus diesen Darstellungen sehr leicht die Richtigkeit der Relation

$$\mathfrak{D}(A_{x\overline{m}|}) = \frac{d}{P_{x\overline{m}|} + d} \cdot \mathfrak{D}(P_{x\overline{m}|}), \tag{43}$$

und ganz analog erhält man auch

$$-\mathfrak{D}(a_{x\overline{m}|}) = \frac{1}{P_{x\overline{m}|} + d} \cdot \mathfrak{D}(P_{x\overline{m}|}). \tag{44}$$

Betrachten wir aber das fernere Risiko einer Versicherung auf Ab- und Erleben mit laufender Prämie nach ν jährigem Bestande, dann können wir das Deckungskapital V_ν auch als Einmalprämie auffassen, welcher die versicherte Summe $1 - \frac{P_{x\overline{m}|}}{P_{x+\nu,\overline{m-\nu}|}}$ entspricht, während für die Versicherungssumme $\frac{P_{x\overline{m}|}}{P_{x+\nu,\overline{m-\nu}|}}$ die Prämie $P_{x\overline{m}|}$ bezahlt wird. Entsprechend kann auch das durchschnittliche Risiko in zwei Bestandteile gleicher Risikodauer gelöst werden. Beachten wir dann Relation (43), so ist das Risiko nach ν jährigem Bestande gleich dem für das Beitrittsalter $x + \nu$ und die Versicherungsdauer $m - \nu$ multipliziert mit

$$\frac{P_{x\overline{m}|}}{P_{x+\nu,\overline{m-\nu}|}} + \left(1 - \frac{P_{x\overline{m}|}}{P_{x+\nu,\overline{m-\nu}|}}\right) \cdot \frac{d}{P_{x+\nu,\overline{m-\nu}|} + d} \quad \text{oder} \quad \frac{a_{x+\nu,\overline{m-\nu}|}}{a_{x\overline{m}|}},$$

ein Resultat, welchem wir auch schon bei der kontinuierlichen Methode begegnet sind.

Wir wollen endlich noch auf eine Beziehung aufmerksam machen, welche sich aus der Tatsache ergibt, daß das Nettodeckungskapital nichts anderes ist als die Summe der aufgezinsten Sparprämien. Trennen wir nämlich die Prämien π_λ — wir ziehen jetzt wieder die kontinuierlich Veränderlichen heran — in die bezüglichen Sparprämien und Risikoprämien $S\pi_\lambda$ bzw. $R\pi_\lambda$, so ergibt sich aus der Definition des Risikos

$$\mathfrak{D}(\pi) = -\int_0^k \frac{d\,l_{x+t}}{l_x} e^{-\delta t}\left(A_t - \int_0^t \pi_\lambda e^{\delta(t-\lambda)} d\lambda\right)$$

sofort die Darstellung

$$\mathfrak{D}(\pi) = -\int_0^k \frac{d\,l_{x+t}}{l_x} e^{-\delta t}(A_t - {}_tV_x) + \int_0^k \frac{d\,l_{x+t}}{l_x} e^{-\delta t} \int_0^t R\pi_\lambda e^{\delta(t-\lambda)} d\lambda. \tag{45}$$

Nun ist aber der erste Integralausdruck nichts anderes als der versicherungstechnische Barwert sämtlicher Risikoprämien, welche bis zum kritischen Zeitpunkt k zu entrichten sind, denn die einzelne Risikoprämie ist durch

$$R\pi_t dt = -\frac{d\,l_{x+t}}{l_{x+t}}(A_t - {}_tV_x)$$

gegeben. Das zweite Integral aber stellt eine kurze Todesfallversicherung auf Beträge dar, welche jeweils den aufgezinsten Risikoprämien gleichkommen.

Man darf daher das durchschnittliche Risiko nicht etwa als den versicherungstechnischen Barwert der bis zum kritischen Zeitpunkt zahlbaren Risikoprämien betrachten. Noch weniger gilt dies von deren Barwert, gerechnet bis zum Ablauf der Versicherung, einem Wert, den man bekanntlich als Wrightschen Versicherungswert (insurance value) bezeichnet. Der hier vorliegende Sachverhalt ist vielmehr der folgende: Die Kosten des Risikos des Versicherers müssen vom Versicherten bestritten werden, und dies äußert sich eben darin, daß das Deckungskapital nicht etwa den aufgezinsten Prämien schlechthin, sondern der Summe der aufgezinsten Sparprämien gleichkommt. Die Differenz der aufgezinsten Prämien und der aufgezinsten Sparprämien für einen gewissen Zeitpunkt muß dann den auf diesen Zeitpunkt bezogenen Kosten des Risikos der Versicherung gleichkommen. Demnach sind auch die versicherungstechnischen Barwerte dieser für den Zeitpunkt k berechneten Größen — die Barwerte bezogen auf den Beginn der Versicherung — einander gleich. Der versicherungstechnische Barwert sämtlicher bis zum Zeitpunkt k zu entrichtender Risikoprämien ist aber offenbar größer als das durchschnittliche Risiko. Denn im Sinne einer fingierten Gesellschaft würde dieser Barwert auch den Wert aller jener Risikoprämien enthalten, welche von Versicherten entrichtet werden, die nach Entrichtung dieser Risikoprämien, aber vor Erreichung des Termines k sterben. Dies ist der Sinn des zweiten Integralausdruckes in der Darstellung (45).

Wohl aber können wir das durchschnittliche Risiko so definieren: Das durchschnittliche Risiko ist gleich dem Werte einer Erlebensversicherung der Dauer k auf den Betrag sämtlicher vor dem kritischen Zeitpunkt zu entrichtenden und auf diesen Zeitpunkt aufgezinsten Risikoprämien. Denn aus (35) folgt ja

$$(46)\quad \mathfrak{D}(\pi) = {}_kE_x \left(\int_0^k \pi\, e^{\delta(k-t)}\, dt - \int_0^k S\, \pi_t\, e^{\delta(k-t)}\, dt\right) = {}_kE_x \int_0^k R\, \pi_t\, e^{\delta(k-t)}\, dt\,.$$

Diese Definition gilt auch für den Fall der diskontinuierlich Veränderlichen, wie man aus (40) unmittelbar abliest.

Es erübrigt nur noch die Beibringung von Zahlenbeispielen, und wir wählen hierfür wieder die Berechnung des durchschnittlichen Risikos einer gewöhnlichen Versicherung auf Ab- und Erleben mit gleichbleibender Jahresprämie. Die Berechnung wird einmal nach Formel (33) und dann nach Formel (41) vorgenommen. Die Resultate sind, wie man aus den Tabellen entnimmt, vollständig gleichwertig.

$$\mathfrak{D}(P_{x,m}) = \frac{P - P^{N+1}}{P^N - P^{N+1}} \cdot \left(1 - \frac{a_{x\overline{N}|}}{a_{\overline{N}|}}\right) + \frac{P^N - P}{P^N - P^{N+1}} \cdot \left(1 - \frac{a_{x\overline{N+1}|}}{a_{\overline{N+1}|}}\right).$$

M_G^S, 4%, Versicherungssumme = 1000.

1	2	3	4	5	6	7	8	9	10	11	12	13	14	15	16	17
x	m	P	N	P^N	P^{N+1}	$\frac{P-P^{N+1}}{P^N-P^{N+1}}$	1 − (7)	$a_{x\overline{N}\|}$	$a_{\overline{N}\|}$	$a_{x\overline{N+1}\|}$	$a_{\overline{N+1}\|}$	$1000\left(1-\frac{(9)}{(10)}\right)$	$1000\left(1-\frac{(11)}{(12)}\right)$	(7) · (13)	(8) · (14)	$\mathfrak{D}(P_{x\overline{m}\|})$ (15)+(16)
20	10	81,69	9	90,86	80,09	0,149	0,851	7,6415	7,7327	8,3229	8,4353	11,79	13,32	1,76	11,34	13,1
	15	49,90	14	52,57	48,02	0,413	0,587	10,7701	10,9856	11,3175	11,5631	19,62	21,24	8,10	12,47	20,6
	20	34,46	19	34,75	32,29	0,882	0,118	13,2776	13,6593	13,7145	14,1339	27,94	29,67	24,64	3,50	28,1
	25	25,57	23	26,26	24,60	0,584	0,416	14,9095	15,4511	15,2716	15,8568	35,05	36,91	20,47	15,35	35,8
30	10	82,56	9	90,86	80,09	0,229	0,771	7,5938	7,7327	8,2633	8,4353	17,96	20,39	4,11	15,72	19,8
	15	50,99	14	52,57	48,02	0,653	0,347	10,6499	10,9856	11,1789	11,5631	30,56	33,23	19,96	11,53	31,5
	20	35,81	18	37,49	34,75	0,387	0,613	12,6184	13,1657	13,0520	13,6593	41,57	44,46	16,09	27,25	43,3
	25	27,24	22	28,08	26,26	0,538	0,462	14,2250	15,0292	14,5758	15,4511	53,51	56,65	28,79	26,17	55,0
40	10	84,47	9	90,86	80,09	0,407	0,593	7,4907	7,7327	8,1349	8,4353	31,30	35,61	12,74	21,12	33,9
	15	53,42	13	57,83	52,57	0,162	0,838	9,8745	10,3851	10,3937	10,9856	49,17	53,88	7,97	45,15	53,1
	20	38,81	17	40,58	37,49	0,427	0,573	11,7837	12,6523	12,1943	13,1657	68,65	73,78	29,31	42,28	71,6
	25	30,89	20	32,29	30,08	0,367	0,633	12,9418	14,1339	13,2805	14,5903	84,34	89,77	30,95	56,82	87,8
50	10	88,70	9	90,86	80,09	0,799	0,201	7,2721	7,7327	7,8640	8,4353	59,57	67,73	47,60	13,61	61,2
	15	58,79	12	63,99	57,83	0,156	0,844	8,9355	9,7605	9,4179	10,3851	84,52	93,13	13,19	78,60	91,8
	20	45,44	15	48,02	44,06	0,348	0,652	10,2823	11,5631	10,6670	12,1184	110,77	119,77	38,55	78,09	116,6
60	10	98,18	8	104,35	90,86	0,543	0,457	6,2882	7,0021	6,8270	7,7327	101,95	117,13	55,36	53,53	108,9

$$\mathfrak{D}(P_{x,\overline{m|}}) = {}_N E_x \left(P_{x,\overline{m|}} \cdot r \cdot \frac{r^N - 1}{r - 1} - {}_N V_x\right).$$

M_G^S, 4%, Versicherungssumme = 1000.

1	2	3	4	5	6	7	8	9	10
x	m	$P_{x,\overline{m\|}}$	N	$r\frac{r^N-1}{r-1}$	$P_{x,\overline{m\|}} \cdot r\frac{r^N-1}{r-1}$	${}_N V_x$	(6) — (7)	${}_N E_x$	$\mathfrak{D}(P_{x,\overline{m\|}})$
20	10	81,69	9	11,0061	899,09	879,85	19,24	681,38	13,1
	15	49,90	14	19,0236	949,28	911,64	37,64	547,41	20,6
	20	34,46	19	28,7781	991,69	927,08	64,61	436,83	28,2
	25	25,57	23	38,0826	973,77	874,94	98,83	362,14	35,8
30	10	82,56	9	11,0061	908,66	878,98	29,68	669,50	19,9
	15	50,99	14	19,0236	970,01	910,55	59,46	528,96	31,5
	20	35,81	18	26,6712	955,10	855,17	99,93	433,58	43,3
	25	27,24	22	35,6179	970,23	813,43	156,80	350,86	55,0
40	10	84,47	9	11,0061	929,69	877,08	52,61	644,16	33,9
	15	53,42	13	17,2919	923,73	821,30	102,43	519,22	53,2
	20	38,81	17	24,6454	956,49	782,05	174,44	410,61	71,6
	25	30,89	20	30,9692	956,64	697,27	259,37	338,65	87,8
50	10	88,70	9	11,0061	976,24	872,84	103,40	591,85	61,2
	15	58,79	12	15,6268	918,81	728,44	190,37	482,36	91,8
	20	45,44	15	20,8245	946,27	643,16	303,11	384,70	116,6
60	10	98,18	8	9,5828	940,84	738,71	202,13	538,79	108,9

§ 6. Das mittlere Risiko.

Wir haben schon hervorgehoben, daß dem durchschnittlichen Risiko der Mangel anhaftet, daß seine Berechnung für eine endliche Anzahl von Versicherungen auf Grund der Risiken der Einzelversicherungen nicht ohne weiteres möglich ist. Hier tritt seine Bedeutung gegenüber dem mittleren Risiko, also dem quadratischen Mittel der bezüglichen Gewinne oder Verluste, vollständig zurück. Das mittlere Risiko gestattet in einfachster Weise die Berechnung für einen Bestand von Versicherungen auf Grund der mittleren Risiken der Einzelversicherungen. Zum Beweise dieser Tatsache beruft man sich in der Regel auf die entsprechenden Sätze der Wahrscheinlichkeitstheorie und der Fehlertheorie. Sie ist aber ohne deren Heranziehung, wie alle übrigen Entwicklungen der Versicherungstechnik, auch aus dem Schema der fingierten Gesellschaft ohne weiteres herzuleiten.

Wir beziehen uns auf die Einzelversicherung und es sei m wieder die Dauer der Versicherung, w_{n-1} die Wahrscheinlichkeit, daß die Beträge $\mathfrak{A}_n$ am Ende der einzelnen Versicherungsjahre zur Auszahlung gelangen, und $\mathfrak{E}_n$ sei die auf das Ende der Versicherungsjahre aufsummierte Prämieneinnahme. Die Werte $\mathfrak{A}_n$ und $\mathfrak{E}_n$ sind hierbei wieder auf den Beginn der Versicherung zu beziehen. Dann ist das mittlere

Risiko $\mathfrak{M}$, bezogen auf den Anfang der Versicherung, wenn wir die ganze Versicherungsdauer ins Auge fassen,

$$\mathfrak{M}^2 = \sum_1^m w_{n-1} (\mathfrak{A}_n - \mathfrak{E}_n)^2. \tag{47}$$

Ist die Versicherung eine temporäre, dann bedeutet offenbar w_{m-1} die Wahrscheinlichkeit, im letzten Versicherungsjahre zu sterben, oder das Ende dieses Jahres zu erleben. Im Sinne des Schemas der fingierten Gesellschaft haben wir nun für zwei Versicherungen der Dauer m und m', der Beitrittsalter x und x' und der Beträge $\mathfrak{A}$ und $\mathfrak{E}$ bzw. $\mathfrak{A}'$ und $\mathfrak{E}'$ für das mittlere Risiko anzusetzen

$$l_x \cdot l_{x'} \cdot \mathfrak{M}^2_{xx'} = \sum_1^m{}_k \sum_1^{m'}{}_\lambda d_{x+k-1} \cdot d_{x'+\lambda-1} (\mathfrak{A}_k + \mathfrak{A}'_\lambda - \mathfrak{E}_k - \mathfrak{E}'_\lambda)^2.$$

Die beiden Versicherungen sind hierbei vollständig unabhängig voneinander angenommen und unter d_{x+m-1} bzw. $d_{x'+m'-1}$ hätten wir die Anzahl der Toten des letzten Versicherungsjahres plus der Anzahl der nach Ablauf der Versicherung Lebenden zu verstehen. Sonach gilt

$$\frac{\sum_1^m{}_k d_{x+k-1}}{l_x} = \frac{\sum_1^{m'}{}_\lambda d_{x'+\lambda-1}}{l_{x'}} = 1. \tag{48}$$

Zufolge der Definition der Einzelrisiken

$$l_x \mathfrak{M}^2_x = \sum_1^m{}_k d_{x+k-1} (\mathfrak{A}_k - \mathfrak{E}_k)^2,$$

$$l_{x'} \mathfrak{M}^2_{x'} = \sum_1^{m'} d_{x'+\lambda-1} (\mathfrak{A}'_\lambda - \mathfrak{E}'_\lambda)^2$$

und der Relation

$$\sum_1^m{}_k d_{x+k-1} (\mathfrak{A}_k - \mathfrak{E}_k) = \sum_1^{m'} d_{x'+\lambda-1} (\mathfrak{A}'_\lambda - \mathfrak{E}'_\lambda) = 0$$

ergibt sich dann unter Beachtung von (48) aus (47)

$$\mathfrak{M}^2_{xx'} = \mathfrak{M}^2_x + \mathfrak{M}^2_{x'}, \tag{49}$$

so daß sich das Quadrat des mittleren Risikos für einen Bestand von zwei unabhängigen Versicherungen aus den Quadraten der Risiken der Einzelversicherungen additiv zusammensetzt. Weil die Beträge $\mathfrak{A}_k$, $\mathfrak{E}_k$, $\mathfrak{A}'_\lambda$, $\mathfrak{E}'_\lambda$ nur an das Äquivalenzprinzip gebunden sind, so können wir die Beträge $\mathfrak{E}$ stets so deuten, daß etwa nach ν-jährigem Bestande der Versicherung, wenn das Risiko für diesen Zeitpunkt berechnet werden soll, das dann vorhandene Deckungskapital in den $\mathfrak{E}$ mitverrechnet erscheint. Der Satz gilt daher ganz allgemein hinsichtlich des Berechnungstermines, und nichts hindert natürlich, ihn auf drei und mehr Versicherungen auszudehnen. Im besonderen gilt der Satz auch für das einjährige mittlere Risiko, bei dem also für einen gewissen Termin nur das nächste Jahr in Betracht gezogen wird.

Beschränken wir uns auf eine einjährige Beobachtung, dann kann der Wert der Sterbenswahrscheinlichkeit für eine bestimmte Person am Ende des Jahres auf Grund des Beobachtungsresultates nur die beiden Werte 0 oder 1 ergeben. Für einen $x$jährigen ist demnach das wahrscheinliche Resultat einer solchen Beobachtung auf Grund der Daten der Absterbeordnung

$$q_x \cdot 1 + (1 - q_x) \cdot 0 = q_x$$

und die mittlere Abweichung von diesem Resultat bestimmt sich als

$$q_x (q_x - 1)^2 + (1 - q_x)(q_x - 0)^2 = q_x (1 - q_x) = q_x \cdot p_x \, .$$

Ist nun q_{x+n} bzw. p_{x+n} die Sterbens- und Erlebenswahrscheinlichkeit für das $n+1$ te Versicherungsjahr, V_n das Deckungskapital nach n Jahren und P_{n+1} die zu Beginn des $n+1$ ten Jahres zahlbare Prämie, dann ist das Quadrat des mittleren Risikos dieses Versicherungsjahres, berechnet für den Beginn desselben, wenn A_{n+1} die im Todesfalle zur Auszahlung gelangende Summe bedeutet,

$$q_{x+n} (v \cdot A_{n+1} - V_n - P_{n+1})^2 + p_{x+n} (V_{n+1} \cdot v - V_n - P_{n+1})^2 \, .$$

Zufolge der Rekursionsformel des Deckungskapitals

$$V_n + P_{n+1} = q_{x+n} \cdot v \cdot A_{n+1} + p_{x+n} \cdot v \cdot V_{n+1}$$

ergibt sich für diesen Ausdruck

$$\begin{aligned} q_{x+n}(v A_{n+1} - v q_{x+n} A_{n+1} - v p_{x+n} V_{n+1})^2 \\ + p_{x+n}(v V_{n+1} - v q_{x+n} A_{n+1} - v p_{x+n} V_{n+1})^2 \end{aligned}$$

oder

$$q_{x+n} \cdot p_{x+n} \cdot v^2 (A_{n+1} - V_{n+1})^2 \, , \tag{50}$$

während sich für den Durchschnittswert

$$q_{x+n}(v A_{n+1} - V_n - P_{n+1}) + p_{x+n}(v V_{n+1} - V_n - P_{n+1}) = 0$$

ergibt. Das mittlere Risiko ist hierbei auf den Anfang des Jahres bezogen, was sich in dem Faktor v^2 ausdrückt. Für manche Zwecke zieht man es vor, von diesem Faktor abzusehen, demnach den Wert des Risikos für das Ende des Jahres in Betracht zu ziehen, insbesondere wenn es sich um bilanzmäßige Berechnungen handelt.

Aus dem mittleren Risiko der Einzelversicherung für ein Jahr erhält man das entsprechende Risiko für den ganzen Versicherungsbestand als Quadratwurzel über sämtliche Risikoquadrate der Einzelversicherungen.

Für die Berechnung des mittleren Risikos für die ganze Versicherungsdauer ist der Satz von Hattendorf von Wichtigkeit. Nach diesem Satze ist das letztgenannte Risiko in einfachster Weise aus den Risiken für die einzelnen Versicherungsjahre zu erhalten. Dies folgt unmittelbar aus dem Satze von der Addition der Risikoquadrate. Denn wir können jede Versicherung der Dauer m aus m einjährigen, voneinander unabhängigen Versicherungen zusammengesetzt denken. Die Summe der Quadrate der Risiken dieser einjährigen Versicherungen, bezogen auf den Beginn der $m$jährigen Versicherung ist nach dem Hattendorfschen Satze gleich dem Quadrate des Risikos der letzteren Versicherung.

Bezeichnen wir das mittlere Risiko für das durch die Termine $k, k+1$ bestimmte Versicherungsjahr mit $\mathfrak{M}(k, k+1)$, wenn es auf den Termin k bezogen ist und mit $\mathfrak{M}(o, k, k+1)$, wenn es auf den Beginn der Versicherung o bezogen ist, dann ist

$$\mathfrak{M}^2(o, k, k+1) = \frac{l_{x+k}}{l_x} v^{2k} \mathfrak{M}^2(k, k+1),$$

die Gesamtheit dieser Risiken daher

$$\sum_0^{m-1} {}_k \frac{l_{x+k}}{l_x} v^{2k} \mathfrak{M}^2(k, k+1). \tag{51}$$

Nun ist aber das mittlere Risiko für die Versicherung der Dauer m definitionsgemäß

$$\mathfrak{M}^2 = \sum_1^m {}_k w_{k-1} (\mathfrak{A}_k - \mathfrak{E}_k)^2.$$

Hierbei sind unter den $\mathfrak{A}_k$ die gesamten Ausgaben an Versicherungsleistungen, unter den $\mathfrak{E}_k$ die gesamten Einnahmen an Nettoprämien, beide diskontiert auf den Beginn der Versicherung, zu verstehen. Bezeichnen wir die Wahrscheinlichkeit der Kapitalzahlung für das $k$te Versicherungsjahr zu Beginn desselben mit $\bar{q}_{k-1}$, dann ist

$$w_{k-1} = \frac{l_{x+k-1}}{l_x} \cdot \bar{q}_{k-1}.$$

Die eventuelle Kapitalzahlung dieses Jahres samt dem am Ende desselben zurückzustellenden Deckungskapital bezeichnen wir mit $\bar{A}_k$ und das am Anfange des Jahres zu vereinnahmende Deckungskapital samt der eingehenden Prämie mit $\bar{E}_k$. Hierbei sind $\bar{A}_k$ und $\bar{E}_k$ als die auf den Anfang des Jahres diskontierten Werte der genannten Beträge verstanden. Wird demnach die $m$jährige Versicherung in solche einjährige voneinander unabhängige Versicherungen zerlegt, dann ist nach dem Satze von der Addition der Quadrate der mittleren Risiken

$$\mathfrak{M}^2 = \sum_1^m {}_k \frac{l_{x+k-1}}{l_x} v^{2(k-1)} \bar{q}_{k-1} (\bar{A}_k - \bar{E}_k)^2.$$

Nun ist aber nach (50)

$$\bar{q}_{k-1}(A_k - \overline{E}_k)^2 = q_{x+k-1} \cdot p_{x+k-1} \cdot v^2 (A_k - V_k)^2 = \mathfrak{M}^2(k-1, k) ,$$

so daß sich das totale mittlere Risiko für die ganze Versicherungsdauer durch (51) ausdrückt in Übereinstimmung mit der Aussage des Hattendorfschen Satzes.

§ 7. Spezielle Formen des mittleren Risikos.

Unter Verwendung kontinuierlich Veränderlicher sei die auf den Beginn der Versicherung diskontierte Differenz $\mathfrak{A}_t - \mathfrak{E}_t$ mit $\mathfrak{G}_t$ bezeichnet, und wenn w_t die Wahrscheinlichkeit des Gewinnes oder Verlustes $\mathfrak{G}_t$ für den Versicherungsbeginn bezeichnet und m wieder die Dauer der Versicherung ist, dann ist nach dem Äquivalenzprinzip

$$\gamma = \int_0^m w_t \mathfrak{G}_t \, dt = 0 , \qquad \int_0^m w_t \, dt = 1 .$$

Hierbei können wir die obere Integralgrenze, weil die w_t für $t > m$ als Null angenommen werden können, auch durch ∞ ersetzen. Die mittlere Abweichung vom Durchschnittswerte γ ergibt dann das mittlere Risiko für die ganze Versicherungsdauer

$$\mathfrak{M}^2 = \int_0^\infty w_t (\mathfrak{G}_t - \gamma)^2 \, dt = \int_0^\infty w_t \mathfrak{G}_t^2 \, dt .$$

Handelt es sich um eine abgekürzte Todesfallversicherung, dann haben wir für die w_t

$$w_t = -\frac{d l_{x+t}}{l_x}$$

anzunehmen. Wir haben dabei die Annahme zu machen, daß die verwendete Absterbeordnung mit dem Alter $x + m$ abbricht, so daß alle zu diesem Zeitpunkt vorhandenen Lebenden unmittelbar darauf mit Tod abgehen. Dann ist die Bedingung

$$\int_0^m w_t \, dt = 1$$

erfüllt. Rechnet man mit Sterbenswahrscheinlichkeiten, so heißt dies, daß man im letzten Versicherungsjahre q_{x+m-1} durch $q_{x+m-1} + p_{x+m-1} = 1$ zu ersetzen hat. Bei allgemein angenommenen Versicherungskapitalien und Prämien erhalten wir sonach für das mittlere Risiko den Ausdruck

$$(52) \qquad \mathfrak{M}^2 = -\int_0^\infty \frac{d l_{x+t}}{l_x} e^{-2\delta t} \Big(A_t - \int_0^t \pi_\lambda e^{\delta(t-\lambda)} d\lambda \Big)^2 ,$$

wobei der Diskontierungsfaktor vor die Klammer gezogen ist, und im Falle diskontinuierlich Veränderlicher

$$\mathfrak{M}^2 = \sum_{1}^{\infty} {}_{\lambda} \frac{d_{x+\lambda-1}}{l_x} v^{2\lambda} \left(A_\lambda - \sum_{1}^{\lambda} {}_{k} P_k r^{\lambda-k+1} \right)^2. \tag{53}$$

Die Glieder in der runden Klammer werden aber stets nach Ausführung der Quadrierung auf Ausdrücke der Form

$$\alpha_\lambda, \; \beta_\lambda r^\lambda, \; \gamma_\lambda r^{2\lambda}$$

zu bringen sein, wobei die Koeffizienten $\alpha_\lambda, \beta_\lambda, \gamma$ von λ abhängig sind. Das mittlere Risiko wird sich daher aus Ausdrücken der Form

$$\sum_{1}^{\infty} {}_{\lambda} \frac{d_{x+\lambda-1}}{l_x} v^{2\lambda} \cdot \alpha_\lambda, \quad \sum_{1}^{\infty} {}_{\lambda} \frac{d_{x+\lambda-1}}{l_x} v^{\lambda} \cdot \beta_\lambda, \quad \sum_{1}^{\infty} {}_{\lambda} \frac{d_{x+\lambda-1}}{l_x} \cdot \gamma_\lambda$$

zusammensetzen. Hier ist das mittlere Glied der Wert einer kurzen Todesfallversicherung auf die Beträge β_λ, das erste Glied ein ganz ähnlich gebauter Ausdruck auf die Beträge α_λ, wobei jedoch nicht v, sondern v^2 als Diskontierungsfaktor Verwendung zu finden hat, und endlich das letzte Glied ein analoger Ausdruck auf die Beträge γ_λ unter Verwendung des Diskontierungsfaktors $v = 1$.

Bei der gewöhnlichen Todesfallversicherung mit Einmalprämie ist der Klammerausdruck

$$(1 - r^\lambda A_x)^2 = 1 - 2 r^\lambda A_x + r^{2\lambda} A_x^2,$$

demnach

$$\alpha_\lambda = 1, \quad \beta_\lambda = -2 A_x, \quad \gamma_\lambda = A_x^2,$$

und daher das mittlere Risiko

$$\mathfrak{M}^2 (A_x) = A'_x - 2 A_x^2 + A_x^2 = A'_x - A_x^2, \tag{54}$$

wobei A'_x den Einmalwert der Todesfallversicherung, jedoch gerechnet mit dem Diskontierungsfaktor v^2 statt v, bedeutet. Die mit diesem Faktor gerechneten diskontierten Zahlen der Lebenden bzw. Toten seien mit

$$D'_x = l_x v^{2x}, \quad C'_x = d_x v^{2x+2}$$

bezeichnet. Denken wir uns die Tafel der Lebenden mit dem Alter $x + m$ abgebrochen, dann erhält man für das mittlere Risiko der Versicherung auf Ab- und Erleben gegen Einmalprämie

$$\mathfrak{M}^2 (A_{x\overline{m}|}) = A'_{x\overline{m}|} - A^2_{x\overline{m}|}. \tag{55}$$

Bei der Todesfallversicherung mit jährlicher Prämie ergibt sich für den Klammerausdruck

$$\left(1 - P_x r \frac{r^\lambda - 1}{r - 1}\right)^2 = r^{2\lambda} \left(v^\lambda - P_x \frac{1 - v^\lambda}{1 - v}\right)^2 = r^{2\lambda} \left(\frac{P_x + d}{d}\right)^2 (v^\lambda - A_\lambda)^2,$$

demnach für das mittlere Risiko

$$(56)\qquad \mathfrak{M}^2(P_x) = \left(\frac{P_x + d}{d}\right)^2 (A'_x - A^2_x),$$

und für die Versicherung auf Ab- und Erleben mit jährlicher Prämienzahlung

$$(57)\qquad \mathfrak{M}^2(P_{x\,\overline{m}|}) = \left(\frac{P_{x\,\overline{m}|} + d}{d}\right)^2 (A'_{x\,\overline{m}|} - A^2_{x\,\overline{m}|}).$$

Bei der Leibrente ist der Klammerausdruck

$$\left(a_x r^\lambda - r\frac{r^\lambda - 1}{r - 1}\right)^2 = r^{2\lambda}\frac{1}{d^2}(v^\lambda - A_x)^2$$

und demnach

$$(58)\qquad \mathfrak{M}^2(a_x) = \frac{1}{d^2}(A'_x - A^2_x), \qquad \mathfrak{M}^2(a_{x\,\overline{m}|}) = \frac{1}{d^2}(A'_{x\,\overline{m}|} - A^2_{x\,\overline{m}|}).$$

Man sieht, daß zwischen den bezüglichen mittleren Risiken der Rente und der Kapitalversicherung mit einmaliger und jährlicher Prämienzahlung genau dieselben Beziehungen bestehen wie beim durchschnittlichen Risiko. Für die Versicherung mit bestimmter Verfallzeit gegen jährliche Prämie erweist sich sofort die Richtigkeit der Relation

$$(59)\qquad \mathfrak{M}\left(\frac{v^m}{a_{x\,\overline{m}|}}\right) = v^m\,\mathfrak{M}(P_{x\,\overline{m}|}).$$

Ganz analog wie beim durchschnittlichen Risiko berechnet sich auch das mittlere Risiko für einen innerhalb der Versicherungsdauer gelegenen Zeitpunkt, wobei wieder zweckmäßig die Versicherung in eine solche gegen Einmalprämie, als welche das vorhandene Deckungskapital zu betrachten ist, und eine gegen laufende Prämie zu zerlegen ist. Wir können auch nach dem Beispiele von Hausdorff von einer kombinierten Versicherung gegen Einmalprämie ausgehen, welche in einer kurzen Rente der Dauer m und einer Versicherung auf Ab- und Erleben der gleichen Dauer, erstere auf den Betrag e_1, letztere auf den Betrag e_2 Gebrauch machen. ν Jahre nach Abschluß hat der Versicherte das Alter $x + \nu$ erreicht und das Deckungskapital ist dann

$$V_\nu = e_1 a_{x+\nu,\,\overline{m-\nu}|} + e_2 A_{x+\nu,\,\overline{m-\nu}|}.$$

Die Wahrscheinlichkeiten

$${}_{0|}q_{x+\nu},\quad {}_{1|}q_{x+\nu},\ \ldots\ {}_{m-\nu-2|}q_{x+\nu},\quad {}_{m-\nu-1|}q_{x+\nu} + {}_{m-\nu}p_{x+\nu}$$

bezeichnen wir wieder mit

$$w_1,\ w_2,\ \ldots\ w_{m-\nu-1},\ w_{m-\nu}, \quad \text{wobei} \quad \sum_{1}^{m-\nu}{}_\lambda\, w_\lambda = 1$$

gilt. Die der Wahrscheinlichkeit w_λ entsprechende Auszahlung ist auf den Termin ν diskontiert,

$$\overline{A}_\lambda = e_1 a_{\overline{\lambda}|} + e_2 v^\lambda = \frac{e_1}{d} + \left(e_2 - \frac{e_1}{d}\right) v^\lambda.$$

Das Deckungskapital kann dann

$$V_\nu = \sum_{1}^{m-\nu} {}^{\lambda} w_\lambda \bar{A}_\lambda = \frac{e_1}{d} + \left(e_2 - \frac{e_1}{d}\right) \sum_{1}^{m-\nu} {}^{\lambda} w_\lambda v^\lambda$$

geschrieben werden. Demnach ist das mittlere Risiko

$$\mathfrak{M}_\nu^2 = \sum_{1}^{m-\nu} {}^{\lambda} w_\lambda (\bar{A}_\lambda - V_\nu)^2 = \left(e_2 - \frac{e_1}{d}\right)^2 \sum_{1}^{m-\nu} {}^{k} w_k \left(\sum_{1}^{m-\nu} {}^{\lambda} w_\lambda v^\lambda - v^k\right)^2$$

$$= \left(e_2 - \frac{e_1}{d}\right)^2 \left[\sum_{1}^{m-\nu} {}^{\lambda} w_\lambda v^{2\lambda} - \left(\sum_{1}^{m-\nu} {}^{\lambda} w_\lambda v^\lambda\right)^2\right].$$

Nun ist aber

$$\sum_{1}^{m-\nu} {}^{\lambda} w_\lambda v^\lambda = A_{x+\nu, \overline{m-\nu|}}, \qquad \sum_{1}^{m-\nu} {}^{\lambda} w_\lambda v^{2\lambda} = A'_{x+\nu, \overline{m-\nu|}}.$$

Daher ergibt sich

$$\mathfrak{M}_\nu^2 = \left(e_2 - \frac{e_1}{d}\right)^2 \left(A'_{x+\nu, \overline{m-\nu|}} - A^2_{x+\nu, \overline{m-\nu|}}\right).$$

Setzen wir jetzt $e_2 = 0$, $e_1 = 1$; $e_1 = 0$, $e_2 = 1$; $e_2 = 1$, $e_1 = -P$, so ergeben sich die Formeln

$$(60) \qquad \begin{cases} \mathfrak{M}_\nu (a_{x, \overline{m|}}) = \frac{1}{d} \sqrt{A'_{x+\nu, \overline{m-\nu|}} - A^2_{x+\nu, \overline{m-\nu|}}}, \\ \mathfrak{M}_\nu (A_{x, \overline{m|}}) = \sqrt{A'_{x+\nu, \overline{m-\nu|}} - A^2_{x+\nu, \overline{m-\nu|}}}, \\ \mathfrak{M}_\nu (P_{x, \overline{m|}}) = \frac{P_{x\overline{m|}} + d}{d} \sqrt{A'_{x+\nu, \overline{m-\nu|}} - A^2_{x+\nu, \overline{m-\nu|}}}. \end{cases}$$

Die Verhältnisse der Risiken untereinander sind daher für die ganze Versicherungsdauer konstant. Nehmen wir an, daß die Versicherung erst mit dem Alter $x + \nu$ beginnt und auf die Dauer $m - \nu$ läuft, dann ergeben sich ganz analoge Beziehungen des mittleren Risikos nach ν jährigem Versicherungsbestande und des Risikos für das aufgerückte Alter und die Restdauer, wie wir dies bereits beim durchschnittlichen Risiko gefunden haben. Wir erhalten nämlich

$$(61) \qquad \begin{cases} \mathfrak{M}_\nu (a_{x, \overline{m|}}) = \mathfrak{M} (a_{x+\nu, \overline{m-\nu|}}), \\ \mathfrak{M}_\nu (A_{x, \overline{m|}}) = \mathfrak{M} (A_{x+\nu, \overline{m-\nu|}}), \\ \mathfrak{M}_\nu (P_{x, \overline{m|}}) = \mathfrak{M} (P_{x+\nu, \overline{m-\nu|}}) \cdot \frac{a_{x+\nu, \overline{m-\nu|}}}{a_{x, \overline{m|}}}. \end{cases}$$

Um ein Bild von der ziffernmäßigen Höhe des mittleren Risikos für die ganze Versicherungsdauer zu gewinnen, sei dieses für einige Relationen für die Versicherungssumme 1000 auf Grund der amerikanischen Tafel und eines Zinsfußes von 3% für die Versicherung auf Ab- und Erleben angegeben. Die Tafel entstammt der im Literaturnachweis angegebenen Arbeit von Bohlmann.

Eintrittsalter	Einmalige Prämienzahlung — Versicherungsdauer in Jahren 10	15	20	25	30	∞
25	36,09	61,42	86,56	110,30	131,99	199,78
35	38,11	64,98	91,66	116,70	139,02	186,87
45	42,85	73,23	102,96	129,45	150,49	174,56
55	54,34	90,54	121,94	144,32	156,52	160,00

Eintrittsalter	Jährliche Prämienzahlung — Versicherungsdauer in Jahren 10	15	20	25	30	∞
25	146,06	180,95	208,43	231,12	250,33	310,31
35	154,95	193,08	223,74	249,64	271,86	322,12
45	176,49	233,02	261,67	294,23	320,25	352,34
55	233,50	297,36	347,72	383,76	404,54	412,74

Wir haben schon vermerkt, daß sich das mittlere Risiko für die ganze Versicherungsdauer auf Grund des Hattendorfschen Satzes aus dem mittleren Risiko für die einzelnen Versicherungsjahre in der Form

$$\mathfrak{M}^2 = \sum_{1}^{m} {}_{\lambda}\frac{D'_{x+\lambda-1}}{D'_x}\, p_{x+\lambda-1} \cdot q_{x+\lambda-1} \cdot v^2 (A_\lambda - V_\lambda)^2$$

darstellen läßt, wenn wir die letzteren Risiken in der unter (50) abgeleiteten Form anschreiben. Diese ist für die Berechnung überaus bequem, zumal sie unmittelbar die gruppenweise Berechnung gestattet, wenn es sich darum handelt, das Risiko für einen ganzen Versicherungsbestand auszuwerten. Allerdings ist hier genau so wie bei der Berechnung des Deckungskapitals zu beachten, daß Bilanzjahr und Versicherungsjahr nicht zusammenfallen. Man kann auch hier, um diesen Umstand zu berücksichtigen, verschieden verfahren.

Nimmt man am Ende des Bilanzjahres für die Versicherung, welche sich im νten Versicherungsjahre befindet, die abgelaufene Dauer im Durchschnitt mit $\nu + \frac{1}{2}$ an und bezeichnet demzufolge das fernere mittlere Risiko mit $\mathfrak{M}_{\nu+\frac{1}{2}}$, dann ist nach dem Hattendorfschen Satze

$$\mathfrak{M}^2_{\nu+\frac{1}{2}} = \mathfrak{M}^2\left(\nu + \tfrac{1}{2}, \nu + 1\right) + \mathfrak{M}^2\left(\nu + \tfrac{1}{2}, \nu + 1, \infty\right),$$

wofür sich

$$(62)\quad \mathfrak{M}^2_{\nu+\frac{1}{2}} = \left(\frac{D_{x+\nu}}{D_{x+\nu+\frac{1}{2}}}\right)^2 \cdot \frac{1}{2} \cdot \mathfrak{M}^2(\nu, \nu + 1) + \frac{D'_{x+\nu+1}}{D'_{x+\nu+\frac{1}{2}}} \cdot \mathfrak{M}^2(\nu + 1, \infty)$$

ergibt. Analog wie beim Deckungskapital kann man hier die Näherungsformel

(63) $$\mathfrak{M}^2_{\nu+\frac{1}{2}} = \tfrac{1}{2}\left[\mathfrak{M}^2_{\nu} + \mathfrak{M}^2_{\nu+1}\right]$$

verwenden. In Tabelle VI der genannten Bohlmannschen Arbeit ist der Fehler dieser gegenüber der exakten Formel (62) an einem Zahlenbeispiel zu entnehmen. Die Annäherung ist praktisch völlig ausreichend.

Das mittlere Risiko für das nächste Geschäftsjahr berechnet sich in gleicher Weise aus

(64) $$\mathfrak{M}^2(\nu+\tfrac{1}{2}, \nu+\tfrac{3}{2}) = \tfrac{1}{2}\left[\mathfrak{M}^2(\nu, \nu+1) + \mathfrak{M}^2(\nu+1, \nu+2)\right].$$

Auch diese Formel gibt nur Näherungswerte, welche gegenüber den exakten

(65) $$\left\{\begin{aligned}\mathfrak{M}^2\left(\nu+\frac{1}{2}, \nu+\frac{3}{2}\right) &= \left(\frac{D_{x+\nu}}{D_{x+\nu+\frac{1}{2}}}\right)^2 \cdot \frac{1}{2} \cdot \mathfrak{M}^2(\nu, \nu+1) \\ &\quad + \frac{D'_{x+\nu+1} \cdot l_{x+\nu+\frac{3}{2}}}{D'_{x+\nu+\frac{1}{2}} \cdot l_{x+\nu+2}} \cdot \frac{1}{2}\, \mathfrak{M}^2(\nu+1, \nu+2)\end{aligned}\right.$$

annähernd um das $\frac{1}{2} q_{x+\nu}$fache von (65) zu klein sind.

Das mittlere Risiko des gesamten Bestandes wäre dann auf Grund des Satzes von der Addition der Quadrate der mittleren Risiken zu berechnen. Sind demnach $\mathfrak{M}_1, \mathfrak{M}_2, \ldots$ die ferneren mittleren Risiken der einzelnen Versicherungen am Ende eines Geschäftsjahres, dann ist das Quadrat des Risikos für den ganzen Bestand

(66) $$\mathfrak{M}^2 = \mathfrak{M}_1^2 + \mathfrak{M}_2^2 + \cdots$$

und dasselbe gilt, wenn es sich um die einjährigen Risiken handelt. Die summarische Berechnung des Risikos wäre daher an jene Verfahren anzuschließen, welche für Berechnung des Gesamtdeckungskapitals ausgebildet wurden. Sollte die Theorie des mittleren Risikos in die Praxis Aufnahme finden, dann wird man auch hier um Verfahren, welche die Berechnung für den Bilanztermin erleichtern, nicht verlegen sein.

Die Geltung des Satzes der Addition der Quadrate verlangt die Unabhängigkeit der einzelnen Versicherungen, und der Satz wäre nicht mehr anzuwenden, wenn auf die einzelnen Personen mehrere Versicherungen laufen. Die Ausscheidung dieser mehrfachen Versicherungen aus dem Gesamtbestande wäre aber eine sehr lästige Arbeit. Hier kann eine von Bohlmann angestellte Überlegung nützlich sein. Ist das Verhältnis der bestehenden Policen zur Anzahl der Versicherten im Gesamtbestande bekannt und gleich k, und bezeichnet $\mathfrak{M}'$ das Risiko des Gesamtbestandes unter der Annahme, daß alle Policen auf verschiedene Personen laufen, dann ist das tatsächliche mittlere Risiko des Bestandes stets kleiner als $\sqrt{k} \cdot \mathfrak{M}'$. Auf diesem Wege könnte daher der genannte Umstand, sofern er überhaupt nennenswert in Betracht kommt, berücksichtigt werden.

Solange aber eine systematische Verarbeitung der Risikotheorie in der Praxis noch aussteht, werden schätzungsweise Bestimmungen des Risikos um so größere Bedeutung besitzen, und man kann diese in der Tat so einrichten, daß sie für die dermalen in Betracht kommenden Zwecke hinsichtlich der Genauigkeit völlig ausreichen. Macht man sich die Trennung des Versicherungsbestandes nach Versicherungsplan, Kalenderjahr des Versicherungsbeginnes, Eintrittsalter, abgelaufener Dauer, Bilanzalter und anderen Daten, welche für die Gruppierung der Policen zwecks Berechnung des Deckungskapitals in Betracht kommen, zunutze, dann wird z. B. die Berechnung des mittleren Risikos auf Grund eines Durchschnittsalters bei sonst gleichem Versicherungsplan und abgelaufener Dauer kaum besondere Vorarbeiten bedingen, außer der Bestimmung der Summe der Quadrate der Versicherungsbeträge für die betreffende Gruppe. Im allgemeinen wird die Bildung von durchschnittlichen Werten auch für später zu erwähnende andere Zwecke immer von Bedeutung sein. Dies gilt insbesondere von der Ermittlung der durchschnittlichen Versicherungssumme, welche die Zurückführung zahlreicher, das Risiko des ganzen Bestandes betreffender Fragen auf einen Bestand mit durchaus gleichen Versicherungssummen ermöglicht. Beziehen wir uns hierbei auf das Risiko für ein Jahr und bezeichnen wir die Versicherungssumme des Bestandes mit s_k und die reduzierten Kapitalien mit c_k, wo k den laufenden Index der verschiedenen Versicherungen bedeutet, dann wäre ein solcher Mittelwert der Summen

$$(67) \qquad \bar{s} = \sqrt{\frac{\sum p_k\, q_k\, c_k^2\, s_k^2}{\sum p_k\, q_k\, c_k^2}}\,.$$

In gleicher Weise könnten wir den Mittelwert der reduzierten Kapitalien aus

$$(68) \qquad \bar{c} = \sqrt{\frac{\sum p_k\, q_k\, c_k^2}{\sum p_k\, q_k}}$$

erhalten und, wenn L die Anzahl der Versicherungen des Bestandes angibt, so wäre ein durchschnittlicher Wert von $p_k\; q_k$ aus

$$(69) \qquad \bar{p} \cdot \bar{q} = \frac{\sum p_k\, q_k}{L}$$

zu erhalten. Wir könnten dann für das mittlere Risiko des Gesamtbestandes

$$(70) \qquad \mathfrak{M}^2 = L \cdot \bar{p} \cdot \bar{q} \cdot v^2 \cdot \bar{c}^2 \cdot \bar{s}^2$$

schreiben.

Für manche Zwecke werden noch vorläufigere Schätzungen ausreichen. So könnte man den Ausdruck $p \cdot q(1 - V)$ für alle Versicherungen durch eine Konstante ersetzen, für welche etwa 0,01 zutreffend sei. Das mittlere Risiko des Gesamtbestandes für ein Jahr wäre dann mit $\frac{1}{10} \cdot \sqrt{\sum s_k^2}$ zu bewerten.

Handelt es sich aber um das mittlere Risiko für die ganze fernere Dauer, dann wäre der Mittelwert der Versicherungssumme aus der Gleichung

$$\bar{s}^2 \cdot \sum \mathfrak{M} = \sum \mathfrak{M}_k^2 s_k^2,$$

demnach mit

$$\bar{s} = \sqrt{\frac{\sum \mathfrak{M}_k^2 s_k^2}{\sum \mathfrak{M}_k^2}}$$

zu ermitteln.

§ 8. Die Beziehungen zwischen durchschnittlichem und mittlerem Risiko.

Wenn das durchschnittliche Risiko und das mittlere Risiko in der Versicherungstechnik gegenüber jedem anderen etwa in Betracht kommenden Maßstab zur Einschätzung möglicher Abweichungen gegenüber den rechnungsmäßigen Annahmen eine bevorzugte Stellung einnimmt, so liegt dies bei ersterem an seinem Prämiencharakter, bei letzterem aber wohl in erster Hinsicht an dem Umstande, daß gerade bei diesem Risiko die Berechnung für den Gesamtbestand ohne weiteres möglich ist, wenn die mittleren Risiken der Einzelversicherungen bekannt sind. Daß sich aber beide Risiken als Maßstab des genannten Gefahrmomentes eignen, liegt wiederum daran, daß es nur ganz ausnahmsweise vorkommen kann, daß der Bedarf eines Unternehmens zur Deckung von Belastungen, welche ihm aus nicht vorhersehbaren Schwankungen des Sterblichkeitsverlaufes erwachsen, ein gewisses relativ niedrig zu veranschlagendes Vielfache des ermittelten Risikos übersteigt. Welches Vielfache hierbei zu wählen sein wird, ist a priori nicht zu entscheiden.

Zieht man hier die Wahrscheinlichkeitstheorie heran, dann besagt das Theorem von Tchebycheff, daß die Wahrscheinlichkeit dafür, daß das λfache des Betrages des mittleren Risikos von den möglichen Abweichungen nicht überschritten wird, die Größe $1 - \frac{1}{\lambda^2}$ übersteigt, während nach dem Theorem von Bernoulli diese Wahrscheinlichkeit gleich ist

$$\Phi\left(\frac{\lambda}{\sqrt{2}}\right) = \frac{\sqrt{2}}{\sqrt{\pi}} \int_0^{\frac{\lambda}{\sqrt{2}}} e^{-t^2}\, dt. \tag{71}$$

Exakt würde aber diese Aussage nur gelten, wenn die Anzahl der unter Beobachtung stehenden Fälle, demnach die Anzahl der voneinander unabhängigen Versicherungen des Bestandes unendlich groß ist. In diesem Falle wäre die totale Abweichung aus den Abweichungen bei jeder einzelnen Versicherung linear zusammengesetzt zu denken, und damit wären jene Voraussetzungen gegeben, welche für die Ableitung des Gaußschen Fehlergesetzes auf Grund der Theorie der Elementarfehler in Betracht kommen. Für $\lambda = 1, 2, 3, 4$ ergeben sich dann folgende Werte von $1 - \Phi\left(\frac{\lambda}{\sqrt{2}}\right)$: 0,31733, 0,04551, 0,00270, 0,00006.

Wählen wir daher etwa $\lambda = 3$, so dürfen wir erwarten, daß unter den gegebenen Voraussetzungen eine Gesellschaft nur in 27 Fällen von 10 000 in die Lage kommen wird, Sterblichkeitsschwankungen beobachten zu können, welche den dreifachen Betrag des mittleren Risikos übersteigen. Wäre demnach ein Sicherheitsfonds für diese Zwecke in der Höhe des dreifachen mittleren Risikos vorhanden, so dürfte sich dieser nur in 14 Fällen von 10 000 zur Deckung der Sterblichkeitsverluste als unzureichend erweisen.

In der folgenden Tabelle sind die Werte von λ, wie sie von einigen Autoren in Vorschlag gebracht wurden, sowie die daraus folgenden Werte von (71) angegeben.

	λ	$\frac{\lambda}{\sqrt{2}}$	$\Phi\left(\frac{\lambda}{\sqrt{2}}\right)$	$\frac{1}{2} + \frac{1}{2}\Phi\left(\frac{\lambda}{\sqrt{2}}\right)$
1. Schoenwiese	2,3273	1,6450	0,9799987	0,9899994
2. Bohlmann, Radtke .	3,0000	2,1213	0,9972996	0,9986498
3. Peek	3,1000	2,1920	0,9980642	0,9990321
4. Küttner	3,2951	2,3300	0,9990162	0,9995081
5. Mounier	3,3750	2,3865	0,9992576	0,9996288
6. Laurent	4,2426	3,0000	0,9999779	0,9999890
7. Onnen	5,0000	3,5355	0,9999994	0,9999997

Betrachten wir nun eine einzige Versicherung als Durchschnittsversicherung und vermerken die Größen der jährlichen Gewinne oder Verluste bei vorzeitigem Ableben als Abszissen und die bezüglichen Wahrscheinlichkeiten $\frac{d_{x+\lambda-1}}{l_x}$ als Ordinaten, dann ist die entstehende „Fehlerkurve" vom Gaußschen Gesetz gänzlich verschieden. Bestimmen wir das mittlere Risiko für die ganze Versicherungsdauer, dann können wir feststellen, für welche Versicherungsjahre ein Gewinn oder Verlust in der Höhe etwa des dreifachen Wertes des mittleren Risikos möglich ist. Durch Summierung der für diese Versicherungsjahre geltenden Wahrscheinlichkeiten erhalten wir dann die Wahrscheinlichkeit dafür, daß der Betrag des dreifachen mittleren Risikos überschritten wird. Eine numerische Berechnung zeigt dann, daß auch im Falle einer Einzelversicherung für diese Wahrscheinlichkeit Werte erhalten werden, welche den durch das Gaußsche Gesetz geforderten recht nahekommen. Bei zwei Versicherungen wäre ganz analog auf Grund der fingierten Gesellschaft für die Paare $l_x l_{x'}$ zu verfahren. Für zahlreichere Versicherungen wird aber dieses Verfahren praktisch undurchführbar, und das Gaußsche Gesetz vermittelt dann eine um so bessere Annäherung an die fraglichen Wahrscheinlichkeiten, je größer die Zahl der Versicherungen ist. Unter Zugrundelegung des Gesetzes

$$\varphi(x) = \frac{h}{\sqrt{\pi}} e^{-h^2 x^2}$$

für die Größe der Fehlerwahrscheinlichkeiten erhalten wir aus bekannten Ableitungen der Wahrscheinlichkeitstheorie für das arithmetische Mittel — den wahrscheinlichen Wert — der Fehler ε

$$\frac{h}{\sqrt{\pi}} \int_{-\infty}^{+\infty} \varepsilon e^{-h^2 \varepsilon^2} d\varepsilon = 0$$

und für den wahrscheinlichen Wert der absoluten Beträge der Fehler $|\varepsilon|$

$$\frac{h}{\sqrt{\pi}} \int_{-\infty}^{+\infty} |\varepsilon| e^{-h^2 \varepsilon^2} d\varepsilon = \frac{1}{h\sqrt{\pi}}$$

und endlich für den mittleren Fehler

$$\frac{h}{\sqrt{\pi}} \int_{-\infty}^{+\infty} \varepsilon^2 e^{-h^2 \varepsilon^2} d\varepsilon = \frac{1}{2h^2}.$$

Sonach ergibt sich in dem Falle der Gültigkeit des Gaußschen Gesetzes für das durchschnittliche bzw. mittlere Risiko

$$\mathfrak{D} = \frac{1}{2h \cdot \sqrt{\pi}}, \qquad \mathfrak{M} = \frac{1}{h\sqrt{2}},$$

demnach die Relation

$$\frac{\mathfrak{M}}{\mathfrak{D}} = \sqrt{2\pi}. \tag{72}$$

Sind demnach $s_1, s_2, \ldots$ die Versicherungssummen der einzelnen Versicherungen und das mittlere Risiko des gesamten Bestandes durch

$$\mathfrak{M} = \sqrt{s_1^2 \mathfrak{M}_1^2 + s_2^2 \mathfrak{M}_2^2 + \ldots}$$

gegeben, dann kann das durchschnittliche Risiko dieses Bestandes durch die Formel

$$\mathfrak{D} = \frac{1}{\sqrt{2\pi}} \sqrt{s_1^2 \mathfrak{M}_1^2 + s_2^2 \mathfrak{M}_2^2 + \cdots} \tag{73}$$

approximiert werden. Exakt gilt diese Formel aber nur bei Gültigkeit des Gaußschen Fehlergesetzes, demnach nur dann, wenn die Versicherungen voneinander unabhängig sind und ihre Zahl unendlich groß ist. Die Untersuchungen über die Bestimmung des Fehlers bei

Anwendung der Formel (73) für einen endlichen Bestand sind noch nicht zu einem befriedigenden Abschluß gelangt (vgl. Bohlmann: Enzyklopädie der mathematischen Wissenschaften Bd. I, 2, S. 912, Anm. 168).

§ 9. Absolutes und relatives mittleres Risiko.

Wenn wir das bisher betrachtete mittlere Risiko noch näher als absolutes mittleres Risiko bezeichnen, so soll unter dem relativen mittleren Risiko das Verhältnis des absoluten zu einer anderen, näher zu bestimmenden Größe verstanden werden. Für diese Größe kann z. B. die laufende oder einmalige Prämie der Versicherung bzw. des Versicherungsbestandes, das Deckungskapital für den Termin der Risikobestimmung, die versicherte Summe, aber auch der Barwert der zu erwartenden Gewinne und anderes in Betracht kommen.

Ob eine bestimmte in die Risikotheorie einschlägige Fragestellung auf Grund des absoluten oder des relativen Risikos zu behandeln ist, läßt sich a priori kaum entscheiden. Als Maßstab des Gefahrenmomentes ist beiden Begriffsbildungen Bedeutung zuzuerkennen, wenn auch nicht zu übersehen ist, daß in Rücksicht auf spezielle Probleme dem einen oder anderen der beiden Risiken vom theoretischen oder praktischen Standpunkte der Vorzug einzuräumen ist. Man darf hierbei die für die numerische Auswertung bestimmenden speziellen Verhältnisse niemals außer acht lassen, und es kann sehr wohl eintreten, daß die auf Grund des absoluten Risikos ermittelten Ziffern unter allgemeineren Bedingungen brauchbar bleiben, daß jedoch das relative Risiko in einer seiner recht zahlreichen Formen für gewisse Probleme mit Vorteil heranzuziehen sein wird, während es in anderen Fällen zu unbrauchbaren, ja sogar sinnlosen Resultaten führt.

Als Beispiel einer Anwendungsmöglichkeit der beiden genannten Begriffsbildungen wollen wir die folgende Frage beantworten: Wie soll die Gesamtversicherungssumme $S = \sum s_k$ eines Versicherungsbestandes auf die einzelnen Versicherungen aufgeteilt werden, damit das totale Risiko des Bestandes zu einem Minimum wird? Behandeln wir diese Frage zunächst auf Grundlage des absoluten Risikos, dann wäre das totale absolute Risiko des Bestandes

$$\mathfrak{M}^2 = f(s_1, s_2, \ldots, s_k, \ldots)$$

zu einem Minimum zu machen, wobei die Nebenbedingung

$$S - \sum s_k = \varphi(s_1, \cdots s_k, \cdots) = 0$$

zu erfüllen wäre. Man löst diese Aufgabe bekanntlich dadurch, daß

$$F = f + \lambda \cdot \varphi,$$

wo λ eine unbestimmte Größe bleibt, zu einem Minimum gemacht wird. Bezeichnen wir die partiellen Ableitungen nach den Variablen s_k durch den Index k, so ist die Bedingung für das Minimum

$$F_1 = f_1 + \lambda \varphi_1 = 2\,\mathfrak{M}_1^2 s_1 + \lambda = 0$$
$$\lambda = -2\,\mathfrak{M}_1^2 s_1,$$

und allgemein

$$F_k = f_k + \lambda \varphi_k = 2\,\mathfrak{M}_k^2 s_k + \lambda = 0\,.$$

Daher auch

$$\mathfrak{M}_k^2 s_k = \mathfrak{M}_1^2 s_1 = \text{konst} = \varrho,$$

wo

$$\varrho = \frac{S}{\sum \frac{1}{\mathfrak{M}_k^2}}\,.$$

Daher sind die Versicherungssummen, welche das totale absolute Risiko des Bestandes zu einem Minimum machen, durch

$$s_k^0 = \frac{\varrho}{\mathfrak{M}_k^2} \tag{74}$$

definiert. Demnach gilt der Satz: Ist die Gesamtversicherungssumme S eines Versicherungsbestandes gegeben und soll das absolute mittlere Risiko dieses Bestandes zu einem Minimum werden, so sind die auf die einzelnen Policen entfallenden Versicherungssummen im Verhältnis der reziproken Quadrate der bezüglichen mittleren Risiken aufzuteilen. Hieraus folgt der spezielle Satz, daß für den Fall lauter gleichartiger Versicherungen, welche sich demnach nur hinsichtlich der Höhe der Versicherungssummen, nicht aber hinsichtlich Alter und Versicherungsplan unterscheiden, das absolute mittlere Risiko des ganzen Bestandes ein Minimum wird, wenn die Versicherungssummen untereinander gleich sind.

Für die Ableitung des Satzes ist es ohne Belang, ob wir unter $\mathfrak{M}$ das Risiko für die ganze fernere Dauer oder nur für das nächste Jahr verstehen wollen. Die Aufteilung der Versicherungssummen wird aber natürlich verschieden ausfallen, je nachdem wir das eine oder das andere Risiko heranziehen.

Es sei jetzt r_k eine bestimmte auf die Versicherung des Index k bezogene Größe, etwa die Einmalprämie, versicherte Summe, Jahresprämie, Deckungskapital usw. dieser Versicherung. Wir bezeichnen dann

$$\mathfrak{m} = \frac{\sqrt{\sum \mathfrak{M}_k^2 \cdot s_k^2}}{\sum r_k \cdot s_k} \tag{75}$$

als das relative Risiko des Versicherungsbestandes, während

$$\mathfrak{m}_k = \frac{\mathfrak{M}_k}{r_k}$$

das relative Risiko der Versicherung des Index k darstellt. Das Risiko kann dabei für die ganze fernere Dauer, für die Dauer des nächsten Jahres oder sonstwie gedacht sein.

Wir fragen nun wieder nach jener Verteilung der Versicherungssummen s_k, welche das relative Risiko (75) für den ganzen Bestand zu einem Minimum macht. Eine Nebenbedingung kommt hier offenbar nicht in Betracht. Denn da diese zufolge der Definition der r_k stets auf die Gestalt

$$S - \sum s_k = 0$$

gebracht werden könnte, eine gleichmäßige proportionale Erhöhung bzw. Erniedrigung sämtlicher s_k aber in (75) nicht zum Ausdruck kommt, so haben wir das Minimum einfach unter Festhaltung der Größen $\mathfrak{M}_k$ und r_k durch Differentiation von (75) zu erhalten. Als Bedingung ergibt sich sonach

$$\left(\sum r_k s_k\right) \cdot \frac{\mathfrak{M}_k^2 s_k}{\sqrt{\sum \mathfrak{M}_k^2 s_k^2}} - r_k \sqrt{\sum \mathfrak{M}_k^2 s_k^2} = 0$$

und daher

$$\frac{1}{\mathfrak{m}} \cdot \frac{\mathfrak{M}_k^2 s_k}{r_k} - \mathfrak{M} = 0$$

oder

$$\frac{\mathfrak{M}_k^2 s_k}{r_k} = \mathfrak{m} \cdot \mathfrak{M} = \varrho\,,$$

wo ϱ eine sonst unbestimmte Größe bezeichnet. Die gesuchte Verteilung der Summen ergibt sich somit aus

(76) $$s_k^0 = \frac{\varrho \cdot r_k}{\mathfrak{M}_k^2} = \frac{\varrho}{\mathfrak{m}_k \cdot \mathfrak{M}_k}\,.$$

Daß die durch (76) bzw. (74) erhaltenen Größen in der Tat die Minimumsbedingung erfüllen, läßt sich leicht zeigen. Wir werden bei späterer Gelegenheit unter allgemeineren Bedingungen den Beweis anführen.

Somit ergibt sich der Satz: Es gibt stets ein System der s_k, welches das relative Risiko des Bestandes $\mathfrak{m}$ zu einem Minimum macht. Hierbei sind die s_k^0 umgekehrt proportional den bezüglichen Produkten aus dem absoluten und dem relativen mittleren Risiko der Einzelversicherung zu wählen. Die s_k^0 sind hierbei nur bis auf eine gemeinsame multiplikative Konstante bestimmt, so daß $\sum r_k s_k$ jeden vorgegebenen Wert annehmen kann. In dem speziellen Falle, daß es sich wieder um lauter gleichartige Versicherungen handelt, wird das relative Risiko des ganzen Bestandes wieder am kleinsten, wenn die Versicherungssummen untereinander gleich sind.

Unter den mannigfachen Möglichkeiten, welche für das relative Risiko je nach Wahl der Größen r_k in Betracht kommen, wollen wir die folgenden näher betrachten.

Beschränken wir uns auf die Betrachtung des mittleren relativen Risikos für das nächste Jahr und verfügen über die Größen r_k derart, daß diese gleichgesetzt werden der natürlichen Prämie des betreffenden Versicherungsjahres $q_k \cdot c_k \cdot v$, unter c_k wieder die reduzierten Kapitalien, bezogen auf die Einheit als Versicherungssumme, verstanden, dann haben wir

$$(77) \qquad {}_1\mathfrak{m}_k = \frac{\sqrt{p_k \cdot q_k \cdot c_k^2 \cdot s_k^2 \cdot v^2}}{q_k \cdot c_k \cdot s_k \cdot v} = \sqrt{\frac{p_k}{q_k}}\,.$$

Dieses Risiko ist demnach von der Art der Prämienzahlung, dem Versicherungsplan, dem Beitrittsalter und der Dauer der Versicherung gänzlich unabhängig. Es ist wohl von Landré zum ersten Male in die Literatur eingeführt worden, bei welchem es mit $\frac{1}{\sqrt{2\pi}}$ multipliziert erscheint. Für einen ganzen Bestand von Versicherungen ist dann

$$(78) \qquad {}_1\mathfrak{m} = \frac{\sqrt{\sum {}_1\mathfrak{M}_k^2 \cdot s_k^2}}{\sum q_k \cdot c_k \cdot s_k \cdot v}\,.$$

Setzt man r_k gleich der zu Beginn des betreffenden Jahres fälligen Nettoprämie P_k, so erhält man ein anderes relatives Risiko

$$(79) \qquad {}_1\mathfrak{m}_k = \frac{{}_1\mathfrak{M}_k \cdot s_k}{P_k \cdot s_k} = \frac{\sqrt{p_k \cdot q_k} \cdot c_k \cdot v}{P_k}$$

bzw.

$$(80) \qquad {}_1\mathfrak{m} = \frac{\sqrt{\sum {}_1\mathfrak{M}_k^2 \cdot s_k^2}}{\sum P_k \cdot s_k}\,.$$

Dividiert man das absolute Risiko für ein Jahr durch das Nettodeckungskapital zu Beginn des Jahres V_k, so ergibt sich ein weiteres relatives Risiko

$$(81) \qquad {}_1\mathfrak{m}_k = \frac{{}_1\mathfrak{M}_k \cdot s_k}{V_k \cdot s_k} = \frac{\sqrt{p_k \cdot q_k} \cdot c_k \cdot v}{V_k}$$

bzw.

$$(82) \qquad {}_1\mathfrak{m} = \frac{\sqrt{\sum {}_1\mathfrak{M}_k^2 \cdot s_k^2}}{\sum V_k \cdot s_k}\,.$$

Bezeichnet aber f_k einen noch näher zu definierenden Anteil an dem der Versicherung des Index k für den Beginn des Jahres zu verrechnenden Sicherheitsfonds und g_k den Wert der für dieses Jahr zu erwartenden Gewinne aus Sterblichkeit, Zins und Verwaltungskosten, wiederum anteilig für die Versicherung des Index k gerechnet, dann ergibt sich ein weiteres mittleres relatives Risiko

$$(83) \qquad {}_1\mathfrak{m}_k = \frac{{}_1\mathfrak{M}_k \cdot s_k}{f_k + g_k}$$

und, wenn wir mit f und g die analog zu verstehenden Größen für den ganzen Versicherungsbestand bezeichnen, auch

$$(84) \qquad {}_1\mathfrak{m} = \frac{\sqrt{\sum {}_1\mathfrak{M}_k^2 \cdot s_k^2}}{f + g}\,.$$

Es liegt auf der Hand, wie sich die eben angeführten Definitionen auf das relative Risiko für die ganze fernere Versicherungsdauer übertragen, Ansätze, welche hier nicht weiter verfolgt werden sollen.

Wir haben nun im ersten Teile dieses Buches gesehen, daß sich die rechnungsmäßigen Überschüsse aus dem Geschäftsbetriebe im wesentlichen auf drei Gewinnquellen, Sterblichkeit, Zins und Prämienzuschlag, zurückführen lassen. Aus einer Analyse der dreierlei Gewinne haben sich die Beziehungen ergeben, in welchen diese Gewinne zur natürlichen Prämie, zum Deckungskapital und zur Tarifprämie stehen. Eine genauere Bestimmung von f bzw. g führt demnach dazu, das unter (83) und (84) aufgeführte relative Risiko als Quotienten des absoluten Risiko und eines linearen Ausdruckes, gebildet aus natürlicher Prämie, Deckungskapital und Prämie, darzustellen, demnach vermittels eines Nenners, dessen Bestandteile sich einzeln in den drei erstgenannten Typen des mittleren relativen Risikos vorfinden.

Ob man bei Bildung des relativen Risikos die zu erwartenden Gewinne und die vorhandenen Sicherheitsfonds zur Gänze oder nur teilweise heranzieht, ob man im besonderen dem Gewinne aus dem Prämienzuschlag eine besondere Bedeutung beimessen will, wie dies des öfteren geschehen ist, läßt sich ebensowenig generell entscheiden wie die Frage, ob hier nur das nächste Jahr oder die ganze fernere Dauer in Betracht zu kommen hat. Wir dürfen nie übersehen, daß die in diesem Zusammenhange zu berechnenden Werte stets nur die Bedeutung relativer Vergleichsziffern besitzen, daß ihnen daher eine Bedeutung nur im Hinblick auf näher zu beschreibende Verhältnisse zukommt. Ein absolutes Maß ist hier nie zu gewinnen, und alles, was wir verlangen dürfen, ist, daß die gewonnenen Ziffern im Rahmen der gegebenen Verhältnisse für den gedachten Zweck einen vernünftigen Maßstab abgeben.

Die Bedingungen für das Bestehen eines Minimums des relativen Risikos des Gesamtbestandes waren hinsichtlich der Versicherungssummen solche, daß sich dieses Minimum sowohl durch eine Verminderung wie durch eine Erhöhung der Summen eines Teiles des Bestandes herbeiführen läßt. Denn die Bedingung für das Minimum war

$$s_1 \mathfrak{M}_1 \mathfrak{m}_1 = s_2 \mathfrak{M}_2 \mathfrak{m}_2 = \cdots = s_k \mathfrak{M}_k \mathfrak{m}_k = \cdots,$$

wo die $\mathfrak{M}_k$ und $\mathfrak{m}_k$ bekannte Größen sind. Praktisch möglich zur Erreichung des genannten Minimums ist aber nur eine Verminderung der Versicherungssummen. Seien nämlich die Größen $s_k \mathfrak{M}_k \mathfrak{m}_k$ der Größe nach geordnet, so daß

$$s_1 \mathfrak{M}_1 \mathfrak{m}_1 \leqq s_2 \mathfrak{M}_2 \mathfrak{m}_2 \leqq \cdots \quad s_k \mathfrak{M}_k \mathfrak{m}_k \leqq \cdots$$

und gemäß der Bedingungen für das Minimum die Größen $s_2^0, s_3^0, \ldots$ so bestimmt, daß

$$s_1 \mathfrak{M}_1 \mathfrak{m}_1 = s_2^0 \mathfrak{M}_2 \mathfrak{m}_2 = \cdots \quad s_k^0 \mathfrak{M}_k \mathfrak{m}_k,$$

dann ist

$$s_k^0 \leq s_k,$$

und der Versicherer kann die Minimumsbedingung dadurch erfüllen, daß er von den Versicherungssummen s_k den Betrag $s_k - s_k^0$ rückversichert, seinen Eigenbehalt demnach gerade auf den Betrag festsetzt, der der Minimumsbedingung entspricht. Wir werden auf diesen Sachverhalt noch im nächsten Abschnitt näher zurückzukommen haben.

Aus der Definition des relativen Risikos geht aber hervor, daß sich eine Vergrößerung des Versicherungsbestandes im Nenner des Ausdruckes für das relative Risiko stets voll auswirkt, während diese Vergrößerung im Zähler des Ausdruckes nur unter die Quadratwurzel eingeht. Sind demnach alle Versicherungen gleichartig, so ist das relative Risiko der Quadratwurzel aus der Anzahl der Versicherten umgekehrt proportional.

In dieser Tatsache hat man nicht mit Unrecht das Fundament des ganzen Versicherungswesens erblickt. Wir entnehmen aus dieser Tatsache, daß die Zweckmäßigkeit der Anwendung der Versicherung mit der Anzahl der Versicherungen wächst. Wir werden bald sehen, wie sich hieraus ein Maß der Sicherheit des Unternehmens als Funktion der Anzahl der Versicherten herleiten läßt.

§ 10. Stabilität und Sterblichkeitsschwankungsfond.

Eine Lebensversicherungsgesellschaft, welche nach Rechnungsgrundlagen arbeitet, welche dem tatsächlichen Verlauf der Ereignisse im Durchschnitt entsprechen, hätte zufolge der unvermeidlichen Schwankungen dieses Verlaufes andauernd sowohl Gewinn wie Verlust aus der Betriebsführung zu gewärtigen, wobei wir von den säkulären Änderungen der Verhältnisse gänzlich absehen wollen. Die Tatsache, daß bei sonst geordneter Betriebsführung die Verluste unter normalen Verhältnissen gegenüber den Gewinnen gänzlich an Bedeutung zurücktreten, wollen wir als Stabilität der Gesellschaften bezeichnen. Die Ursache für diese Erscheinung haben wir schon im ersten Teile erkannt. Sie liegt einfach darin, daß die Prämien der Gesellschaften als diejenigen Einnahmen, in welchen alle anderen Einnahmequellen wurzeln, so bemessen sind, daß Betriebsüberschüsse mit Sicherheit zu gewärtigen sind, wenn der Verlauf den Annahmen entspricht. Wir haben auch an früherer Stelle darauf hingewiesen, wie die Bemessung der Prämien unter Bedachtnahme auf den genannten Umstand vorzunehmen ist, und hierbei gezeigt, welche Rolle hier die Verwendung der Rechnungsgrundlagen erster Ordnung bzw. die Sicherheitszuschläge spielen.

Aus der Verpflichtung, die im Dienste der Sicherheit des Unternehmens notwendigen Mehreinnahmen und daraus entstehenden Betriebsüberschüsse an die Versicherten zurückzuleiten, ist das Dividendenproblem entstanden. Bei seiner Lösung spielt auch die Frage eine Rolle, ob die Überschüsse unmittelbar nach ihrer Entstehung an die

Versicherten zurückgeleitet oder aber vom Versicherer zur Deckung unvorhergesehenen Bedarfes eine Zeitlang einbehalten werden sollen. Wie wir die Dividendenzuschläge im weiteren Sinne als Sicherheitszuschläge anzusprechen haben, so wird die Gesamtheit der in Händen des Versicherers befindlichen Überschüsse, soweit sie nicht zur unmittelbaren Verteilung bestimmt oder aber den Versicherten bereits gutgeschrieben worden sind, als Teil des allgemeinen Sicherheitsfonds anzusprechen sein, wobei wir also die Möglichkeit offen lassen, daß dieser Fond auch aus anderen, nichtrechnungsmäßigen Einnahmequellen gespeist wird oder hier noch sonstige frei verfügbare Rücklagen zu verrechnen sind.

Wie aber das Deckungskapital ohne Rücksicht auf die noch zu erwartenden Prämieneingänge keinen Maßstab für die eigentlichen Verpflichtungen des Versicherers abgibt, so können auch die aus einbehaltenen Betriebsüberschüssen vorhandenen Mittel und alle sonstigen nicht zur Deckung vertragsmäßiger Verpflichtungen des Versicherers dienenden Aktiven einen Maßstab für die Sicherheit eines Unternehmens erst dann abgeben, wenn hier auch der Wert der voraussichtlich noch zu erwartenden Betriebsüberschüsse berücksichtigt wird. Wenn wir daher den möglichen Schwankungen des Geschäftsverlaufes die zum Ausgleich derselben verfügbaren Mittel des Versicherers gegenüberstellen, so werden wir hier den vorhandenen Sicherheitsfond und den Wert der zu erwartenden Betriebsüberschüsse in gleicher Linie zu berücksichtigen haben. Da aber hinsichtlich des Rechnungszinsfußes und der Verwaltungskosten rein zufällige Schwankungen bei weitem nicht die Bedeutung haben wie bei der Sterblichkeit, hier überdies die Verwendung einer gegenüber der Erfahrung erheblich strengeren Rechnungsgrundlage kaum zu befürworten ist, so werden Sicherheitsfond und voraussichtliche Überschüsse vor allem im Hinblick auf den zufälligen Bedarf bei Schwankungen des Sterblichkeitsverlaufes zu beurteilen sein. In diesem engeren Sinne wollen wir daher die zur Deckung des genannten Bedarfes bestimmten Mittel als Sterblichkeitsschwankungsfond bezeichnen.

Wir dürfen nun von der Risikotheorie Antwort auf die Frage verlangen, ob ein diesem Zwecke gewidmetes Kapital im Vereine mit künftig zu erwartenden Überschüssen dem gedachten Zwecke genügt und bejahenden Falles, mit welchem Grade der Sicherheit dies der Fall ist. Wir kommen hierbei überein, als Maßstab für die dem Versicherer aus den Schwankungen der Sterblichkeit möglicherweise entstehenden Verbindlichkeiten den dreifachen Betrag des mittleren absoluten Risikos ansehen zu wollen. Hierbei wäre allerdings vorweg die Frage zu erledigen, ob hier das mittlere Risiko für die ganze fernere Dauer oder aber nur für das nächste Jahr Verwendung zu finden hätte. Näherliegend ist sicherlich die zweite Möglichkeit. Denn wenn die hier erforderlichen Mittel größer sind, dann scheidet die erstere Möglichkeit von selbst aus. Ist aber das Gegenteil der Fall, dann könnte bei Verwendung des Risikos für das nächste Jahr nichts Bedenkliches gefunden werden, wenn nur die Bereitstellung der erforderlichen Mittel von Jahr zu Jahr geschäftsplanmäßig vorgesehen ist. Die Notwendigkeit einer solchen Regulierung hängt aber wiederum ganz von den speziellen Verhältnissen, insbesondere von den sonst frei verfügbaren Mitteln des Versicherers ab. Ziffernmäßige Berechnungen ergeben, daß das mittlere Risiko für die ganze fernere Dauer nur zwei- bis viermal größer ist als das entsprechende Risiko für das nächste Jahr. Dies liegt daran, daß für eine Reihe von Jahren auch eine größere Ausgleichsmöglichkeit zwischen eventuell eintretenden Gewinnen und Verlusten gewährleistet ist. A priori kann hier wohl eine Entscheidung zugunsten der einen oder anderen Möglichkeit nicht fallen, und Bohlmann betont mit Recht, daß hier nur von Fall zu Fall nach Art der vorliegenden Verhältnisse Stellung genommen werden könne. Nicht zu übersehen ist allerdings, daß das Risiko für das nächste Geschäftsjahr für die Rechnung praktische Vorteile bietet.

Vorbehaltlich der Entscheidung dieser Frage wollen wir nun den Betrag des voraussichtlich größten Verlustes, der mit einer bestimmten Wahrscheinlichkeit zu erwarten ist und an Hand des mittleren Risikos zu bewerten wäre, als Passivseite eines Kontos betrachten, welches mit „Risikobilanz" zu überschreiben wäre. Auf der Aktivseite dieses Kontos wollen wir den aus der Sterblichkeit, dem Zins und den Verwaltungskosten zu gewärtigenden Gewinn und die dem Sterblichkeitsschwankungsfond vorbehaltenen Aktiven der Geschäftsbilanz verbuchen. Die erwähnten Gewinne können hierbei zur Gänze oder nur teilweise herangezogen werden. Der verbleibende Saldo der Risikobilanz soll „Risikoreserve" heißen. Die Risikoreserve ist demnach jener Betrag, welchen eine Gesellschaft unter Rücksicht auf ihre Gewinne und ihren Sterblichkeitsschwankungsfond noch zurückstellen mußte, um gegenüber den Schwankungen der Sterblichkeit in einem bestimmten an dem mittleren Risiko zu bemessenden Ausmaße gesichert zu sein.

In diesem Sinne wird der Begriff von Wittstein, Peek, Bohlmann und Radtke verwendet. (Andere Verwendung bei Landré, Schoenwiese, Mounier, Onnen.) Welcher Teil der Gewinne auf die Aktivseite zu bringen ist, kann im voraus generell nicht gesagt werden. In der Regel werden hier nur Gewinne aus den Verwaltungskosten- und sonstigen Zuschlägen verrechnet. In der Tat werden Sterblichkeitsgewinne bei Verwendung entsprechender Tafeln, die aus anderen Gründen kaum vermieden werden kann, nicht in erheblichem Maße in Betracht kommen.

Die Schwankungen der Sterblichkeit werden nun offenbar dann für eine Gesellschaft finanziell gar keine Rolle spielen, wenn sie zufolge vorhandener Fonds und des Wertes der hier zu verrechnenden Gewinne eine Risikoreserve nicht zu bilden braucht, weil diese andauernd negativ ausfällt. Dies ist in der Tat bei den großen Lebensversicherungsgesellschaften meist der Fall. Wir können daher auch sagen: Eine Gesellschaft ist stabil, wenn ihre Risikoreserve nicht positiv ist.

Bezeichnet nun $\mathfrak{M}$ allgemein das mittlere Risiko für die fernere Versicherungsdauer, $\mathfrak{G}$ den Barwert der zu erwartenden und für die Risikobilanz in Betracht kommenden Gewinne und $\mathfrak{R}$ die Risikoreserve, und sind die analogen Größen, wenn nur das nächste Jahr in Betracht kommt, ${}_1\mathfrak{M}$, $\mathfrak{g}$ und $\mathfrak{r}$, dann ist

$$\mathfrak{R} = \nu \cdot \mathfrak{M} - \mathfrak{G}, \tag{85}$$
$$\mathfrak{r} = \nu \cdot {}_1\mathfrak{M} - \mathfrak{g},$$

wo ν den vorgegebenen Grad der Sicherheit ($\nu = 3$) bezeichnet. Hierbei ist von einem eventuell vorhandenen Sterblichkeitsschwankungsfond abgesehen, dieser demnach gleich Null angenommen. Die Risikoreserve gibt demnach jetzt unmittelbar die Höhe an, welche der genannte Fond haben müßte, um gegen Sterblichkeitsschwankungen in dem vorgegebenen Ausmaße geschützt zu sein. Wie wir schon erwähnt haben, fällt die Risikoreserve auf Grund der ersten der Gleichungen (85) bei den Lebensversicherungsgesellschaften in der Regel negativ aus; sie werden daher auch ohne vorhandenen Sterblichkeitsschwankungsfond allein auf Grund der künftig zu erwartenden Gewinne vor Verlusten aus Schwankungen der Sterblichkeit im ganzen genügend geschützt sein. Allerdings spielt hier die Auffassung darüber, welche Gewinne in der Risikobilanz zu verrechnen seien, eine gewisse Rolle. Auch sind die Ziffern, welche für die Höhe der Risikoreserve erhalten werden, gänzlich verschieden, je nachdem die ganze fernere Dauer oder nur das nächste Jahr in Betracht gezogen wird. Unter normalen Verhältnissen ist die erstere stets kleiner als die letztere, so daß nur der Risikoreserve, welche im Hinblick auf das nächste Jahr berechnet wird, eine praktische Bedeutung zuzuerkennen ist. Dies besagt aber, daß das Erfordernis zur Deckung der Sterblichkeitsschwankungen, abgesehen von den verfügbaren Überschüssen, im nächsten Geschäftsjahr in der Regel ein höheres ist als im Durchschnitt aller folgenden Jahre.

Als Kriterium für die Stabilität der Gesellschaft haben wir die Bedingungen $\mathfrak{R} \leqq 0$ bzw. $\mathfrak{r} \leqq 0$ erkannt. Gilt das Gleichheitszeichen, so besagt dies, daß die Gesellschaft an der Grenze von stabilem und instabilem Zustand steht, immer natürlich in Relation zu einem bestimmt angenommenen ν. Andererseits kann aber aus den Gleichungen

$$\nu' \cdot \mathfrak{M} - \mathfrak{G} = 0,$$
$$\nu' \cdot {}_1\mathfrak{M} - \mathfrak{g} - 0$$

bei vorgegebenen $\mathfrak{M}$, $\mathfrak{G}$ bzw. ${}_1\mathfrak{M}$, $\mathfrak{g}$ stets jenes ν' berechnet werden, welches uns eine gewisse Kenntnis über den Grad der Sicherheit der vorliegenden Verhältnisse vermittelt. Radtke sieht in dem Quotienten

$$N = \frac{\nu'}{\nu} \tag{86}$$

einen Maßstab für den Grad der Stabilität derart, daß eine Gesellschaft, für welche die Stabilität eben erfüllt ist, für die demnach $\mathfrak{R} = 0$ bzw. $\mathfrak{r} = 0$ gilt, stabil ist vom Grade $N = 1$. Für eine instabile Gesellschaft ist dann N ein echter Bruch, für eine stabile Gesellschaft ist $N > 1$, und der Grad der Stabilität ist um so größer, je mehr sich die Risikoreserve nach der negativen Seite von Null entfernt. Wird die ganze fernere Dauer ins Auge gefaßt, so ist der Stabilitätsgrad stets wesentlich höher. Hier tritt auch der Zusammenhang mit dem gewählten Dividendensystem zutage. Je größer die Dividendenrücklagen sind, desto stabiler wird die Gesellschaft sein.

Zieht man bei Bemessung der Stabilität nicht nur die künftigen Gewinne, sondern auch einen bereits vorhandenen Sicherheitsfond F in Betracht, so kann man mit Bohlmann von einem Gesamtgrad der Stabilität sprechen. Nur bei Vorhandensein eines solchen Fonds hat es nach dem früher Gesagten einen Sinn, bei Bewertung der Stabilität die fernere Dauer heranzuziehen. Fehlt ein solcher Fond, dann ist dem mittleren Risiko für die ganze fernere Dauer der Charakter eines Sicherheitsmaßstabes wohl überhaupt nicht zuzuerkennen. Ist aber ein solcher Fond vorhanden, dann können wir unter dem Gesamtgrad der Stabilität den Ausdruck

$$\mathfrak{N} = \frac{F + \mathfrak{G}}{\nu \cdot \mathfrak{M}} \tag{87}$$

verstehen, wobei wir beachten, daß $\frac{\mathfrak{M}}{F + \mathfrak{G}}$ als das relative Risiko anzusprechen ist. Der Gesamtgrad der Stabilität ist somit nichts anderes als der reziproke Wert des mit ν multiplizierten in Hinsicht auf Sicherheitsfond und Barwert der Gewinne gebildeten relativen Risikos für die ganze fernere Dauer. Wie auch immer über die Heranziehung künftiger Gewinne zur Deckung von Sterblichkeitsschwankungen verfügt werden möge, es gilt stets, daß der Grad der Stabilität um so höher ist, je geringer das relative Risiko des Bestandes ist. Hieraus folgt aber, daß das Bestreben, durch geeignete Rückversicherung das relative Risiko des Bestandes zu einem Minimum zu machen, sich aus dem Streben nach Erhöhung der Stabilität des Betriebes rechtfertigt. Im Grund sind beide nur verschiedene Ausdrucksweisen für dieselbe Sache.

In Übereinstimmung mit der Begriffsbildung des absoluten und relativen Risikos läßt sich auch von einer absoluten und relativen

Stabilität sprechen. Die erstere ist zu definieren als Differenz des Sicherheitsfonds F, der zur Zeit der Berechnung vorhanden ist, und der Risikoreserve $\mathfrak{R}$, wenn die ganze fernere Dauer in Betracht gezogen wird. Es gilt dann für die absolute Stabilität die Definitionsgleichung

$$(88) \qquad \mathfrak{S} = F - \mathfrak{R} = F + \mathfrak{G} - \nu \cdot \mathfrak{M},$$

ohne Rücksicht auf das Vorzeichen von $\mathfrak{R}$. Unter der relativen Stabilität, wieder im Hinblick auf die ganze fernere Dauer, wäre hingegen der Ausdruck (87) zu verstehen, den wir schon als Gesamtgrad der Stabilität bezeichnet haben.

Bohlmann hebt hervor, daß dem reziproken Werte von $\mathfrak{N}$, demnach dem νfachen relativen mittleren Risiko, eine ganz bestimmte Bedeutung im Hinblick auf die künftigen Gewinne zukommt. Er gibt nämlich bei gegebenem ν denjenigen Bruchteil des Wertes aller Gewinne an, um den diese durch zufällige Sterblichkeitsschwankungen äußersten Falles reduziert werden können.

Ganz analog läßt sich die absolute und relative Stabilität für das nächste Geschäftsjahr definieren. Fraglich könnte nur sein, was hier an Stelle von F zu treten habe. Bohlmann schlägt vor, hier nur die Zinsen f von F für ein Jahr zu verrechnen, so daß als Maß der absoluten Stabilität

$$(89) \qquad \mathfrak{s} = \mathfrak{f} - \mathfrak{r} = \mathfrak{f} + \mathfrak{g} - \nu \cdot {}_1\mathfrak{M}$$

und als Maß der relativen Stabilität

$$(90) \qquad \mathfrak{n} = \frac{\mathfrak{f} + \mathfrak{g}}{\nu \cdot {}_1\mathfrak{M}}$$

in Betracht kämen.

§ 11. Die Minimalzahl der Versicherten.

Wenn wir die spezielle Annahme machen, daß es sich um lauter gleichartige Versicherungen der Summe eins handelt, deren Anzahl L sei, dann erhalten wir für die Risikoreserve

$$(91) \qquad \begin{cases} \mathfrak{R} = \nu \sqrt{L} \cdot \mathfrak{M} - L \cdot \mathfrak{G}, \\ \mathfrak{r} = \nu \sqrt{L} \cdot {}_1\mathfrak{M} - L \cdot \mathfrak{g}. \end{cases}$$

Wir nennen nun denjenigen Wert von L, für welchen die Risikoreserve von positiven zu negativen Werten übergeht, für den also die Risikoreserve gerade verschwindet, die Minimalzahl der Versicherten, und bezeichnen sie, je nachdem es sich um die ganze fernere Dauer oder nur um das nächste Jahr handelt, mit L_0 bzw. ${}_1L_0$. Sie muß vorhanden sein, wenn die im Bereich der Wahrscheinlichkeit liegenden ungünstigen Sterblichkeitsschwankungen allein durch die Gewinne aufgewogen werden sollen. Aus (91) ergibt sich für diese beiden Minimalzahlen der Versicherten

$$(92)\qquad \begin{aligned} L_0 &= \frac{\nu^2 \cdot \mathfrak{M}^2}{\mathfrak{G}^2}, \\ {}_1L_0 &= \frac{\nu^2 \cdot {}_1\mathfrak{M}^2}{\mathfrak{g}^2}. \end{aligned}$$

Numerische Berechnungen ergaben jedoch, daß der erste Ansatz, welcher mit der ganzen ferneren Versicherungsdauer operiert, zu keinen vernünftigen Werten führt. Brauchbar erscheint somit nur der zweite Begriff. Sollte die hierdurch definierte Minimalzahl der Versicherten nicht erreicht sein, dann bedeutet dies offenbar, daß die Risikoreserve $\mathfrak{r}$ positiv wird, demnach das Vorhandensein eines Sterblichkeitsschwankungsfonds erforderlich erscheint. Vermittels der Relationen (67) bis (70) ist die Herstellung der hier geltenden Voraussetzungen von gleichartigen Versicherungen aus einem allgemeinen Bestand stets zu bewerkstelligen. Man kann demnach vermittels des Begriffes der Minimalzahl der Versicherten bei einem Bestand gleichartiger Versicherungen, an welchen diese Begriffsbildung stets gebunden bleibt, stets angeben, wie groß eine Gesellschaft sein muß, damit für sie das Prädikat stabil zutrifft. Auf einen allgemeinen Bestand, auf welchen die angegebenen Durchschnittsbildungen bezogen sind, angewendet, erscheint die Aussage, daß die Minimalzahl der Versicherten eben erreicht ist, mit der anderen Aussage gleichwertig, daß die Risikoreserve eben Null ist.

Wir haben aber noch eine andere Bedeutung der Minimalzahl hervorzuheben, auf welche Radtke hingewiesen hat. Sie dient der speziellen Charakterisierung einer bestimmten Versicherung. Wir können nämlich stets eine Gesellschaft fingieren, welche aus lauter gleichartigen Versicherungen einer bestimmten Art besteht, etwa aus lauter Versicherungen auf Ab- und Erleben der Dauer 25 mit laufender Prämie für das Beitrittsalter 35 nach 5 jährigem Bestande. Für einen solchen Bestand wird sich eine ganz bestimmte Minimalzahl von Versicherungen ergeben L_0, wenn nur einmal über die $\mathfrak{G}$ genau verfügt ist, und diese Zahl wird für jede nach Versicherungsart, Beitrittsalter, Versicherungs- und Ablaufsdauer charakterisierte Versicherung genau so bestimmend sein wie etwa das durchschnittliche oder mittlere Risiko dieser Versicherung. Die genannte Charakterisierung geht aber über die durch die beiden angeführten Risiken gewährte, soweit wenigstens die absoluten Risiken in Betracht kommen, hinaus, weil sie die Überschußbildung mitberücksichtigt. Allerdings müßte man hier, um diesen Zweck zu erreichen, im Gegensatze zu Radtke, die Minimalzahl nicht auf Grund der für das nächste Jahr berechneten Größen, sondern unter Berücksichtigung der ganzen ferneren Dauer ermitteln.

Wir wollen endlich beachten, daß die Minimalzahl proportional dem Quadrate des Faktors ν zunimmt und verkehrt proportional dem

Quadrate der zu gewärtigenden Gewinne abnimmt. Die Minimalzahl ist für den Beginn der Versicherung größer als späterhin, weil das Risiko im allgemeinen mit der abgelaufenen Versicherungsdauer abfällt. Nachdem wir den Grad der Stabilität dem relativen Risiko umgekehrt proportional fanden

$$N = \frac{\mathfrak{G}}{\nu \cdot \mathfrak{M}} \qquad \text{bzw.} \qquad {}_1N = \frac{\mathfrak{g}}{\nu \cdot {}_1\mathfrak{M}}$$

und demnach für einen Bestand gleichartiger Versicherungen

$$N = \frac{\mathfrak{G}\sqrt{L}}{\nu \cdot \mathfrak{M}} \qquad \text{bzw.} \qquad {}_1N = \frac{\mathfrak{g}\sqrt{L}}{\nu \cdot {}_1\mathfrak{M}}$$

gilt, andererseits aber

$$L_0 = \frac{\nu^2\, \mathfrak{M}^2}{\mathfrak{G}^2} \qquad \text{bzw.} \qquad {}_1L_0 = \frac{\nu^2 \cdot {}_1\mathfrak{M}^2}{\mathfrak{g}^2}$$

war, so ist

$$N = \sqrt{\frac{L}{L_0}} \qquad \text{bzw.} \qquad {}_1N = \sqrt{\frac{L}{{}_1L_0}}\,. \tag{93}$$

Der Grad der Stabilität ist sonach der Wurzel aus der Anzahl der Versicherten gerade und der Wurzel aus der Minimalzahl der Versicherten umgekehrt proportional.

§ 12. Das Maximum der Versicherungssumme.

Im Hinblick auf das im § 10 eingeführte Maß der Stabilität hat nun die Frage einen präzisen Sinn, wie groß die Versicherungssumme einer neu hinzugekommenen Versicherung für eigene Rechnung äußerstens sein darf, damit die Sicherheit des Unternehmens nicht verschlechtert wird. Soll dies der Fall sein, dann darf eben die Stabilität der Gesellschaft gegenüber den zufälligen Sterblichkeitsschwankungen durch den Neuabschluß nicht verkleinert werden. Soll unter diesem Gesichtspunkt eine Grenze für den maximalen Eigenbehalt des Neugeschäftes gefunden werden, dann kommen wir zu verschiedenen Ansätzen, je nachdem die ganze Versicherungsdauer oder nur das nächste Jahr in Betracht gezogen wird, und je nachdem die Betrachtungen auf Grund der absoluten oder relativen Stabilität angestellt werden. Die Fragestellung führt aber nur dann zu einer Lösung im Sinne eines Maximumproblems, wenn es sich nur um eine einzige neu hinzutretende Versicherung handelt, weil die Höhe der Summen, nach deren Maximum gefragt wird, bei mehreren neu hinzukommenden Versicherungen stets wieder voneinander abhängig sind.

Jedenfalls wird das auf Grund risikotheoretischer Erwägungen zu bestimmende Maximum der Neuversicherung von der Beschaffenheit des vorhandenen Versicherungsstockes, aber auch von der Art der neuen Versicherung selbst abhängig sein. Hieraus folgt schon, daß das

Maximum keine Größe sein kann, welche von den Änderungen des Versicherungsbestandes unberührt bleibt. In der Praxis werden allerdings für die Bestimmung des Maximums noch ganz andere Momente bestimmend sein, die mit versicherungstechnischen Erwägungen gar nichts zu tun haben. Hier spielt die allgemeine wirtschaftliche Lage, die sonstige finanzielle Fundierung und Liquidität des Unternehmens, seine Finanz- und Rückversicherungspolitik sehr mit, so daß für zwei vom Standpunkte der Risikotheorie gleich zu beurteilende Unternehmungen hinsichtlich des Maximums des Eigenbehaltes bei Neuversicherungen durchaus nicht die gleichen Grenzen gefolgert zu werden brauchen.

Das mindeste aber, was man vom theoretischen Standpunkte fordern muß, wird wohl sein, daß eine Gesellschaft, die stabil ist, diese Eigenschaft nicht durch die neuen Geschäftsabschlüsse verliert. Diese recht weite Forderung hinsichtlich des Maximums wurde zuerst von Mounier erhoben. Will man allerdings die an Hand der Risikotheorie zu bewertende Qualität der Gesellschaft erhalten, dann wird man mehr fordern müssen, die Grenze des Maximums daher tiefer anzusetzen haben. Denn bei Erfüllung der Mounierschen Forderung kann es mit der Kontinuität der Überschußbildung noch recht schlecht bestellt sein, ja diese sogar gänzlich ins Wanken kommen, da es mit dieser Forderung doch auch vereinbar wäre, wenn in einem Jahre der ganze Sterblichkeitsschwankungsfond und die Gewinnreserve der Versicherten aufgezehrt würde. King verlangt daher, daß die neu hinzukommenden Versicherungssummen nach oben so begrenzt würden, daß die Gefahr von größeren Schwankungen der Überschüsse aus Sterblichkeitsverlusten ausgeschlossen bleibt. Dieser Forderung dürfte es entsprechen, wenn verlangt wird, daß die absolute Stabilität durch den Neuzugang nicht herabgesetzt werden soll, eine Forderung, welche zuerst von Laurent in der Art gestellt wurde, daß die Risikoreserve nach Hinzutritt des Neuzuganges nicht größer sein darf als für den alten Bestand.

Noch weitergehend wäre es, zu verlangen, daß die relative Stabilität durch den Neuzugang nicht vermindert werden darf, eine Forderung, welche man mit Landré auch so stellen kann, daß man verlangt, das relative Risiko solle nicht zunehmen. Wir dürfen allerdings bemerken, daß bei den beiden letztgenannten Autoren der stabilisierende Einfluß der Gewinne noch nicht recht zur Geltung kommt, und daß Laurent stets das Risiko für die ganze fernere Dauer, Landré dagegen stets das Risiko des nächsten Jahres den Betrachtungen zugrunde legt. Das Maximum des Eigenbehaltes der neu hinzukommenden Versicherungssumme ließe sich auch noch in anderer Weise fixieren. So z. B. durch die Forderung, daß die Risikoreserve zu einem Minimum gemacht werden soll. Man darf aber wohl sagen, daß unter den zahlreichen Möglichkeiten nur der Laurentsche und der Landrésche Ansatz Aussicht haben, für die Praxis wertvoll werden zu können.

Verfolgen wir zunächst den ersteren, so ist die absolute Stabilität unter Berücksichtigung der ganzen ferneren Dauer gegeben durch

$$\mathfrak{S} = F - \mathfrak{R} = F + \mathfrak{G} - \nu \cdot \mathfrak{M}.$$

Diese soll nun nach Hinzutritt einer neuen Versicherung nicht vermindert werden, demnach $\mathfrak{R}$ nicht zunehmen. Ist x die unbekannte Versicherungssumme der neuen Versicherung, deren Maximum gerade bestimmt werden soll, $\mathfrak{G}^0 \cdot x$ der Barwert der für diese zu erwartenden Gewinne und $\mathfrak{M}^0 \cdot x$ ihr mittleres Risiko, dann ist die neue Risikoreserve $\mathfrak{R}'$ gegeben durch

$$\mathfrak{R}' = \nu \cdot \sqrt{\mathfrak{M}^2 + \mathfrak{M}^{0\,2} \cdot x^2} - \mathfrak{G} - \mathfrak{G}^0 x.$$

Nachdem aber $\mathfrak{R}' \leqq \mathfrak{R}$ sein soll, ergibt sich für x das folgende Maximum:

$$x = \nu \cdot \mathfrak{M} \cdot \frac{2\,\mathfrak{G}^0}{\nu^2 \cdot \mathfrak{M}^{0\,2} - \mathfrak{G}^{0\,2}}. \tag{94}$$

Die absolute Stabilität nimmt mit wachsendem x zu, solange das Maximum noch nicht erreicht ist. Nach Überschreitung des Maximums nimmt die absolute Stabilität ab. Die Höhe des vorhandenen Fonds F sowie die künftigen Gewinne des alten Bestandes spielen bei der Bestimmung des Maximums keine Rolle.

In ganz analoger Art erhalten wir für das Maximum unter Rücksicht auf das nächste Jahr

$$x = \nu \cdot {}_1\mathfrak{M} \cdot \frac{2\,\mathfrak{g}^0}{\nu^2 \cdot {}_1\mathfrak{M}^{0\,2} - \mathfrak{g}^{0\,2}}. \tag{95}$$

Hierbei wäre allerdings eine rationelle Amortisation der Gestehungskosten der neuen Versicherung zu bedingen, damit dem Gewinne $\mathfrak{g}^0$ des ersten Jahres eine reelle Bedeutung zukommt. Der Nenner der beiden Ausdrücke (94) und (95)

$$\nu^2 \cdot \mathfrak{M}^{0\,2} - \mathfrak{G}^{0\,2} \quad \text{bzw.} \quad \nu^2 \cdot {}_1\mathfrak{M}^{0\,2} - \mathfrak{g}^{0\,2}$$

ist, wie Bohlmann bemerkt, für normale Fälle kaum negativ zu erwarten, so daß ein Versagen dieses Kriteriums nicht zu befürchten ist.

Beziehen wir uns auf lauter gleichartige Versicherungen, dann ersieht man aus dem Kriterium, in dem jetzt $\mathfrak{M}$ durch $\sqrt{L} \cdot \mathfrak{M}$ und ${}_1\mathfrak{M}$ durch $\sqrt{L} \cdot {}_1\mathfrak{M}$ zu ersetzen ist, daß das Maximum der neuen Versicherungssumme der Quadratwurzel aus der Anzahl der Versicherungen des alten Bestandes gerade proportional ist. Nehmen wir aber an, daß nicht nur eine, sondern L^0 Policen auf die zulässige Höchstsumme abgeschlossen werden, dann wird sich das zulässige Maximum höher stellen. Denn aus

$$\mathfrak{R}' = \nu \cdot \sqrt{\mathfrak{M}^2 + L^0\,\mathfrak{M}^{0\,2} \cdot x^2} - \mathfrak{G} - L^0\,\mathfrak{G}^0 \cdot x = \nu \cdot \mathfrak{M} - \mathfrak{G} = \mathfrak{R}$$

würde

$$x = \nu \cdot \mathfrak{M} \cdot \frac{2\,\mathfrak{G}^0}{\nu^2 \cdot \mathfrak{M}^{0\,2} - L^0\,\mathfrak{G}^{0\,2}}$$

und analog

$$x = \nu \cdot {}_1\mathfrak{M} \cdot \frac{2\,\mathfrak{g}^0}{\nu^2 \cdot {}_1\mathfrak{M}^{0\,2} - {}_1L^0\,\mathfrak{g}^{0\,2}}$$

folgen. Wird hier die Zahl L^0 so groß, daß der Nenner verschwindet oder negativ wird, dann ist für x eine Schranke nicht mehr gegeben und der neu hinzukommende Bestand ist für sich stabil. Diese Bedingung für den Neuzugang haben T. B. Sprague und T. E. Young gestellt.

Vermittels der Minimalzahl der Versicherten L_0 bzw. ${}_1L_0$ können wir die Maximalbedingung auch in der Gestalt

(96) $$x = \frac{2 \cdot \nu \cdot \mathfrak{M}}{\mathfrak{G}^0\,(L_0 - 1)} \quad \text{bzw.} \quad x = \frac{2 \cdot \nu \cdot {}_1\mathfrak{M}}{\mathfrak{g}^0\,({}_1L_0 - 1)}$$

ansetzen, von denen die erstere für große L_0 näherungsweise durch

$$x = \frac{2 \cdot \nu \cdot \mathfrak{M}}{\mathfrak{G}^0 \cdot L_0}$$

ersetzt werden kann, womit der formale Anschluß an Laurent erreicht ist. Für den Verlauf numerischer Rechnungen verweisen wir auf die wiederholt erwähnten Arbeiten von Bohlmann und Radtke.

Zieht man zur Bestimmung des Maximums das relative Risiko heran, so gelangt man zu der Forderung, daß nach Hinzutritt der neuen Versicherung der Grad der Stabilität nicht abnehmen, daher das relative Risiko nicht zunehmen soll. Landré verwendet hierbei als relatives Risiko das Verhältnis des absoluten mittleren Risikos für ein Jahr zur natürlichen Prämie dieses Jahres. Seine Resultate sind daher nicht mit denen vergleichbar, welche man erhält, wenn man statt der natürlichen Prämie die Gewinne verwendet. A priori ist über die Verwendbarkeit des einen oder anderen Maximums, berechnet auf Grund des absoluten oder relativen Risikos, für die Praxis nichts auszusagen. Während wir aber schon erwähnen durften, daß die Bedingungsgleichung für das Laurentsche Maximum kaum jemals versagt, gibt die Bedingungsgleichung auf Grund des relativen Risikos, zumal unter Verwendung der Gewinne als Nenner, mitunter absurde Resultate. Es kann hier ein Maximum resultieren, welches unter der durchschnittlichen Versicherungssumme des alten Bestandes zu liegen kommt. Die Bedingung wäre daher für die Praxis ganz und gar unbrauchbar.

Wir haben aber bereits hervorgehoben, daß das ν fache des relativen Risikos gerade jenen Prozentsatz angibt, um welchen die Gewinnanteile äußerstenfalls durch Sterblichkeitsverluste reduziert werden können. Wird demnach die Forderung erhoben, daß das relative Risiko durch den Neuzugang nicht zunimmt, dann besagt dies, daß die Gewinnanteile durch die neu hinzutretenden Versicherungen nicht größeren Schwankungen ausgesetzt werden sollen, als jene waren, welche äußerstenfalls für den alten Bestand erwartet werden durften. Gerade hierauf kommt es aber nach der erwähnten Äußerung von King an. Wir werden auf diesen Widerspruch, der hier vorzuliegen scheint, indem die Bestimmung des Maximums auf Grund des relativen Risikos die theoretisch korrektere ist, andererseits aber dennoch auf unbrauchbare Resultate führt, noch zurückkommen.

Auf Grund des relativen Risikos bestimmt sich das Maximum der neuen Versicherungssumme aus der Bedingungsgleichung

$$\frac{F + \mathfrak{G} + \mathfrak{G}^0 \cdot x}{\sqrt{\mathfrak{M}^2 + \mathfrak{M}^{0\,2} \cdot x^2}} \geqq \frac{F + \mathfrak{G}}{\mathfrak{M}},$$

sofern wir uns wieder auf die ganze fernere Dauer beziehen. Hieraus erhalten wir

$$x = \frac{2\,\mathfrak{G}^0 (F + \mathfrak{G}) \cdot \mathfrak{M}^2}{(F + \mathfrak{G})^2\, \mathfrak{M}^{0\,2} - \mathfrak{G}^{0\,2}\, \mathfrak{M}^2},$$

oder

$$(97) \qquad x = \frac{2\,\mathfrak{G}^0 : \mathfrak{M}^{0\,2}}{(F + \mathfrak{G}) : \mathfrak{M}^2} \cdot \frac{1}{1 - \mathfrak{x}^2}, \qquad \text{wo} \qquad \mathfrak{x} = \frac{\mathfrak{G}^0 : \mathfrak{M}^0}{(F + \mathfrak{G}) : \mathfrak{M}}.$$

Ganz analog unter Rücksicht auf das nächste Jahr

$$(98) \qquad x = \frac{2\,\mathfrak{g}^0 : {}_1\mathfrak{M}^{0\,2}}{(f + \mathfrak{g}) : {}_1\mathfrak{M}^2} \cdot \frac{1}{1 - \bar{\mathfrak{x}}^2}, \qquad \text{wo} \qquad \bar{\mathfrak{x}} = \frac{\mathfrak{g}^0 : {}_1\mathfrak{M}^0}{(f + \mathfrak{g}) : {}_1\mathfrak{M}}.$$

Numerische Berechnungen ergeben übrigens, daß sich das Maximum auf Grund der Bedingung (98) höher stellt als auf Grund von (97), während doch das Gegenteil zu erwarten wäre.

Die angeführten Widersprüche lösen sich nun in der Art, daß das nach dem relativen Risiko berechnete Maximum in der Tat praktisch unbrauchbar erscheint, daß aber der erwähnte theoretische Vorzug, der ihm eignet, auch der Bestimmung des Maximums auf Grund des absoluten Risikos zuzusprechen ist. Allerdings wird von diesem Maximum die Kingsche Forderung nicht in aller Strenge erfüllt. Wir müssen aber beachten, daß sich der Grad der Stabilität des gesamten Bestandes nach Hinzutritt der neuen Versicherung

$$(99) \qquad \mathfrak{R}(x) = \frac{F + \mathfrak{G} + \mathfrak{G}^0 x}{\nu \sqrt{\mathfrak{M}^2 + \mathfrak{M}^{0\,2} \cdot x^2}},$$

als Funktion von x betrachtet, mit diesem nur langsam ändert, und wenn für x das Laurentsche Maximum substituiert wird, nur unwesentlich höher ausfällt als für den alten Bestand. Setzen wir dieses Maximum mit

$$x = \nu \cdot \mathfrak{M} \cdot \frac{2\,\mathfrak{G}^0}{\nu^2 \cdot \mathfrak{M}^{0\,2} - \mathfrak{G}^{0\,2}}$$

in (99) ein, so ergibt sich

$$(100) \qquad \frac{\mathfrak{N}(x)}{\mathfrak{N}} = 1 - \frac{2\,\mathfrak{N}^{0\,2}}{1+\mathfrak{N}^{0\,2}}\left(1-\frac{1}{\mathfrak{N}}\right),$$

wo $\mathfrak{N} = \dfrac{F+\mathfrak{G}}{v\cdot\mathfrak{M}}$ und $\mathfrak{N}^0 = \dfrac{\mathfrak{G}^0}{v\cdot\mathfrak{M}^0}$.

Der Prozentsatz, um den sich bei Sterblichkeitsverlusten die Dividenden reduzieren können, ist, wie schon gesagt, durch das relative Risiko

$$\frac{v\cdot\mathfrak{M}}{F+\mathfrak{G}} = \frac{1}{\mathfrak{N}} = \alpha$$

gegeben. Nach Hinzutritt der neuen Versicherung wird dieser Prozentsatz daher

$$\alpha' = \frac{1}{\mathfrak{N}(x)},$$

wenn die Summe x dem Laurentschen Maximum entspricht. Aus (100) folgt aber

$$a' = \frac{\alpha}{1-2\lambda^2(1-\alpha)}, \qquad \text{wo} \qquad \lambda = \frac{\mathfrak{N}^0}{\sqrt{1+\mathfrak{N}^{0\,2}}}$$

eine kleine Zahl ist. Die Änderung ist demnach auch bei Erreichung des Laurentschen Maximums nicht erheblich.

Bohlmann, dem wir hier in der Darstellung gefolgt sind, kommt daher zu dem Schlusse, daß die Laurentsche Bedingung, nach welcher die Risikoreserve nicht zunehmen soll, namentlich wenn man sie auf das nächste Jahr einschränkt, hinreichend sicher sei und oft ganz brauchbare Maxima für die Versicherungssumme liefert, dem Ansatz von Landré daher in den meisten Fällen vorzuziehen sein wird.

Sieht man aber von der Gewinnbildung bei Bestimmung des Maximums ab, dann ergibt der Landrésche Ansatz als Maximum des Eigenbehaltes für die neue Versicherungssumme das Doppelte der durchschnittlichen Versicherungssumme des alten Bestandes, ein Resultat, dem in der heutigen Praxis immerhin einige Bedeutung beizumessen ist.

Setzen wir, um dies zu erweisen, einen Versicherungsbestand lauter gleichartiger Versicherungen voraus, deren reduziertes Kapital gleich c sei, und ist die Anzahl der Versicherungen L_x, dann ist das mittlere absolute Risiko für den Bestand unter Rücksicht auf das nächste Jahr durch

$$c\cdot v\cdot\sqrt{L_x\cdot p_x\cdot q_x},$$

das relative Risiko für das nächste Jahr, gebildet im Hinblick auf die totale Risikosumme $c\cdot L_x$ durch

$$\frac{v\cdot\sqrt{p_x\cdot q_x}}{\sqrt{L_x}}$$

definiert. Soll sich dieses durch Hinzutritt einer neuen gleichartigen Versicherung auf die Summe X nicht ändern, dann gilt

$$v\sqrt{p_x \cdot q_x} \cdot \frac{\sqrt{L_x \cdot c^2 + X^2}}{L_x \cdot c + X} = \frac{v\sqrt{p_x \cdot q_x}}{\sqrt{L_x}},$$

woraus

(101) $$X = \frac{2\,L_x \cdot c}{L_x - 1}$$

und daher für hinreichend große L_x

(102) $$X = 2 \cdot c$$

folgt. Von den eingeführten Beschränkungen kann man sich, wie schon, an früherer Stelle gesagt, durch die Bildung von Durchschnittswerten befreien. Was zunächst die Verschiedenheit der versicherten Kapitalien anlangt, so können wir annehmen, daß l_x Personen auf das reduzierte Kapital c, l'_x auf c' usf. versichert sind. Dann ist

$$L_x = l_x + l'_x + \cdots$$

und das mittlere Risiko

$$v\sqrt{p_x \cdot q_x} \cdot \sqrt{l_x c^2 + l'_x c'^2 + \cdots}\ .$$

Durch Einführung von

$$\alpha^2 = \frac{1}{L_x}\,(l_x c^2 + l'_x c'^2 \cdots)$$

ist dieser Fall auf den vorhin betrachteten zurückgeführt und es ergibt sich

$$X = 2\,\alpha\,.$$

Aber auch von der Beschränkung hinsichtlich des Alters kann man sich durch eine Durchschnittsbildung befreien, wenn wir setzen

$$\alpha^2 = \frac{1}{L}\,[(l_x c_x^2 + l'_x c'^2_x + \cdots) + (l_{x+1} c_{x+1}^2 + l'_{x+1} c'^2_{x+1} + \cdots) + \cdots],$$

$$v\sqrt{p_{\bar{x}}\, q_{\bar{x}}} \cdot \alpha \cdot \sqrt{L} = v\sqrt{p_x \cdot q_x\,(l_x c_x^2 + \cdots) + p_{x+1} \cdot q_{x+1}\,(l_{x+1} c_{x+1}^2 + \cdots) + \cdots}$$

Ist dann x das Beitrittsalter der neuen Versicherung, dann bestimmt sich deren Maximum wieder mit

$$X = 2\,\alpha\,.$$

Ist aber dieses Beitrittsalter vom Durchschnittsalter $\bar{x}$ verschieden, dann gilt

$$\frac{\sqrt{p_{\bar{x}} \cdot q_{\bar{x}} \cdot L \cdot \alpha^2 + p_x \cdot q_x \cdot X^2}}{\alpha \cdot L + X} = \frac{\sqrt{p_{\bar{x}} \cdot q_{\bar{x}}}}{\sqrt{L}},$$

und wenn wir

$$\frac{p_x \cdot q_x}{p_{\bar{x}} \cdot q_{\bar{x}}} = k$$

setzen, so ergibt sich

$$X = \frac{2\,\alpha\,L}{L\,k - 1} \sim \frac{2\,\alpha}{k}\,.$$

Hieraus folgt demnach für $x < \bar{x}$, $X > 2\,\alpha$ und umgekehrt.

Wir verweilen endlich noch kurz bei der Forderung, daß das Maximum derart zu bestimmen sei, daß durch Hinzutritt der neuen Versicherung die Risikoreserve zu einem Minimum, demnach die absolute Stabilität zu einem Maximum gemacht werden soll. Nach Hinzutritt der neuen Versicherung ist aber die Risikoreserve

$$\mathfrak{R} = \nu \sqrt{\mathfrak{M}^2 + \mathfrak{M}^{0\,2} x^2} - \mathfrak{G} - \mathfrak{G}^0 x$$

und aus der Bedingung für das Minimum

$$\left[\frac{d\,\mathfrak{R}}{d\,x}\right]_{x = x_0} = 0$$

folgt

(103) $$x_0 = \frac{\nu \cdot \mathfrak{M}}{\nu \cdot \mathfrak{M}^0 \sqrt{\frac{\nu^2\,\mathfrak{M}^{0\,2}}{\mathfrak{G}^{0\,2}} - 1}} = \frac{\nu \cdot \mathfrak{M}}{\nu \cdot \mathfrak{M}^0 \sqrt{L_0 - 1}},$$

wobei wir nur die positive Wurzel zu berücksichtigen haben und L_0 wieder die Minimalzahl für die neue Versicherung bedeutet. Daß x_0 in der Tat ein Minimum ergibt, läßt sich leicht erweisen. Ganz analog ergibt sich, wenn nur das nächste Jahr in Betracht gezogen wird,

(104) $$x_0 = \frac{\nu \cdot {}_1\mathfrak{M}}{\nu \cdot {}_1\mathfrak{M}^0 \sqrt{\frac{\nu^2 \cdot {}_1\mathfrak{M}^{0\,2}}{\mathfrak{g}^{0\,2}} - 1}}.$$

Nachdem wir aber die Laurentsche Bedingung in der Gestalt

$$x = \nu \cdot \mathfrak{M} \cdot \frac{2\,\mathfrak{G}^0}{\nu^2\,\mathfrak{M}^{0\,2} - \mathfrak{G}^{0\,2}} = \frac{2\,\nu \cdot \mathfrak{M}}{\mathfrak{G}^0 \left(\frac{\nu^2\,\mathfrak{M}^{0\,2}}{\mathfrak{G}^{0\,2}} - 1\right)}$$

bzw.

$$x = \nu \cdot {}_1\mathfrak{M} \cdot \frac{2\,\mathfrak{g}^0}{\nu^2 \cdot {}_1\mathfrak{M}^{0\,2} - \mathfrak{g}^{0\,2}} = \frac{2\,\nu \cdot {}_1\mathfrak{M}}{\mathfrak{g}^0 \left(\frac{\nu^2 \cdot {}_1\mathfrak{M}^{0\,2}}{\mathfrak{g}^{0\,2}} - 1\right)}$$

erhalten haben, ergibt sich weiter

(105) $$\frac{x}{x_0} = 2\left(\frac{\nu\,{}_1\mathfrak{M}^0}{\mathfrak{g}^0} : \sqrt{\frac{\nu^2\,{}_1\mathfrak{M}^{0\,2}}{\mathfrak{g}^{0\,2}} - 1}\right) = 2\,\frac{\sqrt{L_0}}{\sqrt{L_0 - 1}}.$$

Wenn wir hier unter dem Wurzelzeichen die 1 gegen L_0 vernachlässigen, was einer früheren Bemerkung zufolge im allgemeinen nur dann zulässig sein wird, wenn wir nicht die ganze fernere Dauer, sondern nur das nächste Jahr in Betracht ziehen, dann ergibt sich näherungsweise

(106) $$x_0 \sim \tfrac{1}{2}\,x.$$

Sonach wird unter dieser Einschränkung das Maximum der neuen Versicherungssumme auf Grund der Bedingung einer maximalen absoluten Stabilität gleich der Hälfte des Maximums auf Grund des Laurentschen Ansatzes.

§ 13. Die Anwendungsmöglichkeiten der Risikotheorie.

Wie schon einleitend hervorgehoben worden ist, kann zur Zeit von einer Anwendung der Risikotheorie in der Praxis der Lebensversicherung kaum gesprochen werden. Vielmehr wird von mancher Seite eine solche Anwendungsmöglichkeit glatt abgelehnt, auch wenn gegen die theoretische Durchbildung und praktische Verwertung der Theorie sonst nichts einzuwenden wäre. Das wird in der Regel damit begründet, daß die Schwankungen in der Sterblichkeit des Versicherungsbestandes gegenüber denen der übrigen Rechnungsgrundlagen besondere Vorkehrungen nicht rechtfertigen, zumal sie das Budget der Gesellschaften nicht in erheblicherem Maße belasten. Eine befriedigende Anpassung der Rechnungsgrundlagen an die Tatsachen sei in allen Fällen eine nicht erreichbare Utopie, und die Einführung genügend strenger Grundlagen gewähre stets die Möglichkeit, sich in völlig ausreichendem Maße gegenüber einem ungünstigen Verlauf der Ereignisse zu sichern.

Nach den Ausführungen des ersten Teiles über die zu einer geordneten Betriebsführung notwendige Beschaffenheit der Rechnungsgrundlagen wird man solchen Argumenten nicht ohne weiteres zustimmen können. Aber ganz abgesehen von dem Wert oder Unwert der Risikotheorie im Hinblick auf Fragen, welche bisher ohne dieses Hilfsmittel einer anscheinend ausreichenden Lösung zugeführt worden sind, bleibt immer noch zu erwägen, ob sich mit seiner Hilfe nicht ein befriedigender Eingang für die Bearbeitung von Problemen darbietet, welche bisher schlecht und recht, nach Übereinkommen und gefühlsmäßig behandelt wurden, deren Behandlung aber einer strengeren Kritik und gewissenhafteren Analyse nicht standzuhalten vermag. Das ist aber tatsächlich bei einer ganzen Reihe in die Versicherungstechnik einschlägiger Fragen der Fall.

Was zunächst das durchschnittliche Risiko anlangt, so ist sein wiederholt hervorgehobener Prämiencharakter in erster Linie dazu geeignet, einen Maßstab für das mit der Einzelversicherung verbundene Gefahrenmoment abzugeben. Daß sich die Versicherungstechnik bei der heutigen Aufnahmepraxis hier noch mit ganz unbrauchbaren Begriffen — man denke an die Charakterisierung eines Risikos vermittels der mittleren Lebensdauer oder gar der Sterbenswahrscheinlichkeit — begnügt, mag als Beweis dafür genommen werden, daß die Abschätzung des genannten Gefahrenmomentes in der Praxis kaum ernstere Bedeutung erlangt hat. Daß dies aber noch heute nicht als Mangel empfunden wird, zu einer Zeit, in der die Versicherung der minderwertigen Risiken allgemeine Verbreitung gefunden hat und die Lebensversicherung ohne die zu hoher Blüte gelangte Rückversicherung kaum gedacht werden kann, darf doch nur als Zeichen allgemeiner Trägheit im Verfolge überkommener Gewohnheiten, nicht aber als Argument gegen die Risikotheorie gewertet werden.

Die durch das durchschnittliche Risiko einer beliebigen Versicherung definierte Ziffer gibt unter allen Umständen einen zuverlässigen Maßstab für das mit ihrer Übernahme verbundene Gefahrenmoment. Jeder Tarif einer Lebensversicherungsgesellschaft trägt diesem Moment Rechnung. Wir beobachten hier eine gewisse Beschränkung hinsichtlich des Höchstalters, zu welchem Versicherungen eines bestimmten Planes noch zum Abschluß zugelassen werden. Jeder Versicherungsfachmann weiß etwas von der Wirkung der Abkürzung der Versicherungsdauer auf die Größe des mit der Versicherung verbundenen Gefahrenmomentes. Anbrüchige Risiken werden nur zu bestimmten Kombinationen genommen, von welchen man weiß, daß das mit ihnen verbundene Risiko kleiner ist. Man operiert in der Praxis mit verschiedenen Eigenbehalten, je nach Versicherungsplan, Alter des Versicherten und je nach dessen Qualität. Die ganze Frage der Rückversicherung im Einzelfalle ist von Erwägungen beherrscht, welche ohne jedes theoretische Fundament mehr oder weniger gefühlsmäßig vorgebracht werden, im großen und ganzen vielleicht einen befriedigenden Ausgleich herbeiführen, im einzelnen aber sicherlich irregehen. Warum die Verwertung eines zuverlässigen Maßes bei der Erledigung dieser und verwandter Fragen beharrlich abgelehnt wird, ist nicht recht einzusehen. Die Berechnung des durchschnittlichen Risikos ist etwa nach Formel (41) eine ganz unerhebliche Arbeit, zumal Interpolation in weitem Rahmen anwendbar ist. Wir erachten die ziffernmäßige Berechnung des durchschnittlichen Risikos im Umfange aller Tarifrelationen und der in Betracht kommenden Risikoqualitäten für eine der gewissenhaften Betriebsführung in jeder Hinsicht förderliche Angelegenheit. Für die Erledigung einer speziellen Frage der Rückversicherung vermittels der Theorie des durchschnittlichen Risikos verweisen wir auf die im Literaturnachweis angeführte Arbeit des Verfassers in der Österr. Revue, Jg. 1923.

Im Hinblick auf den ganzen Versicherungsbestand allerdings versagt diese Begriffsbildung wegen der Schwierigkeiten der numerischen Auswertung. Hier werden alle Fragen auf Grund des mittleren Risikos zu behandeln sein. Als solche kommen in erster Hinsicht die nach dem Maximum des Eigenbehaltes und damit die mit der Rückversicherung zusammenhängenden Problemstellungen in Betracht, deren nähere Ausführung dem folgenden Abschnitt vorbehalten ist. Es mag im übrigen zugegeben werden, daß manche der in den vorangegangenen Betrachtungen erzielten Resultate über die Theorie hinaus noch nicht gediehen sind und in dieser Form kaum in die Praxis Eingang finden werden. Aber es gilt, sich hier nicht bescheiden zu sollen. Man darf behaupten, daß die heutige Lebensversicherungstechnik gerade dort am wenigsten befriedigt, wo die Bearbeitung von Fragen mitspielt, die mit der Risikotheorie mehr oder weniger zusammenhängen. Unzweifelhaft gehört die heutige Rückversicherungstechnik mit zu diesem Fragenkomplex, wenn auch ihre zweckmäßigere Umbildung nicht allein von diesem Standpunkte aus anzuregen wäre.

II. Rückversicherung.

§ 14. Allgemeines.

Unter Rückversicherung wollen wir die Heranziehung eines oder mehrerer Versicherer zwecks gemeinsamer Deckung der vom Erstversicherer übernommenen Versicherungsverpflichtungen verstehen. Der Erst- (Direkt-) Versicherer ist der Rückversicherungsnehmer, der die Rückversicherung gewährende Versicherer ist der Rückversicherer.

Der Zweck der Rückversicherung kann ein recht vielfältiger sein. Wenn wir aber alle außerhalb rein versicherungstechnischer Erwägungen liegenden Umstände zunächst beiseite schieben, so wäre mit der Rückversicherung in der Lebensversicherung zweierlei zu erstreben: einmal eine Erhöhung der Sicherheit des Unternehmens des Erstversicherers, und zweitens die Erzielung einer möglichst guten Kontinuität der Überschußbildung. Im Grunde hängen diese zwei Forderungen miteinander zusammen, denn von einem befriedigenden Gewinnausgleich kann offenbar nur bei einem hinsichtlich der Sicherheit ganz unbedenklichen Unternehmen die Rede sein. Im Sinne einer präziseren Problemstellung müssen wir aber die von der Rückversicherung zu versehende Funktion noch etwas näher bestimmen. Ein befriedigender Gewinnausgleich hängt bei einer Lebensversicherung von sehr verschiedenen Umständen ab, unter denen aber vor allem die Übereinstimmung des Verlaufes der Ereignisse mit den zugrunde gelegten Annahmen eine Rolle spielt. Für die Gewinne und Verluste werden neben der Veränderung des Wertes der Kapitalsanlagen und deren Verzinsung die Auslagen für Verwaltungskosten und die Ausgaben für Versicherungsleistungen bestimmend sein.

Die erstgenannte Gewinn- und Verlustquelle kann aber wohl nie Gegenstand einer Rückversicherung im Lebensversicherungsbetriebe sein. Denn die in normalen Zeiten beobachtete Stetigkeit in der Bewegung des Zinsfußes läßt Verluste aus sprunghaften Bewegungen des Zinses nicht erwarten. Verlusten aus Änderungen des Wertes der Kapitalsanlagen ist aber durch geeignete Bilanzierungsvorschriften sicherlich zu begegnen. Aber auch zur Sicherung gegen erheblichere Änderungen der Verwaltungskosten ist die Rückversicherung ein gänzlich untaugliches Mittel. Solche sprunghaft erhöhte Belastungen aus dem Verwaltungsapparat ergeben sich ja nur im Zusammenhange mit einer allgemeinen Änderung der wirtschaftlichen Verhältnisse, von welchen der Rückversicherer in gleicher Weise getroffen werden kann. Von einer ganz breiten internationalen Basis der Rückversicherung ließe sich hier zwar manches erwarten, aber die Erfahrungen nach dem Weltkriege sind gewiß nicht solche, daß es sich verlohnte, der Realisierbarkeit solcher Ideen nachzugehen.

Somit bleibt nur der Verlauf der Sterblichkeit bzw. die Höhe des im Einzelfalle übernommenen Sterblichkeitsrisikos, welche den Gedanken an eine Erhöhung der Sicherheit und Kontinuität der Betriebsführung im Wege der Rückversicherung nahelegen. Wir wollen nicht übersehen, daß für den Abschluß eines Rückversicherungsvertrages noch ganz andere Momente bestimmend sein können. Vom versicherungstechnischen Standpunkte aber ist das Sterblichkeitsrisiko der einzige Umstand, welcher auf die Rückversicherung hinleitet.

Der Grundgedanke bei der Lebensrückversicherung ist daher zunächst der einer einfachen Teilung der Deckungspflicht unter mehrere Versicherer, so daß im Versicherungsfalle jeder nur mit einem Teile der zu leistenden Summe belastet erscheint. Die Versicherungsnehmer gehen mitunter selbst diesen Weg, indem sie im vermeintlichen Interesse der Sicherheit ihrer Policen Versicherungen bei verschiedenen Anstalten eingehen. Für den Erstversicherer liegt natürlich kein Anlaß vor, diese primitive Form der Teilung der Versicherung nachzuahmen und demnach von einer übernommenen Versicherung einen Teil für eigene Rechnung zu halten und den Rest einem anderen Versicherer zu dessen Prämien und Bedingungen zu überweisen. Hiegegen wären eine ganze Reihe rechtlicher und wirtschaftlicher Momente geltend zu machen. Tatsächlich wurde aber in den Anfängen der Lebensversicherung dieser Weg gegangen. Aber auch die heutigen Formen der Lebensrückversicherung sind durchaus nicht solche, daß man behaupten könnte, es werde hier der beabsichtigte Zweck auf dem einfachsten Wege erreicht. Die Rückversicherungspolitik, das Abhängigkeitsverhältnis der Gesellschaften untereinander, nicht zuletzt der rein kaufmännische Standpunkt, welcher die Rückversicherungsbedingungen mitunter recht weit außerhalb des technischen Erfordernisses stellt, spielen da eine sehr gewichtige und oft ausschlaggebende Rolle.

Wenn wir nur die Erhöhung der Sicherheit als Zweck der Rückversicherung im Auge haben, dann kann die letztere ihre Aufgabe mit jedem gewünschten Grade erfüllen, so zwar, daß die Solidität des Erstversicherers, soweit die Deckung eventueller Verluste aus dem Verlaufe der Sterblichkeit in Betracht kommt, der absoluten Sicherheit gleichgebracht werden kann. Eine vollständige Abdeckung des Sterblichkeitsrisikos ist immer möglich. Eine andere Frage aber ist es, ob ein solches Verfahren zweckmäßig ist. Die Rückversicherung verursacht Kosten und bedingt eine Reduktion des Versicherungsbestandes, läufdemnach dem Grundprinzip der Lebensversicherung zuwider. Über ein gewisses durch die Vorsorge für die Sicherheit des Betriebes gewiesenes Ausmaß hinaus von der Rückversicherung Gebrauch zu machen, wird daher vom versicherungstechnischen Standpunkte aus kaum in Frage kommen können, es wäre denn in dem einzigen Falle, daß der Erstversicherer die Deckung des Sterblichkeitsrisikos auf dem Umwege über den Rückversicherer billiger erhält, als er es selbst zu leisten vermag, ein Fall, der für die Praxis nicht in Betracht kommt.

Wenn wir demnach von der Möglichkeit einer totalen Rückdeckung des Sterblichkeitsrisikos absehen, so bleibt als brauchbares Prinzip für die Rückversicherung nur jenes, welches bei den einzelnen Versicherungssummen einen solchen Eigenbehalt des Erstversicherers festlegt, daß das totale Risiko des für Rechnung des Erstversicherers versicherten Bestandes ein Minimum wird. Wir wissen, daß dies in dem speziellen Falle lauter gleichartiger Versicherungen besagt, daß die Eigenbehalte sämtlicher Versicherungen untereinander gleichgemacht werden. Für den Fall eines allgemeinen Bestandes werden wir diese Forderung noch näher zu untersuchen haben. Daß mit Erreichung eines solchen Minimums des totalen Risikos für einen möglichst vollkommenen Gewinnausgleich das Bestmögliche geleistet ist, liegt auf der Hand. Allerdings muß vermerkt werden, daß die Kosten der Rückversicherung wenn nicht auf den Ausgleich, so doch auf die Höhe der Überschüsse Einfluß haben.

In der Praxis erfolgt zur Zeit die Rückversicherung immer so, daß von bestimmten Versicherungen, welche der höheren Summe oder der größeren voraussichtlichen Sterblichkeit wegen außerhalb des Durchschnittes der übrigen Versicherungen des Bestandes fallen, ein bestimmter Teil unter näher zu vereinbarenden Bedingungen einem Rückversicherer abgetreten wird. Durch ein solches Verfahren wird offenbar ein erhöhter Ausgleich innerhalb des Versicherungsbestandes des Erstversicherers bewirkt und damit erhöhte Sicherheit und Kontinuität der Überschußbildung erreicht. Bei erheblicheren Versicherungsbeständen — bei einem kleinen Bestand von Versicherungen annähernd gleicher Risikosummen ist die Methode nicht anwendbar — könnte es daher nur fraglich erscheinen, ob die Kosten der Rückversicherung mit dem beabsichtigten Zweck im Einklange stehen. Das ist in der Tat eine Frage, welcher in der Praxis selten die notwendige Beachtung geschenkt wird. Die Reduktion des Versicherungsbestandes, welche mit dieser Art der Rückversicherung verbunden ist, schafft einen zweiten Nachteil. Es erhellt daher schon aus dem bisher Gesagten, daß die Rückversicherung für den Erstversicherer nicht eine absolute Notwendigkeit in dem Sinne darstellt, daß sie um jeden Preis erkauft werden muß. Nur eine strenge Rentabilitätsrechnung kann hier für oder wider entscheiden. Es fehlt übrigens nicht an Stimmen, welche den Wert der Rückversicherung vorbehaltlos negieren und damit in das andere Extrem verfallen, den Wert einer Einrichtung zu bestreiten, welche ihre Entstehung nicht etwa reinem Geschäftssinn, sondern vielmehr der Initiative der Erstversicherer zu verdanken hatte, welche eben bei einer großen Anzahl von zu versichernden Risiken das Bedürfnis nach einer Reduzierung des mit der Übernahme dieser Versicherungen verbundenen Gefahrenmomentes empfanden.

Es unterliegt keinem Zweifel, daß die Lebensrückversicherung, wie sie heute betrieben wird, auch nicht annähernd der Forderung gerecht wird, die ihr gestellte Aufgabe in theoretisch einwandfreier und praktisch brauchbarster und billigster Art zu erfüllen. Das liegt zum Teil daran, daß der Erstversicherer die Rückdeckung nach wie vor gefühlsmäßig vollzieht, ohne hierbei hinsichtlich der Bestimmung des Eigenbehaltes von theoretisch-technischen Erwägungen Gebrauch zu machen. Zum anderen Teil schafft die Übertragung der Prinzipe der Direktversicherung auf die Rückversicherung mit Prämien, Verwaltungskosten, Rücklagen, Gewinn und anderen Verrechnungsposten zwischen Erst- und Rückversicherer einen Verwaltungsapparat, welcher mit dem Wesen der Rückversicherung gar nichts zu tun hat und auf beiden Seiten die Kostenfrage allzusehr in den Vordergrund der gegenseitigen Abmachungen stellt. Hierzu kommt endlich noch das Kapitel Rückversicherungspolitik, welche zwar mit rein technischen Betrachtungen nichts zu tun hat, die letzteren aber doch in gewissem Sinne beeinflußt.

Wir müssen in diesen einleitenden Bemerkungen noch eines Umstandes gedenken, welcher die Erledigung der Rückversicherungsfrage berührt. Das ist die Frage der Überschußbildung bzw. Gewinnverteilung. In England und Amerika erhält der Rückversicherer vom Direktversicherer in der Regel Prämien, welche so bemessen sind, daß er zur Gewinnverteilung des Erstversicherers in gleicher Weise herangezogen wird wie dieser selbst. In Deutschland hat der Rückversicherer mit dem Dividendenproblem nichts zu tun, er erhält daher feste Prämien, welche nur zur Deckung der Versicherungsverpflichtungen und seiner Verwaltungsauslagen bestimmt sind. Wenn man bedenkt, daß die Gewinnbildung und Verteilung durchaus an die besonderen Verhältnisse, unter denen der Erstversicherer arbeitet, gebunden ist, so wird man den Gedanken sicherlich ablehnen, den Rückversicherer mit der Bildung von Gewinnverbänden zu befassen, in denen nur die Provenienz des Geschäftes das unterscheidende Moment bildet, die Eigenart des Betriebes des Rückversicherers, dessen Erfahrungen hinsichtlich Sterblichkeit, Zins und Verwaltungskosten mit denen der Erstversicherer durchaus nicht übereinstimmen, aber gar nicht zum Ausdruck kommen soll. Daß der Rückversicherer in der Tat unter ganz anderen Verhältnissen hinsichtlich der Rechnungsgrundlagen arbeitet, wird an einer späteren Stelle noch auszuführen sein. Wir dürfen aber schon hier hervorheben, daß es nahe liegt, den Rückversicherer nicht nur von einer Mitwirkung bei der Überschußbildung zu entlasten, sondern auch die Kapitals- und Rücklagebildung, soweit diese der Deckung reiner Versicherungsverpflichtungen dienen, von der Rückversicherung gänzlich fernzuhalten und diese allein auf die Deckung des Risikos einzustellen. Damit ist auch schon gesagt, daß die Deckung der Anwerbe- und laufenden Kosten der Versicherung mit dem Rückversicherungsproblem nichts zu tun hat. Ob dann die Rückversicherung gegen Zahlung der natürlichen Prämie den einfachsten Weg darbietet, wird noch zu erörtern sein. Jedenfalls dürfen wir bei Beantwortung von prinzipiellen und theoretischen die Rückversicherung betreffenden Fragen von der Risikotheorie mancherlei Aufklärung erwarten.

§ 15. Entwicklung der Rückversicherung.

Wir haben schon angedeutet, daß sich bei der Behandlung des Rückversicherungsproblems das in theoretischer und vielleicht auch praktischer Hinsicht am nächsten Liegende nicht ohne weiteres realisieren läßt. Die Gründe hierfür sind geschäftspolitischer Natur. Gerade in der letzten Zeit wurde wiederholt darauf hingewiesen, daß die Lebensrückversicherung reformbedürftig sei, und die Nachkriegszeit hat auch auf diesem Gebiete im Zusammenhange mit dem Verwaltungskostenproblem recht einschneidende Vereinfachungen im Rückversicherungsverkehr an den Tag gebracht. Allerdings, an dem prinzipiellen Aufbau wurde kaum etwas geändert. Hier haben längere Traditionen, geschäftspolitische Erwägungen und Beziehungen und Abhängigkeitsverhältnisse zu kräftig Wurzel geschlagen, das Rückversicherungswesen ist zu einer derartigen Blüte gelangt, daß es nicht verwunderlich ist, wenn sich auch da das Gute als der Feind des Besseren erweist.

In den Anfängen der Lebensversicherung wurde das Bedürfnis nach Rückversicherung fallweise befriedigt, indem ein Teil der Versicherung an einen anderen Versicherer zu dessen Prämien und sonstigen Bedingungen weitergegeben wurde. Man suchte Rückdeckung dort, wo sie am leichtesten zu haben war. Aus der regelmäßigen Beteiligung eines bestimmten Versicherers als Rückversicherer erwuchsen im Laufe der Zeit Verträge, welche den Rückversicherer zur Übernahme der ihm vom Erstversicherer zu überweisenden Versicherungen verpflichteten. Der Rückversicherer schützte sich hinsichtlich der Qualität der Risiken dadurch, daß der Erstversicherer verhalten war, bis zu einem bestimmten Betrage die Versicherung in Eigenbehalt zu nehmen. Aus diesen fakultativen Verträgen wurden dann obligatorische, nach welchen auch dem Erstversicherer die Wahl des Rückversicherers nicht mehr freisteht, und denen zufolge daher schon eine enge Interessengemeinschaft beider Teile geschaffen ist. Sie bilden heute die Regel, und solche

Verträge sind dann auch die Grundlage für eine stetige Weiterentwicklung der gegenseitigen geschäftlichen Beziehungen. Nach außen treten diese vor allem in gegenseitiger Kapitalsbeteiligung und Einfluß der leitenden Persönlichkeiten in der Verwaltung des anderen Unternehmens zutage.

In den Anfängen des eigentlichen Rückversicherungswesens zeigt sich in diesen Belangen stets eine Abhängigkeit des Rückversicherers vom Direktversicherer. Dies liegt in der Natur der Sache. Denn das Bedürfnis nach geeigneten Rückversicherungsverbindungen mußte die Direktversicherer zur Gründung von Rückversicherungsgesellschaften veranlassen. Ein solches einseitiges Abhängigkeitsverhältnis hatte aber natürlich den Nachteil, daß die Alimente des Rückversicherers seitens anderer Gesellschaften recht beschränkt blieben. Aber auch andere Bedenken wären da geltend zu machen. Die auf dieser Basis bedingte finanzielle Abhängigkeit des Rückversicherers setzt natürlich den Wert der Rückversicherung, durch welche eine Erhöhung der Sicherheit des Direktversicherers zu bezwecken ist, recht herab, zumal von dem Risikenausgleich unter solchen Umständen nichts Günstiges zu erwarten ist.

Die Bedeutung solcher Gründungen ist heute gegenüber der entgegengesetzten Form, nämlich der Beteiligung des Rückversicherers am Unternehmen des Direktversicherers, vollständig zurückgetreten. Diese Beteiligung kann an bereits bestehenden Unternehmungen erfolgen, der Rückversicherer kann aber auch, um sich die genügenden Alimente zu sichern, die Gründung von Tochtergesellschaften veranlassen. Beide Möglichkeiten sichern ihm die nötigen dauernden Geschäftsverbindungen.

Daß unter solchen Verhältnissen die kaufmännischen Interessen die durch die versicherungstechnischen Bedürfnisse gezogenen Grenzen leicht überschreiten können, liegt auf der Hand. Die Alimente des Erstversicherers an den Rückversicherer werden größer sein, als dies die Rücksicht auf Sicherheit und Kontinuität der Gewinnbildung erfordert, und die Beteiligung des Rückversicherers mit einer bestimmten Quote an sämtlichen Versicherungen des Direktversicherers, welche aus risikotheoretischen Erwägungen bei einigermaßen erheblichen Beständen kaum jemals zu vertreten sein wird, ist jetzt die Regel.

Die Verfolgung des durch die Gründung von Tochtergesellschaften und die finanzielle Beteiligung an bestehenden Unternehmungen eingeschlagenen Weges führt zur Bildung von ganzen Versicherungskonzernen. Der Rückversicherer wird die von den Erstversicherern überwiesenen Alimente, sofern sie im einzelnen seinen Eigenbehalt übersteigen, selbst wieder den übrigen Direktversicherern seines Konzerns abgeben, retrozedieren und hierdurch eine gewisse Interessengemeinschaft auch dieser Direktversicherer untereinander erreichen, andererseits aber die Kapazität seines Unternehmens bis an die Grenze des praktisch Nötigen steigern können. Für die Direktversicherer selbst wird aber auf diesem Wege die Frage der Rückversicherungsmöglichkeit sehr vereinfacht. Normale Verhältnisse vorausgesetzt ist zwar unter diesen Umständen die Möglichkeit der Rückversicherung stets gesichert, die Höhe derselben jedoch versicherungstechnischen Erwägungen ziemlich entzogen und eher dem gegenseitigen geschäftlichen Takt überantwortet. Eine Rückversicherung über das notwendige Maß hinaus bedeutet für den Direktversicherer unter allen Umständen eine Reduktion seines Versicherungsbestandes und damit eine Schmälerung der Überschüsse, sofern dem Rückversicherer außer den angemessenen Verwaltungskosten auch eine Beteiligung an den Gewinnquellen des Erstversicherers eingeräumt wird, wie dies unter solchen Verhältnissen stets der Fall ist. Allerdings wird man nicht übersehen dürfen, daß die finanzielle Anlehnung an den Rückversicherer unter Umständen so wertvoll werden kann, daß ihr gegenüber alle versicherungstechnischen Erwägungen und zunächst nur für normale Verhältnisse zutreffenden Argumentationen zurücktreten müssen.

Wir dürfen noch erwähnen, daß die Bildung von Interessengemeinschaften und Versicherungskonzernen noch durch andere Umstände begünstigt werden kann, die aus dem Rückversicherungsverhältnis selbst nicht hervorgehen, auf dieses jedoch stets Einfluß haben werden. In dieser Hinsicht wäre vor allem auf die Rückwirkung von Organisationsgemeinschaften im Versicherungswesen auf das Rückversicherungsverhältnis zu verweisen.

Aus diesen knappen Bemerkungen über die das Rückversicherungsverfahren beeinflussenden äußeren Umstände wird man entnehmen, daß für die Bestimmung des Eigenbehaltes rein technische Überlegungen gar oft erst in zweiter Linie in Betracht kommen. Hierauf möchten wir es auch zunächst zurückführen, daß man von risikotheoretischen Betrachtungen bis heute in der Rückversicherungsfrage so gut wie gänzlich absieht, und auch dort, wo eine äußere Abhängigkeit vom Rückversicherer für den Erstversicherer nicht in Betracht kommt, von der erfahrungsmäßigen und mehr oder weniger nach dem Gefühl zu bestimmenden Höhe des Eigenbehaltes Gebrauch macht.

Im Grunde wird aber doch die finanzielle Tragfähigkeit des Direktversicherers für die Erledigung der Rückversicherungsfrage bestimmend sein. Ein Unternehmen, welches, gestützt auf ausreichende, zur Deckung der zufälligen Sterblichkeitsschwankungen bestimmte Fonds, auf die Rückversicherung ganz oder zum größten Teile verzichten kann und daher nur in Ausnahmefällen eine Abgabe von „Exzedenten" vorzusehen braucht, die Rückversicherung demnach in sich betreibt, hat gewiß den Vorteil für sich, daß sich die finanzielle Unabhängigkeit in der Überschußregulierung voll auswirken kann. Denn ein Rückversicherungsvertrag, der sich für den Rückversicherer einigermaßen rentabel erweisen soll, wird stets eine Reduktion der Geschäftsüberschüsse des Erstversicherers zur Folge haben müssen. Aber noch mehr: Die in einem Gewinnplane vorgesehene Regulierung der Überschüsse bzw. die Höhe der Dividenden und deren Verteilung über die Versicherungsdauer kann von der Regelung des Rückversicherungsverhältnisses in hohem Maße abhängig werden. Man denke nur daran, daß an den Überschüssen aus der Sterblichkeit, dem Zins und den Verwaltungskostenzuschlägen, vielleicht auch aus dem Verfall von Versicherungen der Rückversicherer unter allen Umständen partizipieren wird, eine gemeinsame Gewinnverrechnung für alle Versicherten ohne Rücksicht auf die Höhe der versicherten Summe daher sicherlich zum Nachteil der auf kleinere Kapitalien Versicherten, für welche eine Rückversicherung nicht in Betracht kommt, ausfallen muß. Es mag zwar sein, daß die höhere Rentabilität größerer Versicherungen hier einen Ausgleich schafft, so zwar, daß diese, gegen die Rückversicherungskosten gehalten, eine gemeinsame Gewinnverrechnung für den ganzen Bestand zu rechtfertigen vermag. Immerhin gilt es, sich über diesen Umstand vorweg Rechenschaft zu geben, und es mag auch in solchen Überlegungen eine der Ursachen zu suchen sein, daß größere Gegenseitigkeitsgesellschaften die Rückversicherung abgelehnt und es vorgezogen haben, Versicherungen nur bis zu einem gewissen Höchstbetrag, der ihrem zulässigen Eigenbehalt entsprach, zum Abschluß zu bringen.

Man hat aber auch mitunter die Rückversicherung aus risikotheoretischen Erwägungen ablehnen zu können geglaubt. Es sei nicht Zweck der Rückversicherung, den absoluten Wert der Schwankungen der Todesfallausgaben zu verkleinern, sondern nur den relativen Wert dieser Schwankungen im Verhältnis zu den Todesfallausgaben. Da sich nun das Verhältnis des mittleren Risikos zu den rechnungsmäßigen Todesfallzahlungen mit der Änderung des Eigenbehaltes nur recht unerheblich ändere, wenn man einigermaßen größere Versicherungsbestände im Auge hat, so folgt im Hinblick auf die Kingsche Forderung eines möglichst guten Gewinnausgleiches die Notwendigkeit der Rückversicherung nur für kleinere Gesellschaften, wo das genannte Verhältnis vom Eigenbehalt stärker beeinflußt wird. Im Hinblick auf die finanziellen Opfer, welche die Rückversicherung erfordert und welche im Vergleiche zu den erreichten Resultaten sehr groß sind, sei deshalb die Ausgleichung der Überschüsse durch die Bildung von Extrafonds weitaus vorzuziehen und nur in dem Falle, als die Gesellschaft der Deckung der Sterblichkeitsschwankungen gewidmete Extrafonds überhaupt nicht besitzt, von der Rückversicherung Gebrauch zu machen.

Wir können uns dem erstangeführten risikotheoretischen Argument nicht anschließen. Daß das relative Risiko, gebildet aus dem Quotienten des absoluten mittleren Risikos und der rechnungsmäßigen Todesfallzahlungen, mit der Höhe des Eigenbehaltes nur in geringerem Maße veränderlich ist, darf nicht als ein Argument gegen eine entsprechende Bestimmung des Eigenbehaltes gewertet werden, sondern besagt nur, daß dieses spezielle relative Risiko als Maß des übernommenen Gefahrenmomentes nicht sonderlich geeignet ist. Es ist aber für den Gewinnausgleich durchaus nicht gleichgültig, ob ein bestehender Sterblichkeitsschwankungsfonds, etwa im dreifachen Betrage des totalen mittleren Risikos des Bestandes, durch einen relativ hohen Schadenfall zur Gänze oder nur zu einem kleinen Teile aufgezehrt wird. Wenn man allerdings, wie dies Moll in der im Literaturnachweis angeführten Arbeit tut, an Hand einer Mustergesellschaft argumentiert, bei welcher auch die höchsten vorkommenden Versicherungssummen relativ zahlreich besetzt sind, dann erübrigt sich die Erörterung einer Frage, welche ja nur im Hinblick auf extremere Verhältnisse einen Sinn gewinnt. Eine Gesellschaft, welche eine genügend große Anzahl von Versicherungen auf 100 000 Franken in ihrem Bestande hat, braucht von der Rückversicherung keinen Gebrauch zu machen, ganz gleichgültig, wie groß ihr sonstiger Bestand an kleineren Versicherungen sein mag. Das relative Risiko wird in beiden Fällen, mit oder ohne Berücksichtigung des Bestandes der kleineren Versicherungen, eine kleine Zahl sein. Betrachten wir aber einen großen Bestand kleinerer Versicherungen, und tritt zu diesem eine Versicherung hoher Summe hinzu, so wird auch jetzt die das relative Risiko bezeichnende Zahl nur sehr wenig geändert. In der Tat wird auch die Sicherheit des Unternehmens durch die große Neuversicherung nur unerheblich gefährdet, wenn ausreichende Extrafonds zur Verfügung stehen. Ganz anders steht es aber in diesem Falle mit der Erhaltung der Kontinuität der Gewinnbildung, welche offenbar durch einen vorzeitigen Todesfall bei der neu hinzugekommenen Versicherung sehr erheblich gestört werden kann. Man sieht aus diesem extremen Beispiel, daß aus der Höhe dieses relativen Risikos über die Größe des Eigenbehaltes und damit über die Notwendigkeit der Rückversicherung kaum ein Schluß gezogen werden kann.

§ 16. Verschiedene Formen der Rückversicherung.

Unter den verschiedenen Möglichkeiten der Rückversicherung werden in der Regel drei besonders hervorgehoben, je nachdem der Rückversicherer die auf seinen Anteil entfallenden Deckungskapitalien selbst zurückstellt oder das Deckungskapital gänzlich in Verwaltung des Direktversicherers verbleibt oder endlich mit der Rückversicherung eine Verrechnung des Deckungskapitals überhaupt nicht verbunden ist.

Die erste Form der Rückversicherung ist die älteste und heute allenthalben nicht zuletzt infolge aufsichtsbehördlicher Verfügungen praktisch bedeutungslos geworden. Wenn der Rückversicherer vom

Direktversicherer dieselben Prämien erhält, welche dieser selbst vom Versicherten einhebt, dann ist diese Form der Rückversicherung nichts anderes als eine Teilung. Sie ist von allen Formen die für den Erstversicherer ungünstigste, denn mehr als den aliquoten Teil der Prämie kann der Erstversicherer wohl für Rückversicherungszwecke nicht verausgaben, und der Rückversicherer ist für seinen Teil an allen Überschüssen beteiligt. Der Erstversicherer hat somit den Nachteil, daß er einen erheblichen Teil der Überschüsse und unter Umständen auch der Dividenden preisgibt, und könnte diesen Ausfall nur dadurch wettmachen, daß er vom Rückversicherer hinsichtlich der Höhe der Prämien oder der Beteiligung an den Überschüssen Zugeständnisse erreicht. Solange aber die Rückversicherung nicht bei Rückversicherungsgesellschaften sondern bei einem anderen Direktversicherer nachgesucht wurde, waren die Prämie, Provision und die anderen Bedingungen des letzteren auch für den Rückversicherungsnehmer bestimmend. Es blieb daher nichts anderes übrig, als die Rückversicherung dort zu nehmen, wo sie eben am billigsten zu erhalten war. Dies gilt von den Prämien, den an den Direktversicherer zu vergütenden Provisionen für Anwerbung und Inkasso, den zu vergütenden Gewinnanteilen und überhaupt allen Posten, welche die Rentabilität des Rückversicherungsverhältnisses bestimmen. Wir wollen nicht verschweigen, daß es sehr wohl vorkommen kann, daß der Rückversicherer zufolge seines besseren Risikoausgleiches, des vereinfachten Verwaltungsapparates und anderer Umstände in der Lage sein kann, den ihm überwiesenen Versicherungsanteil für den Erstversicherer rentabler zu gestalten, als es dieser selbst vermag. Denn im allgemeinen dürfte der letztere wohl nur hinsichtlich des Erträgnisses der Kapitalsanlagen gegenüber dem Rückversicherer im Vorteil sein, weil die Notwendigkeit größerer Liquidität beim Rückversicherer nicht gleich günstige Ergebnisse erwarten läßt.

Indessen ist gegen diese Art der Rückversicherung „mit Depot beim Rückversicherer" vor allem geltend zu machen, daß die Entziehung des beim Rückversicherer erliegenden Deckungskapitals aus der Verfügung des Direktversicherers als erheblicher Nachteil auch vom Standpunkte der Sicherheit der abschließenden Gesellschaft zu werten ist. Das Verfahren ist auch durch die bestehenden Aufsichtsgesetze zumeist insoweit beschränkt worden, als verfügt wird, daß der Erstversicherer das Deckungskapital für die ganze Versicherungssumme selbst zu stellen und zu verwalten hat. Hier bleibt allerdings immer noch die Möglichkeit offen, daß der Erstversicherer in seinen Passiven zwar das volle Deckungskapital aufführt, hingegen die bei anderen Versicherern hinterlegten Teile desselben als verzinsliches Guthaben bei anderen Gesellschaften in seinen Aktiven führt. Allerdings würde dies die Gleichheit der von beiden Versicherern verwendeten Rechnungsgrundlagen voraussetzen. Wichtiger ist es aber, daß der Erstversicherer auf die Verfügung und finanzielle Verwertung der gesamten Deckungskapitalbeträge nicht leicht verzichten kann.

Aus den genannten Gründen ist heute eine andere Form der Rückversicherung in allgemeiner Übung. Dem Rückversicherer wird vom Direktversicherer die volle Nettoprämie vergütet, zu welcher, je nachdem der Rückversicherer für den ihm überwiesenen Teil der Versicherung noch Abschluß und Inkassokosten vergütet, entsprechende Prämienzuschläge treten, ebenso eventuell ein angemessener Aufschlag für Verwaltungskosten des Rückversicherers. Mit dem Dividendenproblem wird der Rückversicherer in der Regel nicht befaßt, hingegen wird ihm meist ein entsprechender Anteil am Zinsgewinn des Erstversicherers und, wo ein solcher in Betracht kommt, auch am Stornogewinn zugesichert. Die Verwaltung des Deckungskapitals aber obliegt ganz dem Erstversicherer, so daß der Rückversicherer mit den technischen Rücklagen nichts zu tun bekommt.

Für die Betriebsrechnung kann der Direktversicherer entweder von der „Nettomethode" Gebrauch machen, d. h. Prämieneinnahme, Dekkungskapital, Verwaltungsauslagen usw. nach Absetzung des auf den Rückversicherer entfallenden Anteils verrechnen. Er kann aber auch hinsichtlich des Deckungskapitals dessen vollen Betrag ins Passivum stellen und die jeweilige Mehrung des auf den Rückversicherer entfallenden Anteils am Deckungskapital gesondert einnehmen, hingegen die an den Rückversicherer zu vergütende Prämie unter Verrechnung der bezüglichen Verwaltungskosten voll in Ausgabe stellen. Von den Aufsichtsbehörden sind diesfalls genauere von Land zu Land verschiedene Vorschriften erlassen worden.

Der Rückversicherer ist in der Wahl der Methode für die Bestimmung seines Deckungskapitals ebensowenig beschränkt wie in der Wahl seiner Rechnungsgrundlagen. Er kann von einem rationellen Amortisationsverfahren der Abschlußkosten Gebrauch machen, ohne auf die vom Erstversicherer angewendete Methode Rücksicht nehmen zu müssen. Wendet er die Methode der ausreichenden Prämien an, was immer das natürlichste sein wird, so werden seine tatsächlichen Verwaltungskosten und der ihm vom Direktversicherer auf die Kapitalsanlagen vereinbarungsgemäß zu vergütende Zins als Rechnungsgrundlagen in Betracht kommen. Einfacher wird es allerdings für den Rückversicherer sein, wenn er die vom Erstversicherer ohnehin festzustellenden Deckungskapitalbeträge auch für seine Bilanzzwecke verwenden kann, ein Vorgang, welcher in der Nachkriegszeit unter dem Zwange der wirtschaftlichen Verhältnisse, welche auch den Rückversicherer auf Ersparungsmaßnahmen in der Verwaltung verwiesen, mehr und mehr in Aufnahme gekommen ist. Natürlich wird hier eine entsprechende Kontrolle nicht zu vermeiden sein. Der Vorgang wird auch dann eingehalten, wenn der Rückversicherer für seinen Eigenbehalt übersteigende Versicherungen selbst gezwungen ist, weitere Rückdeckung bei seinen Retrozessionären zu suchen. In der Tat erscheint die Verwendung verschiedener Rechnungssrundlagen für eine wiederholt rückgedeckte Versicherung zwecklos und bei geeigneter Kontrolle überflüssig.

Man wird sich aber bei Befolgung dieser Rückversicherungsmethode die Frage vorlegen müssen, ob hier nicht durch die Vergütung der Prämie an den Rückversicherer, durch dessen Belastung mit anteiligen Provisionen und Verwaltungskosten und mit den der Mehrung des Deckungskapitals entsprechenden Prämien bzw. Zinsenbetrag nicht ein Zuviel an Buchungen bedingt wird, deren Endergebnis „per Saldo" auf einfacherem und genau so korrektem Wege zu erhalten wäre. Will man an der Fiktion festhalten, daß der Rückversicherer für seinen Anteil Deckungskapital stellt, welches sich nur in Verwahrung des Erstversicherers befindet, dann könnte man von den zu überweisenden Prämien sogleich den zur Auffüllung des Deckungskapitals bestimmten Prämienteil ausscheiden. Ein solches Verfahren wäre aber in der Praxis recht unvorteilhaft. Man darf nicht übersehen, daß die letztgenannten Prämienteile sich von Jahr zu Jahr ändern, und dazu kommt, daß die Verrechnung der anteiligen Zinsen ohne besondere Mühe kaum korrekt erfolgen könnte. Demgegenüber erscheint die summarische Berechnung der Mehrung des auf den Rückversicherer entfallenden Anteils am Deckungskapital für den Bilanztermin und die fortlaufende Gutschrift der Rückversicherungsprämien für beide Teile doch noch einfacher.

Zu einem freieren Standpunkte gelangt man erst, wenn man die vorgenannte Fiktion gänzlich aufgibt, dem Rückversicherer daher zur Deckung der reinen Versicherungsverpflichtungen nur soviel an Prämie vergütet, als er rechnungsmäßig Jahr für Jahr benötigt. Dies besagt demnach, daß die Rückversicherung auf die natürliche Prämie abgestellt werden soll, bei welcher das anteilige Deckungskapital für den Rückversicherer andauernd Null ist. Gegen dieses Verfahren, welches für die Praxis sehr wohl tauglich gemacht werden kann, werden nun allerhand Bedenken ins Treffen geführt. Zunächst ist festzustellen, daß der Rückversicherer auch jetzt im vollen Besitze eines eventuellen Sterblichkeitsgewinnes bleibt. Anders verhält es sich aber mit dem Zinsgewinn, dem Gewinn aus den Verwaltungskosten und aus dem vorzeitigen Verfall. Aus dem Umstande, daß der Rückversicherer anteilige Zinsen am Deckungskapital nicht mehr vereinnahmt, weil ein solches Deckungskapital bei dieser Methode nicht existiert, folgt zunächst sicherlich nicht, daß ihm diese Zinsen, soweit sie für ihn einen Gewinn darstellten, demnach mit dem das rechnungsmäßige Erfordernis übersteigenden Betrage, nicht in derselben oder einer anderen Form vergütet werden könnten. In betreff der Verwaltungskostenzuschläge, welche nunmehr zum größten Teile entfallen, weil der Rückversicherer an den Erstversicherer Vergütungen für aufgewendete Gestehungs- und Inkassokosten nicht mehr zu leisten hat, darf wohl gesagt werden, daß eine sehr einfache Berechnung darüber Auskunft geben muß, was der Rückversicherer nunmehr zur Bestreitung seiner eigenen Verwaltungsspesen und einer angemessenen Gewinnquote billigerweise verlangen darf, wenn man hierbei die finanzielle Auswirkung eines nach dem früher besprochenen Schema zustande gekommenen Vertrages hinsichtlich der aus den Verwaltungskostenzuschlägen zu erwartenden Überschüsse im Auge behält. Bezüglich des Stornogewinnes gilt ganz Ähnliches. Spielt dieser für den Direktversicherer als Gewinnquelle überhaupt eine Rolle, dann ist der anteilige Gewinn des Rückversicherers stets ohne Mühe festzustellen, ganz gleichgültig, ob für den Rückversicherer Deckungskapital zu verrechnen ist oder nicht. Nach all dem ist diese Form der Rückversicherung a priori für den Rückversicherer ganz gewiß nicht ungünstiger zu beurteilen als die vorbesprochene. Ceteris paribus sind die Gewinnaussichten hier die gleichen, und es ist nur Sache einer mehr oder weniger entsprechenden Aufmachung, ob der Rückversicherer an den Überschüssen in der den Gewinnquellen entsprechenden Form partizipiert, wie dies bei dem früheren Rückversicherungsplane der Fall war, oder ob man es vorzieht, diese Überschüsse in Form eines an Hand der jeweiligen Verhältnisse zu bestimmenden Zuschlages zu den zu vergütenden natürlichen Prämien dem Rückversicherer zuzuführen. Im Grunde handelt es sich nur darum, daß der Rückversicherer sein Auslangen findet, und es unterliegt keinem Zweifel, daß dies auch bei der hier in Rede stehenden Methode gewährleistet werden kann. Entscheidend zugunsten einer Methode kann für beide Teile offenbar nur der Verbrauch an Verwaltungskosten sein. In dieser Hinsicht dürfte aber die letztgenannte Methode recht günstig abschneiden.

Mißlich ist bei diesem Verfahren die von Jahr zu Jahr veränderliche Rückversicherungsprämie der Einzelversicherung. Ein eigentliches Hindernis für die Einführung in die Praxis kann aber darin nicht erblickt werden, wenn man den sonstigen Vorteilen die vielen Nachteile entgegenhält, welche die Methode der Rückversicherung mit Verrechnung des Deckungskapitals mit sich bringt. Zudem liegen summarische Verfahren nahe, welche ohne Beeinträchtigung der Genauigkeit anwendbar sind. So könnten die natürlichen Prämien für das erste Versicherungsjahr gesondert, für die Folgejahre jedoch unter Berücksichtigung der entsprechenden Zinsen summarisch für Monate oder Quartale verrechnet werden. Die in Betracht kommenden natürlichen Prämien samt den Zuschlägen müßten natürlich berechnet zur Verfügung stehen.

Aus der Rekursionsformel des Nettodeckungskapitals

$$V_{\nu-1} + P = q \cdot v + (1 - q) \cdot v \cdot V_\nu$$

ist die prinzipielle Gleichheit der beiden letztgenannten Methoden sofort zu übersehen. Denn wenn die natürliche Prämie

$$q \cdot v \cdot (1 - V_\nu)$$

an den Rückversicherer abgeführt wird, der restliche Teil der Nettoprämie

$$v \cdot V_\nu - V_{\nu-1}$$

jedoch dem Erstversicherer verbleibt, so entspricht dieser Betrag, versehen mit den Zinsen für ein Jahr, gerade der Mehrung des Deckungskapitals, welche der Rückversicherer nach der zweitangeführten Methode aus seinen Einnahmen wieder an den Erstversicherer zurückzuvergüten hatte.

Immerhin bedeutet die Veränderlichkeit der Risikoprämie einen Nachteil der auf ihr beruhenden Rückversicherungsmethode, welcher gerade dann ins Gewicht fällt, wenn die Prämien der Direktversicherung, abgesehen von zu verrechnenden Gewinnanteilen, in gleicher Höhe für die ganze Versicherungsdauer vorgesehen sind und damit auch die Rückversicherungsprämien nach der zweiten Methode stets die gleiche Höhe behalten. Man darf daher von keiner der beiden letztgenannten Methoden — die an erster Stelle genannte scheidet aus den angegebenen Gründen von selbst aus — behaupten, daß sie praktisch voll befriedigt. Wir werden an späterer Stelle Gelegenheit haben, ein Verfahren zu betrachten, welches geeignet wäre, die angeführten Mängel gänzlich zu umgehen.

§ 17. Die Lebensrückversicherung vom Standpunkt der Risikotheorie.

Wir haben schon bei Besprechung des durchschnittlichen Risikos hervorgehoben, daß sich dieses, als mathematischer Erwartungswert der mit der Einzelversicherung verbundenen Verlustgefahr, auch als Prämie auffassen läßt, welche einem Rückversicherer auszufolgen wäre, um von ihm Deckung dieses Verlustrisikos zu erlangen. Der Rückversicherer müßte dann den Direktversicherer für einen Verlust, den der Erstversicherer bei vorzeitigem Ableben des Versicherten erleidet, schadlos halten, indem er diesem den Wert der aufgezinsten Nettoprämien auf das jeweils versicherte Todesfallkapital ergänzt. Eine volle Rückversicherung ist hier nicht gewährleistet, weil auch der Erstversicherer einen Verlust in der Höhe der noch nicht amortisierten Rückversicherungsprämie erleidet. Frei von jeder Verlustgefahr ist der Erstversicherer nur in dem Falle, wenn die Rückversicherung konform der Prämienzahlung für die Hauptversicherung erfolgt, demnach bei laufender Prämienzahlung jeweils für die Dauer eines Jahres genommen wird. Wenn man nun von dem Näherungsverhältnis Gebrauch macht, in welchem das durchschnittliche und das mittlere Risiko bei einigermaßen größeren Versicherungsbeständen stehen, und nach welchem wir das erstere mit 40% des letzteren bemessen dürfen, so wäre der so für den ganzen Bestand ermittelte Risikobetrag wiederum als Rückversicherungsprämie aufzufassen, um vor Verlusten aus dem Verlaufe der Sterblichkeit gesichert zu sein. Dies gilt natürlich unter der Voraussetzung, daß die verwendete Sterblichkeitstafel dem tatsächlichen Verlaufe im Durchschnitt entspricht. Ist dies, wie fast immer in der Praxis, nicht ganz der Fall, und läßt die verwendete Tafel Gewinne aus der Sterblichkeit erwarten, so kann die genannte Rückversicherungsprämie aus diesen bestritten werden. Die Höhe dieses Erfordernisses aber wird in erster Linie von der Höhe des Eigenbehaltes des Direktversicherers abhängig sein. Man hat nun geradezu gefordert, daß der Eigenbehalt so festgelegt werde, daß die in der Prämieneinnahme enthaltenen, für Zwecke der Sterblichkeitsschwankungen frei verfügbaren Aufschläge gerade zur Deckung der durch das durchschnittliche Risiko definierten Rückversicherungsprämie des Bestandes hinreichen. Wir werden aber Überschüsse aus dem Verlaufe der Sterblichkeit, welche durch die Verwendung einer gegenüber der Erfahrung strengeren Tafel resultieren, den erwähnten Prämienaufschlägen gleichzuhalten haben. Reichen die so für die Rückversicherung verfügbaren Beträge zur Bestreitung der Rückversicherungsprämie nicht aus, dann müßte der Eigenbehalt des Erstversicherers herabgesetzt werden, und umgekehrt könnte man mit dem Eigenbehalt hinaufgehen, wenn die Jahr für Jahr frei verfügbaren Mittel aus dem Prämienaufschlag das Erfordernis an Rückversicherungsprämie übersteigen. Der Vorschlag, die Rückversicherung in dieser Art zu regulieren bzw. den Eigenbehalt festzusetzen, geht auf Francois zurück.

Die in der Sterbetafel selbst eingeführte Sicherheit läßt sich an Hand wahrscheinlichkeitstheoretischer Ergebnisse leicht bewerten. Denn ist q die Sterbenswahrscheinlichkeit eines bestimmten Alters, so wäre die Wahrscheinlichkeit dafür, daß die dem tatsächlichen Sterblichkeitsverlauf entsprechende Wahrscheinlichkeit im Durchschnitt zwischen den Grenzen $q + \varepsilon$ und $q - \varepsilon$ liegt, bekanntlich durch den Ausdruck

$$W = \sqrt{\frac{2s}{\pi q(1-q)}} \int_0^{\varepsilon\sqrt{\frac{s}{2q(1-q)}}} e^{-\frac{t^2 s}{2q(1-q)}}\, dt$$

gegeben. Ist uns also aus der Erfahrung bekannt, in welchem Ausmaße die verwendeten Sterbenswahrscheinlichkeiten der Tafel die Erfahrungssätze im Durchschnitt übersteigen, so ist damit nach dem Bernoullischen Theorem auch für die damit eingeführte Sicherheitsmaßnahme ein Anhaltspunkt gewonnen, und umgekehrt ließe sich auf

Grund der Erfahrungssätze ein ε fixieren, welches gegebenen Anforderungen hinsichtlich der Sicherheit genügt. Aber die Verwendung oder gar Einführung von Tafeln, welche die Sterbenswahrscheinlichkeiten überschätzen, ist nach dem im ersten Bande über diesen Gegenstand Vorgebrachten kaum in Betracht zu ziehen. Will man demnach die für die Rückversicherung nach den früheren Ausführungen erforderlichen Mittel Jahr für Jahr bereitstellen, dann wird es sich eher empfehlen, dies durch Sicherheitsaufschläge zu den Prämien als durch Verwendung einer den Tatsachen nicht entsprechenden Tafel zu besorgen. Wir wissen sehr wohl, daß wir damit der landläufigen Ansicht widersprechen, welche gerade die mit einiger Sicherheit unter normalen Verhältnissen bei allen Gesellschaften zu erwartenden Sterblichkeitsgewinne, welche durch die systematische Verwendung nicht entsprechender Grundlagen bedingt sind, als Hauptargument gegen die Notwendigkeit einer entsprechenden Bemessung der Eigenbehalte aufführt.

Im übrigen ist mit dem summarischen Resultat, welches die Eigenbehalte in Relation zu den in den Prämien enthaltenen Sicherheitszuschlägen setzt, noch nicht viel gewonnen, wenn wir im einzelnen über die theoretisch zulässige Höhe des Eigenbehaltes keine präzisere Aussage machen können und nur wissen, daß die genannten Zuschläge eine Erhöhung oder Erniedrigung unter Rücksicht auf den ganzen Versicherungsbestand verlangen. Wir wollen daher dem Rückversicherungsproblem unter Rücksicht auf die Resultate der Risikotheorie eine präzisere Fassung geben, wobei wir in speziellen Resultaten auf Ergebnisse zurückkommen werden, die uns bereits gelegentlich der Besprechung des mittleren Risikos beschäftigt haben. Wir werden hierbei auch Gelegenheit haben, die dort gegebenen mathematischen Entwicklungen in einigen Belangen zu ergänzen.

Wir betrachten die Rückversicherung wieder als Übertragung eines Teiles der vom Direktversicherer zum Inkasso gebrachten Prämien und der Verpflichtung zur Deckung der entsprechenden Verbindlichkeiten an einen anderen Versicherer. Die Gesamtheit der Versicherungen des Erstversicherers wird durch einen solchen Vorgang in eine andere transformiert, welcher ein anderes mittleres Risiko zukommt. Die Übertragung von Prämieneinnahmen und Verbindlichkeiten an einen Rückversicherer kann aber offenbar in sehr verschiedener Weise erfolgen. Das Problem der Rückversicherung besteht gerade darin, unter diesen verschiedenen Möglichkeiten die günstigste herauszufinden. Vom rein praktischen Standpunkte wird dann die günstigste Rückversicherung die sein, welche dem Direktversicherer die geringsten Kosten verursacht bzw. die geringste Schmälerung seiner Überschüsse unter sonst gleicher Erreichung des beabsichtigten Zweckes mit sich bringt. Vom Standpunkte des mittleren Risikos aber wird die günstigste Rückversicherung die sein, welche bei gleichem Nettoprämienaufwand für die Rückversicherung das kleinste mittlere Risiko des verbleibenden Versicherungsbestandes des Erstversicherers zur Folge hat. Je größer dieses Risiko ist, um so unvollkommener wurde der Rückversicherungszweck bei gleichem Aufwande erreicht.

Eine Gesellschaft besitze nun gleichzeitig die verschiedensten Kapitalsversicherungen, welche nach Alter, abgelaufener Versicherungsdauer, Tarifkombination und versicherter Summe voneinander abweichen können. Die Versicherungen können gegen laufende oder gegen einmalige Prämie abgeschlossen sein. Gemeinsam ist allen die Verwendung derselben Absterbeordnung und desselben Rechnungszinsfußes. Die Zusammenfassung zu einem gemeinsamen Gewinnverband ist in der Praxis meist gegeben, jedoch für die folgenden Betrachtungen ohne Belang. Die versicherten Kapitalien seien $S_1, S_2, \ldots$ und die hiervon in Rückversicherung gegebenen Summen $s_1, s_2, \ldots$, so daß die Eigenbehalte des Erstversicherers $S_1 - s_1, S_2 - s_2, \ldots$ betragen. Die Rückversicherungsprämien, bezogen auf die Einheit als versicherte Summe, sollen mit $r_1, r_2, \ldots$ bezeichnet werden. Es macht für die folgenden Betrachtungen zunächst keinen Unterschied, ob wir das mittlere Risiko für die ganze fernere Dauer oder aber das mittlere Risiko für das nächste Jahr als Maßstab heranziehen.

Nach der eingeführten Bezeichnungsweise ist dann

$$B = s_1 \cdot r_1 + s_2 \cdot r_2 + \cdots \tag{1}$$

die gesamte Rückversicherungsprämie, welche zur Rückdeckung des Versicherungsstockes in dem durch die Höhe dieser Prämie vorgesehenen Ausmaß für den Zeitraum eines bestimmten Jahres an den Rückversicherer zu vergüten ist. Nach Vornahme der Rückversicherung ist dann das verbleibende Risiko für den Gesamtbestand durch

$$\mathfrak{M}^2 = (S_1 - s_1)^2 \cdot \mathfrak{M}_1^2 + (S_2 - s_2)^2 \cdot \mathfrak{M}_2^2 + \cdots \tag{2}$$

gegeben. Es wären demnach die Werte $s_1, s_2, \ldots$ so zu bestimmen, daß unter Beibehaltung des Wertes von B das mittlere Risiko $\mathfrak{M}$ ein Minimum wird. Ist demnach λ ein unbestimmter Koeffizient, so muß

$$\delta\left[\mathfrak{M}^2 - \lambda\left(B - \sum s_i \cdot r_i\right)\right] = 0$$

oder

$$\sum\left[\lambda \cdot r_i - 2\,(S_i - s_i)\,\mathfrak{M}_i^2\right]\delta s_i = 0$$

sein, woraus, weil es sich um die Bestimmung eines absoluten Minimums mit der angeführten Nebenbedingung handelt,

$$2\,(S_i - s_i)\,\mathfrak{M}_i^2 = \lambda \cdot r_i$$

und

$$s_i = S_i - \frac{\lambda\, r_i}{2\,\mathfrak{M}_i^2}$$

folgt. Setzen wir den so erhaltenen Ausdruck für s_i in (1) ein und führen die Bezeichnungen

$$(3) \qquad C = \sum S_i \cdot r_i, \qquad D = \sum \frac{r_i^2}{\mathfrak{M}_i^2}$$

ein, so ergibt sich für

$$\lambda = \frac{2(C-B)}{D},$$

und wir erhalten die gesuchten Größen s_i in der Gestalt

$$(4) \qquad s_i = S_i - \frac{C-B}{D} \cdot \frac{r_i}{\mathfrak{M}_i^2}.$$

Sind die auf diesem Wege erhaltenen Größen s_i sämtlich positiv, so ist damit unsere Aufgabe gelöst und es sind die einzelnen Rückversicherungssummen und Eigenbehalte so bestimmt, daß das mittlere Risiko des verbleibenden Versicherungsbestandes unter Aufwendung der totalen Rückversicherungsprämie B ein Minimum wird. Für dieses mittlere Risiko, wie es sich nach Vornahme der Rückversicherung ergibt, findet man durch Einsetzen der durch (4) bestimmten Größen $S_i - s_i$ in (2)

$$(5) \qquad \mathfrak{M}^2 = \frac{(C-B)^2}{D}.$$

Daß es sich bei dem so gefundenen Werte von $\mathfrak{M}$ in der Tat um ein Minimum und nicht um ein Maximum handelt, ist leicht zu entscheiden. Denn setzen wir

$$s_i' = S_i - \frac{C-B}{D} \cdot \frac{r_i}{\mathfrak{M}_i^2} + \gamma_i$$

und beachten, daß

$$\sum r_i \cdot \gamma_i = 0$$

sein muß, so ergibt sich

$$\sum (S_i - s_i')^2 \mathfrak{M}_i^2 = \frac{(C-B)^2}{D} + \sum \mathfrak{M}_i^2 \cdot \gamma_i^2 > \frac{(C-B)^2}{D} = \mathfrak{M}^2$$

für sonst beliebige Werte von γ_i.

Die erhaltene Lösung (4) wäre jedoch praktisch nicht brauchbar, wenn einige der erhaltenen Werte s_i negativ ausfallen würden. Denn dies wäre gleichbedeutend mit einer Erhöhung der den negativen s_i entsprechenden Versicherungssummen S_i, ein Resultat, dem in der Praxis nicht entsprochen werden kann. Derselbe Gedankengang, der uns bisher geleitet hat, führt jedoch auch jetzt zum Ziele, wenn wir uns den Versicherungsbestand in zwei Teile zerlegt denken: einen Teil, der die kleineren Summen bzw. die Versicherungen kleinen mittleren Risikos enthält, von welchen eine Rückversicherung überhaupt nicht in Betracht kommt, für welchen also die Größen s_i Null sind; und einen Teil, für dessen Versicherungen Rückdeckung in Frage kommt. Ist die ganze aufzuwendende Rückversicherungsprämie wieder B, so wird der Eigenbehalt bzw. die Rückversicherungssumme im einzelnen so zu bestimmen sein, daß das totale mittlere Risiko des Bestandes wieder ein Minimum wird.

Bestimmen wir daher die Größen C' und D' durch

$$C' = \sum^2 S_i r_i, \qquad D' = \sum^2 \frac{r_i^2}{\mathfrak{M}_i^2}, \tag{6}$$

wobei die Summe $\sum^2$ über alle Versicherungen des Versicherungsbestandes zu erstrecken ist, für welche Rückversicherung genommen wird, so können wir genau so verfahren wie früher und erhalten für die Rückversicherungssummen die Ausdrücke

$$s_i = S_i - \frac{C' - B}{D'} \cdot \frac{r_i}{\mathfrak{M}_i^2}. \tag{7}$$

Das resultierende mittlere Risiko aber ergibt sich mit

$$\mathfrak{M}^2 = \sum^1 S_i^2 \mathfrak{M}_i^2 + \sum^2 \frac{(C' - B)^2}{D'^2} \cdot \frac{r_i^2}{\mathfrak{M}_i^2} = \sum^1 S_i^2 \mathfrak{M}_i^2 + \frac{(C' - B)^2}{D'}, \tag{8}$$

wobei die Summe $\sum^1$ über alle Versicherungen zu erstrecken ist, für welche Rückversicherung nicht in Betracht kommt.

Zunächst läßt es sich in der Tat leicht zeigen, daß unter dieser Verfügung über die Größen s_i das mittlere Risiko $\mathfrak{M}$ in der Tat ein Minimum wird, wobei die totale Rückversicherungsprämie

$$B = \sum^2 r_i s_i = \sum r_i s_i$$

beträgt. Denn auf Grund der so bestimmten Werte der s_i ergibt sich

$$\sum^1 r_i \cdot s_i + \sum^2 r_i \cdot s_i = \sum^2 S_i \cdot r_i - \frac{C' - B}{D'} \sum^2 \frac{r_i^2}{\mathfrak{M}_i^2} = C' - \frac{C' - B}{D'} \cdot D' = B.$$

Gehen wir aber von anderen Werten s_i' aus, welche für den ersten Teil des Bestandes

$$s_\lambda' = s_\lambda + \gamma_\lambda$$

und für den zweiten Teil

$$s_i' = s_i + \gamma_i$$

sein mögen, wobei die Größen γ_λ und γ_i beliebig sind, abgesehen von der Bedingung

$$\sum^1 \gamma_\lambda \cdot r_\lambda + \sum^2 \gamma_i \cdot r_i = 0,$$

welche sie erfüllen müssen, so ergibt sich für das mittlere Risiko

$$\sum^1 (S_\lambda - s_\lambda')^2 \mathfrak{M}_\lambda^2 + \sum^2 (S_i - s_i')^2 \mathfrak{M}_i^2 = \sum^1 (S_\lambda - s_\lambda)^2 \mathfrak{M}_\lambda^2 + \sum^2 (S_i - s_i)^2 \mathfrak{M}_i^2$$
$$+ \sum^1 \gamma_\lambda^2 \mathfrak{M}_\lambda^2 + \sum^2 \gamma_i^2 \mathfrak{M}_i^2 - 2\left[\sum^1 \gamma_\lambda S_\lambda \mathfrak{M}_\lambda^2 + \frac{C' - B}{D'} \sum^2 \gamma_i r_i\right].$$

Der letzte Ausdruck in der eckigen Klammer hat aber sicher einen negativen Wert. Denn für die auf den ersten Teil des Versicherungsbestandes bezüglichen Glieder, für welche wir negative Werte der Rückversicherungssummen erhalten würden, die wir durch Null ersetzt haben, gilt

$$S_\lambda < \frac{C' - B}{D'} \frac{r_\lambda}{\mathfrak{M}_\lambda^2},$$

und daher ist

$$\sum\nolimits^1 \gamma_\lambda S_\lambda \mathfrak{M}_\lambda^2 + \sum\nolimits^2 \frac{C' - B}{D'} \gamma_i r_i < \frac{C' - B}{D'} [\sum\nolimits^1 \gamma_\lambda \cdot r_\lambda + \sum\nolimits^2 \gamma_i \cdot r_i] = 0 .$$

Es folgt daher

$$\sum\nolimits^1 (S_\lambda - s'_\lambda)^2 \mathfrak{M}_\lambda^2 + \sum\nolimits^2 (S_i - s'_i)^2 \mathfrak{M}_i^2 > \sum\nolimits^1 (S_\lambda - s_\lambda)^2 \mathfrak{M}_\lambda^2 + \sum\nolimits^2 (S_i - s_i)^2 \mathfrak{M}_i^2,$$

so daß wir es in der Tat bei dem Werte $\mathfrak{M}$ mit einem Minimum zu tun haben.

Fraglich ist allerdings noch, wie sich die Trennung des Versicherungsbestandes, von welcher wir Gebrauch gemacht haben, bewerkstelligen läßt. Dies kann nun so erfolgen, daß wir die Werte

$$\frac{S_i \mathfrak{M}_i^2}{r_i} \tag{9}$$

nach ihrer Größe anordnen. Ist dann der kleinste dieser Werte schon größer als $\frac{C_1 - B}{D_1}$, wobei in C_1 und D_1 die Summe über den ganzen Bestand zu erstrecken ist, dann erhalten wir lauter positive s_i und wir haben den zuerst betrachteten Fall vor uns. Ist dies aber nicht der Fall, dann versuchen wir es mit einem größeren Wert und setzen $s_1 = 0$. Ist auch jetzt noch

$$\frac{S_2 \mathfrak{M}_2^2}{r_2} < \frac{C_2 - B}{D_2},$$

dann setzen wir auch $s_2 = 0$ und fahren so fort, bis wir auf einen Wert $\frac{S_k \mathfrak{M}_k^2}{r_k}$ kommen, für welchen

$$\frac{S_k \mathfrak{M}_k^2}{r_k} \leqq \frac{C_k - B}{D_k} \qquad \text{und} \qquad \frac{S_{k+1} \cdot \mathfrak{M}_{k+1}^2}{r_{k+1}} > \frac{C_{k+1} - B}{D_{k+1}}$$

gilt. Für alle Indizes, welche $\leqq k$ sind, sind dann die bezüglichen $s_i = 0$ zu setzen und die entsprechenden Versicherungen machen dann den ersten Teil des Bestandes aus. Für die den anderen Indizes entsprechenden Versicherungen ist hingegen Rückversicherung zu nehmen und diese bilden den im vorhergehenden als zweiten Teil zusammengefaßten Bestand. In den Größen C_i und D_i ist die Summation über alle Versicherungen zu erstrecken, welche noch nicht als zum ersten Teile des Bestandes gehörend nachgewiesen worden sind.

Die im vorstehenden auf die Risikotheorie basierte Behandlung des Rückversicherungsproblems geht in dieser Form auf Medolaghi zurück. Stellt man die Aufgabe so, daß für einen vorgegebenen Aufwand an Rückversicherungsprämie die günstigste Verteilung der Rückversicherungssummen gesucht wird, dann ist sie nichts anderes als die allgemeinere Behandlung der Frage nach der Verteilung der Versicherungssummen eines bestimmten Bestandes, wenn das totale mittlere Risiko ein Minimum sein soll. Haben wir es mit einem Bestande gleichartiger Versicherungen zu tun, für den

$$r_1 = r_2 = \cdots$$
$$\mathfrak{M}_1 = \mathfrak{M}_2 = \cdots$$

gilt, dann ergeben die erhaltenen Bedingungsgleichungen für die s_i, daß

(10) $$S_1 - s_1 = S_2 - s_2 = \cdots$$

sein muß. Soll demnach in diesem Falle nach der Rückversicherung das mittlere Risiko des Bestandes ein Minimum werden, so zieht diese Forderung die Gleichheit der im Eigenbehalt verbliebenen Kapitalien nach sich. Der Minimumsbedingung wird daher a priori genügt, wenn die zum Abschluß gekommenen Versicherungssummen untereinander gleich sind. Wir kommen damit auf den speziellen im Abschnitt Risikotheorie hervorgehobenen Fall wieder zurück.

Abgesehen von den Versicherungen, für welche Rückversicherung nicht zu nehmen ist, besagt die Relation (7), daß die Eigenbehalte gerade proportional dem Satze der Rückversicherungsprämie der betreffenden Versicherung und verkehrt proportional dem Quadrate des mittleren absoluten Risikos der betreffenden Versicherung sind. Zudem hängen die Eigenbehalte im einzelnen von einem Faktor ab, der die Beschaffenheit des gesamten Bestandes zum Ausdruck bringt.

Betrachten wir noch kurz den speziellen Fall, wo die Rückversicherung zur natürlichen Prämie erfolgen soll und wir uns durchaus auf das mittlere Risiko für das nächste Jahr beziehen, so hätten wir, wenn wir die s_i alle positiv voraussetzen,

$$_1\mathfrak{M}^2 = \sum p_i q_i v^2 (1 - V_i)^2 S_i^2; \qquad B = \sum q_i v (1 - V_i) \cdot s_i,$$

(11) $$C = \sum q_i v (1 - V_i) \cdot S_i; \qquad D = \sum \frac{q_i^2 v^2 (1 - V_i)^2}{p_i q_i v^2 (1 - V_i)^2} = \sum \frac{q_i}{p_i}$$

und demnach

(12) $$_1\mathfrak{M}^2 = \frac{(C - B)^2}{D} = \frac{[\sum q_i v (S_i - s_i)(1 - V_i)]^2}{\sum \frac{q_i}{p_i}}$$

und

(13) $$s_i = S_i - \frac{C - B}{D} \cdot \frac{r_i}{_1\mathfrak{M}_i^2} = S_i - \frac{\sum q_i v (S_i - s_i)(1 - V_i)}{\sum \frac{q_i}{p_i}} \cdot \frac{1}{p_i v (1 - V_i)}.$$

Ganz analog auch in dem Falle, daß die s_i teilweise Null werden.

Für einen fluktuierenden Versicherungsbestand ist noch die Frage von Bedeutung, in welcher Weise der Neuzugang auf die Bestimmung der Größen s_i zurückwirkt. Ist die neu hinzutretende Versicherungssumme S_0 und deren mittleres Risiko $\mathfrak{M}_0$, dann liegt die Antwort sehr nahe, wenn es sich um einen Versicherungsbestand handelt, dessen Größe durch Zugang und Abgang annähernd auf gleicher Höhe erhalten wird oder doch nur in langsamer Entwicklung begriffen ist. Denn in diesem Falle wird es als das Natürliche erscheinen, wenn die Rückversicherungsprämie B nach dem einmal gewählten Prinzip dem Bestande dauernd angepaßt bleibt, weil sich offenbar unter diesen Verhältnissen an dem mittleren Risiko des Eigenbehaltes nicht viel ändern wird.

Die einzelnen Rückversicherungssummen bestimmen sich nach Hinzutritt der neuen Versicherung aus

$$s_i = S_i - \frac{\sum (S_i - s_i) r_i + (S_0 - s_0) r_0}{\sum \frac{r_i^2}{\mathfrak{M}_i^2} + \frac{r_0^2}{\mathfrak{M}_0^2}} \cdot \frac{r_i}{\mathfrak{M}_i^2},$$

und wenn jetzt der Eigenbehalt der neuen Versicherung wieder durch (4) festgesetzt wird, so daß

$$s_0 = S_0 - \frac{C - B}{D} \frac{r_0}{\mathfrak{M}_0^2},$$

dann bleibt auch die Größe $\frac{C-B}{D}$, berechnet für den um die neue Versicherung vermehrten Versicherungsbestand, ungeändert und damit auch die früher bestimmten Eigenbehalte.

Ist aber die Vergrößerung des Versicherungsbestandes durch Neuzugang eine bedeutende, dann wird man mit Rücksicht auf die dadurch hervorgerufene Änderung des mittleren Risikos des Bestandes auch eine Beeinflussung der Eigenbehalte erwarten dürfen. Überhaupt wird der Inhalt der im vorstehenden gegebenen Entwicklungen erst von Bedeutung für die hier zu lösende praktische Aufgabe, wenn man das Problem in gewissem Sinne umkehrt, und, ausgehend von der Größe des mittleren Risikos des Bestandes, einmal nach der totalen Höhe der im Hinblick auf die vorhandenen für Risikozwecke verfügbaren Mittel nötigen Rückversicherungsprämie B und dann nach der vorteilhaftesten Art dieser Rückversicherung, d. h. der besten Verteilung der Eigenbehalte fragt.

Wir wollen daher annehmen, eine Gesellschaft sei durch frei verfügbare Mittel, zu denen unter gewissen Voraussetzungen auch Gewinnreserven und der Wert zu erwartender Gewinne zu zählen sind, in der Lage, ein mittleres Risiko $\mathfrak{M}$ etwa im dreifachen Ausmaße für den Gesamtbestand sicherzustellen. Ist dann die Art der Rückversicherung — z. B. nach der natürlichen Prämie — gewählt, so können wir sofort jene totale Rückversicherungsprämie B berechnen, welche diesem Risiko $\underline{\mathfrak{M}}$ als einem Minimum entspricht, demnach jene totale Rückversicherungsprämie, welche als vorteilhafteste erscheinen muß. Sie bestimmt sich einfach aus der Gleichung

$$\underline{\mathfrak{M}}^2 = \frac{(C - B)^2}{D},$$

in welcher jetzt $\underline{\mathfrak{M}}$, C und D bekannte Größen sind. Die Bestimmung der Eigenbehalte hätte dann nach Formel (4) zu erfolgen. Damit wäre in der Tat alles Wünschenswerte für die nähere Festlegung der Rückversicherung geleistet. Dies allerdings nur in dem Falle, daß die so bestimmten Rückversicherungssummen im einzelnen alle positiv ausfallen. Ist dies aber nicht der Fall, was in den weitaus meisten Fällen zu erwarten sein wird, dann müssen wir etwas anders verfahren.

Wir werden dann nach Ordnung der Größen (9) in eine steigende Zahlenfolge zunächst an Hand der erwähnten Ungleichungen zu bestimmen haben, von welcher Versicherungssumme ab Rückversicherung zu nehmen ist. Dies wird durch Versuche zu ermitteln sein. Wir werden hierbei das Quadrat des mittleren Risikos des ganzen Bestandes in zwei Teile zu zerlegen haben, deren erster dem Quadrate des mittleren Risikos für den Bestand entspricht, für welchen Rückversicherung nicht in Betracht kommt, während der zweite dem Quadrate des mittleren Risikos des Restbestandes entspricht, nachdem die Rückversicherungssummen in Abzug gebracht worden sind. Das B ist aber jetzt eine von der Zerlegung des Bestandes abhängige Größe, die Zerlegung selbst wieder von der Höhe der für Zwecke der Sterblichkeitsschwankungen in Betracht kommenden Mittel abhängig. Demnach steht jetzt die Rückversicherungsprämie in Abhängigkeit von der Bestimmung des der Rückversicherung unterliegenden Versicherungsbestandes und ist daher von k abhängig, was wir durch B_k zum Ausdruck bringen.

Wir wollen sogleich an einem ausführlichen Beispiele zeigen, wie die Rechnung zu verlaufen hat. Vorerst wollen wir nur noch überlegen, wie sich die Eigenbehalte im allgemeinen ändern, wenn der Versicherungsbestand unter sonst gleichen Verhältnissen anwächst. Die für die Deckung der Sterblichkeitsschwankungen in Betracht kommenden Mittel werden dann nach Maßgabe der Vergrößerung des Bestandes anwachsen. Ist die Anzahl der Versicherungen n, dann werden diese Mittel mit wachsendem n ansteigen, während wir wissen, daß das mittlere Risiko des Bestandes nur mit der Wurzel aus der Anzahl der Versicherungen zunimmt. Aus der Gleichung

$$B = C - \underline{\mathfrak{M}}\sqrt{D} \tag{14}$$

geht aber hervor, daß die Rückversicherungsprämie B unter diesen Umständen nicht nach Maßgabe von n anwachsen wird, sondern langsamer. Dieses gegenüber C und D schwächere Anwachsen von B bedingt aber eine Erhöhung des Ausdruckes $\frac{C-B}{D}$ und damit auf Grund der Relation (4) eine Erhöhung der Eigenbehalte. Ganz Analoges überlegt man in dem Falle, wo die Rückversicherung nur für einen Teil des Bestandes in Betracht kommt. Der in die Rückversicherung nicht einzubeziehende Teil des Versicherungsbestandes wird dann bei wachsendem Versicherungsstock relativ größer werden, und zugleich werden die Eigenbehalte für den zweiten Teil des Bestandes zunehmen. In dieser Tatsache begründet sich die in der Praxis stets beobachtete Gepflogenheit, bei wachsendem Versicherungsbestand unter sonst gleichen Umständen mit dem Eigenbehalt hinaufzugehen.

Als Beispiel ziehen wir nun die Bestimmung der Rückversicherungsprämie und der Eigenbehalte für eine Mustergesellschaft heran, welche von Moll in seiner im Literaturnachweis angeführten Arbeit betrachtet worden ist. Es handelt sich hier um einen kleineren Versicherungsbestand von 2389 Versicherungen mit einem gesamten versicherten Kapital von 10 000 000. Die Verteilung der Versicherungssummen ist folgende:

850	Personen, jede	mit	1 000,	zusammen	850 000
425	,, ,,	,,	2 000,	,,	850 000
238	,, ,,	,,	3 000,	,,	714 000
102	,, ,,	,,	4 000,	,,	408 000
289	,, ,,	,,	5 000,	,,	1 445 000
52	,, ,,	,,	6 000,	,,	312 000
34	,, ,,	,,	7 000,	,,	238 000
27	,, ,,	,,	8 000,	,,	216 000
8	,, ,,	,,	9 000,	,,	72 000
255	,, ,,	,,	10 000,	,,	2 550 000
42	,, ,,	,,	15 000,	,,	630 000
34	,, ,,	,,	20 000,	,,	680 000
17	,, ,,	,,	25 000,	,,	425 000
7	,, ,,	,,	30 000,	,,	210 000
5	,, ,,	,,	40 000,	,,	200 000
4	,, ,,	,,	50 000,	,,	200 000
2389	Personen			zusammen mit	10 000 000

Die gewählte Verteilung entspricht der Gruppierung der Versicherungen bei einer holländischen Gesellschaft.

Nur um die Rechnung zu vereinfachen, wollen wir annehmen, daß es sich um lauter gleichartige Versicherungen handelt, welche sich nur durch die Höhe der Versicherungssumme unterscheiden, hinsichtlich Versicherungsart, Beitrittsalter, abgelaufener Versicherungsdauer und Dauer der Versicherung jedoch übereinstimmen. Wir sind dadurch der Mühe enthoben, die mittleren Risiken für die einzelnen Versicherungen bestimmen zu müssen, ohne daß die erhaltenen Ziffern an prinzipieller Bedeutung etwas einbüßen. Wie man im übrigen zu dem gleichen Zwecke der Vereinfachung der Rechnung geeignete Durchschnittswerte zu verwenden hat, wurde bereits im Abschnitt über die Risikotheorie ausgeführt.

Wir wollen als Maß das mittlere Risiko für das nächste Jahr verwenden und es soll die Rückversicherung nach der natürlichen Prämie erfolgen. Der Rechnungszinsfuß sei $3^1/_2\%$ und der Direktversicherer besitze in freien Mitteln eine Summe von 60 000, welche er im Falle des Bedarfes zur Deckung von Sterblichkeitsverlusten im nächsten Jahre zur Verfügung hat. Wir wollen weiter annehmen, daß die für den Zeitpunkt der Berechnung in Betracht kommende Sterbenswahrscheinlichkeit $q_i = 0{,}01$, die Erlebenswahrscheinlichkeit $p_i = 0{,}99$, das Nettodeckungskapital für die Einheit der Versicherungssumme $V_i = 0{,}200$ und daher $1 - V_i = 0{,}800$ sei. Der Prämiensatz für die Rückversicherung ist dann

$$r_i = q \cdot v \cdot (1 - V) = 0{,}01 \cdot 0{,}96618 \cdot 0{,}8 = 0{,}00773$$

und das mittlere Risiko der Einzelversicherung für die Dauer eines Jahres

$${}_1\mathfrak{M}_i = \sqrt{p_i q_i} \cdot v \cdot (1 - V_i) = \sqrt{0{,}0099} \cdot 0{,}96618 \cdot 0{,}8 = 0{,}07691\,.$$

Demnach ist

$$\frac{r_i}{{}_1\mathfrak{M}_i^2} = 1{,}30682 \qquad \text{und} \qquad \frac{r_i^2}{{}_1\mathfrak{M}_i^2} = 0{,}01010\,.$$

Nachdem der Versicherer eine Summe von 60 000 zur Verfügung hat, so wäre, unter der Annahme, daß die Sterblichkeitsschwankungen einen größeren Betrag als den des dreifachen mittleren Risikos des Gesamtbestandes nicht erforderlich machen, dieses Risiko mit 20 000 zu bemessen. Die Rückversicherung soll nun so eingerichtet werden, daß sie den Betrag des verbleibenden Risikos des Erstversicherers auf ein Minimum herabdrückt, welches gerade 20 000 beträgt. Auf Grund der beiden Ungleichungen

$$S_k \leqq \frac{C_k - B_k}{D_k} \cdot \frac{r_k}{{}_1\mathfrak{M}_k^2}\,, \qquad S_{k+1} \geqq \frac{C_{k+1} - B_{k+1}}{D_{k+1}} \cdot \frac{r_{k+1}}{{}_1\mathfrak{M}_{k+1}^2}$$

zerfällt aber das Risiko ${}_1\underline{\mathfrak{M}}$ in die beiden Beträge ${}_1\underline{\mathfrak{M}}^{(1)}$ und ${}_1\underline{\mathfrak{M}}^{(2)}$, wo

$${}_1\underline{\mathfrak{M}}^2 = {}_1\underline{\mathfrak{M}}^{(1)\,2} + {}_1\underline{\mathfrak{M}}^{(2)\,2}$$

gilt. Hierbei bezieht sich ${}_1\underline{\mathfrak{M}}^{(1)}$ auf den Versicherungsbestand, für den Rückversicherung nicht genommen wird, und ${}_1\underline{\mathfrak{M}}^{(2)}$ auf den Rest. Ist die Anzahl der Versicherungen der einzelnen Summen n_i, und rechnen wir versuchsweise dem ersten Teile alle Versicherungen bis zu einer Versicherungssumme von 9000 inklusive zu, so ist auf Grund der Daten unserer Mustergesellschaft

$${}_1\underline{\mathfrak{M}}^{(1)} = \sqrt{\sum n_i S_i^2 \cdot {}_1\mathfrak{M}_i^2} = 0{,}07691 \cdot 1000 \cdot \sqrt{19463} = 10690$$

und

$${}_1\underline{\mathfrak{M}}^{(2)} = \sqrt{20\,000^2 - 10\,690^2} = 16903\,.$$

Für D_k erhalten wir

$$D_k = \sum \frac{r_i^2}{{}_1\mathfrak{M}_i^2} = 364 \cdot 0{,}01010 = 3{,}67640$$

und für

$$C_k - B_k = 16903 \cdot \sqrt{3{,}67640} = 32410, \quad \frac{C_k - B_k}{D_k} = \frac{32410}{3{,}67640} = 8\,816.$$

Demnach ist

$$10000 < 8816 \cdot 1{,}30682 = 11\,521.$$

Rechnen wir aber dem ersten Teile des Bestandes alle Versicherungen bis zu einer Versicherungssumme von 10 000 inklusive zu, so ergibt sich

$${}_1\mathfrak{M}^{(1)} = 76{,}91 \sqrt{44963} = 16305$$

und

$${}_1\mathfrak{M}^{(2)} = 11\,582.$$

Für D_k ergibt sich jetzt

$$D_k = 109 \cdot 0{,}01010 = 1{,}1009$$

und für

$$C_k - B_k = 11\,582 \sqrt{1{,}1009} = 12\,152, \quad \frac{C_k - B_k}{D_k} = \frac{12152}{1{,}1009} = 11038.$$

Sonach erhält man

$$15\,000 > 11\,038 \cdot 1{,}30682 = 14\,425.$$

Der zulässige Eigenbehalt der Gesellschaft beziffert sich somit auf 14,425. Von allen Versicherungen, deren Summe diesen Betrag übersteigt, ist daher Rückversicherung zu nehmen. Die Höhe der totalen rückzuversichernden Summe berechnet sich mit 772 675, für welche eine Rückversicherungsprämie von 5973 in Betracht kommt. Die Berechnung führt zu einem durchaus plausiblen Resultat, wenn wir beachten, daß die durchschnittliche Versicherungssumme des Bestandes 4605 beträgt, der Eigenbehalt demnach im Hinblick auf die vorhandenen Sicherheitsmittel ungefähr das Dreifache der Durchschnittssumme ausmacht.

Betrachten wir nun einen viermal größeren Versicherungsbestand, so zwar, daß die Anzahl der Versicherungen in jeder Position unserer Mustergesellschaft das Vierfache der angegebenen Zahlen beträgt, die Versicherungssummen aber sonst im einzelnen die gleiche Höhe und Verteilung haben, so gelangen wir auf den gleichen Eigenbehalt 14 425, wenn wir nunmehr die Sicherheitsmittel mit dem Doppelten, demnach mit 120 000 beziffern. In diesem Falle wird demnach auch die Rückversicherungssumme und die Rückversicherungsprämie viermal größer sein als in dem vorbetrachteten Falle. In der Tat erhält man jetzt für die für die Höhe des Eigenbehaltes maßgebende Größe $\frac{C_k - B_k}{D_k}$ denselben Wert wie früher. Wenn die Sicherheitsmittel in noch schwächerem Maße gewachsen wären, würde sogar ein kleinerer Eigenbehalt trotz des größeren Bestandes resultieren. Man rechnet leicht aus, daß trotz des vierfach erhöhten Versicherungsbestandes der zulässige Eigenbehalt unter 10 000 herabgedrückt wird, wenn die frei verfügbaren Mittel nicht höher sind als 108 921. Viel näherliegend ist es allerdings, eine normale Verstärkung auch der Sicherheitsmittel anzunehmen, von welchen daher bei einer Vergrößerung des Versicherungsbestandes auf das vierfache Ausmaß ein Anwachsen auf den mindestens vierfachen Betrag anzunehmen wäre. Wir überlassen dem Leser die Nachprüfung des jetzt in Betracht kommenden Eigenbehaltes.

Nehmen wir den dreifachen Betrag des mittleren Risikos des ganzen Bestandes als Maßstab für die frei verfügbaren Mittel, welche der Versicherer zum Zwecke der Deckung der Sterblichkeitsschwankungen besitzen soll, so würde sich dieser Betrag für den ersten Fall der von uns betrachteten Mustergesellschaft auf 75 678 und für den zweiten Fall des vierfach vergrößerten Bestandes auf das Doppelte dieses Betrages, demnach auf 151 356 belaufen. Im Besitze dieser Beträge wäre der Versicherer der Notwendigkeit einer Rückversicherung enthoben. Man sieht, daß hier verhältnismäßig nicht zu hohe Differenzen in den verfügbaren Mitteln hinsichtlich der Rückversicherung recht weittragende Folgen nach sich ziehen. Das mag auch der Grund sein, warum die Ansichten über den Wert und die einzuhaltenden Grenzen bei der Rückversicherung unter den Fachleuten so weit auseinandergehen. Wir dürfen aber nicht übersehen, daß vom Standpunkte der Risikotheorie der Sterblichkeitsschwankungsfond selbst beständigen Änderungen, je nach seiner Heranziehung zur Deckung des Bedarfes, unterworfen sein wird, daß es aber andererseits nicht angeht, in der Praxis die rückversicherte Summe andauernd nach oben oder unten zu regulieren. Man wird daher in der Praxis vorsichtiger zu Werke gehen müssen und die für Sterblichkeitsschwankungen planmäßig zur Verfügung zu stellenden Mittel so zu bewerten haben, daß solche Schwankungen an der Regulierung der Eigenbehalte nicht zuviel ändern. Dies wird aber offenbar dadurch zu erreichen sein, daß man bei Bemessung der Eigenbehalte auf Grund der vorgebrachten Erwägungen von vornherein mit einem Ausmaß an freien Mitteln rechnet, welches man gewährleisten zu können glaubt. Überdies werden die für die Rückversicherung in Betracht kommenden Prinzipien nur in verhältnismäßig längeren Zeiträumen einer Revision unterzogen werden können, so daß auch im Hinblick auf diesen Umstand Vorsicht geboten ist. Unsere theoretischen Betrachtungen bewegen sich durchaus an der Grenze des vom Standpunkte der Risikotheorie Gebotenen und Zulässigen. Nur um weniges strengere Annahmen bedingen sehr ins Gewicht fallende Folgerungen für die Praxis. Immerhin glauben wir dargetan zu haben, daß die wertvollen Dienste, welche die Risikotheorie für die Bemessung des Eigenbehaltes und die vorteilhafteste

Art der Durchführung der Rückversicherung zu leisten vermag, auch von seiten der Praxis mehr Beachtung verdiente, als dies heute der Fall ist.

§ 18. Eine andere Art der Lebensrückversicherung.

Wir haben schon an früherer Stelle hervorgehoben, daß wir den Zweck der Rückversicherung in einer Erhöhung der Sicherheit der Gesellschaft und in der Erzielung eines möglichst vollkommenen Gewinnausgleiches zu erblicken haben. Die Erreichung dieser beiden Zwecke steht mit der Analyse des Sterblichkeitsrisikos selbst in einem gewissen Zusammenhang. Es kann nämlich sein, daß der Sterblichkeitsverlauf sowohl hinsichtlich der Personen- wie der Summensterblichkeit den Erwartungen des Versicherers entspricht. Es kann sein, daß sowohl die Personen- wie die Summensterblichkeit im selben Sinne zugunsten oder zuungunsten des Versicherers ausschlägt, oder aber daß die eine einen Gewinn und die andere einen Verlust ergibt. Während nun aber für die Sicherheit des Unternehmens sowohl die Personen- wie die Summensterblichkeit eine Rolle spielen, ist für den Gewinnausgleich allein die Summensterblichkeit in der Praxis von Bedeutung. Das liegt schon im Wesen des Versicherungsgedankens, welchem die Kopplung von Risiken verschiedener Qualität oder verschiedenen Gewichtes im Grunde fremd ist. Jedenfalls werden wir eine einseitige Belastung eines Teiles der Versicherten durch zufällige Sterblichkeitsschwankungen am wenigsten zu befürchten haben, wenn die Versicherungssummen untereinander gleich sind. Andernfalls könnte es sehr wohl sein, daß eine Übersterblichkeit bei hochversicherten Risiken zu Lasten der auf kleine Summen Versicherten geht. Der Versicherer muß aber bestrebt sein, die Gerechtigkeit gegen die Versicherten auch in dem Sinne zu wahren, daß er die Kosten, welche ihm aus vorzeitigen Sterbefällen hoher Versicherungen erwachsen, sofern diese das rechnungsmäßige Ausmaß übersteigen, nicht gänzlich zu Lasten der übrigen Versicherungen schreiben muß, welche durch solche Möglichkeiten eine Minderung ihrer Gewinnanteile erfahren müssen. In ganz gleichem Sinne wäre aber die Möglichkeit eventueller Gewinne aus den hohen Versicherungen zu beurteilen. Denn beide Möglichkeiten bedeuten eine Störung der Kontinuität der Überschußbildung.

Gegenüber diesem Bestreben, durch eine zweckentsprechende Rückversicherung eine möglichst gleichmäßige Überschußbildung zu erzielen, tritt in der Praxis der Gedanke, sich durch Rückversicherung vor den Folgen einer das rechnungsmäßige Ausmaß übersteigenden Personensterblichkeit zu schützen, gänzlich zurück. In diesem Sinne äußert sich auch King auf dem Londoner Kongresse: We must look at this question from a practical point of view, and the most practical point of view of all is the question of the divisible surplus. That is not a question of safety, because a company cannot be put in the last danger by any limit it is likely to hold. How much can a company hold on one risk without endangering serious fluctuations in the bonus?

Für die gleichmäßige Überschußbildung wird es in jedem Belange am vorteilhaftesten sein, wenn der Versicherer imstande ist, seinen Versicherungsstock in einen solchen umzubilden, in dem alle unter Risiko stehenden Summen untereinander gleich sind. Es liegt daher die Frage nahe, ob eine solche Umbildung praktisch im Wege der Rückversicherung zu erreichen ist. Eine Möglichkeit bietet sich sofort: Man hätte jeden Betrag, welcher die klcinste im Bestande vorhandene Risikosumme übersteigt, in Rückversicherung zu geben. Eine solche Lösung müßte aber die Praxis ablehnen, weil sie mit einer sehr großen Verminderung des Bestandes verbunden wäre und daher gänzlich unrentabel erschiene. Wir wissen ja, daß die Kosten der Rückversicherung und die Überlassung von Gewinnquellen an den Rückversicherer niemals außer acht zu lassen sind, wenn es gilt, die Zweckmäßigkeit einer Rückversicherungsmethode zu beurteilen.

Wir wollen aber sogleich ein Verfahren angeben, welches die Absicht, den Versicherungsbestand in einen solchen gleicher Totalsumme und untereinander gleicher Risikosummen zu transformieren, gewährleistet. Vorerst wollen wir aber noch überlegen, welche Bedeutung dem Risiko hinsichtlich der Schwankungen in der Personensterblichkeit gegenüber dem gesamten Risiko eines Versicherungsbestandes zukommt. Für unsere im vorigen Paragraphen betrachtete Mustergesellschaft hat sich das mittlere Risiko des ganzen Bestandes für das nächste Jahr mit 25 226 ergeben. Hierbei kommen Versicherungssummen von 1000 bis 50 000 in Betracht. Für einen gleichgroßen Versicherungsbestand von 2389 Versicherungen mit einer Gesamtsumme von 10 000 000, jedoch mit lauter Versicherungen auf die gleiche Summe von 4186 berechnet man unter sonst gleichen Annahmen das totale mittlere Risiko mit 15 735. Streng genommen hat man nur diese Reduktion des Risikos in der Praxis im Auge, wenn man die Rückversicherung eingeht. Man denkt kaum daran, sich durch Rückversicherung gegen eine Personenübersterblichkeit schützen zu wollen, sondern bezweckt in erster Linie den Ausgleich der verschieden hohen Risikosummen. Der Grund hierfür liegt klar zutage. Auch in unserem Beispiele ergibt sich die letztgenannte Ziffer 15 735 für das mittlere Risiko unter der stets eingehaltenen Annahme, daß die verwendeten Rechnungsgrundlagen im Durchschnitt entsprechen. Wir wissen aus einer früheren Bemerkung, daß dieser Betrag sehr viel kleiner ausfallen würde, wenn die tatsächliche Sterblichkeit hinter der Erwartung andauernd zurückbleibt. Das ist aber in der Praxis fast stets der Fall. Der Versicherer glaubt sich hierdurch gegen Verluste aus der Personensterblichkeit genügend geschützt und denkt nicht daran, hier durch Rückversicherung noch ein Übriges zu tun. In der Tat wird in dieser Hinsicht nur bei ganz kleinen Gesellschaften noch einige Vorsicht geboten sein. Für größere Anstalten kann nur der Risikoausgleich unter den verschieden hohen Versicherungssummen als Grund der Rückversicherung in Betracht kommen. Daß hier allerdings die Rückversicherung niemals zu entbehren ist, entnimmt man schon aus der Tatsache, daß besonders hohe Versicherungssummen die Kontinuität der Überschußbildung unter allen Umständen gefährden, wobei es allerdings noch dahingestellt bleiben mag, ob nicht das Vorhandensein genügender freier Mittel im eigenen Unternehmen die genannte Kontinuität ebensogut gewährleistet, ohne die Sicherheit zu gefährden, die Rückversicherung demnach bei den freien Fonds des eigenen Unternehmens besorgt werden könnte.

Um nun zu unserem Rückversicherungsproblem zurückzukehren, wollen wir wieder annehmen, daß die rechnungsmäßige Sterblichkeit mit der beobachteten übereinstimmt. Dies soll im Durchschnitt der Beobachtungsjahre sowohl von der Personen- wie von der Summensterblichkeit gelten. Der Versicherer kann nun zwecks Transformation des Versicherungsbestandes in einen solchen von lauter gleichen Risikosummen folgender Art verfahren. Der Erstversicherer trifft mit einem Rückversicherer eine Verabredung, derzufolge der erstere bei jedem Todesfall seines Versicherungsbestandes ohne Rücksicht auf die Höhe der tatsächlichen Schadensumme einen geeignet zu bestimmenden festen Betrag an den Rückversicherer zu vergüten hat, der letztere hätte hingegen an den Direktversicherer einen Betrag zu zahlen, welcher der jeweiligen unter Risiko stehenden Versicherungssumme entspricht. Eine solche Verabredung wäre rein netto zu verstehen. Eventuelle Gewinne und die Verwaltungsauslagen bleiben zunächst außer Betracht. Man sieht sehr leicht ein, daß vom theoretischen Standpunkte einem solchen Abkommen nichts im Wege steht.

Sind $S_1, S_2, \ldots$ die einzelnen Versicherungssummen aus dem Bestande des Erstversicherers, $c_1, c_2, \ldots.$ die dazugehörigen reduzierten Kapitalien, berechnet für die Einheit als Versicherungssumme, und $q_1, q_2, \ldots$ die den einzelnen Versicherungen für den Zeitpunkt der Berechnung entsprechenden Sterbenswahrscheinlichkeiten nach der benutzten Absterbeordnung, dann sind die mit den Sterbenswahrscheinlichkeiten als Gewichten belegten Risikosummen $S_1 c_1 q_1, S_2 c_2 q_2, \ldots$ und die Summierung derselben über den ganzen Bestand gibt die Ergänzung des in Händen des Erstversicherers befindlichen frei werdenden Nettodeckungskapitals auf die totale zu erwartende Todesfallzahlung. Diese soll unserer Annahme gemäß mit der tatsächlich für Todesfallzahlungen verausgabten Summe übereinstimmen. Da nach der gleichen Annahme aber auch die Personensterblichkeit erwartungsgemäß verlaufen soll, so wird $q_1 + q_2 + \cdots$ gleich sein der Anzahl der Todesfälle t, wobei es zunächst nichts ausmacht, t als gebrochene Zahl gelten zu lassen. Ist dann die durchschnittliche Risikosumme gleich $S \cdot c = R$, so wird die gesamte Todesfallzahlung auch gleich sein $t \cdot R$. Demnach gilt

$$(15) \qquad \sum S_i \cdot c_i \cdot q_i = t \cdot R = R \cdot \sum q\,.$$

Zahlt somit der Rückversicherer an den Erstversicherer bei jedem Todesfall die Summe $S_i c_i$, und der Erstversicherer an den Rückversicherer die stets gleiche Summe R, so sind die beiderseitigen Leistungen, wenn sich die Sterbetafel als zutreffend erweist, vollständig gleichwertig, so daß der Rückversicherer ebensoviel vereinnahmt, als er verausgabt. Ist demnach eine solche Verabredung praktisch realisierbar, dann wäre die verlangte Umstellung des Versicherungsbestandes auf einen solchen lauter gleicher Risikosummen und damit der bestmögliche Gewinnausgleich in einfachster Weise gewährleistet, ohne daß der Erstversicherer dabei eine Reduktion des Versicherungsbestandes durch die Rückversicherung in Kauf nehmen müßte.

Tatsächlich werden aber die hinsichtlich des Verlaufes der Sterblichkeit nach der zugrunde gelegten Tafel gemachten Annahmen in der Praxis niemals zutreffen, und wir müssen überlegen, in welcher Weise hierdurch die Verabredungen in ihrer praktischen Auswirkung beeinflußt werden. Ist zunächst im Durchschnitt der Erfahrungen die tatsächliche Sterblichkeit für alle Altersklassen um denselben Prozentsatz größer oder kleiner — der erstere Fall wird kaum zu berücksichtigen sein — als die rechnungsmäßige, dann belehrt uns ein Blick auf (15), daß sich dann an dem Werte von R nichts ändert. Die Verabredung bleibt korrekt, nur ergibt sich im Falle einer Untersterblichkeit ein Sterblichkeitsgewinn, der ganz zugunsten des Erstversicherers geht, an dem der Rückversicherer daher keinen Anteil hat. Denn die beiderseitigen Zahlungen erfolgen ja nur nach Maßgabe der tatsächlichen, nicht der rechnungsmäßigen Todesfälle. Im Falle einer Untersterblichkeit werden daher die beiderseitigen Zahlungen in gleichem Maße verringert, während die Mehreinnahmen aus der rechnungsmäßig höhergehaltenen Risikoprämie dem Erstversicherer zufließen. Hier besteht also eine ganz prinzipielle Abweichung gegenüber den übrigen Rückversicherungsmethoden, bei welchen der Rückversicherer anteilig die rechnungsmäßigen Risikoprämien vereinnahmt und daher für diesen Teil voll an eventuellen Gewinnen aus der Sterblichkeit teilnimmt.

Schwieriger wird die Entscheidung über die beiderseitige Gleichwertigkeit der Leistungen von Erst- und Rückversicherer, wenn die Abweichungen der rechnungsmäßigen Sterblichkeit von der tatsächlichen im Durchschnitt nur gewisse Altersstufen betreffen oder aber, wenn sich ein Einfluß der Höhe der Versicherungssummen auf die Sterblichkeit bemerkbar machen sollte. Wie man aus (15) erkennt, sind für die Bestimmung von R Abweichungen im Sterblichkeitsverlauf jedenfalls dann ganz belanglos, wenn die Risikosummen untereinander gleich sind. Dann hebt sich aber allerdings das Problem auf, weil schon vor der Rückversicherung alles für den Gewinnausgleich Wünschenswerte getan ist. Bei kleineren Versicherungsbeständen kann allerdings auch in diesem Falle noch Rückversicherung nötig sein, nur ist dann nicht mehr der Gewinnausgleich, sondern die Sicherheit des Unternehmens die Ursache derselben.

Über den Einfluß der Höhe der Versicherungssummen auf die Sterblichkeit sind aber die Ansichten bis heute ungeklärt. Während man auf der einen Seite behauptet, daß die Auslese bei höheren Summen eine bessere und daher der Sterblichkeitsverlauf ein günstigerer sei, wird von anderen der Gegenauslese bei höheren Summen mehr Gewicht beigelegt. Das erstere Argument würde bei der Berechnung von R zugunsten des Rückversicherers wirken, weil dieser dann durch die Zahlung höherer Summen weniger belastet wird, als bei Berechnung von R angenommen, seine tatsächliche Leistung daher hinter der des Erstversicherers zurückbleibt. Wir werden im nächsten Paragraphen noch Gelegenheit nehmen, auf den Einfluß der Rückversicherung auf die Gestaltung der Rechnungsgrundlagen zurückzukommen. A priori ist allerdings über die Auswirkung von systematischen Abweichungen im Sterblichkeitsverlauf und über den Einfluß der Summenverteilung auf den Betrag von R nicht gut etwas auszusagen. Am besten wird es sein, hier unter extremen Annahmen an Hand numerischer Berechnungen die Grenzen für die Schwankungen von R zu ermitteln, mit denen man im Hinblick auf die gegebenen Verhältnisse rechnen zu müssen glaubt. Sollte ein solches Rückversicherungsverfahren in die Praxis Eingang finden, dann sind sicherlich unschwer Vorkehrungen möglich, welche eine Benachteiligung der einen oder anderen Seite durch ein den Tatsachen im Durchschnitt nicht ganz entsprechendes R verhüten. Der Verfasser hat sich an Hand numerischer Beispiele davon überzeugt, daß ein einmal als zutreffend erkannter Wert von R durch systematische Veränderungen des Sterblichkeitsverlaufs nur in sehr geringem Maße beeinflußt wird, wenn es sich um einen einigermaßen größeren Versicherungsbestand handelt.

Vom Standpunkte des Rückversicherers wäre gegen das eben vorgebrachte Verfahren natürlich einzuwenden, daß eine Entschädigung für seine Verwaltungskosten vorgesehen und daß die Beteiligung an den Sterblichkeits- und Zinsgewinnen, welche ihm bei allen anderen Formen der Rückversicherung zusteht, durch gleichwertige Zugeständnisse wettgemacht werden müsse. Wir brauchen wohl nicht des näheren auszuführen, daß auch der eben geschilderte Plan der Rückversicherung mit solchen Bedingungen hinsichtlich Verwaltungskostenbeitrag, Sterblichkeits- und Zinsgewinn ausgestattet werden kann, daß er mit jeder anderen Art der Rückversicherung vollkommen gleichwertig wird. Sein Vorteil besteht aber offenbar in einer erheblichen beiderseitigen Ersparnis an Verwaltungskosten, zumal alle gegenseitigen Buchungen von Prämien, Deckungskapitalanteilen, Abschluß und Inkassoprovisionen entfallen und im Grunde nur die Verrechnung der Gut- und Lastschriften bei tatsächlich eintretenden Todesfällen und für den Jahresabschluß der anteilmäßig auf den Rückversicherer entfallenden Gewinne vorzunehmen sein wird.

Wir haben noch zu erwähnen, daß Lundberg diese Form der Rückversicherung mit einer anderen in Verbindung bringt, welche die vollständige Abwälzung jedes Sterblichkeitsrisikos auf den Rückversicherer unter der Voraussetzung lauter gleicher Risikosummen bezweckt. Er legt hierbei sein Hauptaugenmerk auf die Soliditätsfrage bei der Rückversicherung und gelangt, wenn auch über recht weitläufige mathematische Entwicklungen, zu sehr bemerkenswerten Resultaten hinsichtlich der Definition der Soliditätszahl, der Ökonomie der Rückversicherung und der Wirkung einer Verteilung der Rückversicherung auf mehrere Rückversicherer. Für Einzelheiten müssen wir den Leser auf die im Literaturnachweis angeführte Originalarbeit verweisen.

§ 19. Die Beziehung der Rückversicherungsfrage zu der Wahl der Rechnungsgrundlagen.

Wir sind sowohl in der Risikotheorie wie bei der Behandlung der Rückversicherungsfrage fast stets von der Voraussetzung ausgegangen, daß die den Berechnungen des Erstversicherers zugrunde gelegte Absterbeordnung dem tatsächlichen Sterblichkeitsverlauf gerecht wird. Wir wissen aber, daß dies tatsächlich fast nie zutrifft, und die Folge davon ist, wenigstens bei den heute gebräuchlichen Rückversicherungsmethoden, daß der Rückversicherer die rechnungsmäßig fast immer höher veranschlagte Sterblichkeit als eine Gewinnquelle betrachten darf. Dies kann unter Umständen soweit gehen, daß dieser hinsichtlich der zu vergütenden Verwaltungskosten zu Bedingungen an den Erstversicherer bereit ist, welche er auf Grund der in Betracht kommenden Prämien allein nicht annehmen könnte. An sich ist es ziemlich gleichgültig, ob der Rückversicherer aus der einen oder anderen Quelle sein Auskommen und seinen Gewinn findet. Wie im Direktgeschäft, so hat aber auch auf diesem Gebiete der rege Wettbewerb unter den verschiedenen, die Lebensrückversicherung betreibenden Gesellschaften Erscheinungen gezeitigt, welche hier schon aus dem Grunde ernster zu beurteilen sind als in der Direktversicherung, weil sie dem Wesen der Rückversicherung und dem mit dieser zu verfolgenden Endzweck vollständig fremd sind.

Wir haben schon an früherer Stelle hervorgehoben, daß nach den jetzt üblichen Gepflogenheiten die Verwaltung der den Versicherungsverpflichtungen gewidmeten Aktiven dem Rückversicherer entzogen ist. Er wird daher an einer Überverzinsung der Kapitalien nur soweit beteiligt sein, als dies der Erstversicherer zugesteht. Aber auch hinsichtlich der Höhe der zu vergütenden Abschluß- und Inkassokosten des Erstversicherers und der Verwaltungskosten des Rückversicherers ergibt sich ein weiteres Moment des Wettbewerbes. Ganz gleiches gilt von dem an den Rückversicherer zu gewährenden Gewinn aus dem Verfall von Versicherungen und von seiner Beteiligung am Sterblichkeitsgewinn. Der freie Rückversicherungsverkehr hat zwar heute sehr an Bedeutung verloren, und an seine Stelle sind Rückversicherungsverträge getreten, welche die gegenseitig zugestandenen Bedingungen ein für allemal festlegen. Aber gerade der Abschluß solcher Verträge steht weit mehr unter dem Drucke der Konkurrenz und des Handelns auf beiden Seiten, als unter den festen Richtlinien des für den Direktversicherer maßgebenden Bedürfnisses und der für den Rückversicherer als entsprechend erkannten Rechnungsgrundlagen.

Allerdings müssen wir in letzterer Hinsicht unsere Forderungen beschränken. Denn über die Sterblichkeitsverhältnisse unter rückversicherten Risiken sind wir noch ganz unzureichend unterrichtet, und es ist fraglich, ob man hier überhaupt verwendbare Resultate erlangen kann. Aus dem Materiale der Rückversicherungsgesellschaften ist kaum eine brauchbare Statistik zu erhoffen, weil dieses durch die verschiedene Provenienz sehr zersplittert wird. Aus dem Materiale der Erstversicherer aber wäre nur bei sehr großen Rückversicherungsbeständen eine Sterblichkeitsstatistik zu erhalten. Dem steht aber die Tatsache entgegen, daß gerade die größeren Gesellschaften von der Rückversicherung in relativ geringerem Ausmaße Gebrauch machen. So ist man in betreff der Beurteilung der Sterblichkeit unter Hochversicherten auf Annahmen verwiesen, welche, wie wir schon an früherer Stelle erwähnten, einander nicht selten widersprechen.

Nicht besser steht es mit der Beurteilung des vorzeitigen Verfalles von Versicherungen durch Storno. Die Frage, ob rückversicherte Versicherungen, und das sind in erster Linie solche auf höhere Summen, in höherem Maße dem vorzeitigen Verfall unterliegen, ist noch durchaus ungeklärt. Wir selbst möchten auch hier an dem Standpunkte festhalten, daß der vorzeitige Verfall weder für den Erst- noch für den Rückversicherer als Gewinnquelle in Betracht zu kommen hat. Tatsächlich ist er aber noch heute allgemein als solche anzusprechen, und es ist nur natürlich, wenn der Rückversicherer mit ihm als Einnahmequelle rechnet. Hinsichtlich der Verwaltungskosten aber ist der Rückversicherer sicherlich in einer günstigeren Lage als der Direktversicherer, und wenn er sich diesem gegenüber zum Ersatz der Abschluß- und Inkassokosten in der vom Erstversicherer zu bestreitenden Höhe verpflichtet, so sind die Kosten der laufenden Verwaltung beim Rückversicherer doch wesentlich niedriger zu veranschlagen, da bei ihm sehr viele Arbeiten des versicherungstechnischen Bureaus, der Buchhaltung, der Vermögensverwaltung u. a. zum Teil oder gänzlich in Fortfall kommen. Zudem ist hier eine sehr viel weitergehende Schematisierung der Arbeiten möglich.

Dies gilt nicht zuletzt vom versicherungstechnischen Dienst des Rückversicherers, welcher an die Arbeiten und Resultate des Erstversicherers stets Anlehnung findet, und da, wo die Risikenauslese, die Bestimmung der Suffizienz der Prämien des Neugeschäftes und ähnliches in Betracht kommt, doch stets von Gegebenem ausgehen kann, so daß seine Tätigkeit vorwiegend eine kontrollierende bleibt. Daß dann mehr oder weniger summarische Verfahren im technischen Apparat, Näherungen und graphische Verfahren stets zur Hand sein werden, sei nur nebenher erwähnt. Wichtiger ist aber vielleicht noch, daß hinsichtlich der Bilanzziffern wohl stets mit den Ergebnissen des Erstversicherers gerechnet werden kann, an welchen eben nur die Einstellung auf die bei der betreffenden Rückversicherungsgesellschaft eingeführten Methoden vorgenommen werden müßte.

Wir hätten noch an dieser Stelle zu erwähnen, daß die Rückversicherung im allgemeinen einer staatlichen Kontrolle nicht unterliegt. Dies liegt in der Natur der Sache, wenngleich nicht zu übersehen ist, daß mit dem durch die meisten Aufsichtsgesetze vorgeschriebenen Zwange zur Deponierung der vollen auch auf die Rückversicherung bezüglichen Deckungsmittel für reine Versicherungsverpflichtungen beim Erstversicherer noch nicht alles getan ist.

III. Die Versicherung der minderwertigen Risiken.

§ 20. Die Gültigkeit der versicherungstechnischen Prinzipien.

In der Einleitung zum ersten Teil wurde für den Aufbau einer Versicherungstechnik, die den Anschluß an die Tatsachen sucht und sich als brauchbares Instrument des Lebensversicherungsbetriebes erweisen will, die Notwendigkeit von Prinzipien nachgewiesen, aus denen die technischen Berechnungen abzuleiten sind und welchen sich der gesamte Apparat jederzeit anpassen muß. Von der absoluten Gültigkeit starrer Grundsätze kann aber in der Versicherungstechnik niemals die Rede sein. Dies ist an den Darlegungen des ersten Teiles Schritt für Schritt zu verfolgen. Letzten Endes bleibt alles Näherung, Schätzung, ist alles in steter Veränderung durch den Wandel biologischen und wirtschaftlichen Geschehens. Stets mußten wir einer Methode dann den Vorzug vor einer anderen geben, wenn sie sich als die anpassungsfähigere erwies, und stets haben wir feste Schemen und Normen als hinderlich und unbrauchbar für den praktischen Betrieb erkannt. Nur im Hinblick auf die Bedürfnisse der Praxis ließ sich denn auch ein allgemeines Prinzip zum Ausgangspunkt der technischen Überlegungen nachweisen, ein Prinzip, welches seine Brauchbarkeit allein seiner Allgemeinheit verdankt. Wir haben erkannt, daß dieses Prinzip der gleichbleibenden Überschüsse für alle Fragen der praktischen Versicherungstechnik giltig geblieben ist und auch bei verwickelten Problemen bisher nicht versagte.

Wenn wir vor Eintritt in die Materie der drei letzten Abschnitte dieses zweiten Teiles den Inhalt des ersten Teiles nochmals überblicken, so können wir feststellen, daß bei allen dort behandelten Fragen das Bestreben, stets engsten Anschluß an den tatsächlichen Verlauf der Ereignisse zu gewinnen, maßgebend für die Art ihrer Behandlung war. Wir konnten hierbei auch immer voraussetzen, daß dieser Anschluß erreicht, vielleicht auch nur erzwungen werden kann. Alle Rechnungen basierten auf gewissen Annahmen. Die Anpassung dieser Annahmen an die Tatsachen erschien innerhalb der praktisch in Betracht kommenden Grenzen möglich. Wir erkannten in der Dividende das Mittel, den genannten Zweck wenn schon nicht direkt, so doch auf indirektem Wege mit aller nur wünschenswerten Genauigkeit zu erreichen.

Für die nunmehr zu behandelnden Probleme ist aber an erster Stelle die Frage zu beantworten, ob wir auch hier an der bisherigen einheitlichen Behandlungsweise festhalten dürfen. Denn wenn im ersten Teile die Versicherung der normalen Risiken, hier aber die Versicherung aller jener Risiken behandelt werden soll, auf welche das erwähnte Prädikat aus irgendeinem Grunde nicht zutrifft, dann muß man wohl besorgen, daß die Änderung der Qualität der Risiken gebietet, von Prinzipien abzurücken, welche bisher nur in dem engeren Rahmen der Versicherung der Risiken gleicher Qualität bewährt sind.

Eine Antwort ist hier nur von der Praxis zu erwarten. Denn sie allein vermag zu entscheiden, ob die Erweiterung des Kreises der Versicherten einem wirtschaftlichen Bedürfnis entspricht und ob sich hierbei die Beibehaltung einheitlicher Prinzipien bei einer möglichst weitgehenden Differenzierung der Versicherten empfehlen wird. Unglücklicherweise gehen hier die Ansichten der Fachleute heute noch auseinander, nachdem die praktischen Erfahrungen bereits zugunsten der genannten Möglichkeit entschieden haben. Es geht nicht an, innerhalb weiter Grenzen Risiken verschiedener Qualität zusammenzufassen. Kein Versicherer wird es wagen können, entgegen dem Zuge der Zeit eine Erweiterung seines Risikenbestandes auf Kosten der Qualität bei gleichzeitiger Verteuerung der Versicherung erreichen zu wollen. Solche Bestrebungen lassen sich zwar sehr gut aus sozialen Erwägungen ableiten und stützen, sie werden aber im Konkurrenzkampfe unfehlbar scheitern. Die Entwicklung der Lebensversicherungstechnik in den letzten Jahrzehnten erweist unzweifelhaft das Bestreben nach einer recht weitgehenden Individualisierung der Behandlung der Risiken, soweit natürlich bei einer auf Massenerscheinungen aufgebauten Einrichtung von einer solchen gesprochen werden kann. Das Prinzip der gleichbleibenden Geschäftsüberschüsse und im besonderen das Prinzip der Gerechtigkeit gegen die Versicherten verbieten gleichfalls, eine Erweiterung des Versicherungsbestandes auf Kosten der Qualität unter Veränderung der relativen Leistungen der normalen Risiken erstreben zu wollen.

Erweist sich demnach ein Ausbau der Lebensversicherung in dem genannten Sinne als wünschenswert, dann wird er unter Aufrechterhaltung der für den ersten Teil dieses Buches maßgebenden Prinzipien durchzuführen sein. In der öffentlichen Versicherung wird man diesen Weg nicht gehen können. In der Privatversicherung aber wäre es verkehrt und gefährlich, eine Verbreiterung des Versicherungsstockes durch Heranziehung von Risiken erstreben zu wollen, welche nach bisheriger Gepflogenheit nicht aufnahmefähig erschienen, wenn hierdurch die hochentwickelte Technik der Versicherung der normalen Risiken gefährdet werden müßte. Und dieselben Bedenken stünden unter gleichen Umständen dem Betriebe neuer Versicherungsarten unter Einbeziehung eines weiteren speziellen Risikos im Rahmen der heutigen Lebensversicherung entgegen. Inwieweit ein solcher Ausbau der Lebensversicherung unter voller Geltung der auch für die Darstellung des ersten Teiles dieses Buches maßgebenden Prinzipien, d. h. völlig unbeschadet der hohen Ausbildung der Technik der Versicherung normaler Risiken möglich und dermalen geboten erscheint, wird durch die folgenden Entwicklungen zu erweisen sein. Wenn aber auch noch heute zahlreiche Fachgenossen der Ansicht sind, daß die Verfeinerung des technischen Apparates sehr zum Nachteil der Versicherungsnehmer ausgeschlagen habe, weil sie folgerichtig auch zu einer Verschärfung der Aufnahmepraxis und damit wieder zu einer Beschränkung des Kreises der Versicherten geführt habe, so ließen sich gegen eine solche Argumentierung sehr zahlreiche Einwände erheben, welche sich nicht minder aus der historischen Entwicklung des Lebensversicherungswesens wie aus dem Bestreben einer steten Verbesserung und Vervollkommnung der bestehenden Einrichtungen ableiten ließen. Wir werden auf diesen Gegenstand noch näher zurückkommen.

§ 21. Die Mangelhaftigkeit der Rechnungsgrundlagen.

Bei der Behandlung der im ersten Teil vorgelegten Probleme haben wir vielfach Gelegenheit genommen, auf die Bedeutung der Wahl der

Rechnungsgrundlagen für die technische Betriebsführung hinzuweisen. Insbesondere haben wir in den Rechnungsgrundlagen zweiter Ordnung ein für die Versicherungstechnik kaum entbehrliches Instrument erkannt, wenn es galt, den Anschluß an den jeweiligen Verlauf der Ereignisse nach Möglichkeit zu gewährleisten. Man kann zwar bei Benutzung von nicht entsprechenden Rechnungsgrundlagen hinterher vermittels der Dividende noch genügenden Anschluß an die Tatsachen erreichen. Aber die Regulierung der Gewinnanteile wird sich unter solchen Umständen stets recht schwerfällig gestalten, und vor allem werden wir darauf verzichten müssen, über die voraussichtliche Höhe der Leistungen des Versicherten etwas aussagen zu können.

Hinsichtlich der zweiten und dritten Rechnungsgrundlage, des Rechnungszinsfußes und der Verwaltungskosten, werden wir auch jetzt an den früheren Ausführungen kaum etwas zu ergänzen haben. Gänzlich anders ist dies jedoch bei der ersten Rechnungsgrundlage, der rechnungsmäßigen Sterblichkeit bzw. Invalidität. Hier müssen wir uns bei den folgenden Betrachtungen fast ausnahmslos mit der Tatsache recht unzureichender statistischer Unterlagen abfinden, ja wir können geradezu behaupten, daß strengeren Anforderungen genügende Grundlagen für gewisse Probleme niemals zu erhalten sein werden. Unter solchen Verhältnissen wird offenbar der Dividende erst recht eine sehr wichtige Funktion bei der auf den erweiterten Kreis der Risiken eingestellten Betriebsführung zufallen, wir werden aber füglich darauf verzichten müssen, an Hand gesicherter Rechnungsgrundlagen die Zukunft in gleicher Weise „eskomptieren“ zu können, wie dies unter Benutzung von Rechnungsgrundlagen zweiter Ordnung früher möglich war.

Glücklicherweise liegt ein Bedürfnis danach bei den hier zu behandelnden Versicherungszweigen auch bei weitem nicht in dem Maße vor wie bei der Versicherung der normalen Risiken. Denn sowohl bei der Versicherung der minderwertigen Leben wie bei den verschiedenen „Extrarisiken“ und auch bei der zusätzlichen Invaliditätsversicherung handelt es sich für Versicherer und Versicherten hinsichtlich Höhe der Prämien und Rücklagen bei weitem nicht um Beträge von annähernd gleicher Höhe wie bei der Normalversicherung. Und in den weniger zahlreichen Fällen, wo dies wegen besonderer Schwere des zu übernehmenden Risikos doch der Fall sein sollte, wird man an die besondere Ausbildung des technischen Apparates ohnehin keinen allzu strengen Maßstab anlegen wollen. Wir werden also künftig mit bescheideneren technischen Hilfsmitteln das Auslangen finden können. Aber die hier zu behandelnden Probleme bieten noch eine Fülle von anderen Schwierigkeiten, und ihre dermalige Lösung ist weit davon entfernt, dem in der Versicherung der normalen Risiken in technischer Hinsicht Geleisteten an die Seite gestellt werden zu können.

Die Zukunft wird zweifellos an der Verbesserung des Geschaffenen und dem Ausbau der bisherigen Hilfsmittel weiterarbeiten. Wir wollen aber gleich hier vorwegnehmen, daß es nach allen gemachten Erfahrungen kaum zu erwarten ist, die Versicherung der minderwertigen Leben jemals nach einem zwangsläufigen Schema betreiben zu können, wie dies bei der Versicherung der normalen Risiken heute der Fall ist und bei der Invaliditätsversicherung zweifellos einmal der Fall sein wird.

§ 22. Bedeutung der hier zu behandelnden Probleme für die Praxis.

Ein Blick auf die Literatur, welche bisher das Problem der Versicherung der minderwertigen Leben, die Behandlung der Extrarisiken und auch die Invaliditätsversicherung gezeitigt haben, läßt offenbar erkennen, daß es sich um Fragen handelt, welche für die Praxis der Lebensversicherung von großer Bedeutung sind. In der Tat kann für den Versicherer nichts mißlicher sein als die Erkenntnis, daß er im Rahmen seiner Einrichtung dringenden wirtschaftlichen Bedürfnissen, deren Befriedigung er zu gewährleisten hätte, nicht oder nur zum Teil entsprochen hat. Wenn die Bedingungen einer modernen Lebensversicherungspolice von den zahllosen Einschränkungen, wie sie früher gebräuchlich waren, heute nur mehr Spuren erkennen lassen, so mag dies immerhin als Beweis dafür genommen werden, daß die Versicherer bestrebt waren, den Abschluß einer Lebensversicherung tunlichst allen zu ermöglichen und ihren Wert nicht durch Bestimmungen zu beeinträchtigen, denen im Rahmen des großen Ganzen eine Bedeutung nicht zukommt, welche aber für den einzelnen Versicherten den Wert der Police in Frage stellen können.

Es ist aber sicherlich nicht zu vertreten, wenn im Verfolge dieser Bestrebungen auch gefordert wird, alle Schranken hinwegzuräumen und die Möglichkeit der Versicherung jedem freizugeben. Solche Bestrebungen würden wieder auf eine Verteuerung der Versicherung zurückleiten, welche den Versicherungsnehmern nicht zuzumuten ist und mit welcher zu beginnen ein Versicherer nicht leicht wagen kann. Allerdings darf nicht übersehen werden, daß die Lebensversicherung in dem Bestreben, die Prämien abzüglich Dividenden so billig wie möglich zu halten, auch gezwungen war, der Qualität der Risiken mehr und mehr Aufmerksamkeit zu schenken. Die Sterblichkeitsuntersuchungen der letzten Jahrzehnte haben allenthalben erkennen lassen, wie gewichtig der Faktor der stetig verschärften Aufnahmepraxis zugunsten der säkularen Verbesserung der Sterblichkeitsverhältnisse unter den Versicherten zur Geltung kam. Daß diese andauernde Verbesserung insbesondere der ärztlichen Auslese im Budget der Lebensversicherungen auch relativ sehr hohe Kosten verursacht, die Verbesserung der Sterblichkeitsverhältnisse daher bei weitem nicht rein zugunsten der Versicherten im Sinne einer Verbilligung der Versicherung ausschlägt, mag nur nebenbei erwähnt sein. Aber das Bestreben, nur die ganz einwandfreien Risiken zur Versicherung zuzulassen, löst schwere Bedenken aus, wenn man die notwendige Konsequenz dieses Umstandes ins Auge faßt, welche darin besteht, daß hierdurch immer mehr und mehr die Möglichkeit des Versicherungsschutzes zu einem Privileg der Gesunden wird und man eine sehr große Zahl von Risiken, die nicht einwandfrei erscheinen, von den Wohltaten einer Einrichtung ausschließt, deren gerade diese am ehesten bedürftig sind. Ganz zu schweigen von geschäftspolitischen Gründen, denn man kann nicht einfach darüber hinwegsehen, daß eine große Zahl von Risiken den Versicherungsschutz gerade deshalb nicht verlangen, weil sie eine Ablehnung fürchten. Dem Versicherer entgeht so in den Abgelehnten und Abgeschreckten eine erhebliche Anzahl von Risiken, bei deren Einbeziehung in seinen Versicherungsstock zumindest eine Verminderung der laufenden Regie durch die Erhöhung der Prämieneinnahme erwartet werden könnte. Jeder Praktiker kennt die Folgen, welche eine rigorose Übung der bei der Aufnahme von Versicherungswerbern vorgesehenen Kautelen beim Anwerbeapparat auslöst. Und zu diesen geschäftspolitischen Bedenken kommen noch die sozialen und wirtschaftlichen. Wie viele Feinde des Versicherungsgedankens werden von den Gesellschaften selbst gezüchtet, wieviel Enttäuschung durch jene wachgerufen, welche die erwähnten Geschäftsmaximen gerade wieder mit Rücksichten auf die Allgemeinheit der übrigen Versicherten begründen müssen.

Es ist daher nur selbstverständlich und liegt in der Entwicklung des Lebensversicherungswesens begründet, daß man nach Mitteln und Wegen sucht, um den Versicherungsschutz ständig zu erweitern, sei es, daß man den Kreis der Versicherten wieder weiter zu gestalten trachtet, sei es, daß man den Versicherungsschutz auf ein neues Risiko ausdehnt, ohne dessen Einbeziehung die Lebensversicherungspolice unter speziellen Umständen jeden Wert einbüßen kann. Im Sinne unserer Prinzipien ist diese Erweiterung nur wieder so möglich, daß von den Versicherten jene Leistungen verlangt werden, welche sich im Durchschnitt der zu erwartenden Ereignisse als notwendig erweisen, um die voraussichtlichen Verbindlichkeiten des Versicherers zu gewährleisten, nicht aber so, daß diese Erweiterung auch jenen Risiken zur Last fällt, welche ihrer gar nicht bedürfen. Wenn die Entwicklung der modernen Versicherungstechnik im großen und ganzen auf eine Verfeinerung des Apparates im Sinne der Erzielung möglichster Gerechtigkeit gegen die Versicherten abgestellt war, dann wird sich auch die Ausdehnung des Risikenkreises und die Aufnahme neuer Versicherungszweige in das bisherige Programm einordnen lassen müssen. Die Versicherung der minderwertigen Leben im besonderen ist geradezu durch die Entwicklung der Versicherungstechnik als Problem erst entstanden. Ein Zurück ist hier kaum denkbar. Würde man heute wieder wie in den Anfängen der Lebensversicherung als erste Rechnungsgrundlage die Sterbetafel der allgemeinen Bevölkerung heranziehen, dann würde man zwar die Prämiensätze dadurch wesentlich erhöhen, von einer Versicherung der minderwertigen Leben wäre man aber ebensoweit entfernt wie früher. Die Einrichtung der ärztlichen Auslese hat ihren Ursprung in dem Bedürfnis nach einem Schutz gegen die Antiselektion der Versicherten. Sollte sich dieser Schutz nicht wirksam erweisen oder aber unwirtschaftlich sein, dann mag man getrost von dieser Einrichtung wieder abbauen, was sich als nicht zweckdienlich erwiesen hat. Letzten Endes wird man aber immer wieder vor denselben Problemen stehen, welchen die nachfolgenden Betrachtungen gelten.

§ 23. Definition. Allgemeines.

Das Problem der Versicherung der minderwertigen Leben gehört zu den schwierigsten der Lebensversicherung. Selten hat eine andere Frage eine solche Verschiedenheit der Meinungen der Fachgenossen über ihre theoretische und praktische Lösbarkeit zutage gefördert, und während die einen die Möglichkeit einer befriedigenden Lösung glatt verneinen, andere Vorschläge für eine teilweise oder bedingte Lösung erbringen, finden wir auch, daß der Gegenstand da und dort längst aufgehört hat, ein reines Diskussionsthema zu bilden, und sehen, daß in Millionen gehende Summen für minderwertige Leben bereits unter Risiko stehen.

Wenn der VI. Aktuarenkongreß das in Rede stehende Thema noch nicht auf die Tagesordnung stellen zu sollen glaubte, sich vielmehr mit der Erledigung einer hierzu gestellten Vorfrage begnügte, so ist dies wohl dem Umstande zuzuschreiben, daß man sich von der Behandlung eines Themas keinen rechten Erfolg versprach, über dessen Bedeutung für die Praxis die Ansichten nicht minder auseinandergingen wie über die Methoden seiner Behandlung, wenn diese Bedeutung zugegeben wurde. Wie überall in der Wissenschaft dürfen wir aber auch im vorliegenden Falle von einer klaren Formulierung der Frage die halbe Antwort erwarten.

Was versteht man also in der Lebensversicherung unter einem minderwertigen Leben?

In theoretischer Hinsicht werden wir unter einem minderwertigen Leben ein solches zu verstehen haben, welches im Hinblick auf eine bestimmte Versicherungskombination ein größeres Risiko darbietet, als sich auf Grund der von der Gesellschaft benutzten Sterblichkeitstafel bei sonst gleichen übrigen Rechnungsgrundlagen ergibt. Pedersen bemerkt jedoch mit Recht, daß dieser Definition eine praktische Bedeutung nicht zukommt, solange die Möglichkeit fehlt, das fragliche Risiko zu bestimmen. Nach Blaschke ist das vollwertige (bisher allgemein als versicherungsfähig bezeichnete) Leben nur negativ zu definieren. Es ist das Leben, für welches zur Zeit der Auslese kein Symptom für irgendeine das Durchschnittsleben verkürzende Todesursache konstatiert werden kann. Hierbei kommt gar nicht in Betracht, ob der Organismus von jedem Fehler frei ist oder nicht. Sonach wären minderwertige Leben im Gegensatz hierzu jene, für welche solche Symptome festzustellen sind.

In der Praxis versteht man unter minderwertigen Leben solche, welche gar nicht oder nur zu erschwerten Bedingungen irgendwelcher Art zur Versicherung zugelassen werden. Eine Definition, welcher absolute Bedeutung zukommt, ist offenbar nicht zu geben. Denn immer wird eine Beziehung zu der gerade in Verwendung stehenden Sterblichkeitstafel und zu der vorhandenen Auslesepraxis gefunden werden müssen. Gerade in letzterer Hinsicht sind aber die Gepflogenheiten von Anstalt zu Anstalt sehr verschieden, und wenn dies hinsichtlich der verwendeten Sterbetafeln nicht in gleicher Weise zutrifft, so liegt dies daran, daß nur verhältnismäßig wenige Gesellschaften eigene Erfahrungen in genügendem Umfange zur Ableitung einer Sterbetafel zur Verfügung hatten.

Wir gelangen demnach zu einer theoretisch und praktisch brauchbaren Definition nur unter der Annahme, daß die Aufnahmepraxis einer Gesellschaft in Übereinstimmung mit der verwendeten Rechnungsgrundlage steht, eine Forderung, an der wir im ersten Teile dieses Buches stets festgehalten haben. Ist dieser Anschluß an die Rechnungsgrundlage durch eine genügende Reihe von Jahren gewährleistet, dann dürfen wir annehmen, daß die Annahme der Versicherten nach Gepflogenheiten erfolgt, welche die Sterblichkeit der normalen Risiken im Mittel — und nur hierauf kommt es an — mit genügender Sicherheit und Konstanz gegen die Sterblichkeit von Risiken schlechterer Qualität abgrenzen. Unter dieser Voraussetzung dürfen wir dann das auf Grund der verwendeten Sterbetafel berechnete mathematische Risiko zur Definition des Begriffes der minderwertigen Leben heranziehen. Das minderwertige Leben ist demnach dadurch charakterisiert, daß unter sonst gleichen Verhältnissen der Wert des mathematischen Risikos für dieses Leben höher ist als jener, welcher sich nach der für die normalen Risiken entsprechenden Rechnungsgrundlage ergibt.

Wir haben hier mit Absicht von dem Begriffe des mathematischen Risikos Gebrauch gemacht. Denn nur dieses vermag die Qualität des Versicherungswerbers a priori in Relation zu der beantragten Versicherungskombination zu bringen und damit für den Versicherungstechniker überhaupt etwas auszusagen. Es hat für die Praxis keine Bedeutung, etwa bei reinen Erlebensversicherungen von normalen und minderwertigen Leben sprechen zu wollen, weil bei dieser Versicherungsart gerade die für Todesfallversicherung minderwertigen Leben durchaus nicht mehr minderwertig vom Standpunkte des Versicherers erscheinen. Zwischen der reinen Todesfallrisikoversicherung und der Erlebensversicherung liegen aber in der Praxis eine ganze Reihe von Versicherungskombinationen, welche hinsichtlich des Wertes des mathematischen Risikos sehr erheblich voneinander abweichen. Wir werden späterhin auch sehen, daß zahlreiche Lösungsversuche des Problems der Versicherung minderwertiger Leben geradezu die Verschiedenheit dieser Werte als Schlüssel zur Lösung betrachten. Wenn es sich hierbei auch niemals um eine Erledigung, sondern nur um eine Verschiebung der Frage handeln kann, so darf der Techniker die durch die Art der Versicherung doch wesentlich beeinflußte praktische Bedeutung des ganzen Fragenkomplexes doch nicht einfach übersehen.

Zwischen der Definition des minderwertigen Lebens vom Standpunkte des untersuchenden Arztes und des Technikers ist demnach zu unterscheiden. Die Definition von Blaschke steht mehr auf dem Boden des ersteren, wenngleich sie schon gezwungen ist, den Begriff des Durchschnittslebens zu gebrauchen, welchem wieder nur vermittels des technischen Hilfsmittels der Absterbeordnung der normalen Risiken ein Inhalt gegeben werden kann. Pedersen hat angeregt, bei der Bewertung der Qualität der Risiken stets die reine Ablebensversicherung als Maßstab heranzuziehen. Ein Versicherungskandidat soll hiernach stets so eingeschätzt werden, wie er eingeschätzt würde, wenn er einen Antrag auf eine reine Ablebensversicherung stellte. Der Begriff des mathematischen Risikos scheint uns indes für den gedachten Zweck besser verwendbar als die angeführte Fiktion. Sie vermag zwar den Begriff des minderwertigen Lebens einigermaßen unabhängig von der gewählten Versicherungsart zu halten, für den Techniker ist sie aber völlig bedeutungslos, weil es der Praxis nicht darauf ankommen kann, welches Risiko der Versicherer übernimmt, wenn der Versicherte die reine Todesfallversicherung beantragt, sondern vielmehr gerade darauf, inwieweit die beantragte Versicherungskombination mit der Qualität des Risikos vereinbar erscheint.

Zu der Definition der minderwertigen Leben vermittels des Begriffes des mathematischen Risikos wäre noch folgendes zu bemerken. Vom Standpunkte des untersuchenden Arztes könnte man den Begriff des normalen Risikos sehr wohl so definieren, daß man darunter jenes Risiko versteht, gegen welches der Arzt hinsichtlich Heredität, Anamnese und Status praesens überhaupt nichts einzuwenden findet. Ein solches Leben entspräche aber durchaus nicht dem, was wir in der Lebensversicherung als normales Risiko bezeichnen. Die Sterbetafeln der

Versicherungsgesellschaften geben durchaus nicht Resultate über den Sterblichkeitsverlauf von bei der Aufnahme in jeder Beziehung einwandfreien Risiken. Vielmehr wurde immer eine erhebliche Anzahl von Risiken zur Versicherung gegen Normalprämie zugelassen, welche in dem oben angeführten Sinne nicht völlig einwandfrei erschienen. Wir haben schon erwähnt, daß mit dem Fortschreiten der Untersuchungstechnik eine sehr erhebliche Verbesserung der durchschnittlichen Qualität erreicht wurde. Man kann aber die Lebensversicherung nicht zu einem Privileg der gänzlich einwandfreien Risiken machen, und so ist zu erwarten, daß wohl stets zwischen dem Begriffe des normalen Risikos und des gesundheitlich einwandfreien Risikos ein Unterschied bestehen bleiben wird. Damit ist aber schon gesagt, daß die Definition des minderwertigen, d. h. im Sinne der Lebensversicherung nicht normalen Risikos nicht auf den ärztlichen Befund, sondern auf den technischen Maßstab des normalen Lebens, also auf die in Verwendung stehende Absterbeordnung der normalen Risiken zurückgeführt werden muß. Die für diese Absterbeordnung geltende durchschnittliche Qualität der Risiken näher definieren zu wollen, ist natürlich nicht möglich. Andernfalls würde man ja der Mühe enthoben sein, auf dem mühevollen Wege der Sammlung statistischer Daten diese Absterbeordnung abzuleiten. Wir müssen vielmehr die Absterbeordnung als das ziffernmäßige Ergebnis nicht nur für die erfahrungsgemäß vorhandenen Sterblichkeitsverhältnisse unter den Versicherten, sondern auch für die von dem betreffenden Unternehmen geübte Auslesepraxis ansehen. Damit ist aber schon gesagt, daß eine Definition der minderwertigen Risiken, welche diesen Umstand nicht berücksichtigt, für die Versicherungstechnik kaum brauchbar sein kann.

Wir müssen aber weiter feststellen, daß für den Versicherungstechniker mit der Aussage des Arztes, daß ein bestimmtes Leben als minderwertig zu bezeichnen sei, nur dann etwas zu beginnen ist, wenn sämtliche als minderwertig bezeichnete Risiken, sofern sie überhaupt noch versicherungsfähig sind, entweder einheitlich zu erhöhten Prämiensätzen versichert werden, oder aber nicht nur über die Tatsache, sondern auch über den Grad der Minderwertigkeit bestimmte Anhaltspunkte vorliegen, welche eine dem Grade der Minderwertigkeit entsprechende Berechnung der Versicherungswerte ermöglichen. Die ersterwähnte Möglichkeit scheidet, wie wir später sehen werden, aus praktischen Gründen aus. Im zweiten Falle aber liegt die Schwierigkeit gerade darin, die zur Berechnung der Versicherungswerte zu benutzende Absterbeordnung, demnach die Höhe der im Durchschnitt entsprechenden Sterbenswahrscheinlichkeiten entsprechend dem ärztlichen Befunde zu wählen.

Wenn man hinsichtlich des Problems der Versicherung der minderwertigen Leben behauptet hat, daß vom Standpunkte der Wahrscheinlichkeitstheorie jeder Versuch einer Lösung abgelehnt werden müsse, weil es ausgeschlossen sei, die für die Anwendung des Wahrscheinlichkeitskalküls notwendige Vereinigung einer genügenden Menge gleichartiger Risiken zu erreichen, so darf man dem wohl entgegenhalten, daß auch die Versicherung der normalen Risiken mit Mittelwerten operieren muß, weil es auch hier streng genommen gleichartige Risiken kaum gibt. Im übrigen sind Mittelwerte stets reinen Wahrscheinlichkeiten gleichzuhalten, und der erwähnte Einwand würde darauf zu reduzieren sein, daß auch die Möglichkeit der Beschaffung solcher Mittelwerte bestritten wird. Wir werden sehen, inwieweit diese Behauptung den Tatsachen entspricht.

Noch in einem Belange müssen wir die Definition des minderwertigen Lebens ergänzen. Wir wollen hierunter stets ein Risiko verstehen, dessen Minderwertigkeitsgründe nicht in äußeren Umständen, sondern nur in der Beschaffenheit des zur Auslese stehenden Individuums gelegen sind. Wir wollen also insbesondere als minderwertige Risiken nicht solche bezeichnen, welche durch ihre Lebensweise, ihren Beruf, Aufenthaltsort und andere Umstände mehr gefährdet erscheinen als der Durchschnitt der übrigen Risiken. Solche Risiken werden künftig unter die Extrarisiken einzureihen sein.

§ 24. Historisches.

Wir haben schon erwähnt, daß das Problem der Versicherung der minderwertigen Leben im Grund erst durch die stetig vervollkommnete Auslesepraxis der Lebensversicherung, also erst in den letzten Jahrzehnten zur Bedeutung gelangt ist. Alle Sterblichkeitstafeln, welche dem Materiale versicherter Leben entstammen und ein Material bearbeitet haben, welches älteren Datums ist, weisen Sterblichkeitssätze auf, die die Sätze moderner Tafeln unter sonst gleichen Umständen weitaus übersteigen. Das liegt nur zum geringeren Teile an der allgemeinen Verbesserung der Sterblichkeitsverhältnisse, zum größeren an der Verschärfung der Auslesepraxis. Da muß man sich nun die Frage vorlegen, was die Anstalten zu dieser Maßnahme veranlaßt hat. Denn daß hierdurch relativ stets mehr und mehr Risiken für die Versicherer verloren gingen, liegt auf der Hand, und mit rein theoretischen Erwägungen wird sich eine an sich recht antisozial erscheinende Praxis nicht rechtfertigen lassen. Denn was früher nur eine Vorsichtsmaßregel, ein Selbstschutz gegen die Antiselektion der Versicherten war, gestaltete sich im Laufe der Zeit zu einem für jeden Unbefangenen höchst odios anmutenden System aus. Jedem Versicherer ist es bekannt, daß die Abgelehnten meist zu Feinden der Lebensversicherung werden, und es wäre in der Tat verwunderlich, wenn die Gesellschaften gegen Wissen und Gewissen an der Ausbildung einer Einrichtung zähe weitergearbeitet hätten, welche zudem den nicht gering zu veranschlagenden Nachteil besitzt, die laufende Regie recht erheblich zu belasten.

Pedersen sieht die einzige Ursache darin, daß die Gesellschaften in erster Linie nur darauf bedacht waren, durch eine möglichst peinliche Sichtung der Antragsteller die Schadenzahlungen zu reduzieren und dadurch Überschuß und Dividende möglichst hoch gestalten zu können. „Das Problem der Versicherung minderwertiger Leben ist aus der von den Gesellschaften konsequent durchgeführten geschäftlichen Rücksicht geschaffen worden." Wir wollen nicht so streng urteilen. Die Verschärfung der Aufnahmepraxis ist nicht allein aus geschäftlichen Rücksichten, sondern auch im wohlverstandenen Interesse der Versicherten sehr gut zu rechtfertigen. Im Rahmen einer Zwangsversicherung liegen die Verhältnisse ganz anders. In der Privatversicherung aber wird der Versicherungsnehmer den Weg stets dorthin nehmen, wo er unter sonst gleichen Verhältnissen den beabsichtigten Zweck mit dem geringsten Geldaufwand zu erreichen vermag. Da nun die Höhe der Prämien bzw. Überschüsse und Dividenden von der Beschaffenheit des Risikenmaterials in hohem Maße abhängt, so wird er offenbar dem Versicherer den Vorzug geben müssen, der die gute Beschaffenheit seines Versicherungsstockes mit allen ihm zu Gebote stehenden Mitteln zu erreichen strebt. Hierzu kommt, daß es nach den Prinzipien einer modernen Technik nicht angeht, über offenbare Ungerechtigkeiten gegen die Versicherten hinwegzusehen und die guten Risiken durch Aufnahme schlechter bewußt zu schädigen.

Offenbar hat nun das Bewußtsein, daß die verwendete Sterbetafel Deckung auch für nicht ganz einwandfreie Risiken bietet, in früheren Zeiten die Versicherer veranlaßt, auch Risiken die Aufnahme zu gewähren, denen sie heute verweigert würde. Man hat es aber im Laufe der Zeit bei erheblichen und stetig ansteigenden Sterblichkeitsgewinnen nicht bewenden lassen, sondern ist zur Anwendung von Tafeln übergegangen, welche den tatsächlichen Verhältnissen besser entsprechen. Wieder im Interesse der Förderung der Gerechtigkeit gegen die Versicherten. Immerhin gab es schon in den Anfängen der Lebensversicherung eine große Anzahl von Risiken, welchen man die Aufnahme zur Normalprämie verwehrte, und anläßlich der Herstellung der Tafel der 20 englischen Gesellschaften und der Tafel der 23 deutschen Gesellschaften war schon eine derartige Anzahl von Risiken, die zu erhöhter Prämie oder sonst unter erschwerenden Bedingungen Aufnahme gefunden hatten, vorhanden, daß man für dieses Material eigene Absterbeordnungen ableiten konnte. Sehr zahlreiche Gesellschaften nahmen solche Risiken, welche wir als minderwertig bezeichnen müssen, nach irgendwelchen meist theoretisch nicht zu vertretenden Modalitäten an. Ja es wurden in dieser Zeit Extrazuschläge eingehoben, auf welche man längst wieder verzichtet hat, z. B. der Hernienzuschlag u. a. Mit einer systematisch betriebenen Versicherung der minderwertigen Leben haben aber diese Gepflogenheiten, welche fast bei allen Gesellschaften in Übung waren, recht wenig gemein, so wertvoll an sich die aus der Statistik dieser Risiken gewonnenen Schlüsse sein können.

In seinem Buche „Allgemeine Lebensversicherungsmedizin" schlägt Florschütz vor, jene minderwertigen Leben, deren Minderwertigkeitsgrad ein so begrenzter ist, daß sie mit irgendwelchen Erschwerungen mit den normalen Leben noch nach der gleichen Sterbetafel von der Gesellschaft versichert werden können, als (dem normalen Versicherungsbestand) „angepaßte Risiken" zu bezeichnen. Wir dürfen unter Benutzung dieser Bezeichnung behaupten, daß es sich bei den vorerwähnten Risiken, welche ehedem bei den Versicherungsgesellschaften Aufnahme gefunden haben, zum überwiegenden Teile um angepaßte Risiken gehandelt hat.

In Berücksichtigung des Umstandes, daß der Prozentsatz der Abgelehnten und der zu erschwerenden Bedingungen angenommenen Risiken im Durchschnitt zwischen 10 und 20% der zu normaler Prämie angenommenen beträgt, erschien in der Tat die durchgreifende Regelung der Versicherungsmöglichkeit der genannten Risiken dringend geboten, zumal es sich, wenn einmal die Versicherung der minderwertigen Leben in die Praxis eingeführt ist, erwarten läßt, daß dieser Versicherungszweig auch für alle jene wertvoll erscheinen müßte, welche bisher im Bewußtsein, daß sie eine Aufnahme unter normalen Bedingungen nicht zu gewärtigen hätten, von der Stellung eines Versicherungsantrages Abstand genommen haben. Erst durch die Einbeziehung der letztgenannten Risiken ist das Problem der Versicherung der minderwertigen Leben genauer umgrenzt. Daß es sich hierbei um einen relativ recht großen Kreis von Risiken handelt, möge durch einige Ziffern belegt werden.

Für die Zugangsperiode 1876—1885 beträgt bei den neuen deutschen Sterblichkeitsuntersuchungen die Zahl der männlichen Risiken, welche unter erschwerenden Bedingungen (bedungene Abkürzung, Extraprämie oder beides) Aufnahme gefunden haben, 72 400, d. i. 17,9%. Davon entfielen auf bedungene Abkürzung rund 32,6% und 67,4% auf Extraprämie. Bei der ersten deutschen Sterblichkeitsuntersuchung (Tafel der 23 deutschen Gesellschaften) betrug die Anzahl der gegen erhöhte Prämie versicherten Männer 90 311, d. i. 20,9% aller Versicherungen auf Grund großen Attestes. Daß aber die Versicherung der minderwertigen Leben einem dringenden wirtschaftlichen Bedürfnis entspricht, geht aus einer Mitteilung Hunters hervor, derzufolge im Jahre 1909 allein bei der New-York minderwertige Risiken über eine Versicherungssumme von 250 000 000 Dollar versichert waren.

Im letzten Jahrzehnt des vorigen Jahrhunderts haben denn auch recht zahlreiche Gesellschaften, allerdings mit sehr ungleichem Erfolge, begonnen, die Versicherung der minderwertigen Leben ihrem Geschäftsplane einzuverleiben. Wir werden zwar späterhin sehen, daß die benutzten Methoden noch recht viel zu wünschen übrigließen, ja daß übergroße Ängstlichkeit den Wert der neuen Einrichtung gar oft ganz in Frage stellte. Man kann die Versicherung der Minderwertigen nicht so betreiben, daß man das hier zu übernehmende Mehrrisiko von vornherein zu Lasten des Versicherten abwälzt und dadurch den Zweck der Versicherung in Frage stellt. Aber die nicht zu leugnende höhere Gefahr, welche der Versicherer bei dem Betriebe dieses Versicherungszweiges läuft, hat auch die Einsicht gezeitigt, daß eine entsprechende Teilung und Rückversicherung des Risikos hier wenigstens fürs erste, solange genügende Erfahrungen nicht vorliegen, die meisten Bedenken zerstreuen könnte. Diesem Umstande verdanken in Deutschland, Österreich, Ungarn, Schweden, Norwegen und Dänemark besondere Verbände ihre Entstehung, und aus den gleichen Erwägungen haben die Münchener und die Kölnische Rückversicherungsgesellschaft die Rückversicherung minderwertiger Risiken in großem Stile aufgenommen.

Heute wird dieser Versicherungszweig bereits von den meisten Lebensversicherungsgesellschaften betrieben, obwohl die vorgeschlagenen und in die Praxis eingeführten Lösungsversuche des Problems noch weit davon entfernt sind, in der Fachwelt allgemeine Billigung oder genügende Fundierung durch die praktischen Ergebnisse gefunden zu haben. Nur eine geringe Zahl von Fachleuten steht dem ganzen Problem auch jetzt noch rein ablehnend gegenüber, und wir können uns es nicht versagen, ihre Argumentation hier noch kurz zu streifen.

L. Maingie ist der Ansicht, daß die Sterblichkeitstafeln auch die Sterblichkeit der minderwertigen Leben zum Ausdruck bringen, eine Differenzierung der Risiken daher nur den Sinn haben könne, die Prämien zu erhöhen. Das ganze Problem könne nur bei ungenügender Kenntnis der technischen Notwendigkeiten des Versicherungswesens aufgerollt werden. Eine Gefahrenklassifikation mache das Material zu jeden statistischen Untersuchungen ungeeignet. In der Lebensversicherung gäbe es nur versicherbare und nichtversicherbare Risiken, und die ersteren seien eben dadurch gekennzeichnet, daß ihr Gesundheitszustand nicht schlechter ist als der der ungünstigsten früher angenommenen Risiken, welche bei Berechnung der Absterbeordnung Verwendung gefunden haben. Eine Extraprämie rechtfertige sich nur dann, wenn die Ursachen für die Erhöhung des Risikos materieller Natur sind und permanent wirken. Im übrigen sei der Versicherer niemals in der Lage, während der Dauer der Versicherung die Prämie dem Zustande des Risikos anzupassen, dies sei daher auch zu Beginn der Versicherung unstatthaft. Wenn durch eine Differenzierung der Risiken die Konstanz der Elemente, aus welchen die Wahrscheinlichkeiten abgeleitet werden, verwischt wird, dann sei auch jede Deduktion aus diesen Daten falsch.

Ein Versicherter, der zu erhöhter Prämie angenommen worden ist, würde späterhin, wenn die Ursache seiner Minderwertigkeit geschwunden ist, Ermäßigung der Prämie verlangen, welche doch nicht gewährt werden kann, weil die Risiken, welche schlechter geworden sind, nicht zu einer Erhöhung der Prämie verhalten werden können. Der Versicherte wird also seine Police stornieren und anderswo zu normaler Prämie unterzukommen suchen.

Nach den Untersuchungen von Rahusen differiere die Sterblichkeit der allgemeinen Bevölkerung und der Versicherten nur innerhalb von Grenzen, welche einen Ablehnungssatz von 3—4% rechtfertigen würden. Nachdem alle Gesellschaften Sterblichkeitsgewinne aufzuweisen haben, würde sich ein erheblicher Teil der Abgelehnten zur Normalprämie unterbringen lassen. Ein minderwertiges Leben sei nur jenes, welches bezüglich der Gesundheit dauernd und bedeutend belastet ist; solche Belastungen wären aber recht selten. Durch die Strenge der Auslese seien die Grenzen der Versicherungsfähigkeit allzusehr eingeengt worden. Es sei wünschenswert, an Hand der Sterblichkeitsuntersuchungen an abgelehnten Risiken diese Grenzen wieder möglichst zu erweitern.

Engelbrecht hebt hervor, daß bis zum Betrage der $2^1/_2$fachen Sterblichkeit erfahrungsgemäß minderwertige Leben ohnehin zur Normalprämie Aufnahme finden. Im besonderen nimmt er gegen die bisherigen Methoden der Versicherung der minderwertigen Leben, namentlich gegen die später zu besprechende Verwendung der Todesursachenstatistik und der Statistik der Abgelehnten Stellung und ist der Ansicht, daß durch entsprechende Risikozuschläge, deren genauere Verrechnung einem Gewinnsystem mit möglichst weit hinausgeschobener Gewinnverteilung zu überlassen wäre, alles Wünschenswerte erreicht werden könnte.

Auch Altenburger betont, daß der historische Entwicklungsgang der Lebensversicherung dafür spricht, daß man in eine Spezialisierung der Risiken nicht eintreten sollte, wie man ja auch den Gedanken einer Spezialisierung nach Berufen aufgegeben hat. Minderwertigkeitsmomente seien bei der Mehrzahl der zu normalen Bedingungen Versicherten vorhanden, und die Frage nach der Minderwertigkeit präsentiere sich viel mehr als eine quantitative wie als eine qualitative. Vieles spricht dafür, daß man die Ablehnungen wirklich nur auf die absolut unversicherbaren Fälle beschränken und die Grenzen der Versicherungsfähigkeit ohne irgendwelche beschränkende Bestimmungen weit hinausschieben solle. Gegenüber dem theoretischen dürfe das moralische Moment auch im Versicherungsgeschäfte nicht außer acht gelassen werden. Es sei wohl richtig, daß die Versicherungsunternehmungen aus der niedrigeren Sterblichkeit der ersten Versicherungsjahre Gewinn ziehen, es sei aber auch gar nicht ausgeschlossen, daß diese Gewinne zum Teile auch deshalb durch das Anwachsen der Abschlußkosten absorbiert werden, weil ein jeder Abgelehnte zum Feinde der Versicherungsinstitution wird. Die Zulassung aller nicht unmittelbar gefährdeten Leben zur Versicherung zu einer nur vom Alter und der Versicherungsart abhängigen Prämie kann wohl durch einen Hinweis auf die Erfordernisse der Gerechtigkeit, nicht aber durch versicherungstechnische Gründe angefochten werden. Das letztere deshalb nicht, weil es bei der Messung der Sterblichkeit nur darauf ankommt, solche Gesamtheiten abzugrenzen, die Aggregate von konstanter Zusammensetzung sind, aber durchaus nicht homogen sein müssen. Eine gerechte Prämie erscheine aber nur als ein Ideal, welches in der Wirklichkeit nicht existiert. Denn der Versicherer sei nur einmal, bei Abschluß der Versicherung, in der Lage, einen Einfluß auf die Zusammensetzung seines Versicherungsstockes zu nehmen, der Versicherte hingegen könne während der ganzen Dauer der Versicherung durch Aufgabe derselben oder durch seinen Lebenswandel verschlechternd auf die Qualität des Geschäftsstockes einwirken. Auch Altenburger gelangt zu dem Resultate, daß die Grenzen der Aufnahmefähigkeit derart zu erweitern seien, daß man einfach alle Antragsteller annimmt, die nicht charakteristische Merkmale einer unmittelbaren oder ganz bedeutend erhöhten Todesgefahr aufweisen.

Unser kurzer Überblick wäre nicht vollständig, wenn wir nicht hier des Verhältnisses gedenken würden, in welchem die Versicherung ohne ärztliche Untersuchung zur Versicherung mit ärztlicher Untersuchung steht. Unter dem Zwange der wirtschaftlichen Verhältnisse kann sich der Versicherer bestimmt fühlen, auf die ärztliche Untersuchung zu verzichten, wenn die Kosten derselben im Vergleiche mit der zu erzielenden durchschnittlichen Höhe der Versicherungssummen in ein Mißverhältnis treten, wie dies in den letzten Jahren in Deutschland und den übrigen schwachvalutarischen Ländern der Fall war. Daß durch einen solchen Entschluß des Versicherers die Qualität des Versicherungsstockes sehr erheblich berührt wird, ist natürlich nicht zu bezweifeln. Man entnimmt aber aus dieser Tatsache, daß das Problem der Versicherung der minderwertigen Leben ein solches ist, dessen richtige Einschätzung auch von anderen mehr wirtschaftlichen als versicherungstechnischen Momenten abhängen kann. Damit soll nicht gesagt sein, daß das Prinzip der Gerechtigkeit gegen die Versicherten unter solchen Umständen zu Fall gebracht werden muß. Aber seiner restlosen Durchführungsmöglichkeit in der Praxis sind Grenzen gezogen, welche durch die Kosten bedingt sind, die seine Realisierung verursachen. Für den Versicherten kann es gleichgültig sein, ob er eine höhere Prämie zu dem Behufe zahlen muß, um bei ungünstiger Zusammensetzung des Versicherungsstockes seinen Teil zur Deckung der Mehrsterblichkeit beizutragen, oder um dem Versicherer die Mittel zur Deckung der Kosten zur Verfügung zu stellen, welche die Herstellung und Erhaltung eines Versicherungsstockes besserer Qualität verursachen. Ob auf dem einen oder anderen Wege die Versicherung rentabler zu gestalten ist, hängt aber in erster Linie stets von den allgemeinen wirtschaftlichen Verhältnissen und nicht vom Versicherer ab. Das Problem der Versicherung der minderwertigen Leben ist in den allgemeinen Geschehnissen der letzten Jahrzehnte geradeso begründet wie die Minderung seiner Bedeutung für den mitteleuropäischen Lebensversicherungsbetrieb in der jüngsten Zeit. Vielleicht darf gesagt werden, daß der Zwiespalt der Meinungen über diesen Gegenstand nur darin wurzelt, daß die Notwendigkeit der Anpassung an die jeweiligen wirtschaftlichen Verhältnisse von der einen Seite erkannt, von der anderen übersehen wird.

§ 25. Das Problem im engeren Sinne.

Bei der Behandlung des Problems der Versicherung der minderwertigen Leben ist man nicht selten Wege gegangen, auf welchen zwar der Versicherer seine Absicht, eine Erhöhung des zu übernehmenden Risikos gegenüber dem normalen Leben gar nicht oder nur in geringem Ausmaße zuzugestehen, erreichen konnte, auf welchen man aber dem eigentlichen Probleme auswich und eine direkte Behandlung vermied. Alle hierher zu rechnenden Verfahren haben gemeinsam, daß sich bei ihnen die Höhe des Wertes des mathematischen Risikos der Versicherung nur in engen Grenzen ändert. Als ernsthafte Lösungsversuche sind sie nicht anzusprechen.

Hierher gehört es, wenn der Versicherer entgegen den Absichten des Versicherten das minderwertige Risiko zu einer anderen als der beantragten Versicherungskombination annimmt. Oder wenn die Kombination zwar beibehalten, die Kapitalszahlungen aber irgendwelchen Beschränkungen hinsichtlich Höhe und Fälligkeit unterworfen werden. Überhaupt alle Bestimmungen, welche eine sonst unbedingte Leistungspflicht des Versicherers in eine bedingte verwandeln, und alle Verfügungen, welche geeignet sind, die Erreichung des mit dem Abschlusse der Versicherung beabsichtigten wirtschaftlichen Zweckes unter Umständen zu gefährden. Wenn aber minderwertige Risiken auch heute in der Regel zu Versicherungsformen relativ hohen mathematischen Risikos nicht zugelassen werden, so sehen wir hierin keine Beschränkung, der eine praktische Bedeutung beizulegen wäre, weil die gewöhnliche Form der Versicherung auf Ab- und Erleben in der Tat für die überwiegende Mehrzahl der Fälle ausreicht und der Versicherer nicht gut veranlaßt werden kann, den minderwertigen Risiken auch Versicherungsformen relativ hohen Risikos, wie die reine Ablebensversicherung, Überlebensrente u. a., freizuhalten.

Zu beanstanden ist aber ein System der Versicherung der minderwertigen Leben, nach welchem diesen bei der Versicherung auf Ab- und Erleben im vorzeitigen Todesfalle nur die Auszahlung des vorhandenen Deckungskapitals gewährleistet wird, während am Ende der Bilanzjahre die nach der Sterbetafel für normale Leben berechneten wahrscheinlichen Kapitalszahlungen an die Anspruchsberechtigten aus Todesfällen im Verhältnis dieser Ansprüche (also der Differenzen aus den versicherten Kapitalien und den bereits bezahlten Deckungskapitalien) verteilt werden. Eine solche Bestimmung befreit den Versicherer überhaupt von der Tragung eines Risikos und gibt ihm die Möglichkeit, die Höhe der auszuzahlenden Summen ganz nach Belieben zu beeinflussen. Denn je mehr und je schlechteren Risiken er die Aufnahme gewährt, um so geringer werden die zur Auszahlung gebrachten Todesfallkapitalien sein, und er wird diese nur dann in der den normalen Risiken garantierten Höhe halten können, wenn er die minderwertigen Risiken, für welche die Einrichtung geschaffen ist, gänzlich fernhält.

Nicht besser ist die Einführung von Karenzbestimmungen, welche bei der Versicherung der minderwertigen Leben stets eine Rolle gespielt haben. Man muß aber, um dieser Maßregel eine gerechte Beurteilung zuteil werden zu lassen, sehr wohl zwischen zwei Funktionen unterscheiden, welche die Einführung der Karenz im Lebensversicherungsbetrieb zu erfüllen hat. Einmal dient sie dem Zweck, um Versicherungsnehmer, welche die Institution der Lebensversicherung mißbrauchen wollen, fernzuhalten. Der Abschluß eines Versicherungsvertrages muß offenbar in einem solchen Falle sehr an Anreiz verlieren, wenn für den Beginn der Versicherungsdauer gar keine oder doch nur eine sehr reduzierte Leistungspflicht des Versicherers bedungen ist. Die Karenz ist in diesem Falle nur ein Selbstschutz des Versicherers und damit ein Schutz der übrigen Versicherten und überall dort am Platze, wo der Versicherer sich nicht auf anderem Wege, insbesondere durch die ärztliche Untersuchung, die nötigen Kenntnisse über den Zustand des Versicherungswerbers verschafft. Die Karenz kann aber auch einem ganz anderen Zwecke dienen, und nur dieser Fall kommt in dem vorliegenden Zusammenhange bei der Versicherung der minderwertigen Leben in Betracht. Wenn der Versicherer nämlich ein minderwertiges Risiko zu einer bestimmten Versicherungskombination gegen Normalprämie annimmt, so läßt sich in jedem Falle eine für den Todesfall festzusetzende Reduktion des versicherten Kapitals bestimmen, bei welcher der Wert des mathematischen Risikos gegenüber der Normalversicherung nicht geändert erscheint. Dies läßt sich unter geeigneter Verfügung über die Todesfallkapitalien stets erreichen, sofern natürlich die dem minderwertigen Leben entsprechenden erhöhten Sterbenswahrscheinlichkeiten als bekannt angesehen werden. Leider hat die

Praxis in den seltensten Fällen diese notwendige Reduktion der Todesfallkapitalien auch annähernd entsprechend zu bestimmen gesucht, sondern man hat einfach eine mehr oder weniger willkürliche Festsetzung hinsichtlich der gänzlichen und teilweisen Karenz getroffen, wobei man meist von der nicht zu rechtfertigenden Annahme ausging, daß die Versicherungssumme voll bezahlt werden könne, wenn der Versicherte eine gewisse sonst willkürlich festgesetzte Anzahl von Jahren durchlebt hätte. Daß bei solch vagen Bestimmungen Enttäuschungen nicht ausbleiben konnten, liegt auf der Hand. Wenn man aber bei der Versicherung der minderwertigen Leben mit dem Begriffe der Karenz arbeiten will, dann läßt sich auch auf diesem Wege sicherlich technisch Einwandfreies erreichen. Es braucht sich hier nicht um einen Trugschluß zu handeln, wie in der Literatur wiederholt behauptet wurde. Ganz sicher aber handelt es sich auch bei technisch sorgfältiger Verwendung dieses Hilfsmittels nicht um ein Verfahren, in welchem man eine Lösung des Problems erblicken kann. Sosehr wir für die Überwälzung der ganzen voraussichtlichen Kosten der Versicherung unter Heranziehung aller zu Gebote stehenden Hilfsmittel der Schätzung nach dem Prinzip der Gerechtigkeit eintreten müssen, so verkehrt scheint uns jene Form der Überwälzung, welche diese Notwendigkeit statt bei der Prämie beim versicherten Kapital zum Ausdruck bringt. Der Zweck der Versicherung wird durch eine solche Maßnahme meist gänzlich in Frage gestellt und der Wert der Police ganz erheblich auch in Fällen leichter Minderwertigkeit herabgemindert.

Zur Beurteilung der weiter zu besprechenden Methoden wollen wir uns an den Begriff des durchschnittlichen mathematischen Risikos einer Einzelversicherung auf Ab- und Erleben halten, welcher hier gute Dienste leistet, demnach an den Ausdruck

$$(1) \qquad \mathfrak{D} = \sum {}_{m-1|}q\,(A_m - E_m) \qquad A_m > E_m\,.$$

Die Bewertung des Risikos ist hierbei auf den Beginn der Versicherung bezogen. Wir beschränken uns im übrigen auf zwei Rechnungsgrundlagen, Sterblichkeit und Zinsfuß, da sich bei Heranziehung der dritten Rechnungsgrundlage prinzipiell nichts ändert. Die Kapitalien sollen wieder am Ende der Versicherungsjahre zahlbar angenommen werden. ${}_{m-1|}q$ in Formel (1) bedeutet die Wahrscheinlichkeit, für den zu Beginn der Versicherung x-jährigen, innerhalb des Zeitraumes eines Jahres nach Ablauf des $m - 1$ ten und vor Beginn des $m + 1$ ten Versicherungsjahres zu sterben. Die A_m bedeuten die auf den Beginn diskontierten Werte der Summen, welche bei Ableben im m ten Versicherungsjahre am Ende dieses Versicherungsjahres an den Versicherten gezahlt werden. Die E_m sind die auf den Beginn diskontierten Werte der bis zum Ende des m ten Versicherungsjahres geleisteten und mit Zins und Zinseszins versehenen Nettobeitragszahlungen. Die Summation erstreckt sich nur über jene Differenzen $A_m - E_m$, welche positiv sind, daher einem Verlust des Versicherers entsprechen. Nach dem Äquivalenzprinzip muß der analog gebildete Ausdruck über die negativen Werte von $A_m - E_m$ seinem absoluten Betrage nach mit dem vorangeführten übereinstimmen. Das Risiko des Versicherten gegenüber dem Versicherer ist gemäß einem gerechten Spiele gleich dem des Versicherers gegenüber dem Versicherten. Für alles Detail verweisen wir auf den ersten Abschnitt dieses Bandes.

Wir haben nun schon ausgeführt, daß wir in dem Werte des mathematischen Risikos stets den ziffernmäßigen Ausdruck für die für den Versicherer mit der Übernahme der Versicherung verbundene Gefahr erblicken wollen. Man hat zu gleichem Zwecke andere Begriffsbildungen der Versicherungstechnik, so insbesondere die mittlere Lebensdauer und die Sterbenswahrscheinlichkeit selbst herangezogen. Beide lassen jedoch den Zusammenhang mit der Versicherungskombination vermissen, auf welchen es uns hier und auch späterhin gerade ankommt. Besser stünde es schon hier mit dem Begriffe der kritischen Dauer der Versicherung, welche, wie wir gesehen haben, mit dem Begriffe des durchschnittlichen mathematischen Risikos aufs engste verbunden ist. Wir wollen jedoch an dem durch (1) definierten Wert als Maßstab für das Gefahrmoment festhalten.

Da ist zunächst sofort einzusehen, daß für ein minderwertiges Leben der Ausdruck (1) gegenüber dem analogen Wert für ein normales Leben unter sonst gleichen Umständen höher ausfallen wird. Denn das minderwertige Leben ist versicherungstechnisch offenbar durch höhere Werte der q charakterisiert. Sind die dem minderwertigen Leben entsprechenden Sterbenswahrscheinlichkeiten bekannt, wie dies bei den normalen Leben vorausgesetzt wird, wenn man die Rechnungen auf Grund einer bestimmten Absterbeordnung anstellt, dann ist es immer noch auf unendlich viele Arten möglich, bei gleicher Prämie, d. h. bei gleichen Werten der E_m, über die im Todesfalle zur Auszahlung gelangenden Summen A_m derart zu verfügen, daß der Wert von $\mathfrak{D}$ ungeändert bleibt. Wir haben schon gesehen, daß dies bei Einführung der Karenz möglich ist, wo also eine Anzahl der ersten $A_m = 0$ gesetzt wird oder sonstwie reduziert erscheint. Allgemeinere Verfügungen über die A_m führen offenbar auf andere Versicherungskombinationen hinsichtlich der auszuzahlenden Werte. Da eine ganz bestimmte Erhöhung der q auch als Alterserhöhung gedeutet werden kann, so läßt es sich innerhalb recht weiter Grenzen auch erreichen, den Wert von $\mathfrak{D}$ vom Eintrittsalter unabhängig zu halten, wenn über die A_m ein für allemal in geeigneter Weise verfügt wird. Ähnliche Erwägungen sind in der Versicherung ohne ärztliche Untersuchung wichtig, wenn gefordert wird, durch Abstufung der im Ablebens- und im Erlebensfalle zahlbaren Summen die Prämien über recht große Altersintervalle konstant zu gestalten.

Aus solchen Erwägungen sind die Versuche hervorgegangen, welche bezweckten, dem Problem der Versicherung der minderwertigen Leben durch eine geeignete Verfügung über die Versicherungssummen oder eine Änderung der Versicherungsart beizukommen. Wir erwähnen hierzu die theoretisch recht weit ausgebildeten Versuche, welche in den im Literaturnachweis angeführten Arbeiten von Groß und Heiligenpahl vorliegen.

Wir werden späterhin sehen, daß der Kernpunkt des Problems der Versicherung der minderwertigen Leben gerade darin besteht, aus den Angaben des untersuchenden Arztes auf die Höhe der im Durchschnitt in Betracht kommenden Sterbenswahrscheinlichkeiten schließen zu können. Eine Schwierigkeit im versicherungstechnischen Sinne kann dann nicht mehr existieren, wenn dieser Zusammenhang auf irgendeinem Wege auch quantitativ sichergestellt ist. Es ist daher sehr naheliegend, diese Schwierigkeit dadurch zu umgehen, daß man die Versicherungskombination a priori so wählt, daß sie von der Höhe der Sterbenswahrscheinlichkeiten innerhalb für die Praxis genügender Grenzen insoweit unabhängig ist, als man auch bei höheren Wahrscheinlichkeiten zu denselben Prämien gelangt. Wir brauchen aber nach dem bereits früher Gesagten wohl nicht hervorzuheben, daß all diese Verfahren eine Lösung des Problems nicht bedeuten. Auch hier handelt es sich um nichts anderes als um eine Minderung der Leistung des Versicherers. Der vom Versicherungsnehmer mit dem Abschluß der Versicherung verfolgte Zweck wird nur unvollständig oder gar nicht erreicht. Alle hierhergehörigen Versuche haben denn auch in der Praxis versagen müssen.

Wenn aber die bisher erwähnten Verfahren hinsichtlich der Erreichung des praktischen Zieles als mangelhaft bezeichnet werden müssen, so besteht bei ihnen doch wenigstens die Möglichkeit einer korrekten technischen Durchführung. Gänzlich verfehlt auch vom theoretischen Standpunkte sind aber die Versuche, durch eine bedungene Abkürzung der Versicherung etwas Zweckdienliches erreichen zu wollen. Daß diese bedungene Abkürzung eine außerordentliche Rolle im Lebensversicherungsbetrieb gespielt hat und noch spielt, dafür sind die großen Zahlen der nur unter diesem Vorbehalt Angenommenen, wie sie bei allen Sterblichkeitsuntersuchungen an den Tag kommen, der beste Beleg. Und doch darf gesagt werden, daß nur in einem verschwindend kleinen Prozentsatz aller Fälle das Verfahren der bedungenen Abkürzung der Versicherungsdauer einen Schein von Berechtigung beanspruchen darf.

Der genannte Zwang folgt offenbar aus der Überlegung, daß ein Risiko, welches eine reine Todesfallversicherung oder eine gemischte Versicherung mit längerer Dauer beantragt, unter dem Zwange einer Abkürzung der Versicherungs- oder Zahlungsdauer verhalten wird, eine höhere Prämie zu bezahlen. Bei vorzeitigem Tode hat demnach die

Gesellschaft in der Tat zwecks Deckung der Mehrsterblichkeit auch mehr Prämie vereinnahmt. Erlebt aber das Risiko den ihm bestimmten Liquidationstermin, dann hat es sich als normales Risiko erwiesen und der Versicherer hat dann auch tatsächlich die dem normalen Risiko entsprechende Prämie erhalten. Es erübrigt sich wohl, das Mangelhafte einer solchen Argumentierung auseinandersetzen zu müssen. Einer höheren Prämie entspricht in der Versicherungstechnik, wenn diese unter sonst gleichen Umständen berechnet ist, allemal auch eine höhere Leistung des Versicherers. Es geht daher sicherlich nicht an, über die durch die höhere Prämie gewährleisteten höheren Einnahmen des Versicherers zweimal zu verfügen. Einmal zur Erhöhung der Versicherungsleistung unter Annahme eines normalen Sterblichkeitsverlaufes und dann noch zur Deckung des übernommenen höheren Todesfallrisikos.

Wir müssen aber doch noch erwähnen, was unter jener Minderzahl von Fällen zu verstehen ist, wo das Verfahren Berechtigung hat. Es sind jene sehr seltenen Fälle, bei denen man annehmen darf, daß während der bedungenen Versicherungsdauer für eine Erhöhung des Risikos kein Anhaltspunkt vorliegt, so daß eine Erhöhung der Sterblichkeit gegenüber der normalen voraussichtlich erst nach Ablauf der Versicherungsdauer zu erwarten steht. Man war nun offenbar mit dieser zeitlichen Begrenzung der Gefahr in einem großen Irrtum befangen. Wenigstens haben die statistischen Untersuchungen (Tafel M und W II; Karup: Reform, Kap. 5; Erfahrungen von 34 amerikanischen Gesellschaften in 98 Risikoklassen) erwiesen, daß man nicht imstande war, aus den gefährdeteren Risiken jene auszuscheiden, deren Gefährdung erst nach einer Reihe von Jahren beginnt.

Nach Karup beträgt die Mehrsterblichkeit für Versicherungen mit bedungener Abkürzung

	Personenzählung	Summenzählung
im 1.—5. Versicherungsjahr	132,0%	145,3%
im 6. und folgenden Vers.-Jahren . .	118,2%	135,9%

Es ist demnach ein Irrtum, Risiken auszusondern, von denen man erst späterhin eine die normale übersteigende Sterblichkeit erwartet. Jedenfalls sind Fälle, für welche diese Erwartung zutrifft, äußerst selten. Im Gebiete der Extrarisiken hat man z. B. bei Lokomotivführern stets für die höheren Alter eine gegenüber der normalen erhöhte Sterblichkeit angenommen, und die Gothaer Bank hat daher diese Risiken nur mit bedungener Abkürzung zum 60. Lebensjahre angenommen. Nach der Zimmermann-Zillmerschen Statistik ergab sich aber, daß der Prozentsatz der Sterblichkeit für Lokomotivführer und Heizer gegenüber den Erfahrungen der Gothaer Bank für die Altersgruppen

bis 40	100,1%
41—60	117,9%
61—75	109,7%

betragen hat. Demnach könnten die Lokomotivführer, wenn sie zur normalen Prämie angenommen werden, ebensogut für die ganze Lebenszeit wie mit Abkürzung auf das 60. Lebensjahr Aufnahme finden.

Man könnte aber noch versuchen, die Abkürzung der Versicherungsdauer bei erhöhten Risiken damit zu begründen, daß die nach einer Aggregattafel berechneten Prämien bei kurzen Versicherungsdauern zu hoch, bei langen Versicherungsdauern zu niedrig bemessen werden. In der Tat deckt z. B. die Tafel M und W I gegenüber Karups Sterbetafel für das Beitrittsalter von 60 Jahren eine Mehrsterblichkeit in Promille von

Vers.-Jahr . .	1	2	3	4	5	6	7	8	9	10
	20,63	15,58	13,91	12,97	11,74	10,03	6,18	2,11	1,95	1,83

Hier bleibt allerdings nur die Frage offen, wie es mit der Gerechtigkeit gegen die Versicherten aussieht. Wenn der Normale und der Minderwertige dieselbe Prämie bezahlen, und bei kurzer Dauer die Prämie zur Deckung des Risikos des letzteren bei Verwendung einer Aggregattafel hinreicht, dann zahlt offenbar der erstere zuviel, wenn er die gleiche kurze Dauer wählt. Die Sache könnte demnach angehen, wenn alle normalen Risiken auf lange Dauer, alle minderwertigen auf kurze Dauer versichert würden. Das steht aber nicht im Belieben des Versicherers und hieße doch nur, die Tatsachen einem unzureichenden technischen Hilfsmittel anpassen zu wollen. Befriedigen kann auch dieser Versuch, ein verfehltes Verfahren rechtfertigen zu wollen, nicht, weil er damit rechnet, daß die Prämien der Versicherten überhaupt unzureichend bemessen sind. Ist dies aber nicht der Fall und sind die Prämien den im ersten Teile dieses Buches angeführten Prinzipien entsprechend gerechnet, dann gilt ausnahmslos der von Höckner in folgender Form zum Ausdruck gebrachte Satz: Einer mehr als normalen Gefahr kann nur durch eine mehr als normale Versicherungsprämie begegnet werden.

§ 26. Präzisere Problemstellung. Die Schwierigkeiten der Lösung.

Die bisher erwähnten Versuche, der Aufgabe der Versicherung der minderwertigen Leben beizukommen, können nach keiner Richtung befriedigen. Die eigentliche Schwierigkeit des Problems wird zwar umgangen, aber die erwähnten Methoden treffen in keinem Belange das, was bei der Lösung des Problems ins Auge zu fassen ist.

Wir wollen daher die Aufgabe noch näher umschreiben. Zunächst soll der Begriff des minderwertigen Lebens für uns nicht eine Beschränkung in irgendeiner Richtung erfahren, welche auf die Fragestellung selbst von Einfluß ist. Es sollen daher zur Versicherung alle

Risiken zugelassen werden, ganz gleichgültig, wie der ärztliche Befund lauten mag und ohne Rücksicht auf die Ergebnisse der sonstigen vom Versicherer zur Beurteilung des Risikos angestellten Erhebungen. Damit ist gesagt, daß wir für die Annehmbarkeit der Risiken eine Schranke nicht ziehen wollen. Sie wird vielmehr ganz von selbst dadurch gezogen, daß Risiken, deren Qualität besonders schlecht erscheint, zur Zahlung einer Prämie verhalten werden müßten, bei welcher der Abschluß einer Versicherung den wirtschaftlichen Interessen des Versicherungsnehmers nicht mehr entspricht oder gar sinnlos wird.

Abgesehen hiervon soll jedes Risiko Aufnahme in die Lebensversicherung finden können. Die Versicherung der minderwertigen Leben soll im übrigen nach den für die Versicherung der normalen Risiken maßgeblichen Prinzipien betrieben werden. Insbesondere soll das Prinzip der Gerechtigkeit gegen die Versicherten nach Maßgabe der durch das Gesetz der großen Zahl gewiesenen Grenzen auch für diesen Versicherungszweig voll in Geltung sein. Man darf hier nicht etwa mehr verlangen wollen, als im Rahmen eines auf Massenerscheinungen gegründeten Unternehmens auch gewährleistet werden kann. Eine möglichst individuell bemessene Prämie gibt es hier geradesowenig wie in der Versicherung der normalen Risiken, weil auch hier jedem Versicherungswert der Schätzungscharakter zukommt und in mathematischem Sinne alles auf Durchschnittswerte abgestellt bleibt.

Die vom Versicherungstechniker und vom Arzt bei der Versicherung der minderwertigen Leben zu erfüllenden Aufgaben haben miteinander so gut wie nichts zu tun. Der Versicherer erhält durch den Arzt, durch die an den Antragsteller zu stellenden Fragen und andere Erhebungen ein möglichst vollständiges Bild über die Qualität des zu übernehmenden Risikos. Dem Versicherungstechniker obliegt die Berechnung der Versicherungswerte unter Berücksichtigung dieser Qualität. Die ganze und einzige Schwierigkeit des Problems liegt nur darin, aus den die Qualität des Risikos bestimmenden Angaben Zahlen abzuleiten, welche — als Durchschnittswerte betrachtet — bei der Berechnung der Versicherungswerte im Sinne von kontinuierlich oder stufenweise veränderlichen Parametern Verwendung zu finden haben. Innerhalb welcher Grenzen dabei eine Vereinfachung des Problems in technischer Hinsicht zulässig ist, so daß man nur mit einer beschränkten Anzahl von Gruppen der genannten Parameter zu operieren braucht, kann theoretisch nicht entschieden werden. Man kann aber eine solche Vereinfachung auch dadurch erreichen, daß man die Qualität des minderwertigen Lebens der eines normalen Lebens höherer Sterbenswahrscheinlichkeit, d. h. höheren Alters, vergleichbar annimmt. In diesem Falle wäre allerdings nachzuweisen, daß für die Berechnung der Versicherungswerte die Ersetzung der genannten Parameter für eine Gruppe minderwertiger Leben genügend gleicher Qualität durch eine Alterserhöhung als annähernd gleichwertig zu betrachten ist. Wir werden im folgenden die erste Möglichkeit in dem von Blaschke gewiesenen Verfahren der Einteilung in Gefahrklassen, die zweite Möglichkeit in dem von der New-York eingeschlagenen Weg näher zu verfolgen haben. Sieht man im ersten Falle von einer Vereinfachung durch Klassenbildung ab und bezieht die fraglichen Parameter direkt auf jene Parameter, welche in die Absterbeformel eingehen, dann entspricht das Verfahren jenem, welches Lembourg auf dem Wiener Kongresse in Vorschlag gebracht hat.

In allen Fällen aber bleibt die Frage offen, wie die Beziehung dieser Parameter zu dem Befunde des Arztes und den anderen für die Qualität des Risikos in Betracht kommenden Umständen gefunden werden könne. Es liegt auf der Hand, daß es hier nur einen Weg gibt, auf dem dies versucht werden kann, den der statistischen Untersuchung. Nur durch Sammlung statistischen Materials kann es gelingen, für Gruppen von minderwertigen Leben vergleichbarer Qualität ziffernmäßige Resultate zu schaffen, welche über den Sterblichkeitsverlauf der minderwertigen Risiken für die Versicherungstechnik brauchbare Anhaltspunkte liefern können.

Damit ist aber der Zirkel vollständig geschlossen. Denn gerade zur Anstellung solcher Untersuchungen müßte die Versicherung der minderwertigen Leben unter Einbeziehung aller praktisch versicherbaren Risiken, d. h. aller Risiken, deren Gesundheitszustand nicht einem sehr beschleunigten Verfall entgegengeht, in großem Stile aufgenommen werden. Aus dieser Schwierigkeit gibt es wiederum nur den einen Ausweg, die Versicherung der minderwertigen Leben so gut es geht mit hypothetischen oder unzureichenden statistischen Unterlagen zu betreiben und im übrigen von all den Hilfsmitteln der Technik Gebrauch zu machen, welche auch auf unsicherer Grundlage den Betrieb ermöglichen und hinterher durch reichliche Ausnutzung des Gewinnanteils im Rahmen der Möglichkeit den Versicherten Gerechtigkeit widerfahren zu lassen. Daß auf dieser Basis Mißgriffe unvermeidlich sein werden, ist nicht zu bezweifeln, wir wollen aber nicht übersehen, daß die Versicherungstechnik auch hier wieder nur bestrebt sein kann, ihre Aufgabe im großen und ganzen, nicht im einzelnen, zu erfüllen. Daß erhebliche Fehler in der Charakterisierung der Risiken vorkommen werden, ist ja nach dem heutigen Stande der Aufnahmetechnik der Gesellschaften kaum zu befürchten. Viel wahrscheinlicher sind Versehen bei der Bemessung der dem erhöhten Risiko entsprechenden Prämie, Fehler, welche auch durch die sorgfältigst bemessene Dividende nicht reguliert werden können, wenn sie nicht bei einer relativ großen Zahl von Versicherten zutage treten. Wir dürfen aber nicht auf einem neuen Gebiete der Lebensversicherung, auf dem die Erfahrungen mangeln, den Maßstab anlegen, der in der Normalversicherung durch einen Betrieb von Jahrzehnten gerechtfertigt erscheint, weil hier die statistischen und technischen Mittel zu Gebote stehen, um allen nur wünschenswerten Anforderungen an eine einwandfreie technische Gebarung gerecht werden zu können.

Unglücklicherweise ist aber bei der Berechnung der Versicherungswerte minderwertiger Leben, solange die nötige statistische Unterlage fehlt, ein Versehen in zweifacher Hinsicht möglich und auch zu erwarten. Fürs erste kann es sich im Durchschnitt der künftigen Erfahrungen herausstellen, daß die vom Versicherungstechniker in den Prämien vorgesehene Deckung des Risikos im Durchschnitt nicht entsprochen hat. Außerdem besteht aber ohne ausreichende Erfahrungsdaten noch völlige Unsicherheit darüber, inwieweit dem bei der Aufnahme festgestellten Zustande der Minderwertigkeit des Risikos Konstanz im Sinne einer andauernden Herabminderung der Lebenskraft beizumessen ist. Die hier möglichen Fälle sind unendlich vielgestaltig. Es gibt Minderwertigkeiten, welche hinsichtlich ihres vermindernden Einflusses auf die Lebensdauer stark vom jeweiligen Alter des Versicherten abhängig scheinen, andere, welchen man in jüngeren Lebensjahren, andere, denen in höherem Alter größere Bedeutung beizulegen ist. Aber auch hier sind die Ansichten der Ärzte noch durchaus nicht geklärt und einheitlich, und Florschütz betont, daß von den Ärzten z. B. der Einfluß der Tuberkulose auf die Sterblichkeit gerade der höheren Altersklassen in der Regel sehr unterschätzt wird. Für eine annähernd korrekte Bemessung der Versicherungswerte und insbesondere der Prämien sind aber gerade Anhaltspunkte über den Verlauf der ferneren voraussichtlichen Wirksamkeit der Minderwertigkeitsursache nicht minder von Bedeutung wie die Bemessung des Grades der Minderwertigkeit im Zeitpunkte der Auslese.

Hierzu kommt die Frage, ob vom versicherungstechnischen Standpunkte der Auslese des Risikos überhaupt eine Wirkung zuzuerkennen ist, welche sich über die ganze Versicherungsdauer erstreckt. Wir wissen, daß in der Versicherung der normalen Risiken die Wirkung der Auslese mit 10 Jahren zu begrenzen ist, d. h. daß nach Ablauf dieser Dauer ein Unterschied in der Qualität gleichaltriger Risiken unter sonst gleichen Verhältnissen hinsichtlich der Versicherungsdauer nicht mehr festzustellen ist. Manche Autoren nehmen eine solche Begrenzung der Wirkung der Auslese auch für minderwertige Risiken als selbstverständlich an. Es ist aber hier doch zu bedenken, daß es sehr zahlreiche Fälle von Minderwertigkeiten gibt, welche durch eine entsprechende Auslese fast restlos ferngehalten werden können, so daß es nicht angeht, zu erwarten, daß nach einer gewissen Reihe von Jahren in einem Versicherungsstock die Wirkung der Auslese bei den minderwertigen Risiken im selben Maße verschwinden werde wie bei den normalen Risiken. Ein Beispiel möge dies erläutern. Wenn etwa durch die Auslese alle Risiken ferngehalten werden, in deren

Familie Tuberkulose vorgekommen ist, dann wird die durch dieses Moment zutage tretende Verbesserung der durchschnittlichen Qualität der Risiken offenbar überhaupt nicht zum Verschwinden gebracht werden können, wie groß auch die abgelaufene Versicherungsdauer sein mag. Man kann daher nicht behaupten, daß ein solcher Versicherungsstock jemals von gleicher Qualität mit einem anderen sein wird, welcher unter sonst gleichen Verhältnissen, aber unter Vernachlässigung des erwähnten Momentes zustande gekommen ist. Anders ausgedrückt: Die Wirkung der Auslese bei gesundheitlich einwandfreien Risiken ist eine begrenzte, weil sich die Minderwertigkeiten erst im Laufe der Versicherungsdauer entwickeln. Dies erfordert eine gewisse Zeit, nach welcher sich die Konstanz der Qualität, ohne daß ein weiterer Einfluß der abgelaufenen Versicherungsdauer festzustellen wäre, herstellt. Anders bei der Versicherung der minderwertigen Risiken. Hier sind die Ursachen der Minderwertigkeit zum Teil schon im Zeitpunkte der Aufnahme vorhanden, und über die zeitliche Begrenzung der Wirkung dieser Ursachen läßt sich nicht ähnliches aussagen wie bei den normalen Risiken. Man ist aber unter Vernachlässigung dieses Umstandes doch so weit gegangen, die Qualität der minderwertigen Risiken nach einer gewissen Reihe von Jahren mit der der allgemeinen Bevölkerung zu vergleichen, und hat unter dieser Annahme nach einer vorläufigen Lösung des Problems gesucht, solange wir eben auf eigene statistische Untersuchungen verzichten müssen. Ein solcher Vorschlag rührt von Pedersen her.

Es sei $$l_x + l'_x = L_x .$$

L_x sind die Lebenden einer allgemeinen Bevölkerung, l_x die ausgelesenen Risiken, welche unter normalen Bedingungen Aufnahme finden, l'_x die minderwertigen Leben. Es wird angenommen, daß die Wirkung der Selektion mit 10 Jahren sowohl für die normalen wie für die minderwertigen Risiken zu begrenzen sei. Nach Ablauf dieser Zeit geht die Sterblichkeit beider in die Sterblichkeit der Schlußtafel über, welche als die Sterblichkeit der allgemeinen Bevölkerung angenommen wird. Pedersen schlägt nun vor, die Prämie für die minderwertigen Leben auf Grund der Schlußtafel zu rechnen. In den ersten 10 Jahren ist dann die Sterblichkeit dieser Risiken vermutlich größer, als die verwendete Tafel angibt. Die Übersterblichkeit während der ersten 10 Jahre soll durch eine während dieser oder einer kürzeren Zeit zu bezahlenden Nettoprämie gedeckt werden, deren Höhe in jedem einzelnen Falle auf Grund eines Gutachtens über die Lebensfähigkeit des Individuums einzuheben wäre. Pedersen ist der Ansicht, daß für Dänemark die Tafel O^{M5} mit einer Alterserhöhung um einige Jahre als Standardtabelle Verwendung finden könne. Nach dem Vorschlage von Pedersen wird also der Unsicherheit bei der Beurteilung der Dauer der Wirkung der Auslese durch die Verwendung einer Alterserhöhung zu den Sätzen einer Schlußtafel begegnet.

Wir befinden uns aber hier auf vollständig unsicherem Boden. Die mannigfachen Versuche, Prämien und Versicherungswerte unter den verschiedensten Annahmen über den Verlauf der Sterblichkeit zu berechnen, bestätigen dies zur Genüge. Wir beziehen uns als Beispiel nur auf eine Arbeit von W. P. Elderton im 44. Bd. des J. I. A. Hier wird gezeigt, daß einem Beitrittsalter von 30 Jahren und einer Nettoprämie von 0,01914 für die reine Ablebensversicherung folgende Sterblichkeiten entsprechen (4%):

Vers.-Jahr	A	B	C
1	Sterblichkeit nach $O^{[M]}$ jedoch für Alter 36 als Beitrittsalter.	Sterblichkeit 0,01379 durch 18 Jahre konstant und dann nach $O^{[M]}$ für Beitrittsalter 30.	0,0330
2			0,0240
3			0,0170
4			0,0120
5			0,0090
6			0,0080
			und dann nach $O^{[M]}$ für Beitrittsalter 30.

Für die gemischte Versicherung ergeben die vorgenannten Annahmen folgende Prämien:

	$O^{[M]}$ 4%	A	B	C
Dauer 15	0,05162	0,05240	0,05572	0,05692
Dauer 35	0,01975	0,02188	0,02334	0,02344

Würde man die Übersterblichkeit nicht bei der Prämie, sondern durch einen Abzug von der Versicherungssumme zum Ausdruck bringen, dann ergäbe sich diese Reduktion durch die Formel

$$\frac{q' - q}{q'}(1 - V), \tag{2}$$

wobei q' die spezielle und q die normale Sterblichkeit bezeichnet und V die Nettoreserve ist. Der Abzug von der Summe beträgt dann bei der Todesfallversicherung:

Vers.-Jahr	1	2	3	4	5	6	7 . . .	16 . . .	19 . . .
Komb. B	0,76	0,62	0,52	0,48	0,44	0,40	. . .	0,11 . . .	—
Komb. C	0,89	0,77	0,63	0,45	0,23	0,08	—	—	—

Zu diesen Untersuchungen ist es auch zu rechnen, wenn für einen typischen Sterblichkeitsverlauf, welcher im Hinblick auf bestimmte Minderwertigkeitsursachen konstruiert wird, zugehörige Versicherungswerte berechnet werden, Untersuchungen, welche sich in der Literatur des öfteren finden. Man vergleiche die im Literaturnachweis angeführten

Arbeiten von G. H. Ryan, F.W. Whyte and J. H. Whitall, A.W. Sunderland, G. F. Hardy, H. E. W. Lutt, R. Todhunter, C. H. Ashley und anderen.

Die Annahmen, welche hinsichtlich des Verlaufes der Sterblichkeit der minderwertigen Risiken möglich sind und auch gemacht wurden, sind überaus mannigfaltig. Größere Bedeutung auch im Hinblick auf die bisher zur Durchführung gelangten Versuche in der Praxis kommt zwei dieser Annahmen zu: der Methode der Alterserhöhung und der Methode einer Klassenbildung von minderwertigen Risiken vermittels einer für alle Alter gleichbleibenden prozentualen Erhöhung der Sterbenswahrscheinlichkeiten der Tafel der normalen Risiken. Zur Kritik dieser Methoden bietet sich, solange statistische Erfahrungen über den Sterblichkeitsverlauf minderwertiger Leben bestimmter Qualität mangeln, nur die analytische Formulierung des Sterblichkeitsgesetzes dar, im besonderen also die Erwägungen, welche man auf Grund einer biologischen Begründung des Gompertz-Makehamschen Sterblichkeitsgesetzes anstellen kann.

§ 27. Die Methode der Alterserhöhung.

Wir haben schon erwähnt, daß die Versicherungstechnik die Charakterisierung des minderwertigen Lebens in Form gewisser Parameter erhalten muß, wenn sie in der Lage sein soll, die für die Minderwertigkeit des Risikos in Betracht kommenden Umstände bei der Berechnung der Prämien und übrigen Versicherungswerte berücksichtigen zu können. Hierunter wäre zu verstehen, daß es möglich ist, aus der Charakteristik des Risikos durch den Arzt und die übrigen vom Versicherer vorgesehenen Maßnahmen die 3 Konstanten, welche z. B. für das Makehamsche Gesetz in Betracht kommen, abzuleiten, so daß die Aufstellung der Absterbeordnung möglich wird. Geht man von der Annahme aus, daß eine prozentual gleichbleibende Erhöhung der Sterbenswahrscheinlichkeiten für alle Alter mit den für das minderwertige Risiko in Betracht kommenden Werten der Sterbenswahrscheinlichkeiten vereinbar ist, dann wäre aus den Ergebnissen der Untersuchung nur dieser eine Parameter abzuleiten, welcher die erwähnte prozentuale Erhöhung zum Ausdruck bringt. Setzt man aber voraus, daß die Absterbeordnung eines Minderwertigen mit der eines normalen Lebens höheren Alters vergleichbar ist, dann würde der gesuchte Parameter gerade diese Alterserhöhung bestimmen, welche offenbar eine Funktion des Beitrittsalters sein wird. Wie es gelingen kann, diesen Parameter zu bestimmen, soll an dieser Stelle noch nicht erörtert werden. Hier steht nur die Frage zur Beantwortung, ob für ein minderwertiges Risiko, welches wir für den Zeitpunkt der Aufnahme in einer auch für den Versicherungstechniker brauchbaren Weise charakterisiert annehmen wollen, eine Vergleichbarkeit des ferneren Sterblichkeitsverlaufes überhaupt in Betracht kommen kann.

Auch für die Methode der Alterserhöhung, also für das Verfahren, bei dem der Sterblichkeitsverlauf eines minderwertigen Risikos dem eines normalen Risikos höheren Alters gleichgehalten wird, gilt zunächst die Bemerkung, daß wir eine Charakteristik des Antragstellers durch die vom Versicherer vorgesehenen Maßnahmen nur für den Zeitpunkt der Auslese erhalten. Wenn demnach die Einreihung des minderwertigen Risikos in ein höheres Alter auf Grund der Annahme über die fernere mittlere Lebensdauer erfolgen soll, wie es oft verlangt wird, so ist mit einem solchen Begehren gar nichts gewonnen. Denn ein Urteil über die voraussichtliche Abkürzung der mittleren Lebensdauer ist aus den Ergebnissen der Untersuchung des Risikos niemals zu gewinnen, und zudem können bei gleicher mittlerer Lebensdauer die Sterbenswahrscheinlichkeiten noch in der verschiedensten Weise verlaufen, so daß für die Versicherungswerte selbst damit noch gar nicht viel ausgesagt erscheint. Die Vergleichbarkeit der minderwertigen Risiken mit normalen Risiken höheren Alters scheint aber vom Standpunkte der analytischen Formulierung des Sterblichkeitsgesetzes nicht zu rechtfertigen zu sein. Wir wissen, daß in der Makehamschen Formel

$$\mu_x = a + b q^x \tag{3}$$

das zweite Glied gerade in den für die Praxis wichtigeren mittleren Altern gegenüber dem ersten Glied an Bedeutung noch zurücktritt und erst in den höheren und höchsten Altern gegenüber dem ersten Glied stärker hervortritt. Ein kleinerer Wert von q läßt auf eine kleinere Sterblichkeit in diesen Altern schließen und umgekehrt. Eine durch Minderwertigkeit hervorgerufene größere Sterblichkeitsgefahr wird sich daher vor allem in einer Erhöhung von a ausdrücken müssen, während eine Alterserhöhung gerade auf eine Erhöhung des zweiten Gliedes einwirkt. Es ist auch gar nicht einzusehen, daß die für die Minderwertigkeit eines Risikos konstatierten speziellen Umstände in ihrer Wirkung auf die Lebenskraft des Organismus all den Momenten gleichgehalten werden sollen, welche wir in der Sterbetafel durch den Einfluß des Alters zum Ausdruck gebracht sehen.

Nach Blaschke haben aber auch die bisherigen statistischen Untersuchungen ergeben, daß das minderwertige Leben in keinem Teile seiner Absterbeordnung mit dem vollwertigen Leben vergleichbar erscheint. Wir ersehen dies auch aus einer Tabelle, welche neben dem Sterblichkeitsverlauf nach den Erfahrungen von Gotha mit Ausschluß der sechs ersten Versicherungsjahre die Sterblichkeitssätze nach den von Blaschke aufgestellten später zur Besprechung gelangenden 3 Sterbetafeln für minderwertige Leben zur Darstellung bringt.

Die Kurve der Sterbenswahrscheinlichkeiten der minderwertigen Leben verläuft ausnahmslos sehr viel flacher als die Kurve für die normalen Leben gleicher Sterblichkeit zu Beginn der Versicherung. Ohne Zweifel ist das hervorstechendste Versehen, welches bei dieser Methode stets unterlaufen wird, ein zu rasches Ansteigen der Sterbenswahrscheinlichkeiten, und dieser Umstand wird sich um so mehr bemerkbar machen, je kleiner die Sterblichkeiten der Normaltafel für die jüngeren Zugangsalter sind.

Alter	Sterbenswahrscheinlichkeit mal 1000 bei normalen Leben	in der Gefahrenklasse I	II	III
30	6,00	8,88	11,90	31,90
35	7,07	10,08	13,43	32,88
40	8,75	12,08	15,68	34,68
45	11,41	15,28	19,22	38,02
50	15,58	20,42	24,92	44,08
55	22,13	28,62	34,00	55,22
60	32,37	41,70	48,37	75,38
65	48,32	62,40	70,92	116,46
70	72,95	98,78	106,02	174,32
75	110,53	144,60	159,48	278,82
80	166,76	219,12	238,58	438,07
85	248,36	325,70	350,17	645,28

Im Hinblick auf die außerordentliche Verbreitung, welche die Methode der Alterserhöhung in der Praxis gefunden hat, wird man sich daher die Frage vorlegen müssen, wie der genannte Umstand hinsichtlich der Versicherungswerte wirkt. Da ist nun zunächst festzustellen, daß eine Überschätzung der Sterblichkeit für den späteren Verlauf der Versicherung dadurch bei der Berechnung der Prämie berücksichtigt werden könnte, daß man die Alterserhöhung nicht so streng bemißt. In diesem Falle dürfte man aber im Anfang Übersterblichkeit, späterhin Untersterblichkeit zu erwarten haben, so daß sich ein solches Verfahren von selbst verbietet. Man wird es also dabei bewenden lassen müssen, bei diesem Verfahren für die späteren Versicherungsjahre mit sehr ansehnlichen Sterblichkeitsgewinnen rechnen zu dürfen; dieser Umstand könnte nur dadurch eine Milderung erfahren, daß man voraussichtlich noch lange Zeit auf die Anwendung von Aggregattafeln angewiesen bleiben wird, welche ihrem Wesen nach bewirken, daß die Sterblichkeitsüberschüsse auch in den ersten Jahren nicht zu vernachlässigen und in den späteren Versicherungsjahren etwas geringer ausfallen werden. Wir sehen in dem Umstande, daß das Verfahren der Alterserhöhung bei einigermaßen korrekter Bestimmung dieser Erhöhung voraussichtlich recht ansehnliche Sterblichkeitsgewinne liefert, einen Hauptgrund für seine Bewährung in der Praxis, insbesondere wenn es mit einer Gewinnverteilung nach dem Kontributionsplan verbunden wird, wobei aber aus Sicherheitsgründen die Gewinnanteile nicht unmittelbar nach ihrer Entstehung zur Ausschüttung gelangen, sondern vom Versicherer eine Reihe von Jahren einbehalten werden.

Für die Praxis hat das Verfahren den nicht hoch genug zu veranschlagenden Vorteil, daß sich hinsichtlich der Berechnung der Rücklagen gegenüber der Normalversicherung jede Weiterung erübrigt, da als Beitrittsalter des Minderwertigen einfach das erhöhte Alter gilt, und dieses allen Rechnungen, die im übrigen auf Grund der Normaltafel erfolgen, zugrunde gelegt wird.

§ 28. Die Methode der prozentuellen Erhöhung der Sterbenswahrscheinlichkeiten.

Dieses Verfahren beruht auf der Annahme, daß die Sterblichkeit der minderwertigen Risiken gegenüber der der normalen Leben dadurch erhalten werden kann, daß diese für die ganze Versicherungsdauer um einen bestimmten auf die Beurteilung des Risikos im Zeitpunkte der Aufnahme gegründeten Prozentsatz erhöht wird.

Wenn wir berücksichtigen, daß sich für die bei Versicherungen auf Ab- und Erleben praktisch in Betracht kommenden Alter der numerische Wert der Sterbensintensität und der Sterbenswahrscheinlichkeit nur ganz unerheblich unterscheidet, so kommt dieses Verfahren vom Standpunkte der Makehamschen Formel darauf hinaus, daß sowohl die Konstante a wie b in dieser Formel um einen gleichen Prozentsatz erhöht wird. Es wird also die Sterblichkeitskurve nicht nur gegen die x-Achse gehoben, sondern ihr Ansteigen mit dem Alter in einem vom Alter unabhängigen Maße verstärkt. Man überlegt dann leicht, daß für jene Alter, in welchen der Sterblichkeitsverlauf im wesentlichen durch die Konstante a bestimmt ist, die Wirkung dieses Verfahrens für die späteren Versicherungsjahre hinter der des Verfahrens der Alterserhöhung zurückbleibt, während sich für höhere Zugangsalter die Verhältnisse umkehren. Würde demnach ein Dreißigjähriger mit einer Erhöhung der Sterbenswahrscheinlichkeiten von 50% angenommen, dann wird die Wirkung dieser Erhöhung der Sterbenswahrscheinlichkeiten auf die Prämie eine geringere sein, als wenn wir jenes Alter ermittelt hätten, welchem eine um 50% höhere Sterblichkeit, als die des Dreißigjährigen ist, ermittelt hätten und die Prämie nach diesem erhöhten Alter bemessen hätten. Genaueres über die Wirkung des Verfahrens im Vergleiche zur Alterserhöhung können wir immer nur im Hinblicke auf die gewählte Normaltafel erfahren. Wir wählen als Beispiel die im Zuge der neuen deutschen Sterblichkeitsuntersuchungen hergestellte Tafel $Vd\,(i)\,g\,\frac{76/85}{76/06}\,3^1/_2\%$, welche den technischen Berechnungen der „Hilfe“ zugrunde gelegt wurde. Nach dieser Tafel ergeben sich für die nachfolgend genannten Erhöhungen der Sterbenswahrscheinlichkeiten die Sätze:

Alter	Normalsatz ‰	Prozentsatz der Erhöhung 75 %	100 %	150 %	200 %
20	4,32	7,5600	8,6400	10,8000	12,9600
25	4,21	7,3675	8,4200	10,5250	12,6300
30	4,69	8,2075	9,3800	11,7250	14,0700
35	6,00	10,5000	12,0000	15,0000	18,0000
40	7,87	13,7725	15,7400	19,6750	23,6100
45	10,51	18,3925	21,0200	26,2750	31,5300
50	14,78	25,8650	29,5600	36,9500	44,3400
55	21,68	37,9400	43,3600	54,2000	65,0400
60	31,07	54,3725	62,1400	77,6750	93,2100
65	44,28	77,4900	88,5600	110,7000	132,8400
70	64,33	112,8775	128,6600	160,8250	192,9900

Wenn wir nun auf Grund der um 75% erhöhten Sterbenswahrscheinlichkeiten jene Alter aufsuchen, denen in der Normaltafel die annähernd gleiche Sterbenswahrscheinlichkeit entspricht, so werden wir hinsichtlich der ermittelten Alterserhöhung Differenzen finden, je nachdem wir diese Alterserhöhung für das Alter zu Beginn der Versicherung oder zu Beginn des letzten Versicherungsjahres ermitteln. Wenn wir hierbei von Jahresbruchteilen absehen, so ergibt sich die nachfolgende Tabelle, in welcher unter Alterserhöhung stets zwei Ziffern erscheinen, deren erste sich auf den Beginn der Versicherung, deren zweite sich auf das letzte Versicherungsjahr bezieht.

Erhöhung der Sterbenswahrscheinlichkeit 75%.

Beitrittsalter	Versicherungsdauer 15	Versicherungsdauer 20	Versicherungsdauer 25
25	14 9	14 8	14 7
30	11 8	11 7	11 8
35	10 7	10 8	10 8
40	9 8	9 8	9 8
45	8 8	8 8	
50	7 8		

Für die jüngeren Alter ergeben sich recht erhebliche Differenzen, wie es auch bei einer Tafel, deren Sterbenswahrscheinlichkeiten bis zum Alter 30 nur sehr wenig voneinander abweichen, nicht anders zu erwarten ist. Für die Hauptzugangsalter darf aber gesagt werden, daß die prozentuale Sterblichkeitserhöhung im praktischen Resultat von einer entsprechend gewählten Alterserhöhung kaum wesentlich verschieden ausfallen kann. Die Sätze der Tabelle bestätigen im übrigen jenen Verlauf, welchen wir an Hand der Makehamschen Formel voraussagen durften. Es hat dabei natürlich gar keine Bedeutung, ob die Ausgleichung der Tafel tatsächlich auf Grund dieser Formel erfolgte oder nicht, da doch nicht in Frage steht, daß sich die Konstanten der Formel so bestimmen lassen, daß sie für die hier in Betracht kommenden Alter eine genügend genaue Annäherung an eine sonst beliebig ausgeglichene Beobachtungsreihe vermitteln. Ob allerdings das Makehamsche Gesetz zur Darstellung von Erfahrungsdaten brauchbar bleiben wird, wenn solche einmal auf Grund genügenden Materials zu erhalten sein werden, möchten wir sehr bezweifeln. Dies schon aus dem Grunde, weil solche Daten offenbar durch die Dauer der Wirkung der Auslese sehr beeinflußt sein werden.

Jedenfalls hat man keine Ursache, das System der prozentualen Erhöhung der Sterbenswahrscheinlichkeiten gegenüber dem System der Alterserhöhung ungünstiger zu beurteilen. Vom praktischen Standpunkte allerdings geht hier ein wesentlicher Vorteil des letzteren verloren. Man wird nämlich stets gezwungen sein, eine nicht unerhebliche Anzahl von Rechnungsgrundlagen, welche den verschiedenen Erhöhungssätzen entsprechen, zu entwickeln und dementsprechend auch die Versicherungswerte für eine ganze Reihe von Tafeln herzuleiten, demnach eine Komplizierung des Rechenapparates in Kauf zu nehmen, welche in der Praxis recht mißlich ist. Wie viele solcher Erhöhungssätze zu verwenden sein werden, kann natürlich nur wieder aus praktischen Erwägungen beurteilt werden. Wir kommen auf diesen Gegenstand späterhin noch eingehender zurück. Hier sollte nur der erwähnte Vorteil der Methode der Alterserhöhung, welcher keinem anderen Verfahren eignet, noch nachdrücklichst hervorgehoben sein.

In der Praxis wird man allerdings bestrebt sein, sich bei der Berechnung der vielen Grundlagen alle möglichen Vorteile zunutze zu machen. Auf einen solchen Vorteil sei hier noch verwiesen. Die Ableitung der verschiedenen Sterbetafeln und die Berechnung der dazugehörigen Kommutationswerte ist allein schon eine recht erhebliche Arbeit. Man kann sich diese vereinfachen, wenn man den schon erwähnten Umstand ausnutzt, daß die Werte der Sterbensintensitäten und der Sterbenswahrscheinlichkeiten für die praktisch in Betracht kommenden Alter nur unerheblich verschieden sind. Ist dann die Sterbensintensität nach der Makehamschen Formel durch

$$\mu_x = a + b q^x \tag{4}$$

gegeben, dann ist statt einer Erhöhung der Sterbenswahrscheinlichkeit um $\alpha\%$ offenbar eine Erhöhung der Sterbensintensität um den gleichen Prozentsatz praktisch gleichwertig. Die Tafel der normalen Lebenden ist daher durch

(5) $$l_x = l_0 e^{-\int\limits_0^x (a+b q^x)\,dx}$$

definiert, während die Tafel der Lebenden auf Grund der erhöhten Intensitätssätze aus

(6) $$l'_x = l_0 e^{-(1+\alpha)\int\limits_0^x (a+b q^x)\,dx}$$

folgt. Sonach ist

(7) $$l'_x = l_0^{-\alpha} \cdot l_x^{1+\alpha}, \qquad p'_x = p_x^{1+\alpha},$$

und wenn wir durch Verdopplung, Verdreifachung usf. weitere Tafeln ableiten wollen, so kann dies mühelos geschehen, wenn wir für jedes Alter die Größen

(8) $$\frac{l'_x}{l_x} = \frac{l''_x}{l'_x} = \frac{l'''_x}{l''_x} = \cdots = l_0^{-\alpha} l_x^{\alpha} = \lambda_x$$

berechnet haben. Wir können aber diese Werte direkt zur Berechnung der D_x der verschiedenen Tafeln verwenden, denn offenbar ergibt sich

(9) $$D'_x = D_x \cdot \lambda_x, \qquad D''_x = D'_x \cdot \lambda_x = D_x \cdot \lambda_x^2, \quad \text{usw.},$$

so daß die mühevolle Ausrechnung der Kommutationstafeln auf direktem Wege erspart bleibt. Hinsichtlich der Berechnung der Prämienreserven wird man aber in der Praxis wohl stets nur eine Tafel verwenden, welche den mittleren Sätzen der Prämienreserven unter Rücksicht auf

Beitritts-alter	Nettoprämie	Nettoreserve nach Jahren			
		3	5	10	15
20	40,12	100,46	174,97	391,95	662,00
30	40,88	100,55	174,97	391,34	660,53
40	42,98	101,90	176,82	392,36	657,95
50	49,64	107,10	183,45	394,60	649,01
60	68,73	117,66	196,78	397,77	623,50
20	41,34	98,67	172,13	387,43	657,90
30	42,27	98,79	172,18	386,74	656,15
40	44,81	100,46	174,48	388,12	653,18
50	52,85	106,94	182,87	391,64	643,06
60	75,90	120,33	200,29	399,43	617,49
20	43,83	95,14	166,56	378,50	649,67
30	45,09	95,33	166,70	377,64	647,36
40	48,52	97,75	170,01	379,95	643,68
50	59,37	106,91	182,17	386,70	631,89
60	90,19	125,69	207,64	404,37	607,01

die Zusammensetzung des Versicherungsstockes der minderwertigen Leben entspricht. So ergibt sich nach der amerikanischen Tafel bei $3^1/_2\%$ Zins und einer Erhöhung der Sterblichkeitssätze um 25, 50 und 75% vorstehender Vergleich für die Sätze der Nettoprämien und der Nettoreserven nach 3, 5, 10 und 15 Jahren bei der Versicherung auf Ab- und Erleben der Versicherungsdauer 20.

Die Unterschiede der Prämienreserven in den 3 Relationen sind keineswegs beträchtlich und die Berechnung der Reserve etwa auf Grund der für eine Sterblichkeitserhöhung von 50% ermittelten Sätze praktisch jedenfalls ganz unbedenklich.

Auch die Methode der Erhöhung der Sterbenswahrscheinlichkeiten, wie wir sie bisher betrachtet haben, bietet in der Praxis zweifellos Vorteile, welche sie gegenüber der Methode der Alterserhöhung gleichwertig erscheinen läßt, vorausgesetzt natürlich, daß man sich über den durchaus hypothetischen Charakter des Sterblichkeitsverlaufs hinwegsetzen will, welcher beiden in gleicher Weise anhaftet. Man kann aber, wenn man schon von Annahmen ausgeht, diese so formulieren, daß wenigstens den gewichtigeren Bedenken, welche man gegen beide Verfahren vorzubringen in der Lage ist, Rechnung getragen wird. Solche Bedenken wurden aber hauptsächlich dagegen geltend gemacht, daß bei beiden erwähnten Verfahren die Möglichkeit einer Einschätzung des Risikos über die ganze Versicherungsdauer vorgesehen erscheint, so daß das minderwertige Risiko dauernd mit einer Mehrprämie belastet wird. Man empfand dies als offenbare Ungerechtigkeit gegenüber der Behandlung der normalen Risiken, von welchen man eine höhere Prämie nicht begehren kann, wenn sie sich im Laufe der Versicherungsdauer als minderwertig erweisen, und man bemühte sich daher, Methoden zur Einführung zu bringen, welche zwar die Einhebung einer Mehrprämie für die ersten Jahre der Versicherung in einer dem Befunde des Risikos möglichst entsprechenden Höhe vorsehen, die Bezahlung der Mehrprämie jedoch auf eine gewisse Anzahl von Jahren beschränken, für welche man die Minderwertigkeitsursache mit einiger Wahrscheinlichkeit als bestehend annehmen zu dürfen glaubt. Wir haben schon an früherer Stelle gesehen, daß solche Erwägungen auch bei den Vorschlägen von Elderton und Lembourg eine Rolle spielen. Ob im übrigen für diese Jahre ein Prämienzuschlag oder aber ein Abzug vom Versicherungskapital für den Fall des vorzeitigen Ablebens vorgesehen wird, erscheint vom technischen Standpunkte ziemlich gleichwertig, wenngleich nur das erstere Verfahren Aussicht hat, in der Praxis Eingang zu finden.

Insbesondere in England hat man den vorliegenden Fragen Beachtung geschenkt. Man hat hier Methoden vorgeschlagen, welche einen Abzug von der Todesfallsumme in der Weise vorsehen, daß der Abzug für die ersten Versicherungsjahre gleichbleibend und späterhin allmählich abnehmend vorgesehen wird. Analog hat man dann einen mit der Versicherungsdauer abnehmenden Zuschlag zur Prämie empfohlen. Ja man ist in gewissem Sinne den umgekehrten Weg gegangen als es der ist, welcher bei Behandlung der Frage auf Grund statistischer Erfahrungsdaten vorgezeigt wäre, und hat untersucht, welche Übersterblichkeit durch bestimmt abgestufte Prämienzuschläge gedeckt werden kann. Daß hierbei die spezifische Art der Minderwertigkeit eine generelle Regelung verbietet, bedarf wohl keiner weiteren Erläuterung. Ebensowenig ist es aber zu bezweifeln, daß all diesen Versuchen eine größere Bedeutung auf dem Wege zu einer einwandfreien Lösung des Problems der Versicherung der minderwertigen Leben kaum zugestanden werden kann. Wäre man an Hand statistischer Daten über das Erfordernis an Mehrprämie im Hinblick auf ein bestimmt charakterisiertes Risiko bei Abschluß der Versicherung auch nur einigermaßen im Bilde, dann könnte allerdings die Vorschreibung einer Mehrprämie für eine Reihe von Versicherungsjahren als ein sehr bequemes Verfahren erscheinen, wenn diese jeweils in der Höhe des voraussichtlichen Bedarfs verlangt würde, zumal die Bildung der Rücklagen bei diesem Verfahren nicht beeinflußt würde. Aber einer solchen Methode werden stets schwere Mängel anhaften, weil die Versicherungskombination hierbei nicht recht berücksichtigt werden kann und zudem an eine gerechtere Rückerstattung nicht verbrauchter Mehrprämien an die Versicherten kaum zu denken ist. Man wird auch in all diesen Fällen die Berechnungen an eine wenn auch ganz hypothetische Sterbetafel anschließen müssen, in diesem Falle aber wieder Gefahr laufen, den technischen Apparat außerordentlich zu komplizieren.

Wir haben an früherer Stelle in Vorschlag gebracht, als Maßstab für das vom Versicherer zu übernehmende Risiko nicht, wie es oft geschieht, die Sterbenswahrscheinlichkeit oder die fernere mittlere Lebensdauer, sondern den hierfür von der Versicherungstechnik geschaffenen Begriff des durchschnittlichen mathematischen Risikos heranzuziehen. Er allein bietet den Vorteil, den Einfluß der Versicherungskombination korrekt zum Ausdruck zu bringen, und erstreckt sich gerade über jene Dauer, für welche die Übernahme des Mehrrisikos äußerstenfalls in Betracht kommt. Unter Heranziehung des mathematischen Risikos ist die durch eine gewisse Alterserhöhung gewährleistete Überdeckung des normalen Risikos genau zu überblicken und vor allem auch die Abhängigkeit der relativen Höhe dieser Überdeckung vom Beitrittsalter bei sonst gleicher Alterserhöhung um dieselbe Anzahl von Jahren zu erkennen. Bei der Methode der prozentuellen Erhöhung der Sterbenswahrscheinlichkeiten erscheint der Wert des durchschnittlichen mathematischen Risikos allerdings um denselben Prozentsatz erhöht wie die Sterbenswahrscheinlichkeiten selbst. Da aber der Wert des mathematischen Risikos bei sonst ganz verschiedenem

Verlauf der Sterbenswahrscheinlichkeiten ungeändert bleiben kann, so wird seine Berechnung immer dort gute Dienste leisten, wo es gilt, minderwertige Risiken sonst verschiedener Qualität vom Standpunkte des Versicherers aus zu vergleichen.

§ 29. Die biologische Begründung des Sterblichkeitsgesetzes im Hinblick auf die Versicherung der minderwertigen Leben.

Wir haben schon im vorhergehenden wiederholt Beziehung auf die analytische Darstellung des Sterblichkeitsverlaufs genommen, und es wird sich empfehlen, auf diesen Sachverhalt noch etwas näher einzugehen. Zunächst liegt kein Grund vor, dem Gompertz-Makehamschen Gesetze die Möglichkeit der Darstellung des Sterblichkeitsverlaufes minderwertiger Risiken abzusprechen. Sehen wir doch, daß eine Reihe von Tafeln nichtnormaler Risiken nach dieser Formel ausgeglicher wurden, daß die Formel bei ausgewählten Risiken in gleicher Weise wie bei der allgemeinen Bevölkerung bei der Herstellung der Sterbetafeln gute Dienste leistet. Aber auch zur Herstellung von Absterbetafeln spezieller Risikoklassen wurde sie herangezogen, wie die Sterbetafeln für minderwertige Risiken von Blaschke erweisen.

Freilich wird man fürs erste dem Gompertz-Makehamschen Gesetz eine solche Universalität nicht beimessen wollen. Wenn wir an die Versuche der englischen Aktuare denken, Tafeln der minderwertigen Leben auf hypothetischem Wege herzustellen, wenn man erwägt, daß die Gründe, welche für eine begrenzte Dauer der Minderwertigkeit angeführt wurden, nicht gut von der Hand zu weisen sind und sich dessen bewußt bleibt, daß das Makehamsche Gesetz die Sterblichkeit in den jüngsten Altern, wo in mancher Hinsicht die Sterblichkeit einen gewissen Klassen von Minderwertigen vergleichbaren Verlauf nimmt, nicht genügend darzustellen vermag, dann wird man von einem Versuch nicht viel erwarten dürfen, welcher sich an eine recht spezielle Annahme bindet. Wir dürfen aber doch nicht übersehen, daß das Makehamsche Gesetz tatsächlich eine in recht weiten Grenzen gültige Anpassungsfähigkeit erwiesen hat, und wenn es auch sicherlich nicht geeignet ist, die Sterblichkeit spezieller Risikoklassen genügend darzustellen, so dürfen wir doch recht viel erwarten, wenn es sich um einen größeren Kreis minderwertiger Risiken handelt, bei welchem wohl der allgemeine Grad, nicht aber die spezielle Art der Minderwertigkeit in Betracht kommt. Gerade mit solchen Risikenkomplexen wird es aber die Versicherung der minderwertigen Leben in erster Linie zu tun bekommen, da doch auf eine zu weitgehende

Spezialisierung der Risiken schon wegen der mangelnden Stabilität der Erscheinungen eine Versicherungstechnik nicht abgestellt werden kann.

Wie dem auch sonst sei, erscheint es unter allen Umständen vorteilhaft, aus der biologischen Begründung des Makehamschen Gesetzes die Folgerungen zu ziehen, welche seine Anwendung und Nutzbarmachung im Rahmen der Versicherung der minderwertigen Leben begrenzen. Zu diesem Behufe wollen wir die Begründung des Gesetzes, wie sie von Lazarus gegeben wurde, hier kurz in Erinnerung bringen.

Wenn wir die Abnahme der Lebenskraft als eine Ursache betrachten, welche körperliche und geistige Leiden der verschiedensten Art, Krankheit und Tod hervorruft, so scheinen diese Wirkungen gänzlich unregelmäßig zu verlaufen und jeder Vorhersage zu spotten. Wenn aber bei Massenbeobachtungen jede dieser verschiedenen Wirkungen mit einer gewissen Regelmäßigkeit auftritt, so ist es naheliegend, diese einem entsprechenden abgesondert zu denkenden Teil der allgemeinen Ursache zuzuschreiben. Man kann in einer solchen Zerlegung der Ursache geradezu das Haupthilfsmittel erblicken, welches die Methode der Massenbeobachtung zur Aufdeckung neuer Wahrheiten in Anwendung bringen kann. Die Natur der Ursachen bleibt uns allerdings verborgen. Aber in allen Fällen, in denen eine Wirkung zutage tritt, schließen wir auf eine diese Wirkung hervorbringende Ursache. Je einfacher und je getrennter von anderen Erscheinungen die Wirkung auftritt, um so eher gelingt die Analyse der Ursache.

In diesem Sinne kann man das Sterben, welches die Massenbeobachtung als mit vollständiger Regelmäßigkeit auftretend erkennen läßt, als die Wirkung einer besonderen Ursache ansehen. Es läßt sich nun zeigen, daß die wirklich beobachtete regelmäßige Sterblichkeit aus sehr einfachen Voraussetzungen hinsichtlich dieser Ursache erklärt werden kann.

Wir werden uns das Leben im Gegensatz zum Sterben durch eine Kraft bewirkt denken können, deren Abnahme sich durch die eintretenden Todesfälle kundgibt. Diese Abnahme dz im unendlich kleinen Zeitteilchen ist als die Todesursache anzusehen. Das Produkt derselben mit der Anzahl der Lebenden muß dann gleich sein der Anzahl der im nächsten Moment Sterbenden, mithin

$$(10)\qquad \begin{aligned} dz \cdot L_{(x)} &= -dL_{(x)} \\ dz &= -d\log L_{(x)}, \end{aligned}$$

d. h. die Todesursache ist gleich der Wahrscheinlichkeit, im nächsten Moment zu sterben. Es folgt dann

$$(11)\qquad \begin{aligned} -z &= \log\frac{L_{(x)}}{A} \\ L_{(x)} &= A \cdot e^{-z}. \end{aligned}$$

Hieraus ist zu erkennen, welche Form $L_{(x)}$, die Zahl der Lebenden des Alters x, als Funktion dieses Alters annehmen muß, wenn für z bestimmte Annahmen gemacht werden. Insbesondere ersieht man, daß $L_{(x)}$ in der Form des Produktes erscheint, wenn z gleich der Summe mehrerer Funktionen gesetzt wird. Betrachtet man allgemein dz als die den Tod im nächsten Moment herbeiführende Ursache, so bleibt die vorhergehende Ableitung gültig, auch wenn dz die Änderung nicht nur einer einzigen, sondern der Summe verschiedener Kräfte ausdrückt. Ob die Todesursache in der Abnahme einer der lebenserhaltenden Kräfte oder in einer anderen direkt den Tod herbeiführenden Kraft gefunden wird, bleibt ebenfalls ohne Einfluß auf die vorhergehende Ableitung. Wenn dz die im nächsten Moment wirkende Todesursache ist, so ist z, die Gesamtsumme der Kräfte, welche den Tod verursacht haben, eine Kraft, welche umgekehrt proportional sein muß der Widerstandsfähigkeit gegen den Tod.

Um vom nächstliegenden auszugehen, wollen wir annehmen, daß das Sterben lediglich eine Folge der Abnahme der Widerstandskraft y gegen den Tod sei. Es gelte weiter die Annahme, daß das Differential dieser Widerstandsfähigkeit der Widerstandsfähigkeit selbst proportional sei. Wenn also $z = \frac{1}{y}$ ist, so folgt

$$y = \frac{1}{z} \qquad \text{und} \qquad dz = -\frac{dy}{y^2}.$$

Es ist nun

$$dy = \log\frac{1}{c}\cdot y\cdot dx;$$

$$\frac{dy}{y} = \log\frac{1}{c}\cdot dx,$$

$$y = \frac{1}{\log\frac{1}{b}}\cdot\frac{1}{c^x};$$

Weil

$$z = \frac{1}{y} = \log\frac{1}{b}\cdot c^x,$$

so folgt

$$L_{(x)} = A\cdot e^{-z} = A\cdot b^{c^x}. \tag{12}$$

Es ist dies die bekannte zuerst vom Gompertz aufgestellte Formel, welche den Sterblichkeitsverlauf jedoch nicht für größere Altersstrecken befriedigend wiederzugeben vermag. Wollte man sie für die ganze Sterblichkeitstafel anwenden, so müßte man den Wert der Konstanten der Formel wenigstens dreimal ändern. Wird nämlich die Abnahme der Widerstandsfähigkeit dieser selbst proportional gesetzt und diese Verminderung als alleinige Todesursache angenommen, dann wird offenbar in den höheren Altersklassen, wo die Widerstandskraft selbst schon gering geworden ist, auch die angenommene Abnahme derselben ungemein klein werden. Die Folge davon ist, daß man unter dieser Annahme für die $L_{(x)}$ in diesen Altersklassen zu hohe Werte erhält. Hier ist also die wirkliche Sterblichkeit beträchtlich größer als die aus der Formel berechnete. Makeham macht daher die Annahme, daß die Kraft, deren Differential als Todesursache gilt, aus zwei voneinander unabhängigen Kräften besteht, die mit v und w bezeichnet werden mögen. Von diesen wirkt v ganz in der Weise, wie es die Hypothese von Gompertz fordert, so daß

$$v = \log\frac{1}{b}\cdot c^x, \tag{13}$$

während die andere w für die ganze Lebensdauer konstant angenommen wird. Setzt man

$$d\,w = \log\frac{1}{a}\cdot d\,x$$

so folgt

$$w = x\cdot\log\frac{1}{a}.$$

Die Integrationskonstante entfällt, da man sich diese in $\log\frac{1}{a}$ enthalten denken kann. Mithin folgt

$$z = v + w = \log\frac{1}{b}\cdot c^x + x\cdot\log\frac{1}{a},$$

und da

$$L_{(x)} = A\cdot e^{-z},$$

so folgt

$$L_{(x)} = A\cdot e^{\log b\cdot c^x + x\cdot\log a} = A\cdot b^{c^x}\cdot a^x. \tag{14}$$

Die Formel besagt bekanntlich, daß die Logarithmen der Wahrscheinlichkeiten, eine bestimmte Zeitstrecke zu durchleben, abgesehen von einer hinzutretenden Konstanten, für äquidistante Werte des Alters dem Bildungsgesetze einer geometrischen Reihe folgen. Für die Sterbensintensität folgt hieraus der Ausdruck

$$\mu_x = a + b\cdot q^x, \tag{15}$$

wo die neuen Konstanten a, b und q durch

$$-\log a \text{ und } -\log b\cdot\log c \text{ und } c \text{ bzw.}$$

definiert sind.

In der Formel für die Sterbensintensität kommt jedem der 3 Parameter seine bestimmte charakteristische Bedeutung zu. q ist eine für die Abnahme der Widerstandsfähigkeit charakteristische Konstante und im übrigen jene, welche den stetig ansteigenden Verlauf der Sterblichkeitskurve bestimmt. a drückt das rein zufällige Moment beim Verlauf der Sterblichkeit aus. Dieser Parameter wird daher vor allem die auf die Lebensdauer Einfluß übenden aber außerhalb des Individuums gelegenen Umstände wie Beruf, Lebensweise, Klima u. a. zum Ausdruck bringen müssen. Eine Änderung dieses Parameters bewirkt nur eine Verschiebung der Sterblichkeitskurve im Sinne der Ordinatenachse, ohne dabei die Form der Kurve bei Festhaltung der beiden anderen Parameter zu ändern. Eine Änderung des Parameters b endlich wirkt stets im Sinne einer Vergrößerung oder Verkleinerung der Widerstandsfähigkeit. Sie hat, ohne an dem charakteristischen Verlauf der Sterblichkeitskurve etwas zu ändern, nur eine Verschiebung derselben im Sinne der Abszissenachse im Gefolge. Wir können jede solche Änderung von b auch dadurch erhalten, daß wir das Alter x um einen bestimmten Betrag erhöhen oder erniedrigen. Wir können daher auch sagen, daß eine Erhöhung des Parameters b im Sinne einer Hinaufsetzung aller Alter um dieselbe konstante Größe wirkt, also auf eine Alterserhöhung in dem früher oft erwähnten Sinne hinausläuft.

Steht man daher nicht an, dem Makehamschen Gesetz auch für minderwertige Risiken die Darstellungsmöglichkeit des Sterblichkeitsverlaufes zuzugestehen, dann kann unzweifelhaft ein näheres Eindringen in die Bedeutung der 3 Parameter auch für die Versicherung der minderwertigen Risiken recht zweckdienlich sein, und Lembourg betont mit Recht, daß in Erkenntnis dieses Sachverhaltes wohl niemals der Versicherungstechnik das Versehen unterlaufen wäre, dem Problem der Versicherung der Minderwertigen einfach durch Abkürzung der Versicherungsdauer beikommen zu wollen.

Man kann aber auf Grund der biologischen Bedeutung der 3 Parameter die für die Charakterisierung eines Risikos maßgebenden Umstände durch entsprechende Änderung der 3 Parameter auszudrücken versuchen, und es wäre denkbar, eine Gruppierung der minderwertigen Risiken derart vorzunehmen, daß die Parameter zunächst auf Grund von Einschätzungen bestimmt und im Verlaufe der Zeit mit der fortschreitenden Erfahrung allmählich berichtigt und festgelegt würden. Man darf aber offenbar nicht erwarten, durch ein solches Verfahren mehr wie eine grobe Annäherung an den Sterblichkeitsverlauf der minderwertigen Risiken erreichen zu können, da aus den früher erwähnten Gründen die Selektion bei diesen Risiken eine erhebliche Rolle spielt. Auch ist nicht zu übersehen, daß diesem Verfahren in der Praxis Schwierigkeiten gegenüberstehen, weil es zu einer recht weitgehenden Differenzierung der Risiken hindrängt.

§ 30. Der Vorschlag Höckners.

Höckner betont, daß bei der Frage der Versicherung nichtnormaler Risiken dreierlei Ansichten zur Geltung kommen. Die einen streben nach Einfachheit und Übersichtlichkeit und sehen gern über Ungenauigkeiten und wohl auch Ungerechtigkeiten hinweg. Andere vertreten das gegenteilige Extrem und wollen womöglich jedem Risiko eine individuell bemessene Beitragsleistung berechnen. Den dritten endlich liege nur daran, möglichst hohe Beitragsleistungen zu erzielen. Ein Erfolg sei nur von einer Verbindung aller drei Grundsätze zu erwarten, wobei es aber als selbstverständliche Pflicht zu gelten habe, daß von einem höheren Risiko auch eine höhere Prämie verlangt werde. Eine befriedigende Bemessung der Mehrprämie für ein höheres Risiko könne aber nur dort angestrebt werden, wo für die Berechnung der normalen Prämien und Deckungsmittel genügend korrekte Methoden durchgebildet worden sind.

Über die Art und Form der Mehrprämie seien mancherlei Festsetzungen möglich, doch müsse diese oder ihre Verwendungsart immer der besonderen Gefahr angepaßt werden, zu deren Deckung sie bestimmt erscheint. Hieraus folgt aber, daß allemal dann, wenn der Eingang der Mehrprämie dem besonderen Bedarf nicht entspricht, Rücklagenbildung nicht vermieden werden kann.

Höckner ist der Ansicht, daß sich nach dem heutigen Stande unseres Wissens bei nichtnormalen Risiken über die Größe und Verteilung der Gefahr auf die einzelnen Versicherungsjahre zu technischen Berechnungen geeignete Annahmen nicht machen lassen. Er hält daher einen gleichbleibenden jährlichen Zuschlag zur Prämie, aus welchem Rücklagen nicht zu legen sind, für sachgemäß und entsprechend.

Bezeichnet daher ΔP_x den Prämienzuschlag, P_x die Prämie des x jährigen und ${}_nV_x$ das Deckungskapital nach n Jahren, demnach $1 - {}_nV_x$ das reduzierte Kapital, und sei k der Satz der laufenden Kosten und i der Zins. Dann ist am Ende des Jahres

$$\Delta P_x (1 - k)(1 + i) \tag{16}$$

mehr vorhanden, als zur Deckung der normalen Sterblichkeit erforderlich ist, und dieses Mehr kann dann zur Deckung der Übersterblichkeit Verwendung finden. Es kann mithin, ohne daß ein Verlust entsteht, in der ganzen Gruppe der mit dem Zuschlag ΔP_x versicherten Personen je einmal auf

$$\frac{1 - {}_nV_x}{\Delta P_x (1 - k)(1 + i)}$$

Personen die versicherte Summe mehr ausbezahlt werden, als dies bei normal versicherten Risiken der Fall ist. Im n ten Versicherungsjahr wird daher durch den Zuschlag ΔP_x eine Mehrsterblichkeit von

$$1 : \frac{1 - {}_nV_x}{\Delta P_x (1 - k)(1 + i)} = \frac{\Delta P_x (1 - k)(1 + i)}{1 - {}_nV_x} \tag{17}$$

gedeckt. Weil der Zähler mit wachsender Versicherungsdauer konstant bleibt, während der Nenner bei den gebräuchlichen Versicherungsarten mit wachsendem n abnimmt, so deckt hier eine konstante Zuschlagsprämie ohne jede Reservebildung eine mit der Versicherungsdauer zunehmende Sterblichkeit und ist daher für das letzte Versicherungsjahr entbehrlich.

Ein solches Verfahren wird natürlich nur dann befriedigen können, wenn unter der Annahme, daß die Zuschlagsprämie wenigstens für die ersten Versicherungsjahre angemessen erscheint, die Steigerung der Sterblichkeit während der Versicherungsdauer mit der Verminderung des reduzierten Kapitals annähernd im Einklange steht. Das ist aber sicherlich nicht zu erwarten. Man wird daher von der Rückverrechnung nichtverbrauchter Überschüsse in den späteren Versicherungsjahren an die Versicherten ausgiebigen Gebrauch machen müssen. Immerhin erscheint auch dieses Verfahren rationeller als die Alterserhöhung, welche Prämienerhöhungen gibt, welche in jungen Beitrittsaltern hinter dem Erfordernis meist zurückbleiben, während sich in höheren Beitrittsaltern auch bei relativ geringeren Alterserhöhungen Prämienzuschläge ergeben, welche meist über das Erfordernis hinausgehen.

§ 31. Die Methoden der Bemessung des Risikos.

In allen bisherigen Betrachtungen haben wir auf die eigentliche Schwierigkeit beim Problem der Versicherung der minderwertigen Risiken noch gar keinen Bezug genommen. Die vorgebrachten Methoden stellen sich als Versuche dar, wie der Techniker das Mehrrisiko gegenüber dem Normalrisiko berücksichtigen kann, wenn er für dessen Bemessung ziffernmäßige Daten zur Verfügung hat, welche ihm gestatten, die fragliche Alterserhöhung, den Prozentsatz, um welchen die Sterbenswahrscheinlichkeiten zu erhöhen sind, die Höhe der Parameter in der Sterbeformel oder gar die Zuschlagsprämie selbst ableiten zu können. Das gleiche gilt dann auch von den weiteren Umständen, welche die voraussichtliche Erhöhung des Risikos zeitlich begrenzen, und von allen zur speziellen Charakteristik des Risikos erhaltenen Angaben. Unser Bestreben muß darauf gerichtet sein, aus der Charakteristik des Risikos, wie sie in Form der Ergebnisse der ärztlichen Untersuchung und der sonstigen vom Versicherer angestellten Erhebungen vorliegt, ziffernmäßiges Material abzuleiten, auf welchem die technischen Berechnungen aufgebaut werden können.

Als Ziel müßte hier ins Auge gefaßt werden, jenen Zustand herzustellen, den wir bei der Versicherung der normalen Risiken haben. Hier genügt die Bezeichnung des Risikos als „normal", um dem Techniker die Benutzung der Sterbetafel der normalen Risiken freizugeben. Der Sinn dieses Verfahrens ist aber auch hier nicht etwa der, daß die Risiken, abgesehen von dem Lebensalter, untereinander gleichwertig erscheinen, sondern vielmehr die Annahme, daß die durchschnittliche Qualität der Risiken hinsichtlich der zu erwartenden Sterblichkeit jene

Ziffern ergeben würde, welche in der benutzten Sterbetafel zum Ausdruck gebracht sind. Läßt man nun auch die Risiken, welchen das Prädikat „normal“ nicht mehr zuerkannt wird, zur Lebensversicherung zu, dann würde sich in Folgerichtigkeit des bei den normalen Risiken eingehaltenen Verfahrens in erster Linie die Zusammenfassung von Risiken vergleichbarer Qualität zwecks einheitlicher Behandlung seitens des Technikers von selbst darbieten. Eine allzu weitgehende Differenzierung erscheint hierbei schon vom Standpunkte der Wahrscheinlichkeitsrechnung als aussichtslos. Wir müssen uns auf einige wenige „Klassen“ von minderwertigen Risiken beschränken. Wie viele solcher Klassen für die praktische Durchführung der Aufgabe nötig sein werden, läßt sich a priori nicht entscheiden. Pedersen hebt hervor, daß für die minderwertigen Leben eine Sterblichkeitstabelle in Anwendung zu kommen habe, welche für jedes Alter die maximale Sterblichkeit für den hiernach versicherten Bestand angibt. Hierbei ist aber eine praktische Grenze durch den Umstand gezogen, daß die Prämien nicht so hoch werden dürfen, daß sie der Versicherte im Hinblick auf seinen Gesundheitszustand als unangemessen empfindet. Dazu kommt, daß die Vereinigung von Risiken erheblich verschiedener Qualität in einer Klasse auch vom Standpunkte der Gerechtigkeit vermieden werden muß. Blaschke betont, daß man abnormale, durch verschiedene Kriterien charakterisierte Leben in derselben Gefahrenklasse dann vereinigen könne, wenn die Unterschiede in den zu erwartenden Sterblichkeiten nicht derart groß sind, daß sie für die Versicherungswerber erkenntlich werden. Das Problem ist dann auf die Berechnung von Mittelwerten abgestellt, ganz so, wie dies auch bei der Versicherung der normalen Risiken der Fall ist. Zudem wäre die Aufrechterhaltung sehr zahlreicher Gefahrenklassen auch vom Standpunkt der Durchführbarkeit der Berechnungen zu vermeiden.

Der weitaus überwiegende Teil der in den letzten Jahrzehnten zur praktischen Durchführung gelangten Versuche der Versicherung der minderwertigen Risiken hat sich denn auch den Standpunkt zu eigen gemacht, daß die Einteilung der minderwertigen Risiken in Gefahrenklassen als geeignete Basis zu benutzen sei. Alle Versuche aber, welche auf die Klasseneinteilung verzichten, demnach eine mehr kontinuierliche Charakterisierung des Risikos vom normalen bis zum Risiko schlechtester Qualität anstreben, werden genötigt sein, auf eine Fundierung der Versicherung der Minderwertigen auf statistisches Erfahrungsmaterial hinsichtlich des Absterbens dieser Risiken verzichten zu müssen, weil solches Material in so weitgehender Differenzierung offenbar nicht erhalten werden kann. Solche Versuche können demnach in der Charakterisierung der Minderwertigkeit weiter gehen, als dies im Rahmen eines Klassenschemas möglich ist. Hinsichtlich des späteren Verlaufs der Sterblichkeit der Minderwertigen müssen sie aber von Annahmen

Gebrauch machen, deren gebräuchlichste die ist, daß das minderwertige Leben einem normalen Leben höheren Alters vergleichbar ist. Andere Möglichkeiten als die beiden genannten gibt es nicht. Die Einteilung der Minderwertigen vermittels Gefahrenklassen stellt sich als folgerichtiger Ausbau der Normalversicherung unter Erhaltung der dort maßgebenden Methoden dar. Die Methoden, welche von einer individuelleren Auffassung des Risikos ausgehen, erzwingen den Gewinn einer allerdings ins Gewicht fallenden Vereinfachung des Rechenapparates mit dem Abrücken von dem festen Boden der Normalversicherung und mit der Preisgabe der Möglichkeit, statistische Forschungsergebnisse hinsichtlich des Absterbens der Minderwertigen verwerten zu können. Wie schon erwähnt, ist auch die Gesamtheit der normalen Risiken als eine Klasse von Versicherten aufzufassen, deren Individuen hinsichtlich Qualität recht differenziert erscheinen. Die Notwendigkeit einer mehr individuellen Bemessung der minderwertigen Risiken kann demnach, selbst wenn eine solche Bewertung möglich wäre, nicht aus der Versicherung der normalen Risiken abgeleitet werden. Daß aber an die Ableitung von Sterblichkeitserfahrungen aus einem derart zersplitterten Materiale nicht gedacht werden kann, bedarf keiner näheren Ausführung.

Vom Standpunkte einer hypothesenfreien Lösung des Problems bietet sich daher die Einteilung der minderwertigen Risiken in Gefahrenklassen als der einzig gangbare Weg dar. Man hat übrigens auch einen Mittelweg eingeschlagen und die Einschätzung der Risiken nach möglichst individuellen Gesichtspunkten vorgenommen, hingegen trotzdem auf die Einteilung der Risiken in Klassen nicht verzichtet, ein Verfahren, das uns noch späterhin beschäftigen wird.

Jedenfalls ist die Sammlung statistischen Materials der einzig reelle Weg, welcher zur Erreichung des gesteckten Zieles gangbar erscheint. Auf diesem Wege ist demnach einmal die Erfahrungsgrundlage für die Einschätzung der Risiken zu schaffen, und dann das Material zwecks Ableitung von Absterbeordnungen aufzubereiten. Während man nun in Verfolgung des ersten Zieles schon erheblich weit gekommen ist, ist die Herleitung von Absterbeordnungen für minderwertige Leben bislang nur unter Heranziehung von Hypothesen möglich gewesen. Dieser Stand der Behandlung des Problems liegt in der Natur der Sache. Über die Gefahr, welche mit der Aufnahme eines Risikos verbunden ist, läßt sich für den Zeitpunkt der Aufnahme offenbar an Hand auch heute schon zur Verfügung stehender statistischer Daten leichter etwas aussagen als über das Verhalten der Sterbenswahrscheinlichkeiten minderwertiger Leben bestimmter Charakteristik während der Dauer der Versicherung, da in dieser Beziehung Erfahrungsdaten erst dann zu erwarten sind, wenn die Versicherung der minderwertigen Risiken in großem Stile durch eine genügende Reihe von Jahren betrieben sein wird.

Die Erfahrung hat übrigens auch ergeben, daß hinsichtlich der Einschätzung der Risiken nach dem Grade der Minderwertigkeit vielleicht ein zwangläufiges Verfahren, welches dieselben Resultate hinsichtlich verschiedener Risiken gleicher Qualität gewährleistet, gar nicht unbedingt nötig erscheint. Worauf nicht verzichtet werden kann, das ist die Erreichung einer möglichst konstanten durchschnittlichen Qualität innerhalb der Risikoklassen, eine Forderung, welche auch die Versicherung der normalen Risiken beherrscht. Dieses Ziel läßt sich aber, wie heute erfahrungsgemäß feststeht, auch erreichen, ohne daß die Charakteristik des minderwertigen Lebens durch den Arzt und die sonstigen Erhebungen mit den für den Versicherungstechniker tauglichen ziffernmäßigen Daten a priori in einen festen Zusammenhang gebracht werden. Selbstverständlich erscheint die Klarlegung dieses Zusammenhanges immer als erstrebenswertes Ziel. Es kann aber nicht geleugnet werden, daß sich bei verständnisvollem Zusammenarbeiten aller mit der Auslese der Risiken beschäftigten Organe im Laufe der Zeit und mit dem Fortschreiten der Erfahrung in der Praxis ein Zustand herausstellt, welcher Fehleinschätzungen von Risiken ziemlich ausschließt, auch dann, wenn der ziffernmäßige Zusammenhang zwischen der Qualität des Risikos und der zur Deckung der Übersterblichkeit nötigen Erhöhung der Sterbenswahrscheinlichkeiten mehr instinktiv und gefühlsmäßig als systematisch erfaßt wird. Die Forderung, daß eine bestimmte Charakteristik des Risikos unter allen Umständen und jederzeit auch wieder zu gleicher Prämienerhöhung führen soll, scheint aber auch aus dem Grunde übertrieben streng, weil dasselbe Individuum unter sonst gleichen Umständen recht verschieden beurteilt werden kann und die ungeheure Mannigfaltigkeit der für die Beurteilung der Qualität eines Risikos in Betracht kommenden Momente eine solche eindeutige ziffernmäßige Fixierung ausschließt. Wir wollen auch hier, wie immer in der Versicherungstechnik, die begrenzte Gültigkeit des Rechenkalküls nicht übersehen, und von der Theorie nicht mehr verlangen, als die Praxis bedarf und verarbeiten kann.

Wir wenden uns nun der Besprechung jener Methoden zu, welche im Hinblick auf die Lösung der ersten Frage einer möglichst entsprechenden Einschätzung der Risiken in Vorschlag gebracht worden sind. Wir halten hierbei daran fest, daß wir nur eine Charakteristik des Risikos für den Zeitpunkt der Auslese verlangen, nicht aber etwa eine Aussage über die voraussichtlichen ferneren Lebensaussichten des in Frage stehenden Risikos. Die Beantwortung dieser letzteren Frage liegt gänzlich außerhalb des Vermögens des untersuchenden Arztes, beim normalen Leben geradeso wie beim minderwertigen. Eine Antwort ist nur durch statistische Untersuchungen zu erhalten, und solange diese ermangeln, muß sich die Technik mit wenn auch noch so vorläufigen und rohen Schätzungen begnügen. Viel aussichtsreicher als die Herstellung von Absterbeordnungen speziell charakterisierter Risiken erscheint aber der Versuch, an Hand vorhandener statistischer Untersuchungen über die Gefährlichkeit von Minderwertigkeitsursachen Aufschluß zu gewinnen. Hierzu bieten sich zwei Wege dar. Der eine von Blaschke gewiesene besteht in der sog. Todesursachenstatistik, d. h. in der Registrierung der aus einem Bestande normaler Leben hervorgegangenen Toten nach der Todesursache. Eine solche Statistik vermag über die relative Gefährlichkeit der zum Tode führenden Zustände der Risiken für die einzelnen Alter Aufschluß zu geben, und gestattet daher auch Rückschlüsse über die Gefährdung der Risiken bei Lebzeiten, sofern über die voraussichtliche Todesursache eine Aussage gemacht werden kann. Der andere Weg besteht darin, die von den Versicherungsgesellschaften bisher abgelehnten Risiken weiter zu verfolgen und aus dem so zu gewinnenden Materiale Schlüsse über den Einfluß der Ablehnungsursache auf die fernere Lebensdauer des Abgelehnten zu gewinnen. Die für die bisherigen praktischen Versuche der Lösung des Problems erforderlichen Daten sind auf den beiden genannten Wegen erhalten worden. Wir wenden uns zunächst der zweitgenannten Methode zu.

§ 32. Die Methode der Statistik der Abgelehnten.

Die Verwertung einer Statistik der Abgelehnten, d. h. jener Risiken, welche nicht zur Normalprämie Aufnahme finden, im Dienste der Lösung des Problems der Versicherung der minderwertigen Risiken geht auf einen Vorschlag von Palme zurück. Aber auch in Amerika wurde zu dem gleichen Zwecke das Verfahren seit langem angewendet. Wenigstens sind die Unterlagen für die Einschätzung der Risiken nach dem später zu besprechenden System der New-York an Hand von 20jährigen Untersuchungen der Sterblichkeitsverhältnisse von Abgelehnten gewonnen worden. Zunächst ist wohl die Frage zu beantworten, ob die Sterblichkeitsverhältnisse bei Abgelehnten mit denen bei minderwertigen Risiken ohne weiteres vergleichbar erscheinen. Das ist aber sicher nur bedingt der Fall. Denn einmal darf nicht angenommen werden, daß alle die, welche zu normalen Bedingungen nicht Aufnahme gefunden haben, zu irgendwie erschwerten Bedingungen die Versicherung abgeschlossen hätten. Andererseits aber muß erwartet werden, daß die Versicherung der minderwertigen Risiken, wenn einmal zur Einführung gebracht, recht zahlreiche Risiken anlocken wird, die bisher einen Versicherungsantrag gar nicht gestellt haben, demnach auch niemals in die Lage gekommen sind, abgelehnt zu werden, eben weil sie diese Ablehnung gescheut haben. Es wäre auch noch weiter zu erwägen, ob der Versicherungsstock von minderwertigen Risiken nicht im Laufe der Versicherungsdauer Änderungen hinsichtlich der Qualität durch die Antiselektion erleidet, welche an den Abgelehnten nicht zutage treten werden. Zumindest darf angenommen werden, daß Risiken, deren Qualität im Laufe der Zeit besser wird, Gelegenheiten benutzen werden, die Versicherung unter günstigeren Bedingungen, als die einstmals gebotenen waren, weiterzuführen oder wieder aufzunehmen, ein Umstand, der gewärtigen läßt, daß unter sonst gleichen Umständen die minderwertigen Risiken an Qualität schlechter als die Abgelehnten sein werden. Dies wird auch ausnahmslos durch die Erfahrung bestätigt, und man hat bei minderwertigen Risiken sonst gleicher Qualität gegenüber den aus der Abgelehntenstatistik erhaltenen Sterblichkeitsdaten eine Übersterblichkcit bis zu 20% festgestellt.

Aber damit sind die Bedenken gegen diese Methode noch nicht erschöpft. Die Statistik der Abgelehnten ist, wie leicht einzusehen, sehr schwer durchführbar. Man ist dabei in der Regel auf die Mitwirkung außerhalb der Lebensversicherung stehender Personen angewiesen, und selbst unter günstigen Bedingungen wird ein erheblicher Rest von Risiken des ehemaligen Bestandes nicht bis zum Ableben statistisch zu verfolgen sein. Nachdem aber zu Lebzeiten der Risiken die statistische Erfassung wohl leichter gelingt als nach deren Ableben, wenn letzteres nicht zur Zeit bekannt geworden, so darf erwartet werden, daß gerade die Ziffern der Toten einer solchen Statistik nur zu leicht zu klein ausfallen werden, weil die nichtverfolgbaren Risiken eben zum großen Teile inzwischen gestorben sind.

Nach Mitteilungen von Dr. Tiselius im „Protokoll fördt vid mötet i Stockholm ar 1902 med ombud for skandinaviska og finska lifforsäkringsanstalter“ war die Sterblichkeit unter den Abgelehnten des Materials, welches das skandinavische Komitee für Untersuchungen der Sterblichkeit unter den weniger guten Risiken bearbeitete, in Prozent der Sterblichkeit nach der Tafel der 17 englischen Gesellschaften die folgende:

Altersgruppe	Ganzes Material	Schweden	Norwegen	Dänemark	Finnland
20—30	144,5	144,8	111,1	157,9	192,3
30—40	155,6	155,0	148,5	140,3	202,8
40—50	155,4	154,1	126,7	160,3	183,8
50—60	150,6	143,4	129,2	145,9	250,0
60—70	123,1	122,5	87,2	136,8	154,3
70—80	102,9				
80—90	114,3				

Das im Jahre 1898 eingesetzte skandinavische Komitee erhielt bei 10 231 Abgelehnten Auskünfte über 8208, von denen 2186 oder 26,6% gestorben waren. 18% der Abgelehnten konnten daher bei der Statistik nicht berücksichtigt werden, ein recht erheblicher Prozentsatz, der auf die Resultate sehr einwirken kann. Des Vergleiches halber wollen wir hier anführen, daß von den mit einschränkenden Bedingungen — Alterserhöhung oder Tarifänderung — angenommenen Risiken, welche von demselben Komitee untersucht wurden, bei 18132 Risiken mit 2638 oder 14,5% Todesfällen nachstehende Prozentsätze der Sterblichkeit im Vergleiche zu der nach der Tafel der 17 englischen Gesellschaften ermittelt werden konnten:

Altersgruppe	Prozentsatz
20—30	96,6
30—40	89,4
40—50	107,3
50—60	120,0
60—70	112,1
70—80	102,0
80—90	83,9

Untersuchungen der Sterblichkeit der Abgelehnten wurden auch von der Danmark, der Clerical, Medical and General Life Assurance Society, der New-York und anderen Gesellschaften angestellt. Untersuchungen auf breiter Basis verbieten sich aber hier von selbst.

Auf Grund der Sterblichkeitsverhältnisse unter den bei skandinavischen Gesellschaften mit beschränkenden Bedingungen angenommenen und unter den abgelehnten Risiken wurde vom Komitee eine Methode zur Versicherung minderwertiger Risiken ausgearbeitet, nach der mehrere schwedische Gesellschaften diesen Versicherungszweig aufgenommen haben.

Es stellte sich heraus, daß ein Zuschlag von 20% zur Sterblichkeit der 17 englischen Gesellschaften die Übersterblichkeit der ersten und ein Zuschlag von 50% die Übersterblichkeit der zweiten Gruppe kompensierte. Ist die Krankheitsanlage von der Art, daß sie voraussichtlich mit den Jahren aufhören wird, dann wird eine Zuschlagsprämie berechnet, welche 20 bzw. 50% der Prämie für die temporäre Todesfallversicherung beträgt. Neben diesen Maßnahmen wird auch von der Änderung der Versicherungsart und der Abkürzung der Versicherungsdauer Gebrauch gemacht.

§ 33. Die Sterblichkeitsuntersuchungen spezieller Minderwertigkeitsklassen.

Bevor wir in die Besprechung der von einer allgemeinen Analyse der Todesursachenstatistik zu erwartenden und bisher gewonnenen Resultate eintreten, müssen wir der speziellen Untersuchungen gedenken, welche die Untersuchung des Sterblichkeitsverlaufes von Risiken, welche durch besondere Minderwertigkeitsgründe charakterisiert sind, bisher ergeben haben. Man könnte der Meinung sein, daß durch solche Untersuchungen, welche wenigstens für die wichtigeren Minderwertigkeitsgründe zur Durchführung gelangen, eine direkteLösung des Problems der minderwertigen Risiken erzielt werden könnte, wenn es nämlich gelingt, für Risiken, welche zur Zeit der Auslese eine hereditäre Belastung hinsichtlich Tuberkulose, Krebs, Syphilis u. a. Krankheiten aufweisen, an solchen Krankheiten vorerkrankt waren oder gar noch erkrankt erscheinen, Absterbeordnungen aufzustellen, welche dann natürlich die Berechnung der Versicherungswerte unmittelbar gestatten würden. Wir dürfen aber nicht übersehen, daß ein solches Material, auch wenn es einigermaßen komplett in ausreichendem Umfange zu erlangen wäre, zwar die Herstellung der Absterbeordnungen gestattet, daß aber in dieser Form dem Techniker noch kaum gedient wäre, weil die dadurch hervorgerufene Komplizierung des Rechenapparates in der Praxis kaum ertragen werden könnte. Wohl aber sind solche Untersuchungen zur allgemeinen Bewertung und Einschätzung der Risiken sehr wertvoll, und die bisher angestellten Untersuchungen dieser Art auch schon von erheblichem Wert für die Praxis geworden. Allerdings sind solche Resultate bisher an dem Material eigentlich minderwertiger Leben noch nicht zu erhalten gewesen. Die Untersuchungen erstrecken sich ausnahmslos auf Risiken, welche trotz des nicht einwandfreien Befundes Aufnahme zu normalen Bedingungen gefunden haben oder aber auf angepaßte Risiken, demnach auf solche, die zu irgendwelchen erschwerenden Bedingungen aufgenommen worden sind.

An erster Stelle sind hier die Risikountersuchungen zu nennen, welche von 33 amerikanischen und 10 kanadischen Gesellschaften im Jahre 1910 begonnen wurden und in 4 Bänden als Reports on the Medico-actuarial Mortality Investigation erschienen sind. Der 1. Band enthält die Zahlen über die Sterblichkeit und die Körpermaße der normal versicherten Personen, deren Policen in den Jahren 1885—1900 ausgestellt wurden, und die Ableitung der Normal-Standard-Tafel. Band 2 enthält die Resultate über den Einfluß des Körperbaues auf die Sterblichkeit, die Frauensterblichkeit und die Todesursachenstatistik. Band 3 enthält die Untersuchungen über den Einfluß des Berufes auf die Sterblichkeit, und Band 4 behandelt die Sterblichkeitsergebnisse bei Risiken, welche hinsichtlich Status praesens, Anamnese oder Heredität Mängel aufzuweisen hatten. Dem gleichen Zwecke dient die im Literaturnachweis angeführte Arbeit von Rusher und Kenchington, welche in den Jahren 1903—1910 auf Grund des Materials der Prudential Assurance Company durchgeführt worden ist. Die Fülle des Materials gestattet nicht, in diesem Buche eine wenn auch nur ganz auszugsweise Wiedergabe der wesentlicheren Resultate zu geben. Im Jahrgang VII der Blätter für Vertrauensärzte der Lebensversicherung hat Braun über die beiden auch für die Versicherung der minderwertigen Risiken bedeutungsvollen Untersuchungen eingehender berichtet.

Ausführlichere Untersuchungen insbesondere über die Sterblichkeit von mit Tuberkulose und Syphilis belasteten Risiken hat auch das skandinavische Komitee angestellt. Die Untersuchungen erstrecken sich zum Teil auch auf abgelehnte Risiken. Die von G. Hedren bearbeitete Tuberkulosesterblichkeit aus dem Materiale der Thule läßt wegen des geringen Umfanges desselben entscheidende Schlüsse zur Beurteilung der Sterblichkeit noch nicht zu. Inzwischen hat aber das genannte Komitee auf Grund weit umfangreicheren Materials neue Ergebnisse veröffentlicht, auf welche wir in späterem Zusammenhange zurückkommen.

Bemerkenswertere Resultate ergab schon die Untersuchung von Tiselius hinsichtlich des Syphilismaterials von sechs schwedischen, einer dänischen, einer norwegischen und einer finnischen Gesellschaft, welches sich auf syphilisbelastete Risiken, die teils zur Normalprämie, teils zu erhöhter Prämie Aufnahme fanden, bezieht. Es ergab sich, daß die effektive Sterblichkeit in Prozent der Sterblichkeit der skandinavischen Tafel und der Tafel der 17 englischen Gesellschaften betragen hat:

Alter	Skand. Tafel	Tafel d. 17 engl. Ges.
20—30	185,0	102,8
30—40	184,6	106,7
40—50	196,7	143,3
50—60	165,6	141,3
60—70	142,9	132,4
70—80	106,7	100,0

Als praktisches Resultat der Untersuchungen ist zu vermerken, daß den schwedischen Gesellschaften anheimgegeben wurde, bei Versicherungen mit Syphilis behafteter Personen — wenn auch noch so lange Zeit seit der Infektion verflossen ist — als Minimalerhöhung für jedes Alter und sowohl für kurzfristige als für lebenslängliche Todesfallversicherung eine Alterserhöhung von 6 Jahren festzusetzen. Hierbei ist zu bemerken, daß diese Alterserhöhung im Hinblick auf den Umstand gewählt wurde, daß der größte Teil der Gesellschaften die Berechnungen auf Grund der Tafel der 17 englischen Gesellschaften anstellte.

Ähnliche Untersuchungen wurden auf Veranlassung von Florschütz durch Dr. Miyoshi unter Zugrundelegung des Materials der Gothaer Bank von 1867—1904 an Risiken, welche an akutem Gelenkrheumatismus vorerkrankt waren, angestellt. Solchen Untersuchungen wird heute immer mehr und mehr Bedeutung beigemessen, zumal sie nicht allein für den vorliegenden Zweck, sondern auch vom rein medizinischen Standpunkte wertvoll erscheinen müssen. Wenn einmal durch stetige Verbreiterung der Basis der Versicherung der Minderwertigen genügendes Material vorhanden sein wird, dann werden auch der Versicherungstechnik alle jene Daten zur Verfügung stehen, welche hinsichtlich der Vergleichbarkeit der Risiken untereinander oder auch mit normalen Risiken benötigt werden. Und nur hierauf kann es ankommen, wenn die Versicherung der minderwertigen Risiken durch einen Ausbau des bestehenden Rahmens der Versicherung der normalen Risiken gewonnen werden soll. Die Sterblichkeitsuntersuchung von Risiken spezieller Minderwertigkeit soll nicht dazu führen, die Ableitung von Sterbetafeln zu ermöglichen, welche für Risiken bestimmter Qualität Anwendung finden sollen. Das wäre ein viel zu weitgestecktes Programm, dessen Durchführung an der Zersplitterung des Materials und an der Unmöglichkeit seiner technischen Bewältigung scheitern müßte. Die Versicherungstechnik wird sich auch hier bescheiden müssen, und wir werden zufrieden sein, wenn solche Spezialuntersuchungen zunächst die Gewähr einer richtigen Einschätzung der Risiken liefern. Die Zusammenziehung von Risiken einigermaßen vergleichbarer Qualität zu Risikoklassen oder andere den Rechenapparat vereinfachende Annahmen werden sich auch dann noch als unvermeidlich erweisen. Für die Erreichung des ersteren Zweckes bietet sich aber in der Todesursachenstatistik ein außerordentlich wertvolles Hilfsmittel, dessen Besprechung wir uns nunmehr zuwenden.

§ 34. Die Todesursachenstatistik.

Der Gedanke, welcher eine Verwertbarkeit einer Todesursachenstatistik für das Problem der Versicherung der Minderwertigen erwarten läßt, ist recht naheliegend. Wenn wir die Toten, welche aus einem Bestande von normalen Risiken hervorgegangen sind, auf die einzelnen Todesursachen aufteilen, so wird sich zunächst herausstellen, daß dieselbe Todesursache für sämtliche Altersklassen gegenüber einer anderen Todesursache mehr oder weniger in Betracht kommt. Es wird sich aber auch erweisen, daß eine Todesursache ihre Bedeutung gegenüber den anderen nicht für alle Alter beibehält, sondern etwa in den höheren mehr, in anderen weniger hervortritt. Wir können demnach schon aus einer Todesursachenstatistik ehemals normaler Risiken für die einzelnen Alter den Begriff der Gefährlichkeit ableiten, welcher dazu führt, im Hinblick auf ein minderwertiges Risiko, welches zu einer bestimmten Todesursache prädisponiert erscheint, Schlüsse hinsichtlich der Gefährdung dieses Risikos ableiten zu können. Natürlich bleibt eine solche Schlußfolgerung immer etwas vage. Denn es steht in keinem Falle fest, daß eine Minderwertigkeitsursache mit der endgültigen Todesursache auch stets in einem Zusammenhange stehen wird. Daß ein solcher Zusammenhang aber im großen und ganzen besteht, ist durch die bisherigen Erfahrungsresultate einwandfrei festgestellt, wie wir an

Hand der statistischen Ergebnisse sehen werden. Solche Ergebnisse liegen aus Untersuchungen angepaßter Risiken zahlreich vor und gestatten auch, die Gefährlichkeit einer Minderwertigkeitsursache vermittels der Todesursachenstatistik ziffernmäßig abzugrenzen. Ein solcher Versuch ist z. B. von Pedersen unternommen worden.

Hier wird die Gefährlichkeit der Todesursache durch den Quotienten bestimmt, in dessen Zähler q die Wahrscheinlichkeit an einer bestimmten Todesursache zu sterben, und in dessen Nenner Q, die Sterbenswahrscheinlichkeit der allgemeinen Bevölkerung dänischer Städte, eingesetzt wird. Es bedeute dann:

1. Epilepsie.
2. Gehirnentzündung.
3. Tuberkulose in anderen Organen.
4. Gichtfieber.
5. Akute Infektionskrankheiten.
6. Unglücksfälle.
7. Bauchfellentzündung.
8. Lungentuberkulose.
9. Lungenhautentzündung.
10. Selbstmord.
11. Anämie.
12. Syphilis.
13. Lungenentzündung.
14. Zuckerkrankheit.
15. Brights Krankheit.
16. Rückenmarkkrankheit.
17. Herz- und Gefäßkrankheit.
18. Geisteskrankheit.
19. Alle anderen Krankheiten.
20. Chronische Gehirnkrankheit.
21. Krebs.
22. Alkoholismus.
23. Chronische Brustkrankheit.
24. Apoplexie.
25. Chronische Leberkrankheit.

15—24		25—34		35—44		45—54		55—64	
1	5,23	1	3,71	4	3,87	12	3,68	12	2,66
2	4,81	3	3,64	1	3,70	22	2,58	22	2,16
3	4,79	8	3,25	12	3,39	10	2,56	10	2,14
4	3,29	6	3,19	8	2,95	3	2,51	8	2,04
5	3,28	4	2,93	3	2,57	8	2,47	25	1,96
6	3,03	2	2,48	22	2,50	4	2,32	16	1,87
7	2,60	12	1,98	2	2,31	1	2,27	3	1,81
8	2,40	7	1,96	6	1,90	6	2,26	6	1,81
9	1,52	5	1,80	7	1,80	2	2,08	4	1,75
10	1,44	10	1,70	10	1,68	11	1,77	1	1,68
11	1,19	11	1,64	18	1,47	16	1,66	15	1,62
12	1,03	22	1,23	11	1,47	25	1,62	7	1,53
13	0,87	9	1,17	5	1,33	18	1,54	14	1,51
14	0,80	14	1,14	14	1,28	7	1,46	2	1,49
15	0,71	18	1,07	15	1,14	15	1,40	11	1,45
16	0,65	15	0,98	9	0,99	14	1,38	21	1,39
17	0,56	16	0,71	13	0,99	9	1,34	18	1,26
18	0,33	13	0,69	25	0,92	13	1,10	9	1,15
19	0,26	17	0,55	16	0,85	5	1,03	17	1,14
20	0,25	25	0,37	17	0,68	17	0,96	20	1,10
21	0,14	20	0,36	20	0,61	21	0,88	13	1,08
22	0,12	19	0,26	21	0,48	20	0,73	5	0,95
23	0,10	21	0,22	23	0,34	24	0,56	24	0,92
24	0,05	23	0,20	24	0,31	23	0,53	20	0,87
25	—	24	0,13	19	0,29	19	0,32	19	0,49

In der vorstehenden Tabelle ist für jede der Altersgruppen 15—24, 25—34, 35—44, 45—54, 55—64 in der ersten Kolonne die Todesursache geordnet nach ihrer Gefährlichkeit und in der zweiten der Quotient q/Q angegeben.

Man entnimmt aus der Tabelle deutlich die verschiedene Bedeutung, welche den einzelnen Todesursachen für die verschiedenen Altersklassen zukommt. Im besonderen, wie der Quotient q/Q mit wachsendem Alter sich mehr und mehr der Einheit nähert.

Aus dem Materiale der Gothaer Bank hat die Analyse der 22 017 in den Jahren 1829—1878 vorgekommenen Todesfälle nachstehende Promillesätze der Sterblichkeit an den angegebenen Krankheiten ergeben:

Altersklasse	Lungenschwindsucht	Typhus	Bösartige Neubildung	Gehirn- u. Geisteskrankh.	Akute Lungenkrankh.	Herz- und Gefäßkrankh.	Gehirnschlagfluß
15—20							
21—25	2,79 1	1,01 2	—	0,08 5	—	0,25 3	0,04 7
26—30	2,66 1	1,18 2	0,05 6	5	0,10 4	0,30 3	
31—35	2,43 1	1,05 2	0,11 6	0,40 3	0,28 5	0,34 4	0,11 7
36—40	2,81 1	1,08 2	0,28 6	0,55 3	0,32 5	0,50 4	0,24 7
41—45	2,94 1	1,13 2	0,51 6	0,64 4	0,57 5	0,76 3	0,36 7
46—50	3,37 1	1,21 3	0,95 4	0,78 7	0,88 5	1,42 2	0,88 6
51—55	3,90 1	1,49 4	1,31 5	0,88 7	1,28 6	2,34 2	1,59 3
56—60	4,05 2	1,76 6	2,26 4	1,60 7	1,78 5	4,21 1	2,91 3
61—65	4,80 2	1,91 7	3,91 4	2,38 6	3,21 5	5,95 1	4,32 3
66—70	4,06 5	2,18 7	4,92 4	3,32 6	5,82 3	10,40 1	8,10 2
71—75	2,07 6	1,50 7	5,74 4	3,95 5	9,46 3	15,34 1	12,75 2
76—80		1,45 6	4,95 5	5,19 4	15,93 3	23,29 1	16,41 2
81—85	1,22 7	2,25 6	5,56 4	3,38 5	18,76 2	12,76 3	21,76 1
86—90	—						

Neben den Promillesätzen der Sterbenswahrscheinlichkeiten sind mit den Ziffern 1—7 Wertigkeiten eingeführt, welche die Bedeutung der Todesursachen für die einzelnen Altersklassen näher veranschaulichen sollen. Man entnimmt aus der Tabelle, daß die Tuberkulose bis zum Alter 55 an erster Stelle steht und von hier ab allmählich hinter den Herz- und Gefäßkrankheiten, der Apoplexie u. a. an Bedeutung zurücktritt, obwohl der Promillesatz der Sterblichkeit noch für die Altersstufe 66—70 fast doppelt so hoch, für die Stufe 71—75 fast ebenso hoch ist wie für die jüngeren Altersstufen, welche für diese Todesursache besonders gefährdet gelten.

Einen weit wertvolleren Einblick gibt aber schon die dem gleichen Materiale entstammende folgende Tabelle, in welcher die Todesfälle auch in Beziehung zu dem ärztlichen Befund bei der Aufnahme gebracht sind. Man hat sich zur Charakterisierung der Befunde, hereditären oder anamnestischen Daten der folgenden Kennziffern bedient:

Et es war Tuberkulose nachgewiesen,
Ek es war Krebs nachgewiesen,
Eg es war Gicht nachgewiesen,
Eh es war Herzleiden nachgewiesen,
Ec es war Geisteskrankheit nachgewiesen.
C Konstitutionsanomalien:
Cp Hagerkeit mit Spuren von phthisischem Habitus,
Ca Korpulenz mit Spuren von apoplektischem Habitus.
A Krankheitsanlagen:
Ac Anlage zu Katarrhen,
Ag Anlage zu Gicht,
Ar Anlage zu Rheumatismus.
K Vorerkrankungen:
Ks der Versicherte hat an Skrofulose gelitten,
Kr der Versicherte hat an Gelenkrheumatismus gelitten,
Kl der Versicherte hat an Lungenentzündung gelitten,
Kv der Versicherte hat an Syphilis gelitten.

Gg bedeutet, daß das Risiko bei der Aufnahme frei von allen erkennbaren Krankheitsanlagen und ganz gesund befunden wurde. *E* bezieht sich auf die erbliche Veranlagung. Es ergab sich für alle Alter die folgende Beteiligung der angeführten Kennziffern an den im folgenden mit I—X bezeichneten Todesursachen:

	% aller Todesfälle	*Gg*	*Et*	*Ek*	*Eg*	*Eh*	*Ec*
I	11,63	10,1	23,7	10,5	10,2	10,0	10,3
II	10,89	11,1	10,0	10,4	10,1	0,3	6,2
III	2,46	2,4	2,5	3,4	2,4	0,0	4,1
IV	4,15	4,1	4,0	3,4	4,6	6,4	11,3
V	0,38	0,3	0,5	0,9	0,8	0,0	0,0
VI	5,81	5,0	5,0	5,1	6,6	12,9	6,2
VII	0,91	0,9	0,9	0,9	0,6	0,7	2,5
VIII	12,13	11,7	9,5	10,7	12,8	18,6	13,4
IX	5,04	5,0	4,1	9,3	4,8	4,2	7,2
X	1,86	1,9	1,6	1,8	1,4	0,0	3,1

	Cp	*Ca*	*Ac*	*Ag*	*Ar*	*Ks*	*Kr*	*Kl*	*Kv*
I	34,9	3,9	22,0	4,3	6,2	19,7	6,7	16,6	12,0
II	10,8	6,5	7,6	8,6	9,1	7,6	10,6	18,4	3,0
III	2,5	1,3	4,4	0,8	0,5	2,9	1,5	3,9	2,4
IV	0,7	4,9	1,8	4,8	4,3	5,5	2,3	2,5	6,0
V	0,3	0,8	0,0	0,0	0,9	0,8	0,4	0,5	5,0
VI	3,0	7,9	2,5	7,8	12,5	7,3	12,3	4,4	1,2
VII	0,9	0,0	0,6	1,2	2,9	1,3	5,9	1,4	1,2
VIII	5,4	26,2	10,7	16,7	14,4	8,0	10,8	9,8	8,0
IX	3,7	3,7	2,5	3,8	3,3	3,8	5,9	3,4	10,0
X	1,5	1,0	2,5	1,2	1,5	3,0	0,4	1,4	6,0

Unter den 10 angeführten Todesursachen sind zu verstehen:

I. Tuberkulose der Lungen.
II. Entzündliche Erkrankungen der Organe der Brusthöhle.
III. Chronische Erkrankungen der Lungenschleimhaut, Katarrh, Emphysem usw.
IV. Ohren-, Gehirn- und Rückenmarkskrankheiten.
V. Geisteskrankheiten.
VI. Gefäß- und Herzkrankheiten.
VII. Gelenkrheumatismus.
VIII. Apoplexie.
IX. Krebs.
X. Selbstmord.

Ein genaueres Studium der Tabelle, welches wir dem Leser überlassen, wird zwischen den Todesursachen und der Charakteristik des Risikos bei Antritt der Versicherung die interessantesten Zusammenhänge ergeben. Florschütz betont mit Recht, daß man nicht übersehen darf, daß die Tabelle aus dem Jahre 1879 stammt und Abhängigkeiten zutage fördert, an welche die medizinische Wissenschaft damals auch nicht im entferntesten gedacht hat. Wir selbst haben bei solchen Untersuchungen nur das Interesse im Auge, welches sie im Hinblick auf die Lösung unseres Problems bieten. Wir dürfen nicht übersehen, daß es sich hier um eine sehr viel weiter gesteckte Aufgabe handelt, während in der Gothaer Statistik nur angepaßte Risiken für die statistische Behandlung zur Verfügung standen. Aber das Verfahren wird im Wesen das gleiche sein, wenn es sich einmal darum handeln wird, Erfahrungen an eigentlich minderwertigen Risiken nutzbar machen zu wollen.

Von etwas anderen Gesichtspunkten aus hat Altenburger das neuere Todesursachenmaterial der Gothaer Bank und das aus ungarischen Versicherungen stammende Material bearbeitet. Altenburger ging direkt darauf aus, die Wirkung der ärztlichen Auslese zu prüfen, und nahm daher eine Einteilung der Todesursachen vor, welche sich an die Methoden der ärztlichen Frühdiagnose anschließt. Er unterscheidet deshalb die folgenden Gruppen von Todesursachen:

1. Gruppe: Tuberkulose und chronische Krankheiten der Atmungsorgane.

2. Gruppe: Alle sonstigen Krankheiten, deren Frühdiagnose auf Grund einer physikalischen Untersuchungsmethode möglich ist.

3. Gruppe: Alle Todesursachen, die auf Grund der Harnanalyse diagnostizierbar sind.

4. Gruppe: Alle Krankheiten, deren Frühdiagnose nur schwer möglich ist.

5. Gruppe: Alle Todesursachen, die infolge ihres inzidentalen Charakters einer ärztlichen Frühdiagnose überhaupt nicht zugänglich sind.

Die Untersuchungen wurden für die Altersgruppen 20—30, 31—45 und 46—60, und zwar getrennt für die ersten 5 Versicherungsjahre, geführt. Die Erfahrungen in den späteren Versicherungsjahren wurden zusammengefaßt. Für das Gothaer Material ergab sich als Wahrscheinlichkeit (pro Mille), in einer Altersperiode an einer einer bestimmten Gruppe von Todesursachen zugehörigen Krankheit zu sterben:

Gruppe der Todesursachen	Versicherungsjahr 1	2	3	4	5	6 u. folg.
			Alter 20—30			
I	0,950	2,186	2,977	2,527	3,180	2,729
II	0,110	0,334	0,379	0,435	0,367	0,514
III	0,183	0,048	0,189	0,261	—	0,136
IV	0,147	0,192	—	0,174	0,122	0,204
V	1,535	1,905	1,647	2,090	1,957	1,364
			Alter 31—45			
I	0,952	1,480	1,838	2,688	2,464	2,833
II	0,514	0,505	0,901	1,049	1,361	1,748
III	0,114	0,206	0,338	0,267	0,295	0,460
IV	0,380	0,412	0,919	0,553	0,690	1,405
V	2,359	2,321	2,307	2,650	2,778	2,840
			Alter 46—60			
I	1,338	1,927	3,127	3,159	2,866	3,992
II	1,338	1,619	2,247	2,369	3,232	4,363
III	0,335	0,462	0,781	0,593	0,427	1,606
IV	1,424	1,466	3,126	2,174	1,952	2,528
V	3,434	5,244	6,395	5,596	4,697	6,228

Solche Untersuchungen sind natürlich in erster Linie dazu bestimmt, über die Wirkung der ärztlichen Auslese selbst ein genaueres Bild zu erhalten. Immerhin sind sie für die Versicherung der Minderwertigen nicht ohne Interesse, da doch zu erwarten ist, daß die versicherbaren minderwertigen Risiken einen nicht unbeträchtlichen Teil derjenigen Todesursachen liefern, welche durch die ärztliche Auslese ferngehalten werden.

Wir hätten im Zusammenhange mit der Todesursachenstatistik noch die im Literaturnachweis aufgeführten Veröffentlichungen von Gollmer und Florschütz aus den Jahren 1906 und 1912, die sich auf das Material der Gothaer Bank beziehen, die im Zuge der Sterblichkeitsuntersuchungen von 34 amerikanischen Gesellschaften in 98 Risikoklassen veröffentlichten Resultate, sowie die von Blaschke bearbeitete Todesursachenstatistik aus dem Materiale der österreichischen Versicherten vom Jahre 1914 zu erwähnen, um nur die wichtigsten hervorzuheben. Die Medico-actuarial Mortality Investigation haben wir schon an früherer Stelle erwähnt. Für das Problem der Versicherung der minderwertigen Leben von besonderer Bedeutung erscheint aber die vom skandinavischen Komitee herausgegebene Undersökning av Dödligheten vom Jahre 1921.

Sven Palme hat in der Z. f. d. g. V. W. Bd. 22, S. 58 die wesentlichsten Resultate auszugsweise veröffentlicht. Neben den erhaltenen Resultaten erscheint auch die über Vorschlag von Dr. Lundberg in Anwendung gebrachte Methode bemerkenswert. Sie bezweckt, die gewünschten Resultate unter Ausschaltung der Ziffern der Lebenden allein durch eine Statistik der Sterbefälle zu erhalten und vermittelt so eine sehr bedeutende Arbeitsersparnis. Auf diesem Wege kann zwar eine Ermittlung der Sterbenswahrscheinlichkeiten nicht erfolgen, wohl aber kann das Verhältnis der Sterblichkeit der zu untersuchenden Klasse minderwertiger Leben zu der Sterblichkeit der normalen Leben gefunden werden, auf welches es bei der Feststellung der in Betracht kommenden Prämienerhöhung zunächst ankommt.

Das wesentliche Fundament der eingeschlagenen Methode besteht nach Palme in den folgenden Betrachtungen: Personen, die infolge erblicher Veranlagung für gewisse Krankheiten prädisponiert sind oder an gewissen Krankheiten leiden oder gelitten haben, werden mit größerer Wahrscheinlichkeit an einer dieser Krankheiten oder an Krankheiten, wozu jene Krankheiten Veranlassung geben können, sterben, als Personen ohne diese Krankheitsanlagen. Dagegen hat man keinen Grund, anzunehmen, daß die Sterblichkeit an Krankheiten ohne Zusammenhang mit der Krankheitsanlage größer als unter normalen Leben sei. Zählt man also die in einer gewissen Altersgruppe bei einer Klasse minderwertiger Leben eingetretenen Sterbefälle und die Sterbefälle, die in derselben Altersgruppe unter den normalen Leben eingetreten sind, so werden unter den ersteren die Sterbefälle an Krankheiten, die von der Krankheitsanlage beeinflußt sein können, verhältnismäßig häufiger vorkommen als unter den letzteren. Bildet man also die Quote der Sterbefälle an Krankheiten, von denen man annehmen kann, daß sie von der betreffenden Krankheitsanlage beeinflußt sein können, und der Sterbefälle an anderen Krankheiten, so ist diese größer für die Klasse minderwertiger Leben als für normale Leben, und diese Quote gibt uns eine Möglichkeit, die Übersterblichkeit im Verhältnis zur Sterblichkeit der normalen Leben zu bestimmen.

Die Grundlage für die Untersuchung bildet die Definition für das normale Leben, wie sie Blaschke (Denkschrift S. 21) gegeben hat: Das normale Leben (das Leben ohne Krankheitsanlage) ist ein solches, bei dem zur Zeit der Auslese kein Symptom für irgendeine das Durchschnittsleben verkürzende Todesursache konstatiert werden kann. Sodann der Pedersensche Satz: In jeder durch eine Krankheitsanlage charakterisierten Klasse minderwertiger Leben ist die Steigerung der

Sterbeintensität auf bestimmte Todesursachen oder bestimmte Kategorien von Todesursachen beschränkt, während die Sterbeintensität in jeder anderen Krankheit dieselbe wie für normale Leben ist.

Ist demnach ϱ_x die Sterbenswahrscheinlichkeit eines minderwertigen Lebens vom Alter x, q_x die Sterbenswahrscheinlichkeit eines normalen Lebens, dann kann unter Voraussetzung der Gültigkeit des Pedersenschen Satzes der Quotient $\frac{\varrho_x}{q_x}$ durch den Quotienten zweier neuer Verhältniszahlen ausgedrückt werden. Die eine ist das Verhältnis der Todesfälle unter den minderwertigen Leben zu den Todesfällen bestimmter Krankheitsanlagen, und die andere ist das gleiche Verhältnis für die normalen Risiken. Bezeichnet nun l_x die Anzahl der Lebenden des Alters x für die normalen Risiken, λ_x diese Zahl für die ins Auge gefaßte Klasse der Minderwertigen, d_x und δ_x die bezügliche Anzahl der Toten überhaupt und d_x^0 bzw. δ_x^0 die Anzahl der Toten, welche nicht an der für die betreffende Minderwertigenklasse charakteristischen Todesursache sterben, dann geht also das Komitee von der Annahme aus, daß

$$\frac{\delta_x^0}{\lambda_x} = \frac{d_x^0}{l_x} \qquad \text{oder} \qquad \varrho_x^0 = q_x^0 .$$

Hieraus wird dann für die Übersterblichkeit dieser Klasse der Ausdruck

$$(18) \qquad 1 + v_x = \frac{\varrho_x}{q_x} = \frac{\delta_x}{\lambda_x} : \frac{d_x}{l_x} = \frac{\delta_x}{\delta_x^0} \cdot \frac{d_x^0}{d_x}$$

abgeleitet.

Da die Untersuchungsmethode auf dem genannten Satz aufgebaut ist, wäre es von großer Bedeutung, über die Gültigkeit desselben Näheres zu wissen. In einer sehr bemerkenswerten Arbeit hat nun Braun dargelegt, daß vom Standpunkte des neuesten Hilfsmittels der theoretischen Statistik, der von G. U. Yule ausgebildeten Theorie der festen Merkmale (Theory of Attributes), hinsichtlich des vorliegenden skandinavischen Materials zweierlei zu erweisen ist:

1. Der Erfahrungssatz, daß jede Risikoklasse mit bestimmten Krankheitsanlagen eine höhere Sterblichkeit als die Risikoklasse ohne Krankheitsanlagen hat.

2. Daß in jeder Risikoklasse mit bestimmten Krankheitsanlagen eine zahlenmäßig erkennbare Abhängigkeit der Todesursachen von der betreffenden Krankheitsanlage vorhanden ist.

Im besonderen aber hat Braun aus den erwähnten theoretischen Untersuchungen heraus festgestellt, daß für eine Risikobewertung, der es nur darauf ankommt, die Übersterblichkeit der nichtnormalen Risiken gegenüber den normalen als Unterlage für die Prämienbemessung zu verwenden, der Pedersensche Satz einen vollkommen richtigen Ausgangspunkt bildet, wenn es sich darum handelt, die Prozentsätze der

Übersterblichkeit und auf Grund dieser eine numerische Risikobewertung abzuleiten. Der erste Teil des Pedersenschen Satzes bleibt nämlich nach den Untersuchungen von Braun voll aufrecht, während sich für die zweite Aussage des Satzes die annähernde Gültigkeit im Sinne der Theorie der festen Merkmale herausgestellt hat. Durch die Braunsche Arbeit erscheint somit die prinzipielle Bedeutung der von Palmquist bei der Bearbeitung des skandinavischen Materials verfolgten Methode erwiesen.

Die vom Komitee bewerkstelligte Untersuchung erstreckt sich auf 32580 in den Jahren 1895—1917 durch Todesfall beendete Versicherungen männlicher Leben aus dem Versicherungsbestande von 16 schwedischen Gesellschaften.

Wir fassen die verschiedenen Krankheitsanlagen der Risiken im Zeitpunkt der Auslese wie folgt zusammen:

0. Risiken ohne Krankheitsanlagen.
I. Risiken mit Anlagen zu Tuberkulose.
II. Risiken mit Anlagen zu Herz- und Gefäßkrankheiten.
III. Risiken mit Anlagen zu Krebs und Magenkrankheiten.
IV. Risiken mit Anlagen zu Zuckerkrankheiten.
V. Risiken mit Anlagen zu Nierenkrankheiten.
VI. Risiken mit Anlagen zu Syphilis mit Folgekrankheiten.

Die Todesursachen sollen fortlaufend wie folgt bezeichnet werden:

1. Altersschwäche.
2. Akute Infektionskrankheiten.
3. Chronische Infektionskrankheiten.
4. Krankheiten der bluterzeugenden Organe und des Blutes.
5. Zuckerkrankheit.
6. Alkoholismus.
7. Krankheiten des Nervensystems.
8. Krankheiten der Sinnesorgane.
9. Geisteskrankheiten.
10. Herz- und Gefäßkrankheiten.
11. Krankheiten der Atmungsorgane.
12. Krankheiten der Verdauungsorgane.
13. Knochenkrankheiten.
14. Hautkrankheiten.
15. Krankheiten der Harnorgane.
16. Geschlechtskrankheiten.
17. Krebs.
18. Unglücksfälle und Selbstmord.
19. Andere Ursachen.

Auf Grund der statistischen Erhebungen ergab sich folgende Verteilungstafel der bei der Auslese durch 0, I, ... VI gekennzeichneten Risiken auf die einzelnen Todesursachen:

Todes-ursachen	Risiken mit Anlage zu o	I	II	III	IV	V	VI
1	233	35	21	12	1	9	19
2	887	178	82	42	15	38	33
3	2542	1169	180	108	13	109	64
4	233	30	25	19	—	5	8
5	422	71	28	18	18	13	26
6	172	30	8	7	2	2	6
7	1536	371	329	102	25	89	194
8	30	6	3	1	2	2	—
9	195	47	26	10	—	8	64
10	2924	651	831	277	31	190	367
11	1819	461	192	94	13	65	92
12	1324	302	142	123	12	80	75
13	58	3	12	2	—	3	—
14	2	1	4	—	—	—	—
15	1022	189	187	62	15	106	96
16	87	15	5	—	3	1	4
17	2052	427	247	277	22	99	125
18	2279	353	220	92	16	93	87
19	88	20	7	2	1	3	5
	17905	4359	2549	1248	189	915	1265

Die folgende Tabelle enthält die aus den absoluten Zahlen der Todesfälle ermittelten Prozentsätze, mit welchen jede Todesursache innerhalb der *7* Kolonnen an sämtlichen Todesfällen beteiligt erscheint.

Todes-ursachen	Risiken mit Anlage zu o	I	II	III	IV	V	VI
1	1,30	0,80	0,82	0,96	0,53	0,98	1,50
2	4,95	4,08	3,22	3,37	7,94	4,15	2,61
3	14,20	**26,82**	7,06	8,65	6,88	11,91	5,06
4	1,30	0,69	0,98	1,52	—	0,55	0,63
5	2,36	1,63	1,10	1,44	**9,51**	1,42	2,06
6	0,96	0,69	0,31	0,56	1,06	0,22	0,47
7	8,58	8,51	**12,91**	8,17	**13,23**	**9,74**	**15,34**
8	0,17	0,14	0,12	0,08	1,06	0,22	—
9	1,09	1,08	1,02	1,80	—	0,87	**5,06**
10	16,33	14,93	**32,60**	22,20	16,40	**20,77**	**29,09**
11	10,16	10,58	7,53	7,53	6,88	7,10	7,27
12	7,39	6,93	5,57	**9,86**	6,35	8,74	5,93
13	0,32	0,07	0,47	0,16	—	0,33	—
14	0,01	0,02	0,16	—	—	—	—
15	5,71	4,34	**7,34**	4,97	7,94	**11,58**	7,59
16	0,49	0,34	0,20	—	1,59	0,11	0,32
17	11,46	9,80	9,69	**22,20**	11,64	10,82	9,88
18	12,73	8,09	8,63	7,37	8,46	10,16	6,88
19	0,49	0,46	0,27	0,16	0,53	0,33	0,39

Dort, wo sich der Zusammenhang zwischen der Minderwertigkeitsursache mit der Anzahl der Todesfälle bestimmter Todesursachen klar bei den männlichen Versicherten der Fall ist. Hierüber wäre allerdings an Hand einer Todesursachenstatistik leicht Aufschluß zu erhalten. Die Untersuchungen der Gothaer Bank und der Germania haben denn auch ergeben, daß die bis zum 40. Lebensjahre festgestellte höhere Sterblichkeit der versicherten Frauen zum guten Teile durch spezifische Krankheiten des weiblichen Organismus bedingt ist.

§ 41. Das Berufsrisiko.

Daß Beruf und Lebensweise auf die Lebensdauer des Menschen erheblich einwirken, steht außer allem Zweifel. Das bekannte Buch Westergaards, viele Spezialuntersuchungen der Berufssterblichkeit und auch die von den Versicherungsgesellschaften und Aufsichtsbehörden herausgegebenen Veröffentlichungen behandeln diesen Gegenstand. Dabei treffen die speziellen Statistiken, welche vornehmlich zum Gebrauche der Unfallversicherungsgesellschaften bearbeitet werden, nicht ganz die Frage, welche in der Lebensversicherung von Interesse ist. Ein Beruf kann mit einer erhöhten Unfallgefahr verbunden sein, er kann aber auch ohne diese gesundheitsschädigend sein oder es kann beides zutreffen.

Die Association of Life Insurance Medical Directors und die Actuarial Society of Amarica hat zum Zwecke spezieller Risikountersuchungen ein Komitee eingesetzt, welches die Ergebnisse der groß angelegten statistischen Untersuchungen an Versicherten aus den Vereinigten Staaten und aus Kanada im Jahre 1912 als Medico-actuarial Mortality Investigation veröffentlicht hat, die wir bereits wiederholt zu erwähnen Veranlassung hatten. Hinsichtlich der Ergebnisse über die Berufssterblichkeit seien im folgenden jene Berufe mitgeteilt, für welche sich nach den Untersuchungen eine Übersterblichkeit von 25% und mehr ergeben hat. Wir geben nur die Namen der Berufe und die Sterblichkeitsrate und müssen hinsichtlich aller Einzelheiten auf das Originalwerk verweisen.

Es ergaben sich für die nachfolgenden Berufe die Sterblichkeitsraten: Offiziere der Armee 131; Köche und Chefs in Hotels und Restaurants 152; Arbeiter an elektrischen Lichtfreileitungen 142; Feuerwehrleute 148; Glaspresser, -schneider, -schleifer, -gravierer, ausgenommen Vorarbeiter und Vorstände, 146; Hutmacher, ausschließlich Strohhutmacher, 134; Eigentümer, Direktoren und Leiter von Hotels und Bars, die in der Bar nicht aufwarten, 135 — die aufwarten 178; Eigentümer, Direktoren und Leiter von Brauereien 135; Angestellte von Brauereien 130; Arbeiter und Gehilfen von Brauereien 152; Reisende und Händler für Brauereien und Brennereien 128; Grubeningenieure, -leiter, -direktoren, die gelegentlich unter Tag gehen, 135; Vorarbeiter und Schläger bei Tagbau 160; Arbeiter bei Tagbau 208; Vorarbeiter und Schläger wertiger versicherter Leben angewendet sein wird. Sache der Versicherungstechnik wird es allerdings noch sein, die für die Verwertung des Materials geeigneten Methoden bereitzustellen, welche eine Berechnung der Versicherungswerte in einer für die Praxis brauchbaren Form gewährleisten. In dieser Hinsicht darf die Begründung der Hoffnung, daß die Praxis mit einer temporären Höherbewertung des minderwertigen Risikos das Auslangen finden wird, schon als Fortschritt gewertet werden, auch wenn sich aus den bisherigen Resultaten eine generelle Maßnahme noch nicht ableiten ließe. Jedenfalls sind die Wege gewiesen, auf welchen die statistische Forschung mit Aussicht auf Erfolg weiterzuschreiten haben wird. Greene hat (Examination for

Anlagen zu	Unglücksfälle	Akute Infektionskrankheiten	Krankheiten, die von der Krankheitsanlage beeinflußt sein können	Andere Krankheiten
Tuberkulose	14,50	20,07	46,53	21,41
Herz- und Gefäßkrankheiten . .	9,48	9,24	25,06	9,71
Krebs und Magenkrankheiten .	4,08	4,74	12,23	6,11
Zuckerkrankheit	0,63	1,69	2,24	0,91
Nierenkrankheiten	4,15	4,28	7,12	4,32
Syphilis und Folgekrankheiten .	3,53	3,72	12,78	3,96

Life Insurance) die Forderung gestellt, daß für eine rationelle Behandlung der minderwertigen Risiken ihre Trennung in 3 Gruppen erforderlich sei: in eine erste Gruppe, wo das erhöhte Risiko ungefähr konstant größer ist als das normale; in eine zweite, wo das erhöhte Risiko mit dem anwachsenden Alter gesteigert wird, und in eine dritte, wo das erhöhte Risiko anfangs am größten ist und allmählich abnimmt. Die skandinavische Untersuchung hat ergeben, daß fast sämtliche in Behandlung gestandenen Risikoklassen der dritten Gruppe beizuzählen sind, während die Risiken bei Anlage zu Herz- und Gefäßkrankheiten sicherlich einer der beiden ersten Gruppen zuzurechnen sind. Ob es der Technik gelingen wird, diesen Umstand in einer für die Praxis genügend einfachen Weise zu erfassen, wenn sich die Notwendigkeit seiner Berücksichtigung durch die statistischen Untersuchungen herausstellen sollte, ist heute noch nicht zu entscheiden. Wir dürfen aber erwarten, daß ein einfacher Schlüssel für eine entsprechende Behandlung der minderwertigen Leben nie zu finden sein wird, wenn man Wert darauf legt, die Angemessenheit der Berechnungen schon in der Prämie zum Ausdruck zu bringen. Es scheint, daß hier der Verwendung von Grundlagen, welche mit der Erfahrung nicht übereinstimmen, aus ganz anderen Gründen stattgegeben werden muß, als dies bei der Versicherung der normalen Risiken der Fall ist. Denn es muß zweifelhaft erscheinen, ob die Komplikation des technischen Apparates so weit getrieben werden kann, als dies bei ausreichenden statistischen Unterlagen über die Sterblichkeitsverhältnisse bestimmt charakterisierter minderwertiger Risiken möglich wäre. Vielleicht ergeben sich ähnliche Verhältnisse wie in der Versicherung der normalen Risiken, wo das Richtige sehr oft nur anerkannt, in der Praxis aber nicht befolgt wird. Vielleicht vermag die Dividende aus der genannten Schwierigkeit herauszuführen. Nach der heutigen Lage der Verhältnisse ist man nicht gut imstande, über die endgültige Lösung etwas aussagen zu können.

Zieht man aber zum Vergleiche die Versicherung der normalen Leben heran, so wird man eine Entwicklung nach einer bestimmten Richtung gar nicht voraussagen wollen. In der Tat sind bei der Versicherung der normalen Risiken die in diesen Prinzipien der Versicherungstechnik vertretenen Anschauungen noch recht weit davon entfernt, die Praxis zu beherrschen, und auf dem Wiener Kongresse ist die Zwiespältigkeit der Meinungen über das Problem der minderwertigen Leben in einer Weise zum Ausdruck gekommen, welche nicht erwarten läßt, daß sich in der Praxis sobald ein bestimmter Lösungsversuch durchsetzen wird. Die Lösung der Frage hängt vielmehr auch hier zum guten Teile davon ab, welche Stellung man der Differenzierung der Risiken, den Versuchen einer möglichst gerechten Behandlung der Versicherten, der Vorsorge für Sicherheitsmaßnahmen, der Bedeutung des Gewinn- und Verlustkontos als Bild der Jahresgebarung und anderen Dingen gegenüber einnehmen will, welche auch die Versicherung der normalen Leben beherrschen. Daß die Dividende aus manchen Schwierigkeiten herauszuführen vermag, zumal solange statistische Unterlagen ermangeln, ist wohl kaum zu bezweifeln. Aber die Vereinigung der sonst widerstrebenden Meinungen wird wohl auch auf diesem Gebiete noch lange ausstehen.

§ 35. Blaschkes Denkschrift.

Die bisherigen Erörterungen haben uns über vorläufige Versuche, der Lösung unseres Problems in der Praxis beizukommen, bis zu jenen Untersuchungen geführt, welche in Erkenntnis der Unentbehrlichkeit statistischen Materials dieses, so gut es ging, aus der Abgelehntenstatistik und aus den Beobachtungen an angepaßten Risiken zu gewinnen bestrebt waren. Wenn auch endgültige Resultate nicht zu erreichen waren, so ist doch für die Methodik damit reichlich viel gewonnen worden.

Wir wenden uns nunmehr der Besprechung jener Versuche zu, welche den noch zum größeren Teile mangelnden Boden ausreichender statistischer Erfahrung durch Hypothesenbildung zu ersetzen wußten, unter einem aber imstande waren, ein geschlossenes System zu empfehlen, dessen Einführung in der Praxis nicht leicht Bedenken begegnen konnte.

Unter diesen Versuchen ist an erster Stelle Blaschkes Denkschrift zur Lösung des Problems der Versicherung minderwertiger Leben vom Jahre 1895 zu nennen. Sie stellt sich als umfassender Versuch dar, die Bedeutung der Versicherung der Minderwertigen für die Praxis aufzuzeigen, die hier vorhandenen Schwierigkeiten näher zu umschreiben und ein System aufzubauen, welches nicht Anspruch erhebt, auf dem Boden der Erfahrung entstanden zu sein, das aber die Möglichkeit der Anpassung und Erweiterungsfähigkeit gewährleistet.

Wir haben gesehen, daß die eigentliche Schwierigkeit bei der Versicherung der Minderwertigen darin besteht, eine richtige Einschätzung des Risikos für den Zeitpunkt der Aufnahme vorzusehen und zugleich über den voraussichtlichen Verlauf der Sterblichkeit dieser Risiken etwas auszusagen. Beides wird von Blaschke vermittels einer Hypothesenbildung geleistet.

Die erste Annahme besteht darin, daß ein bestimmtes Urteil des Arztes über die Qualität eines minderwertigen Risikos einer anderen Aussage gleichgehalten wird, von der angenommen wird, daß sie im Durchschnitt der Ereignisse auf dasselbe hinauskommt, aber so gefaßt ist, daß sie für den Versicherungstechniker verwertbar wird.

Die zweite Annahme besteht in der Konstruktion von Absterbeordnungen aus dem Materiale normal versicherter Risiken zur Darstellung der voraussichtlichen Sterblichkeit der Minderwertigen.

Zur Charakterisierung der Minderwertigen werden 3 Gefahrenklassen vorgesehen. Auf Anregung Blaschkes hat Dr. Buchheim ein System von Kennzeichen für diese 3 Klassen ausgearbeitet. In die

1. Gefahrenklasse sollten alle Personen eingereiht werden, bei welchen die Ergebnisse der Anamnese, also die Heredität, die früheren Krankheiten und der Status praesens (die sozialen Verhältnisse, die Lebensweise, die Beschäftigung, der Beruf und in gewissem Sinne das Klima) und ebenso die nervösen Erscheinungen auf eine Disposition, auf eine Geneigtheit des Organismus zu Krankheiten hinweisen. Zur

2. Gefahrenklasse sollten alle jene zählen, die mit abnormen Zuständen behaftet sind, die nicht so sehr an und für sich als durch ihre Folgen die Gesundheit gefährden. Ferner die mit schweren Krankheiten behaftet waren, die das Leben fortwährend dadurch bedrohen, daß sie ihrem Wesen nach mehr zum Stillstand als zur Heilung neigen (die Anomalien in den Ernährungsvorgängen, die Abweichungen des Skelettes in seiner Form und Beschaffenheit, die chronischen Katarrhe, die Krankheiten der Lunge, des Zentralnervensystems u. a.). Die

3. Gefahrenklasse umfaßt eine Gruppe von Personen, die mit Krankheiten schon behaftet sind, und zwar mit solchen, die voraussichtlich

die Todesursache abgeben werden (das Emphysem, die Herzkrankheiten, die Herzfehler, die Arteriosklerose, die Skrofulose, die Schrumpfniere, Diabetes mellitus, Epilepsie, Tabes dorsalis, Gallen- und Nierensteine).

Auf Grund von Erfahrungen, welche sich nach Einführung des Blaschkeschen Systems beim Beamtenverein ergeben haben, hat sich erwiesen, daß die hiernach in die erste Gefahrenklasse einzureihenden Risiken an Qualität noch recht verschieden sind. Die relativ besten Risiken bilden die Personen von ungünstigem Status praesens, deren Sterblichkeit sich nur wenig von der der normalen Leben unterscheidet. Die hereditär belasteten Leben weisen etwa die Durchschnittssterblichkeit der ersten Gefahrenklasse, wie sie von Blaschke fixiert wurde, auf. Die Belastung wegen überstandener Krankheiten lehnt sich bereits eng an die zweite Gefahrenklasse an.

In der genannten Denkschrift wird zum ersten Male zwischen den Funktionen des Arztes und denen des Technikers streng unterschieden. Der Arzt hat nur den Befund anzugeben, der Techniker für jede Klasse die Wahrscheinlichkeiten zu entwickeln, evtl. im Wege der Prüfung der statistischen Ergebnisse die Gefahrenklassen richtigzustellen und die Versicherungswerte zu berechnen.

Das Fundament für die Ermittlung der in Betracht kommenden Wahrscheinlichkeiten ist die Todesursachenstatistik. Die Übertragung der Erfahrungen an vollwertigen Risiken auf die minderwertigen wird hierbei durch eine Reihe von Überlegungen vollzogen, welche in der Erfahrung nur zum Teil begründet sind. Die genannten Erfahrungen aus der Todesursachenstatistik werden nämlich dazu benutzt, um Sterbetafeln für alle an derselben Todesursache Gestorbenen abzuleiten. Hierzu wird die Wahrscheinlichkeit ermittelt, daß ein Leben bestimmten Alters an einer bestimmten Todesursache stirbt. Vermittels dieser Wahrscheinlichkeiten wird die Zahl der Personen ermittelt, welche aus 10 000 gesunden Personen des niedrigsten Alters (30) bis zum vollen Absterben aller Personen an jeder Todesursache durch Tod abgehen und hieraus die Sterbetafel der an den einzelnen Todesursachen abgehenden konstruiert und damit die Möglichkeit der Berechnung von Versicherungswerten gewonnen. In einer solchen Absterbeordnung sind also alle Risiken gleicher Todesursache zusammengefaßt, obwohl natürlich von einer Generation von durch dieselbe Todesursache charakterisierten Risiken nicht gesprochen werden kann. In der Anwendbarkeit einer solchen Absterbeordnung aber ist die weitere Annahme enthalten, daß ein einmal charakterisiertes Risiko an der seiner Charakteristik entsprechenden Todesursache sterben werde. Durch Zusammenlegung solcher für die verschiedenen Todesursachen aus dem Gothaer Material abgeleiteten Absterbeordnungen gewinnt Blaschke die Sterbetafeln für seine 3 Gefahrenklassen. Um aber den Anschluß an die vom Standpunkte des untersuchenden Arztes vorgesehene Klasseneinteilung Buchheims zu gewinnen, wird von den folgenden 3 Annahmen Gebrauch gemacht:

Es wird angenommen, daß das Urteil des Arztes, ein Leben sei nicht vollwertig, weil es wegen einer gewissen hereditären Veranlagung, wegen der Körperbeschaffenheit oder wegen der überstandenen Krankheiten zu Krankheiten hinneige, technisch dem anderen Urteil gleichzustellen sei, daß dieses Risiko nicht an Altersschwäche sterben werde.

Für die Konstruktion der zweiten Gefahrenklasse wird angenommen, daß das Urteil des Arztes, eine Person sei minderwertig, weil sie mit abnormen, die Gesundheit durch ihre Folgen stetig gefährdenden Zuständen behaftet sei oder Krankheiten überstanden habe, welche das Leben fortwährend dadurch bedrohen, daß sie mehr zur Latenz als zur Heilung neigen, technisch dem anderen Urteil gleichzustellen sei, daß dieses Risiko an einer chronischen Krankheit oder schwereren Todesursache wie Lungenschwindsucht, Diabetes, Geisteskrankheit, Gelenkrheumatismus o. a. sterben werde.

Die Leben der dritten Gefahrenklasse erhalten das Maß ihrer Sterbenswahrscheinlichkeit durch Vereinigung der Absterbeordnungen für die letztgenannten gefährlichen Todesursachen.

Nach Blaschke sind dann vollwertig jene Leben, bei welchen die Wahrscheinlichkeiten, an den einzelnen Todesursachen zu sterben, sowie die Dekremententafeln der an den einzelnen Todesursachen Sterbenden den Wahrscheinlichkeiten und Dekremententafeln normal Versicherter gleichen. Minderwertige Leben sind dann solche, bei welchen die Wahrscheinlichkeiten, an den gefährlichen Todesursachen zu sterben, größer sind als bei normalen Leben, und für welche die Sterblichkeitstafeln rapider verlaufen. Vollwertige Leben sind damit solche, für welche zur Zeit der Auslese kein Symptom für irgendeine das Leben verkürzende Todesursache konstatiert werden kann. Vollwertige Leben unterliegen daher einer bestimmten Absterbeordnung, für welche in jedem Alter bestimmte Absterbeverhältnisse nach den einzelnen Todesursachen existieren.

Sind $w_x^i, w_{x+1}^i, \ldots w_\omega^i$ die Sterbenswahrscheinlichkeiten der Alter x, $x+1, \ldots \omega$ bezüglich der Todesursache i und sind $T_x, T_{x+1}, \ldots T_\omega$ die Toten einer allgemeinen Absterbeordnung für gesunde Leben, dann sind

$$t_x^i = T_x w_x^i, \quad t_{x+1}^i = T_{x+1} w_{x+1}^i, \ldots \quad t_\omega = T_\omega w_\omega^i$$

die Toten der Todesursache i, und daher ist die Absterbeordnung dieser Todesursache vom höchsten bis zum niedrigsten Alter

$$t_\omega^i, \; t_\omega^i + t_{\omega-1}^i, \ldots \quad t_\omega^i + t_{\omega-1}^i + \cdots t_x^i.$$

In der folgenden Tabelle sind einige dieser Absterbeordnungen im Auszug wiedergegeben. Die Ziffern entstammen dem Materiale der Gothaer Bank für den Zeitraum von 1829—1878.

Alter	Lebende überhaupt	Lungenschwindsucht	Typhus	Krebs	Gehirnschlagfluß	Altersschwäche
25	10 000	940	615	449	1203	1504
35	9 418	725	513	442	1184	1504
45	8 630	524	415	418	1140	1504
55	7 386	319	305	352	1008	1504
65	5 332	120	163	220	714	1487
75	2 521	16	48	62	283	1150
85	415	2	2	2	27	298
95	5	—	—	—	—	5

Aus solchen Abfallsordnungen der Lebenden wären die Sterbenswahrscheinlichkeiten zu ermitteln. Man erhält aber auch aus einer solchen Tafel bei Division der Ziffern der folgenden Kolonnen durch die Ziffern entsprechenden Alters der ersten Kolonne die Wahrscheinlichkeiten, an einer der genannten Krankheiten von einem bestimmten bis zum höchsten Alter zu sterben. Diese Tabelle ist demnach auch definierend für die Absterbefrequenz an jeder der Todesursachen für vollwertige Leben. Blaschke betont, daß die Auslese außer bei den infektiösen und entzündlichen Krankheiten einen sehr erheblichen Einfluß auf die Sterblichkeitssätze ausübt, so daß die Sterblichkeit durch die Wirkung der Auslese während der ersten 6 Versicherungsjahre wesentlich herabgesetzt wird. Wir finden demnach bei dem Gothaer Material ein wesentlich andersgeartetes Verhalten als bei den Erfahrungen, welche das skandinavische Komitee gemacht hat.

Die gewonnenen Absterbeordnungen gelten offenbar nur für den Fall erworbener Minderwertigkeit, weil sie aus ehemals vollwertigen Risiken abgeleitet worden sind. Infektions- und entzündliche Krankheiten stehen in keiner Beziehung zur Auslese. Die Absterbeordnungen solcher Todesursachen sind daher bei vollwertigen und minderwertigen Leben gleich. Aber auch bei den übrigen Todesursachen könnte die Kenntnis der gewonnenen Absterbeordnungen nur nutzbar gemacht werden, wenn der Beharrungszustand nach erfolgter Diagnose der Todesursache statistisch oder medizinisch nachzuweisen wäre. Bei gewissen Krankheiten, Selbstmord und Unglücksfall ist dies a priori ausgeschlossen.

Unter Anerkennung der beiden von Blaschke gemachten Hypothesen wäre das Problem der Versicherung der minderwertigen Leben gelöst, wenn sich über die wahrscheinliche Todesursache eines Risikos eine Aussage machen ließe. Auch dann wäre das Problem wenigstens innerhalb gewisser Grenzen der Näherung gelöst, wenn sich zu jedem minderwertigen Leben eine wahrscheinliche Todesursachengruppe angeben ließe. Aber auch dieser Anforderung kann nicht entsprochen werden. Blaschke kommt daher zu dem Resultat, daß das einzige, was man erstreben solle, die Einteilung der Risiken in Klassen sei, je nachdem eine Disposition zu einer Krankheit — aus hereditären Momenten, aus den überstandenen Krankheiten, aus der Beschäftigung und aus der Lebensweise — angenommen werden kann, je nachdem sich Zustände vorfinden, welche zu Krankheiten führen können, und je nachdem Krankheiten schon vorhanden sind.

Wie der Übergang von der Klassifizierung des Arztes zu den 3 Absterbeordnungen vermittelt wird, haben wir bereits früher angeführt. Unter der Annahme, daß ein Risiko, welches einer bestimmten Todesursache zuneigt, zwecks Berechnung der Versicherungswerte zu allen Todesursachen höheren Risikos als disponiert, zu allen Todesursachen geringeren Risikos als nichtdisponiert anzusehen ist, werden die 3 Gefahrenklassen folgendermaßen umschrieben:

I. Klasse. Alle Leben, deren wahrscheinliche Todesursachen sind: Chronische Entzündung der Lungenschleimhaut, Emphysem, (entzündliche Krankheiten der Organe der Brusthöhle, Gehirnschlagfluß, Lungenschlagfluß), und deren mögliche Todesursachen irgendwelche Todesursachen der II. und III. Gruppe sind.

II. Klasse. Alle Leben, deren wahrscheinliche Todesursachen sind: (Gehirnentzündung, Unterleibsentzündung, Brightsche Krankheit, Infektionskrankheiten mit Ausnahme von Typhus, äußere Schäden und sonstige Krankheiten), chronische Leberleiden, chronische Gehirn- und Rückenmarkleiden, Krebs und chronische Herzkrankheiten, und deren mögliche Todesursachen irgendwelche Todesursachen der dritten Gruppe sind.

III. Klasse. Alle Leben, deren wahrscheinliche Todesursachen sind: Lungenschwindsucht, (Typhus), Diabetes, Geisteskrankheiten, (Selbstmord, Verunglückung), Gelenkrheumatismus.

Die eingeklammerten Krankheiten sind als solche gekennzeichnet, welche in keiner Beziehung zur Auslese stehen.

Für die III. Gruppe sind die Todesursachen der I. und II., für die II. Gruppe die Todesursachen der I., und für alle Gruppen die Altersschwäche als Todesursache ausgeschlossen; die ausgeschlossenen Todesursachen finden demnach bei der Berechnung der Tafel der betreffenden Klasse keine Berücksichtigung. Aus der Zusammenlegung der Absterbeordnungen zusammengehörender Todesursachen werden dann die Absterbeordnungen der 3 Gefahrenklassen abgeleitet. Hierbei wird folgenderart verfahren:

Die beobachteten Toten des Alters x in der Gefahrenklasse i sind je nach den dieser Klasse angehörenden Todesursachen $t_{xi}^1, t_{xi}^2 \dots$ Die Totensummen in derselben Gefahrenklasse $\sum t_{xi}$. Die Toten, welche an Altersschwäche sterben, seien t_{x4}. T_x sind die Toten einer allgemeinen Absterbeordnung (unter Hinweglassung der ersten 6 Versicherungsjahre). Dann ist die Wahrscheinlichkeit w^{σ}_{xi} an irgendeiner Todesursache σ von der Gefahrenklasse i im Alter x zu sterben

$$(19)\qquad w^{\sigma}_{xi} = \frac{t^{\sigma}}{\sum t_{x1} + \sum t_{x2} + \sum t_{x3} + t_{x4}}.$$

Die Zahl der wahrscheinlichen Toten dieser Todesursache in der Absterbeordnung ist demnach $w^{\sigma}_{xi} \cdot T_x$. Daraus findet man bei n wahrscheinlichen oder möglichen Todesursachen die Zahl sämtlicher wahrscheinlicher Toten derselben Gefahrenklasse i in der Absterbeordnung durch

$$(20)\qquad w^1_{xi} T_x + w^2_{xi} T_x + \cdots + w^n_{xi} T_x = T_x \frac{\sum t_{xi}}{\sum t_{x1} + \sum t_{x2} + \sum t_{x3} + t_{x4}}.$$

Insbesondere ist die Summe der wahrscheinlichen und möglichen Toten im Alter x in der

$$\text{III. Gefahrenklasse:}\quad \tau_3 = T_x \frac{\sum t_{x3}}{\sum t_{x1} + \sum t_{x2} + \sum t_{x3} + t_{x4}},$$

$$\text{II.}\quad\text{,,}\quad:\quad \tau_2 = T_x \frac{\sum t_{x3} + \sum t_{x2}}{\sum t_{x1} + \sum t_{x2} + \sum t_{x3} + t_{x4}},$$

$$\text{I.}\quad\text{,,}\quad:\quad \tau_1 = T_x \frac{\sum t_{x3} + \sum t_{x2} + \sum t_{x1}}{\sum t_{x1} + \sum t_{x2} + \sum t_{x3} + t_{x4}}.$$

Zur Bestimmung der τ wurden unausgeglichene t und T verwendet, durch Summierung der Toten die Lebendenordnung erhalten und die hieraus abgeleiteten Wahrscheinlichkeiten nach der Methode von King mittels der Gompertz-Makehamschen Formel ausgeglichen.

Damit sind im wesentlichen die leitenden Gedanken der Blaschkeschen Denkschrift wiedergegeben. Wir dürfen behaupten, daß das Problem der Versicherung der Minderwertigen erst nach ihrem Erscheinen für weitere Kreise aktuell geworden ist. Die Denkschrift enthält eine Reihe von Gedanken, welche sich für die Behandlung des Problems überaus fruchtbar erwiesen haben, und insbesondere von der Todesursachenstatistik darf gesagt werden, daß ihre Erforschung mit dem Problem der Versicherung der Minderwertigen wohl stets verbunden bleiben wird, und, wie die Erfolge des skandinavischen Komitees erweisen, schon heute reiche Früchte getragen hat. Es fehlt allerdings nicht an Stimmen, welche für die Lösung des Problems auch von der Todesursachenstatistik nichts erwarten. Insbesondere Engelbrecht hat Stellung gegen die Verwendung derselben genommen. Er hebt hervor, daß es Gesamtheiten, welche den Blaschkeschen Absterbeordnungen entsprechen, nicht geben kann. Denn die Gesamtheit derjenigen Leute einer Jahresgeneration, welche an der Tuberkulose sterben werden, läßt sich naturgemäß erst nachträglich ermitteln, nachdem die gesamte Generation gestorben ist. Es sei unmöglich, im voraus festzustellen, welche Individuen zu dieser Gesamtheit gehören werden.

Die Todesursachenstatistik könne über die Abhängigkeit der Sterblichkeit von dem Grade der Belastung hinsichtlich einzelner Todesursachen absolut nichts aussagen. Aber auch über die Gefährlichkeit der einzelnen Todesursachen könne die Herstellung von Absterbeordnungen für einzelne Todesursachen aus der Todesursachenstatistik nichts Neues sagen, was nicht ohne weiteres aus der Todesursachenstatistik selbst entnommen werden kann. Es sei bekannt, daß die einzelnen Krankheiten in verschiedenen Lebensaltern einen besonders großen Teil ihrer Opfer fordern. Dies besagt aber noch nichts über den Grad der Gefahr der einzelnen Todesursachen, denn es sei nicht ausgeschlossen, daß gerade solche Todesursachen, welche im allgemeinen erst im höheren Alter auftreten, dort, wo sie schon in jüngeren Jahren drohend hervortreten, vielleicht eine größere Gefahr bilden als solche Todesursachen, welche im allgemeinen in früheren Jahren auftreten. Endlich scheine der Grad der Belastung der einzelnen Individuen eine bei weitem wichtigere und bedeutendere Rolle bei der Beurteilung der minderwertigen Risiken zu spielen als die Unterscheidung der einzelnen Todesursachen, auf welche die Belastung hinzudeuten scheint.

Demgegenüber wäre allerdings hervorzuheben, daß der hypothetische Charakter der gewonnenen Absterbeordnungen außer allem Zweifel steht und von Blaschke selbst betont wird. Eine Sterbetafel nach Generationen der Beitretenden ist aber auch in der Normalversicherung nicht im Gebrauch und aus statistischen Beobachtungen kaum zu erhalten. Daß sich aber zwischen der Charakteristik des Individuums bei der Aufnahme durch den Arzt und die Antragsbehelfe und der Todesursache ein Zusammenhang feststellen läßt, ist durch die statistischen Untersuchungen insbesondere der Gothaer Bank und des skandinavischen Komitees einwandfrei erwiesen und überdies durch die erwähnten Untersuchungen von Braun auch vom Standpunkt der Theorie der festen Merkmale belegt. Im übrigen wird aber gerade in der Blaschkeschen Denkschrift auf die unbedingte Notwendigkeit der Untersuchung der Gefährlichkeit der einzelnen Todesursachen in den einzelnen Altern stets hingewiesen und vor den Methoden, welche pauschalmäßige Schätzungen der Gefahr für alle Alter vorsehen, nachdrücklichst gewarnt.

Ernster zu beurteilen ist das auch von anderer Seite erhobene Bedenken, durch eine Einreihung der Risiken nach der voraussichtlichen Todesursache den Grad der Minderwertigkeit gegenüber der Unterscheidung der verschiedenen Minderwertigkeitsgründe zurücktreten zu lassen. Tatsächlich kann aber aus der Definition der Blaschke-Buchheimschen Klassen eine Gefahr für eine solche falsche Beurteilung kaum abgeleitet werden, da hier auf den Grad der Minderwertigkeit selbst bei sehr formaler Anwendung des Klassenschemas weitgehend Rücksicht genommen ist.

Immerhin mag man bei den in größerem Stile in den letzten beiden Jahrzehnten zur Durchführung gelangten Versuchen der Versicherung der Minderwertigen 3 Risikoklassen als einen etwas zu engen Rahmen empfunden haben. Denn überall dort, wo das Klassensystem zur Anwendung gelangte, hat man die Anzahl der Klassen erheblich höher gewählt. Ob für diese weitergehende Differenzierung ein Bedürfnis vorliegt, das die Komplizierung des Apparates rechtfertigt, läßt sich heute noch nicht entscheiden.

§ 36. Weitere auf der Todesursachenstatistik beruhende Untersuchungen.

Der vom skandinavischen Komitee zur Ermittlung der Übersterblichkeit gewisser Risikoklassen beschrittene Weg und die in der Denkschrift von Blaschke enthaltene leitende Idee der Bildung fiktiver Absterbeordnungen für Risiken, welche durch dieselbe Todesursache charakterisiert sind, wurde in jüngster Zeit in zwei im Literaturnachweis angeführten Arbeiten von Hagström zur Begründung einer neuen Methode der Versicherung minderwertiger Leben herangezogen. Wenn auch hier das theoretische Moment zunächst überwiegen mag, so hat der Verfasser doch an Hand der Ergebnisse der vom genannten Komitee angestellten Untersuchungen und von bestimmten Materialien der schwedischen Bevölkerungsstatistik die praktische Verwertbarkeit seiner Methode erwiesen. Die hier zugrunde liegenden Gedanken seien daher im folgenden mitgeteilt, zumal sie ein schönes Beispiel dafür abgeben, wie fruchtbar sich auch auf dem Gebiete der Versicherungstechnik die Verwendung von Arbeitshypothesen erweisen kann.

Das Komitee setzt das Vorkommen verschiedener Risikoklassen voraus, deren Risiken durch die Konstatierung bestimmter Krankheitsanlagen charakterisiert sind. Die Klasse N jener Risiken, für welche solche Krankheitsanlagen nicht vorliegen, ist die der normalen Risiken. Die nichtnormalen Risikoklassen seien mit R_1, R_2, ... bezeichnet. Hagström stellt diesen Klassen andere Klassen gegenüber, welche nicht durch den Krankheitsbefund, sondern durch die tatsächliche Todesursache charakterisiert sind, so daß Risiken derselben Todesursache in derselben Klasse vereinigt sind, genau so wie bei Blaschke. Beschränkt man sich zunächst auf die Betrachtung einer solchen Klasse, so kann man die Gesamtheit aller Risiken in 2 Klassen einteilen, je nachdem für sie eine ganz bestimmte Todesursache in Betracht kommt oder nicht. Natürlich läßt sich die Todesursache eines Risikos nicht im voraus als Einteilungsgrund verwenden, aber eine Klassifizierung der Risiken ist gewiß damit geschaffen, wenn wir alle Risiken, welche an Tuberkulose sterben, zu einer Gesamtheit zusammenfassen, und ebenso alle anderen, für welche dies nicht zutrifft, ganz gleichgültig, in welchem Zeitpunkte sonst der Tod erfolgen mag. Wir wollen die erstere Klasse mit P, die letztere mit S bezeichnen. Es werden demnach alle an einer bestimmten Todesursache B Sterbenden der einen und alle an anderen Todesursachen sterbenden Risiken der anderen Klasse angehören. Außerdem betrachten wir noch die Klasse R aller jener Risiken, für welche der gleiche Minderwertigkeitsgrund — etwa Tuberkulose — in Betracht kommt, und eine weitere Klasse M, welche einfach die ganze Bevölkerung umfaßt. Nunmehr werden folgende Bezeichnungen eingeführt:

Risikoklasse	N	R	M	P	S
Anzahl Lebender von 100 000 Geborenen	l_x	λ_x	L_x	Λ_x	$\bar{\Lambda}_x$
Anzahl Todesfälle von 100 000 Geborenen	d_x	δ_x	D_x	Δ_x	$\bar{\Delta}_x$
Davon: an der Krankheit B . .	d_x^1	δ_x^1	D_x^1	Δ_x	—
an anderen Krankheiten	d_x^0	δ_x^0	D_x^0	—	$\bar{\Delta}_x$
Die Wahrscheinlichkeit, im betreffenden Jahre zu sterben .	$q_x = \frac{d_x}{l_x}$	$\varrho_x = \frac{\delta_x}{\lambda_x}$	$Q_x = \frac{D_x}{L_x}$	$P_x = \frac{\Delta_x}{\Lambda_x}$	$\bar{P}_x = \frac{\bar{\Delta}_x}{\bar{\Lambda}_x}$
Die Wahrscheinlichkeit, an der Krankheit B zu sterben . . .	$q_x^1 = \frac{d_x^1}{l_x}$	$\varrho_x^1 = \frac{\delta_x^1}{\lambda_x}$	$Q_x^1 = \frac{D_x^1}{L_x}$	P_x	—
Die Wahrscheinlichkeit, an anderen Krankheiten zu sterben . . .	$q_x^0 = \frac{d_x^0}{l_x}$	$\varrho_x^0 = \frac{\delta_x^0}{\lambda_x}$	$Q_x^0 = \frac{D_x^0}{L_x}$	—	$\bar{P}_x$

Das skandinavische Komitee geht, wie schon früher angeführt, auf Grund des Blaschke-Pedersenschen Satzes von der Annahme aus, daß

$$(21) \qquad \varrho_x^0 = q_x^0, \quad \text{d. h.} \quad \frac{\delta_x^0}{\lambda_x} = \frac{d_x^0}{l_x},$$

daß also die Wahrscheinlichkeit, an einer anderen Krankheit als B zu sterben, in der Risikoklasse N und R dieselbe ist. Hieraus ergibt sich für die Übersterblichkeit der Risikoklasse R

$$(22) \qquad 1 + v_x = \frac{\varrho_x}{q_x} = \frac{\delta_x}{\delta_x^0} \cdot \frac{d_x^0}{d_x}.$$

Man wird demnach die Gesamtzahl der Todesfälle in den Klassen N und R und außerdem die Anzahl der Todesfälle mit Ausnahme jener, welche im Zusammenhange mit der für R charakteristischen Minderwertigkeitsursache B stehen, zu ermitteln haben, um die Quote der Übersterblichkeit von R zu erhalten.

Außerdem werden jetzt — aus Erfahrungen an der allgemeinen Bevölkerung — die Quoten k_x ermittelt, welche angeben, wieviel Todesfälle in jedem Alter auf eine bestimmte Todesursache entfallen. Hagström hat solche Ziffern aus den Erfahrungen der Jahre 1912—1916 bezüglich der schwedischen Bevölkerung ermittelt. Hier wird also ein fremdes Element als Vergleichsmaßstab benutzt. Es wäre korrekter, diese Ziffern k_x ebenfalls aus dem Bestande der versicherten Leben zu ermitteln, eine Möglichkeit, welche ja besteht. Stehen dann die Ziffern der Toten der einzelnen Alter aus der bezüglichen Absterbeordnung zur Verfügung, dann lassen sich die entsprechenden Anzahlen der an einer bestimmten Todesursache Gestorbenen aus der Relation

$$D_x^1 = k_x \cdot D_x$$

berechnen. Damit lassen sich jetzt die Elemente der Sterblichkeitstabellen der Klassen P und S ermitteln, denn es ist:

$$(23)\quad \left\{\begin{aligned}
&L_0^1 = \sum_0^\omega D_x^1, \quad L_0^0 = \sum_0^\omega D_x^0 \quad \text{und} \quad L_0\,(=100\,000) = L_0^1 + L_0^0,\\
&\Lambda_x = \frac{\Lambda_0}{L_0^1}\cdot D_x^1, \quad \overline{\Lambda}_x = \overline{\Lambda}_0 \cdot \frac{D_x^0}{L_0^0} = \overline{\Lambda}_0 \cdot \frac{D_x - D_x^1}{L_0 - L_0^1},\\
&\Lambda_x = \frac{\Lambda_0}{L_0^1}\Big(L_0^1 - \sum_0^{x-1} D_x^1\Big) = \frac{\Lambda_0}{L_0^1}\cdot L_x^1,\\
&\overline{\Lambda}_x = \frac{\overline{\Lambda}_0}{L_0^0}\Big(L_0^0 - \sum_0^{x-1} D_x^0\Big) = \frac{\overline{\Lambda}_0}{L_0^0}\cdot L_x^0,\\
&P_x = \frac{\Lambda_x}{\Lambda_x}, \quad \overline{P}_x = \frac{\overline{\Lambda}_x}{\overline{\Lambda}_x}.
\end{aligned}\right.$$

Hagström teilt in seiner ersten Arbeit die auf Grund des schwedischen Materials berechneten Werte der P_x und $\overline{P}_x$ mit. Gegen die Behauptung des Verfassers, daß man in den $\overline{P}_x$ die wahrscheinliche Bevölkerungssterblichkeit gewonnen habe, wie sie verlaufen würde, wenn die betreffende Todesursache — Tuberkulose — gar nicht existierte, ließen sich manche Einwendungen erheben. Vor allem, daß die theoretische Eliminierung einer Todesursache praktisch nicht darauf hinauskommen muß, daß die Wirkung der anderen Todesursachen unberührt bleibt. Auch darf man nicht übersehen, daß eine solche „Reinzüchtung“ von Sterblichkeitskurven tatsächlichen Verhältnissen niemals entspricht, weil es eine Generation von Menschen, die alle an derselben Todesursache sterben oder nicht sterben, praktisch nicht gibt. Wir wollen aber unbeschadet der möglichen Einwände die gewonnenen Werte als Näherung an den tatsächlichen Verlauf gelten lassen.

Ist nun p_x die Wahrscheinlichkeit dafür, daß eine $x$jährige Person zur Risikoklasse P gehört, s_x die Wahrscheinlichkeit dafür, daß sie zur komplementären Klasse S gehört, dann ist

$$(24)\qquad Q_x = p_x \cdot P_x + s_x \cdot \overline{P}_x .$$

Für eine durch bestimmte Krankheitsanlagen charakterisierte Klasse R_ν setzt Hagström dann analog

$$\varrho_x^{(\nu)} = p_x^{(\nu)} \cdot P_x + s_x^{(\nu)} \cdot \overline{P}_x . \tag{25}$$

Hier ist $p_x^{(\nu)} + s_x^{(\nu)} = 1$ und $p_x^{(\nu)}$ bedeutet die Wahrscheinlichkeit dafür, daß ein Risiko aus der Klasse R_ν zur Klasse P gehört — also daß etwa ein Risiko mit tuberkulösen Krankheitsanlagen auch tatsächlich an Tuberkulose stirbt —, und $s_x^{(\nu)}$ bedeutet die Wahrscheinlichkeit dafür, daß es zur Klasse S gehört, — also nicht an Tuberkulose stirbt.

Es wird nun die Möglichkeit ins Auge gefaßt, die Klasse R_ν durch eine bestimmte Zahl α so zu charakterisieren, daß

$$p_x^{(\nu)} = \alpha \cdot p_x .$$

Die Zahl α würde demnach angeben, wievielmal wahrscheinlicher es für ein Risiko der Klasse R_ν als für ein Risiko im allgemeinen — der Klasse M — ist, zur Klasse P zu gehören.

Beachtet man jetzt die Beziehungen

$$\left\{\begin{aligned}
& p_x = \frac{L_x^1}{L_x}, \quad s_x = \frac{L_x^0}{L_x}, \quad P_x = \frac{\Delta_x}{\Lambda_x}, \quad \overline{P}_x = \frac{\overline{\Delta}_x}{\overline{\Lambda}_x}, \\
& p_x \cdot P_x = \frac{L_0^1}{\Lambda_0} \cdot \Lambda_x \cdot \frac{1}{L_x} \cdot \frac{\Delta_x}{\Lambda_x} = \frac{1}{L_x} \cdot \frac{L_0^1}{\Lambda_0} \cdot \Delta_x = \frac{D_x^1}{L_x}, \\
& s_x \cdot \overline{P}_x = \frac{L_0^0}{\overline{\Lambda}_0} \cdot \overline{\Lambda}_x \cdot \frac{1}{L_x} \cdot \frac{\overline{\Delta}_x}{\overline{\Lambda}_x} = \frac{1}{L_x} \cdot \frac{L_0^0}{\overline{\Lambda}_0} \cdot \overline{\Delta}_x = \frac{D_x^0}{L_x}, \\
& D_x^1 + D_x^0 = D_x , \\
& Q_x = \frac{D_x^1}{L_x} + \frac{D_x^0}{L_x} = \frac{D_x}{L_x} = p_x \cdot P_x + s_x \cdot \overline{P}_x ,
\end{aligned}\right. \tag{26}$$

so ergibt sich nach leichter Rechnung für

$$\alpha = \frac{v_x(1 - p_x) + k_x - p_x}{k_x - p_x}, \tag{27}$$

wobei von der Relation

$$Q_x(1 + v_x) = \varrho_x^{(\nu)} = \alpha \cdot p_x \cdot P_x + (1 - \alpha p_x)\,\overline{P}_x \tag{28}$$

Gebrauch gemacht ist.

Hagström hat nun für jedes Alter der 6 Tuberkuloseklassen des skandinavischen Komitees die Werte der α berechnet, und die Resultate stimmen in der Tat im großen ganzen mit der Annahme der Konstanz von α innerhalb jeder Klasse gut überein. Man sieht übrigens, daß ein Einwand, welcher sich darauf bezöge, daß die k_x einem anderen Materiale entnommen sind, auf die α kaum von erheblichem Einfluß sein wird. Werden die Werte der α für die verschiedenen Risikoklassen als charakteristische Werte angesehen, dann können sie an Stelle der bezüglichen

Übersterblichkeit der Klassen verwendet werden und so Beziehungen zu gewissen Standardentwicklungen gewonnen werden.

Aus dem Ansatz

(29) $$\varrho_x^{(\nu)} = \alpha_\nu p_x \cdot P_x + (1 - \alpha_\nu p_x) \cdot \overline{P}_x$$

ergibt sich, wenn man diese Gleichung für $\alpha_\nu = 1$

$$Q_x = p_x \cdot P_x + (1 - p_c) \overline{P}_x$$

benutzt,

(30) $$\varrho_x^{(\nu)} = \overline{P}_x + \alpha_\nu (Q_x - \overline{P}_x),$$

oder auch

(31) $$\varrho_x^{(\nu)} = Q_x + (\alpha_\nu - 1)(Q_x - \overline{P}_x).$$

Um demnach für verschiedene α_ν die Sterbenswahrscheinlichkeiten berechnen zu können, wäre nur die Tabelle der Werte $Q_x - \overline{P}_x$, d. h. der Differenzen der Werte der Sterbenswahrscheinlichkeiten der Klassen M und S notwendig. Wird diese Differenz mit Φ_x bezeichnet, und faßt man α als unbeschränkt veränderlich auf, dann ist

(32) $$\begin{cases} \varrho_x(\alpha) = Q_x + (\alpha - 1) \cdot \Phi_x \\ \qquad\quad = \varrho_x(1) + (\alpha - 1) \cdot \Phi_x \\ \qquad\quad = \varrho_x(0) + \alpha \cdot \Phi_x \end{cases}$$

die Sterbenswahrscheinlichkeit der entsprechenden Risikoklasse $R(\alpha)$. Die Klasse der normalen Risiken wird dann als $R(1)$ zu definieren sein, und es gilt im übrigen die früher erwähnte Annahme, daß es für die Risiken der Klasse $R(\alpha)$ genau α mal so wahrscheinlich ist, zur Klasse P zu gehören, als für die normalen Risiken. In besonderen Tabellen werden dann von Hagström die Werte der $\varrho_x(\alpha)$ für $\alpha = 0, 1, 3, 5, 10$ und die zugehörigen Werte der Lebenden und die diskontierten Zahlen der Risikoklassen $R(\alpha)$ für $\alpha = 1, 3, 5$ angegeben.

Die hier vorgebrachten Untersuchungen bedeuten ohne Zweifel wieder einen erfreulichen Schritt nach vorwärts in dem Bemühen, die Ergebnisse der Todesursachenstatistik dem Problem der Versicherung der minderwertigen Leben dienstbar zu machen. Die leitenden Gedanken der Blaschkeschen Denkschrift haben hier eine besondere Vertiefung nach der theoretischen Seite erhalten, und auch die praktischen Ergebnisse erscheinen schon recht beachtenswert. Vielleicht wird die Bearbeitung eines homogenen Materials, wie es in dem der Gothaer Bank zur Verfügung stände, diesfalls noch weitere bemerkenswerte Resultate im Sinne der Hagströmschen Annahme zutage fördern.

§ 37. Das System der Sterblichkeitsraten.

Das System, dessen Besprechung wir uns nunmehr zuwenden, hat vor allen anderen etwas voraus: den praktischen Erfolg durch Versicherung einer überaus großen Zahl minderwertiger Risiken in den letzten zwanzig Jahren. Seine Begründer sind A. Hunter und Dr. O. H. Rogers. Der ihm zugrunde liegende Gedanke ist der folgende:

Ausgehend von einer normalen Sterblichkeit, welche durch die Zahl 100 dargestellt wird, soll jede bei einer Person gefundene Art der Minderwertigkeit vermerkt und unter Berücksichtigung ihres Grades in Prozenten der Normalsterblichkeit 100 dargestellt, d. h. geschätzt werden. Jedem Risiko soll also für den Zeitpunkt der Aufnahme ein numerischer Wert entsprechen, der aus dem Beruf, Klima, Familiengeschichte, Status praesens, Vorerkrankungen, Dispositionen, kurz allen Momenten abzuleiten ist, welche für die Beurteilung der Qualität des Risikos eine Rolle spielen. Alle diese einzelnen Minderwertigkeitsgründe werden für sich numerisch bewertet und die das Risiko charakterisierende „Rate" durch Addition der Einzelwerte gefunden. Diese Summe ergibt demnach eine hypothetische Gesamtsterblichkeit, additiv zusammengesetzt aus den Einzelwerten. Die Gesamtsterblichkeit ist dann in Prozenten der normalen Sterblichkeit ausgedrückt. Ein Beispiel möge diesen Vorgang noch verdeutlichen. Es gelte für ein Risiko:

Normalsterblichkeit	100%
Tod der Mutter an Schwindsucht	20%
Vor 3 Jahren Gelenkrheumatismus	30%
Auf einer Lungenspitze leichte Dämpfung . .	100%
	250%

Für dieses Risiko wird demnach eine Sterblichkeit von 150% über der normalen angenommen. Man sieht, daß bei diesem System zunächst alle Schwierigkeiten in die Herstellung einer Unterlage für die Bewertung der einzelnen Komponenten der Minderwertigkeit verlegt sind. In der Tat ist diese Bewertungstafel auch der heikelste Punkt, da sich heute noch kaum ausreichende statistische Erfahrungen nachweisen lassen, welche zur Ableitung einer solchen Tafel zu verwenden wären. Für die Herstellung einer solchen werden also dermalen immer noch hypothetische und Gefühlsmomente in Betracht kommen. Die New-York, welche als erste nach dem Ratensystem gearbeitet hat, verschaffte sich das Material durch eine 20jährige Statistik der Abgelehnten, hütet aber ihre Bewertungstafel bis heute als Geschäftsgeheimnis. Seither wird das System auch von der Münchener und der Kölnischen Rückversicherungsgesellschaft sowie von der „Hilfe" angewendet. Rudolph erwähnt, daß sich die „Hilfe" die Bewertungstafel selbst herstellte, indem man von den Zuschlägen zur Sterblichkeit ausging, welche für bestimmte Minderwertigkeitsursachen auf Grund vorhandener Untersuchungen bereits zur Verfügung standen. Hierauf wurden verwandte Minderwertigkeitsgründe abgeschätzt und zwischen zwei Grenzen festgelegt. Die Schätzungen wurden wiederholt und von verschiedener Seite vorgenommen und so allmählich eine Festlegung der Ratenzahlen gewonnen.

Der schwache Punkt des Verfahrens ist offenbar die additive Behandlung der Einzelwerte. Man findet leicht Beispiele genug, in denen eine solche Addition der Einzelraten auf Widersprüche führt. Minderwertigkeitsursachen, welche isoliert zur vollen Auswirkung gelangen, können, wenn sie zugleich bei einem Individuum auftreten, unter Umständen eher zur Kompensation als zur Verschärfung im Sinne einer Addition der Raten neigen. Über den Sterblichkeitsverlauf der so charakterisierten Risiken sagt aber eine solche Bewertungstafel überhaupt nichts aus. Es bleiben also alle Fragen offen, welche die Vergleichbarkeit minderwertiger Risiken und normaler Leben entsprechend höheren Alters oder die Berechtigung der Verwendung einer anders konstruierten Ersatzabsterbeordnung berühren. In der Tat wird das System der Ratenzahlen bisher entweder in Verbindung mit der systematischen Alterserhöhung oder aber in Verbindung mit Absterbeordnungen, welche durch prozentuale Erhöhungen der Sterbenswahrscheinlichkeiten der Normaltafel gewonnen sind, praktiziert.

Die New-York verwendet die erstere Möglichkeit. Hierzu tritt bei dieser Gesellschaft eine sehr reichliche Verwendung des Hilfsmittels der Dividende. Die Kontributionsdividende, welche bei den Minderwertigen einem eigenen Verbande entstammt, wird aber von der Gesellschaft einbehalten, um erst zu einem späteren Zeitpunkte nach Maßgabe des Nichtverbrauchs an die Versicherten ausgefolgt zu werden. Hunter hebt hervor, daß im Jahre 1909 bei der New-York Versicherungen minderwertiger Leben auf die Summe von 250 Millionen Dollar in Kraft waren. Für die Güte des verwendeten Systems ist dies noch kein Beweis. Gerade das System der aufgeschobenen Dividende, das bei der Versicherung minderwertiger Risiken so nahe liegt, hat sich bei anderen Gesellschaften, bei denen eine Prämienerhöhung nicht in gleicher Weise beanstandet wurde, nicht eingeführt. Wir möchten den großen geschäftlichen Erfolg, den dieses System für sich geltend machen darf, nicht verkleinern. Mit einer wissenschaftlichen Lösung des vorliegenden Problems hat er aber weder vom medizinischen noch vom versicherungstechnischen Standpunkte etwas zu tun. Es mag sehr wohl zutreffen, daß die Einschätzung der Rate dort, wo einmal eine Bewertungstafel ausgearbeitet vorliegt, von verschiedener Seite vorgenommen, meist zu denselben Resultaten führt. Das spricht für die Ausführlichkeit der Bewertungstafel, nicht aber für ihre Richtigkeit im Sinne statistischer Forschung. Es mag auch zugegeben werden, daß das System in der Praxis gut zu handhaben ist, zumal wenn es mit der Alterserhöhung verbunden wird. Damit ist aber nicht gesagt, daß es auch nur einigermaßen gerecht wirkt.

Wenn aber die Ratenzahlen auf Resultate führen, welche hinterher gefühlsmäßig richtiggestellt werden müssen, dann kann der Wert des Systems nicht sehr hoch veranschlagt werden. Dem Arzte mag das System noch eher zusagen als dem Techniker, welcher gegen die Addition der Einzelraten stets ein Widerstreben empfinden wird. Es kann übrigens gar keinem Zweifel unterliegen, daß jedes Einschätzungssystem minderwertiger Risiken, welches auf die Berücksichtigung des Grades der Minderwertigkeit reflektiert, von subjektiven Auffassungen und Einflüssen der die Auslese der Risiken besorgenden Funktionäre abhängig bleiben muß. Wir haben schon an früherer Stelle betont, daß dies gar nicht als Mangel empfunden zu werden braucht, sofern nur die Erfahrungen hinterher eine gewisse Stabilität der Auslesepraxis erkennen lassen. Man beobachtet fast immer, daß jene Personen, welche mit der Beurteilung minderwertiger Risiken zu tun haben, zum guten Teil instinkt- und gefühlsmäßig zu Werke gehen. Es läßt sich zur Zeit kaum entscheiden, ob auf diesem Wege Entsprechendes in dem Sinne erreicht wird, daß die Einschätzung der Risiken korrekt gemäß erst zu gewärtigender Erfahrungen erfolgt. Zweifellos ist aber schon viel gewonnen, wenn die Einschätzung auf diesem Wege nur nach der Richtung gerecht genannt werden kann, daß Risiken annähernd gleicher Qualität auch eine annähernd gleiche Beurteilung erfahren. Die Herstellung einer Bewertungstafel mittels der Ratenzahlen bietet zur Erreichung des letzteren Zweckes immerhin ein recht wertvolles Hilfsmittel dar. Die Mangelhaftigkeit des statistischen Materials, auf welches wir noch heute bei Aufstellung einer Bewertungstafel angewiesen sind, und der Mangel eines Nachweises für die Berechtigung der Addition der Einzelraten mahnen aber sehr zur Vorsicht. Zudem darf nicht übersehen werden, daß bei der New-York nur leichtere Fälle von Minderwertigkeit zur Aufnahme gelangen, die Fehler der Einschätzung daher in engeren Grenzen bleiben müssen.

Man würde aber vom theoretischen Standpunkte aus dem Inhalte des Hunterschen Verfahrens, die Charakterisierung eines Risikos durch einfache Addition der auf die einzelnen Minderwertigkeitsmerkmale bezüglichen Übersterblichkeitssätze oder Ratenzahlen zu erreichen — wir wollen diesen Sachverhalt kurz als Hunterschen Additionssatz bezeichnen —, nicht gerecht werden, wenn man nicht wenigstens versuchte, zur Stützung des Satzes all das heranzuziehen, was aus dem Rüstzeug der modernen statistischen Forschung hierzu tauglich erscheinen könnte. Allerdings konnte sich Hunter selbst bei Verteidigung seines Verfahrens gegenüber den Einwänden, welche gleich nach Bekanntgabe desselben seitens zahlreicher Aktuare erhoben wurden, nur auf die praktische Brauchbarkeit und Bewährung seines Vorschlages berufen. Inzwischen steht aber in der schon an früherer Stelle erwähnten Theorie der festen Merkmale ein neues Instrument der mathematischen

Statistik zur Verfügung, welches wie früher den Satz von Pedersen so auch den Hunterschen Additionssatz vom theoretischen Standpunkte zu prüfen gestatten würde, vorausgesetzt natürlich, daß wenigstens für einige bestimmte Merkmale der Minderwertigkeit einwandfreie statistische Beobachtungsdaten zur Verfügung sind.

In der Tat hat Braun in einer erst kürzlich erschienenen Arbeit unter Heranziehung einer Risikountersuchung von Rusher und Kenchington (J. I. A. Bd. 47) den Additionssatz für eine Minderwertigkeitsklasse mit zwei Merkmalen (Tuberkuloseheredität und persönliche Minderwertigkeit) vermittels der Theorie der festen Merkmale einer Prüfung unterziehen können.

Der Additionssatz erscheint hier gewissermaßen als eine Umkehrung eines Satzes von Palmquist, welchen dieser so formuliert:

Die Übersterblichkeit in einer Risikoklasse, die durch mehrere Krankheitsanlagen charakterisiert ist, ist gleich der Summe der Übersterblichkeiten in den Risikoklassen, die je durch eine dieser Krankheitsanlagen charakterisiert sind.

Es erhellt unmittelbar, daß die allgemeine Richtigkeit dieses Satzes für die numerische Risikobewertung (numerical valuation of risks) nach Hunter entscheidend ist. Auf Grund der Braunschen Untersuchungen ergibt sich aber, daß der Palmquistsche Satz richtig ist, wenn unter den Risikomerkmalen Unabhängigkeit im Sinne der Yuleschen Theorie der festen Merkmale festzustellen ist. Nur wenn diese Unabhängigkeit vorliegt, ist daher der Huntersche Additionssatz eine annähernd richtige Bewertungsgrundlage für die Risikenbeurteilung. Sind aber die Risikomerkmale voneinander abhängig, dann führt die additive Zusammenfassung der Übersterblichkeitssätze zu einem falschen Ergebnis.

Die Untersuchung des Materials von Rusher und Kenchington hat denn auch ergeben, daß eine additive Verwendung der Übersterblichkeitssätze der untersuchten Risikoklassen zur numerischen Risikobewertung bei dem auf lebenslängliche Todesfallversicherungen bezüglichen Material zulässig ist, dies jedoch bei dem auf gemischte Versicherungen bezüglichen Material unstatthaft erscheint. Das Resultat besagt sonach, daß offenbar der Tarif eine Abhängigkeit der in Betracht kommenden Minderwertigkeitsmerkmale bedingen kann, und man wird hier wohl nur daran denken können, daß bei dem vorliegenden Materiale die Wahl des Tarifs im Hinblick auf die vorliegenden Minderwertigkeitsmerkmale, soweit die gemischten Versicherungen in Betracht kommen, auch vom Versicherer beeinflußt erscheint.

Die Untersuchungen erscheinen mit den Resultaten der Braunschen Arbeit noch durchaus nicht abgeschlossen, vielmehr haben wir vielleicht hier erst den Anfang neuer Forschungsmethoden zu sehen, welche dem Problem der Versicherung der minderwertigen Leben dienstbar zu machen wären. Wir wollen allerdings auch nicht verschweigen, daß die Theorie der festen Merkmale selbst noch durchaus nicht einwandfrei fundiert erscheint und gerade in letzter Zeit zahlreichen Einwänden standzuhalten hat, welche gegen diese Methode der Forschung und ihre bisherigen Resultate vorgebracht worden sind.

Nach diesem kleinen Exkurs in rein theoretisches Gebiet kehren wir wieder zu unserem Gegenstande zurück und haben noch anzuführen, daß bei der New-York die höhere Bewertung eines Risikos durch Alterserhöhung berücksichtigt wird, zu welcher bei eigentlich minderwertigen Risiken als weitere Sicherheitsmaßnahmen die Einschränkung der Fälligkeit der Versicherungssumme und, wie schon erwähnt, die Heranziehung der Dividende zur Deckung der Übersterblichkeit im Bedarfsfalle kommt.

Das System der New-York wurde im Jahre 1916 von der eigens zur Unterbringung minderwertiger Risiken gegründeten „Hilfe“ zwecks Einschätzung der Risiken übernommen. Die „Hilfe“ war durch die Ungunst der Verhältnisse seither leider gezwungen, den Geschäftsbetrieb wieder einzustellen; aus den Mitteilungen von Dr. K. Rudolph und Dr. J. Sturm ist jedoch zu entnehmen, daß man in der kurzen Zeit des Bestandes der Gesellschaft mit dem Einschätzungsverfahren zufrieden war. Im Gegensatze zur New-York wurde jedoch bei der „Hilfe“ die Berücksichtigung des höheren Risikos bei Berechnung der Versicherungswerte nicht durch eine Alterserhöhung, sondern durch die Einreihung in Gefahrenklassen gewährleistet. Es wurden deren nicht weniger als zwölf von einer Übersterblichkeit von 25—300% vorgesehen, wie sich bald herausgestellt hat, reichlich viel, da die untersten und höchsten Klassen nicht besetzt wurden. Als Normaltafel galt die neue deutsche Vereinstafel, Zugangsperiode 1876—1885. Auch der österreichische Verband zur Versicherung minderwertiger Leben hat die Klasseneinteilung auf Grund gleichbleibender Erhöhung der Sterblichkeitssätze der Normaltafel zur Basis seiner technischen Berechnungen gewählt, ein Verfahren, welches nach dem Beispiele der „Travelers Insurance Company“ in Hartford stets gern gewählt wird, zumal es für den Techniker leicht zu handhaben ist. Wir haben die Mängel dieses Verfahrens schon an anderer Stelle hervorgehoben. Wenn von ärztlicher Seite darauf hingewiesen wird, daß ein Risiko aus der einen oder anderen Minderwertigkeitsursache zwar mit den Jahren abnehmen kann, der Minderwertige aber doch während seines ganzen Lebens viel größeren Gefahren ausgesetzt ist, so daß er nicht nur wegen seines betreffenden Leidens, sondern weil er überhaupt minderwertig ist, immer mehr gefährdet erscheint und in diesem Zusammenhange von Sturm die Gefährdung Minderwertiger durch die Grippe erwähnt wird, so ist demgegenüber festzustellen, daß von anderer ärztlicher Seite gerade betont wird, daß die gesunden Risiken von der Grippe weit mehr gefährdet seien als die anbrüchigen. Solange es sich hier um Ansichten und nicht um statistisch erhärtete Tatsachen handelt, werden wir eine Aufhellung des Dunkels, das heute noch die Frage der Selektionsdauer bei minderwertigen Risiken deckt, nicht zu erwarten haben.

§ 38. Fragen der Tarif- und Geschäftspolitik.

Die Frage, ob die Versicherung minderwertiger Leben nach eigenen, den Bedürfnissen dieser Risiken möglichst angepaßten Tarifen, nach Tarifen, welche risikotheoretischen Erwägungen des Versicherers mehr gerecht werden, oder aber nach den Tarifen der Normalversicherung, selbstverständlich unter Berücksichtigung der Erhöhung des Risikos, betrieben werden soll, ist für den Erfolg dieses Versicherungszweiges in der Praxis von großer Bedeutung.

In früherer Zeit, wo es sich nicht um einen eigenen Versicherungszweig in der Lebensversicherung, sondern nur um die Unterbringung der angepaßten Risiken gehandelt hat, war diese Frage nicht von gleicher Wichtigkeit. Aber schon damals war die Regel, daß solche Risiken nach besonderen Tarifen, Gewinnverbänden und Versicherungsbedingungen versichert wurden, so bei der Arminia, Concordia, Janus, Iduna, Magdeburger, Nordstern, Potsdamer. Die erschwerenden Maßnahmen, unter denen nicht einwandfreie Risiken angenommen wurden, waren der mannigfachsten Art, und man darf sagen, daß schon zu Ende des vorigen Jahrhunderts hinsichtlich der Tarifform wohl alle Möglichkeiten in Erprobung standen. Von ausländischen Gesellschaften seien insbesondere die New-York, die Travelers I. C., Eagle, Metropolitan, Australian, Mutual Prov. S., Norwich-Union genannt. Im allgemeinen waren bei jeder Gesellschaft neben den zur Bedeckung des Mehrrisikos vorgesehenen Maßnahmen die Grundsätze der Tarifbildung für die normalen Risiken maßgeblich. Ob dies immer im Interesse der Einrichtung war, ist recht zu bezweifeln. Es empfiehlt sich sicherlich nicht, minderwertige Risiken unter Bedingungen zu versichern, deren scheinbare Härte dem Versicherten jederzeit durch Vergleich mit Normalversicherungen zum Bewußtsein kommt. Dies ist insbesondere dort der Fall, wo die Deckung des Mehrrisikos durch Beeinträchtigung der Versicherungsleistung erzielt werden soll. Daß man hier vorsichtig zu Werke gehen muß, zeigen die durchaus hohen Prozentsätze, unter denen die Versicherung zu erschwerten Bedingungen seitens der Versicherungsnehmer nicht angenommen wird. Nach den Erfahrungen der „Hilfe“ z. B. hat nur etwa ein Drittel der behandelten Anträge zum Abschluß von Versicherungen geführt. Man wird demnach darauf bedacht sein müssen, nicht durch unnötige Härten die Aufnahme noch mehr zu erschweren.

Die Versicherung auf Ab- und Erleben mit gleicher Versicherungssumme für den Todes- und Erlebensfall, welche heute die Normalversicherung beherrscht, wird auch bei der Versicherung der Minderwertigen weitaus überwiegen. Man hat diese Versicherungsform dadurch noch brauchbarer zu machen versucht, daß im Erlebensfall nicht die gleiche Summe wie bei vorzeitigem Ableben, sondern die Summe der eingezahlten Prämien ausbezahlt wird. Man glaubte dadurch die höheren Kosten der Versicherung verwischen zu können. Gut eingeführt hat sich ein Verfahren, bei dem im Erlebensfalle außer der Versicherungssumme noch ein Betrag ausbezahlt wird, welcher der Summe der Mehrprämien gegenüber dem normalen Tarif entspricht. Beide Maßnahmen haben überdies eine dem Versicherer erwünschte Reduktion des Risikos durch die Erhöhung der im Erlebensfalle zu gewärtigenden Versicherungsleistung im Gefolge. Die Regel aber wird wohl stets der Abschluß einer Versicherung zu erhöhter Prämie bleiben, bei der die Versicherungsleistungen von dem entsprechenden Tarife der Normalversicherung nicht abweichen. Allgemeingültiges läßt sich hier nicht aussagen. So hat sich z. B. die Maßnahme der Dividendenrücklässe bei einer Gesellschaft sehr gut bewährt, bei einer anderen gar nicht eingeführt.

Hier wäre auch noch die Frage zu beantworten, ob die Versicherung der minderwertigen Leben im Rahmen jeder einzelnen Gesellschaft Aufnahme finden soll, oder aber ob es sich empfiehlt, diesen Versicherungszweig eigenen Versicherungsträgern zu überweisen, an welchen die Versicherungsgesellschaften interessiert oder durch Rückversicherung beteiligt sind. Auch an ganz unabhängige Unternehmungen zur Versicherung der minderwertigen Leben könnte gedacht werden.

In der Tat wurde im Jahre 1878 die Allgemeine Versicherungsanstalt zu Leipzig zu dem gedachten Zwecke gegründet. Die Sverige in Schweden, de Hoop in Holland, die Hilfe in Deutschland, der Verband zur Versicherung minderwertiger Leben in Österreich und ein gleicher in Ungarn, die Norske Folk in Norwegen, die Varma in Finnland, alle auf Veranlassung der Lebensversicherungsgesellschaften gegründet, erweisen, daß man eigene Träger für diesen Versicherungszweig für notwendig und vorteilhaft ansah. Man erhoffte eine weitgehende Teilung des Risikos und damit die Möglichkeit der Aufnahme auch schwererer Fälle von Minderwertigkeit. Man erhoffte sich insbesondere einen günstigen Einfluß eines solchen Unternehmens auf den Anwerbeapparat jeder Gesellschaft, welche nunmehr in der Lage war, wenigstens einen Teil der sonst Abgelehnten der Versicherung zuzuführen, nicht zuletzt war das wirtschaftliche Bedürfnis dafür maßgebend, diesen Weg zu beschreiten, wenn schon die eigene Scheu vor der vermeintlichen Gefahr dieses Versicherungszweiges nicht zu überwinden war. Wir können hier nicht weiter ausführen, inwieweit diese Einrichtungen die in ihre

Gründung gelegten Hoffnungen auf seiten der Versicherer und Versicherungsnehmer erfüllt haben, denn die allgemeinen Verhältnisse in Mitteleuropa nach dem Kriege haben auch hier sehr ungünstig eingewirkt. Es hat aber doch den Anschein, als ob gerade die Gründung dieser Unternehmungen die Gesellschaften dazu veranlaßt hätte, die Versicherung der minderwertigen Risiken nun erst recht selbst zu betreiben und sich damit die Vorteile für den Anwerbeapparat und den erhofften geschäftlichen Gewinn zu sichern. Erleichtert wurde dies dadurch, daß sich die Rückversicherung in neuerer Zeit mit diesem Versicherungszweige intensiver befaßte und damit die Gelegenheit gegeben war, alles im Rahmen bisheriger Gepflogenheiten erfüllen zu können.

IV. Die Behandlung der Extrarisiken.

§ 39. Allgemeines.

Die Vereinigung einer großen Anzahl versicherter Personen zu einem Versicherungsbestande ist an gewisse Voraussetzungen hinsichtlich der Qualität der einzelnen Risiken, aber auch hinsichtlich aller sonstigen für die Beurteilung der Sterblichkeitsgefahr in Betracht kommenden Umstände gebunden. Die ärztliche Auslese und sonstige Maßnahmen bei der Aufnahmepraxis, genauere Erhebungen über Beruf, Wohnort, Lebensweise, kurz alles, was für die Beurteilung der Lebensdauer der aufzunehmenden Risiken in Betracht kommen kann, wird in der großen Lebensversicherung peinlich gehandhabt. Alle diese Maßnahmen verfolgen den ausgesprochenen Zweck, die Qualität des Versicherungsbestandes ständig zu verbessern und damit die Versicherung für den so zusammengesetzten Bestand zu verbilligen. Ob diese Bestrebungen vom Standpunkte einer weitsichtigen Sozialpolitik zu rechtfertigen sind, wollen wir nicht erörtern. Die Meinungen zahlreicher Fachgenossen, welche die Ansicht vertreten, daß die Privatversicherung nicht zu einem Privileg der ganz Normalen und der unter ganz unbedenklichen äußeren Umständen Lebenden werden dürfe, sind kaum zu widerlegen, zumal wenn man sich vor Augen hält, daß es hier um recht geringe Mehrbelastungen des einzelnen geht, und wenn man überdies erwägt, daß auch sonst die Lebensversicherungstechnik nicht imstande ist, dem Prinzipe der Gerechtigkeit gegen die Versicherten in jeder Hinsicht zu entsprechen. Man denke nur an die Bemessung der Verwaltungskostenzuschläge ohne Rücksicht auf die Höhe der versicherten Summe, an die aus spekulativen Gründen abgeschlossenen Versicherungen u. a. Immerhin muß man mit den Tatsachen rechnen, und wenn der Versicherungsbestand unter gewissen Vorsichtsmaßregeln aufgebaut wird, so ist es nur folgerichtig, daß Risiken, welche den für die Aufnahme in Betracht kommenden Bedingungen nicht in allen Belangen entsprechen, wenn überhaupt, so nur unter gewissen erschwerenden Bedingungen dem Versicherungsbestande angegliedert werden. Einer speziellen Gruppe solcher nichtnormaler Risiken waren die Ausführungen des vorhergehenden Abschnittes gewidmet. Es ließen sich nun eine sehr große Zahl besonderer Umstände angeben, welche für die Charakterisierung von nichtnormalen oder Extrarisiken in Betracht kommen können. Die Lebensversicherung hat auch früher erschwerende Bedingungen und im besonderen Zuschläge zu den Normalprämien in zahlreichen Fällen vorgesehen, welche die heutige Praxis milder beurteilt. An gewissen Kategorien bei der Beurteilung der Risiken im Zeitpunkte der Aufnahme erschwerend ins Gewicht fallender Umstände hat man aber festgehalten. Die durch diese Umstände charakterisierten Risiken werden als erhöhte oder Extrarisiken bezeichnet, und man darf dazu, abgesehen von den gesundheitlich minderwertigen Leben, die folgenden rechnen:

1. Die Versicherungen von Frauen. Es bleibt hier natürlich den Ergebnissen der Statistik vorbehalten, zu erweisen, daß es sich hier um erschwerende Umstände handelt.

2. Versicherungen von Personen, welche Reisen in Länder unternehmen, deren Klima für die Gesundheit gefährdend ist, und Versicherungen von Personen, welche dauernd in solchen Ländern wohnen.

3. Versicherungen von Personen, welche die Versicherung nur unter gänzlicher oder teilweiser Aufhebung der hinsichtlich Selbstmord, Duell, Reisefreiheit und anderer nach freier Entschließung des Versicherten wirksam werdender Gefahrmomente vorgesehenen Bedingungen eingehen.

4. Versicherungen von Personen, welche einen das Leben gefährdenden Beruf ausüben.

5. Versicherungen von Personen deren Lebensweise der Gesundheit abträglich erscheint.

6. Versicherungen von Personen, welche in die Lage kommen können, aktiv an einem Kriege teilzunehmen.

Man hat in den letzten Jahrzehnten insbesondere in Amerika die eingehendsten Untersuchungen über die Wirkung aller möglicher für die Beurteilung des Sterblichkeitsrisikos in Betracht kommender Umstände angestellt, an deren Spitze wir wieder die Medico-actuarial mortality investigation zu nennen haben. Für den Versicherungstechniker handelt es sich bei den erhöhten Risiken um die Aufgabe, die entsprechenden erschwerenden Bedingungen, in erster Linie die Prämienzuschläge zu bestimmen und zu beurteilen, inwieweit bei der Berechnung des Deckungskapitals die Mehrprämien zu berücksichtigen sind. Sehr ins Detail gehende Maßnahmen werden sich hier ebensowenig empfehlen wie eine allzu pauschalmäßige Behandlung der Frage. Erstere deshalb nicht, weil sie unrentabel sind, gegen letztere aber werden sowohl die anwerbenden Organe wie die Versicherungsnehmer selbst Stellung nehmen. Die im Punkt 3 genannten Umstände sind technisch kaum zu erfassen. Die Bedingungen der Gesellschaften sind hier mit der Zeit sehr viel liberaler geworden und eventuelle Zuschläge, welche aus diesen Gründen da und dort noch eingehoben werden, sind mehr als Präventivmaßnahmen zu werten.

§ 40. Die Versicherung von Frauen.

Sowohl die Sterblichkeitsuntersuchungen an der allgemeinen Bevölkerung als an versicherten Leben werden heute stets getrennt nach den beiden Geschlechtern durchgeführt, und wir sind daher über das Sterblichkeitsrisiko bei versicherten Frauen verhältnismäßig genau unterrichtet. Allerdings sind die Ergebnisse der Untersuchung an der allgemeinen Bevölkerung und an den Versicherten durchaus nicht in Übereinstimmung hinsichtlich der Männersterblichkeit, und auch die Ergebnisse der verschiedenen Mortalitätsuntersuchungen versicherter Frauen haben Resultate ergeben, welche gegenüber den analogen Untersuchungen bei versicherten Männern keine generellen Schlüsse hinsichtlich der beobachteten Abweichungen gestatten.

Die Sterblichkeitsuntersuchungen an der allgemeinen Bevölkerung haben im allgemeinen ergeben, daß die Frauen bessere Risiken sind als die Männer. Die Versicherungsgesellschaften hingegen behandeln die Frauen im allgemeinen als Risiken schlechterer Qualität, und sie stützen dies auf die einwandfreien Ergebnisse ihrer Statistik. Man wird nicht fehlgehen, wenn man den Grund für diese sehr auffallende Erscheinung hauptsächlich in den äußeren Umständen suchen wird, unter denen Versicherungen von Frauen abgeschlossen werden. Der Gedanke an die Versorgung der Hinterbliebenen ist hier bei weitem nicht so bestimmend wie bei den Versicherungen der Männer. Spekulative Momente, ein gewisses Entgegenkommen bei der Beantwortung der in den Antragspapieren gestellten Fragen, vielleicht auch die größere Schwierigkeit der Durchführung einer gründlichen ärztlichen Untersuchung mögen hier mitspielen.

Will man zunächst aus den Zahlen der Lebenden einer Absterbeordnung Vergleiche ziehen, wie die Sterblichkeit unter versicherten Männern und Frauen bei der allgemeinen Bevölkerung verläuft, so wird man sich in beiden Fällen auf die gleichen Altersklassen beziehen müssen. Denn würde man bei verschiedenen Tafeln von einer verschiedenen Basis ausgehen, so könnte es sein, daß die Zahlen der Lebenden gerade durch die Sterblichkeit jener Alter mitbestimmt sind, welche in der anderen Tafel gar nicht berücksichtigt erscheinen. Dies ist deshalb zu beachten, weil die allgemeinen Bevölkerungstafeln meist von der Basis Null, die Dekremententafeln versicherter Leben aber vom Alter 20 ausgehen. Die folgende Tabelle veranschaulicht die Anzahl der lebenden Männer und Frauen nach Farrs English Life Table Nr. 3 und der Tafel O^m bzw. O^f.

Alter	English Life Nr. 3			
	Männer	Frauen	O^m.	O^f.
20	333,608	333,608	96,453	96,453
25	319,442	318,871	94,387	93,232
30	304,634	303,250	91,942	90,777
35	288,850	286,985	88,995	87,232
40	272,073	270,127	85,467	82,883
45	253,708	252,588	81,262	78,185
50	233,216	234,199	76,185	72,979
55	209,539	214,446	69,919	67,265
60	182,350	190,020	62,073	60,510

Bis zum Alter 48 ist die Anzahl der lebenden Männer nach der ersteren Tafel größer als die der Frauen. Bei der zweiten Tafel ist dies durchaus der Fall. Die Berechnung der mittleren Lebensdauer für diese beiden Tafeln ergibt jedoch folgendes Bild:

Alter	English Life Nr. 3			
	Männer	Frauen	O^m.	O^f.
20	39,48	40,29	43,68	43,05
25	36,12	37,04	39,58	39,47
30	32,76	33,81	35,57	35,46
35	29,40	30,59	31,66	31,79
40	26,06	27,34	27,86	28,33
45	22,76	24,06	24,17	24,88
50	19,54	20,75	20,61	21,47
55	16,45	17,43	17,22	18,08
60	13,53	14,34	14,07	14,81

Die mittlere Lebensdauer ist hiernach bei der allgemeinen Bevölkerung für Frauen durchaus höher als für Männer, bei versicherten Leben gilt dies erst vom Alter 35 ab. Die günstigeren Sterblichkeitsverhältnisse für das weibliche Geschlecht sind eine allgemeine Erscheinung, welche auch aus den Ergebnissen der Volkszählung anderer Nationen immer wiederkehrt. So ergab die österreichische Volkszählung für das Jahrfünft 1906—1910 hinsichtlich der Sterbenswahrscheinlichkeiten und mittleren Lebenserwartungen die folgenden (unausgeglichenen) Werte.

Hiernach sind die Sterbenswahrscheinlichkeiten für Männer vom Alter 37 ab größer, die mittleren Lebenserwartungen durchaus kleiner als für Frauen.

Alter	Sterbenswahrscheinlichkeit	Mittlere Lebenserwartung	Sterbenswahrscheinlichkeit	Mittlere Lebenserwartung
	Männliches Geschlecht		Weibliches Geschlecht	
20	0,00660	40,897	0,00667	41,926
25	0,00702	37,244	0,00767	38,348
30	0,00724	33,485	0,00812	34,796
35	0,00863	29,696	0,00888	31,183
40	0,01082	26,011	0,01009	27,562
45	0,01361	22,458	0,01080	23,890
50	0,01834	19,040	0,01389	20,170
55	0,02446	15,849	0,01937	16,618
60	0,03470	12,858	0,03021	13,319

Aus Erfahrungen an französischen Versicherten hat übrigens G. F. Hardy (J. J. A. Bd. 38, S. 495) festgestellt, daß auch hier die mittlere Lebenserwartung bei weiblichen Risiken stets die der männlichen übersteigt. Aus den Erfahrungen der Gothaer Bank und der Germania zu Stettin ergaben sich folgende Resultate:

Alter	Gothaer Bank 1852—1895		Germania 1858—1894	
	Sterbenswahrscheinlichkeit für ein Jahr			
	Männer	Frauen	Männer	Frauen
15—25	0,50	0,48	0,51	1,06
26—30	0,43	0,88	0,59	1,04
31—35	0,52	0,59	0,76	1,06
36—40	0,69	0,56	1,03	1,12
41—45	0,95	0,88	1,36	1,13
46—50	1,24	1,00	1,74	1,28
51—55	1,81	1,22	2,38	1,56
56—60	2,72	1,93	3,28	2,25
61—65	3,96	3,01	4,55	3,54
66—70	5,90	4,89	6,51	5,02
71—75	8,86	8,36	9,05	8,29
76—80	13,29	10,65	14,44	12,97
81—85	18,83	17,27	21,78	17,09
86—90	27,05	21,43	22,03	20,97

Das Überwiegen der Frauensterblichkeit in den Altern bis etwa 40 ist eine ganz allgemeine Erscheinung. Von da ab ist fast durchgängig Untersterblichkeit der Frauen festzustellen. Man darf aber aus dieser Tatsache nicht etwa schließen, daß unter diesen Umständen die Frauensterblichkeit kaum zu Verlusten des Versicherers führen werde, wenn diese nach den Prämien für Männer versichert werden. Denn die höhere Sterblichkeit in jüngeren Jahren fällt mehr ins Gewicht, und überdies wäre zu beachten, welcher Einfluß der abgelaufenen Versicherungsdauer auf die Sterblichkeit der Frauen festgestellt werden kann. In dieser Hinsicht zeigt sich eine allerdings bei weitem nicht so kräftige

Wirkung der Auslese, als dies bei Männern der Fall ist. H. Moir teilt diesbezüglich folgende Ziffern für die Sterblichkeitssätze im ersten Versicherungsjahre bei Ablebensversicherungen mit Gewinnanteil mit:

Alter	Männer	Frauen
20	0,0026	0,0068
25	0,0027	0,0057
30	0,0033	0,0055
35	0,0037	0,0056
40	0,0042	0,0072
45	0,0057	0,0076
50	0,0075	0,0077
55	0,0103	0,0110
60	0,0153	0,0160

Die stärkere Wirkung der Auslese bei den Männern reicht demnach über alle Beitrittsalter, und auch Karup hat dieselbe Tatsache, wenn auch erst vom zweiten Versicherungsjahre ab festgestellt.

Ist somit erwiesen, daß die Sterblichkeit versicherter Frauen in manchen Belangen anders verläuft als die Frauensterblichkeit bei der allgemeinen Bevölkerung, so sind für den Versicherungstechniker im besonderen die Abweichungen zu beachten, die sich gegenüber dem Verlaufe der Sterblichkeit versicherter Männer allgemein herausgestellt haben.

Einen besseren Einblick in die vorliegenden Verhältnisse erhält man, wenn man den Vergleich an Hand der nach den verschiedenen Tafeln berechneten Prämien anstellt. Wir führen als Beispiel die jährlichen Prämien für die reine Ablebensversicherung, berechnet nach den Tafeln H^m, H^f bzw. O^m, O^f, an.

Alter	H^m	H^f	$H^f - H^m$	O^m	O^f	$O^f - O^m$
20	1,330	1,483	0,153	1,204	1,302	0,098
25	1,521	1,685	0,164	1,416	1,495	0,079
30	1,769	1,856	0,087	1,677	1,711	0,034
35	2,076	2,084	0,008	1,997	1,970	− 0,027
40	2,465	2,391	− 0,074	2,400	2,301	− 0,099
45	2,985	2,799	− 0,186	2,917	2,731	− 0,186
50	3,667	3,370	− 0,297	3,597	3,344	− 0,253
55	4,588	4,189	− 0,399	4,504	4,177	− 0,327

Einen noch wertvolleren Vergleich erhalten wir, wenn wir nur die Alter von 20—50 in Betracht ziehen und etwa die Prämien für die kurze Todesfallversicherung zum Erfüllungsalter 50 miteinander vergleichen. Man vermeidet so den Einfluß der höheren Alter auf die Prämie und bleibt mehr im Rahmen der durch das Vorherrschen der abgekürzten Versicherungen in der Praxis gegebenen Verhältnisse. Man erhält nach den gleichen Tafeln für die genannten Prämien die Werte:

Alter	H^m	H^f	$H^f - H^m$	O^m	O^f	$O^f - O^m$
20	0,817	1,068	0,251	0,661	0,832	0,171
25	0,880	1,176	0,296	0,747	0,914	0,167
30	0,996	1,201	0,205	0,847	0,985	0,138
35	1,060	1,237	0,177	0,956	1,044	0,086
40	1,165	1,290	0,125	1,084	1,110	0,026
45	1,317	1,340	0,023	1,233	1,147	– 0,086

Man entnimmt diesen Ziffern, daß man bei der ersteren Tafel der Mehrsterblichkeit der Frauen durch einen abfallenden Zuschlag gerecht werden kann, der vom Alter 45 ab ganz entfällt. Bis zur gleichen Altersgrenze wäre auch bei der zweiten Tafel die Mehrsterblichkeit durch einen entsprechend geringer bemessenen Zuschlag auszugleichen. Das ist auch der Vorschlag Karups. Nur würde bei der Gothaer Bank der Zuschlag schon beim Alter 40 aufhören. Karup schlägt einen solchen von $1^1/_2$‰ der versicherten Summe einheitlich bis zum Alter 40 vor. Wegen der in den höheren Altern beobachteten Mindersterblichkeit der Frauen soll vom 55. Jahre ab, sofern das 5. Versicherungsjahr zurückgelegt ist, eine feste Ermäßigung von 3‰ der versicherten Summe gewährt werden.

Damit sind wir schon in die praktische Behandlung der Versicherung der Frauen eingetreten. Die Verwendung eigener Tafeln für die Frauen zum Zwecke der Berechnung von Prämien und Deckungskapitalien kommt für die Praxis kaum in Frage. Um eine so schwerwiegende Belastung des technischen Apparates zu rechtfertigen, sind die aus den Sterblichkeitsbeobachtungen hervorgehenden Abweichungen gegenüber der Männersterblichkeit nicht erheblich genug, wenn man bedenkt, daß in jedem Versicherungsbestand die Frauen nur einen relativ geringen Prozentsatz — in Deutschland etwa 8% — ausmachen. Man behilft sich daher in der Praxis allgemein mit Zuschlägen, welche in der Mehrzahl der Fälle nur für jene Alter eingehoben werden, in welchen die von der Natur vorgesehene Bestimmung des weiblichen Organismus eine erhöhte Sterblichkeit bedingt. Manche Gesellschaften gehen hier allerdings über die durch die statistischen Nachweisungen zu rechtfertigenden Maßnahmen hinaus. Dazu ist es zu rechnen, wenn die weiblichen Versicherten verschieden behandelt werden, je nachdem sie verheiratet sind oder nicht. Besondere Vorkehrungen werden auch für die Zeit der Schwangerschaft vorgesehen. Meist werden solche Risiken bis zum Ablauf derselben oder noch einige Zeit darüber hinaus reponiert. Manche Gesellschaften lehnen Frauen im Zustande der Schwangerschaft ab, manche verlangen mehr oder minder willkürlich festgesetzte einmalige Extrazuschläge in Prozenten der versicherten Summe.

Von 70 englischen Gesellschaften verlangten im Jahre 1905—1906 15 keine Zuschlagsprämie für weibliche Risiken. 19 geben einen Zuschlag von 5%, 1 verlangt eine einmalige Extraprämie von 20%. Für Risiken, welche kurz vor der Heirat stehen, jung verheiratet sind oder sich im Zustande der Schwangerschaft befinden, verlangen 27 Gesellschaften eine einmalige Extraprämie von meist 20%. Für solche Risiken nehmen 8 Gesellschaften eine Extraprämie von 10—20% und überdies den laufenden Zuschlag von 5%. Für Ledige erheben 42 Gesellschaften keinen Zuschlag, während 27 auch in diesem Falle den Zuschlag von 5% einheben. Die Zahlung des laufenden Zuschlages ist meist bis zum Alter 50 vorgesehen.

Auch in Deutschland und Österreich machen nur wenige Anstalten zwischen männlichen und weiblichen Versicherten hinsichtlich der Prämien keinen Unterschied. Die meisten erheben Zuschläge und bei vielen wird auch auf das Schwangerschaftsrisiko besonders Rücksicht genommen. Der Zuschlag in der Höhe von 1—5‰ der versicherten Summe für das Jahr wird von 30 Anstalten eingehoben, davon von 4 während der ganzen Dauer, von den übrigen bis zur Erreichung des 35., 40., 45., 48., 50. oder 51. Lebensjahres, und zwar fast immer ohne Unterschied zwischen verheirateten und unverheirateten Frauen. Nur ganz wenige Anstalten geben statt des Zuschlages eine Alterserhöhung.

Bestehende Schwangerschaft bietet für 23 Anstalten kein grundsätzliches Hindernis für die Annahme. Eine kleine Anzahl von Gesellschaften versichern Erstgebärende nur mit Klausel, die Zahlung der Versicherungssumme beim Tode infolge der Entbindung ausschließt. Im übrigen gibt es hier noch recht mannigfaltige vom technischen Standpunkte jedoch kaum bemerkenswerte einschränkende Bestimmungen.

Nach den heutigen Erfahrungen darf man wohl für das besondere Verhalten der Sterblichkeit versicherter Frauen kaum das Geburtsrisiko als alleinige Ursache in Betracht ziehen, obwohl die in den letzten Jahrzehnten beobachtete Verminderung der Frauensterblichkeit sicherlich auch auf die Verminderung des Geburtsrisikos zurückzuführen ist. Manche Autoren sehen in einer bewußten und unbewußten Antiselektion den einzigen Grund des abweichenden Verhaltens der Frauensterblichkeit der allgemeinen Bevölkerung und der versicherten Leben. In der Tat spricht die aus den Sterblichkeitsuntersuchungen klar hervortretende geringe Wirkung der Auslese bei versicherten Frauen sehr für diese Ansicht. Die wirtschaftlichen und persönlichen Momente, welche für die Versicherung von Frauen in Betracht kommen, sind von denen, welche Männer zum Eingehen einer Versicherung veranlassen, ganz gewiß in der Überzahl der Fälle gänzlich verschieden. Aber man wird über die besonderen Gefahren, denen die Frauen jüngeren Alters zufolge ihres natürlichen Berufes ausgesetzt sind, nicht einfach hinwegsehen dürfen, und es scheint einleuchtend, daß gerade zufolge dieses Umstandes die ärztliche Auslese hier die Sterblichkeit in den ersten Versicherungsjahren nicht so günstig beeinflussen kann, als dies bei den männlichen Versicherten der Fall ist. Hierüber wäre allerdings an Hand einer Todesursachenstatistik leicht Aufschluß zu erhalten. Die Untersuchungen der Gothaer Bank und der Germania haben denn auch ergeben, daß die bis zum 40. Lebensjahre festgestellte höhere Sterblichkeit der versicherten Frauen zum guten Teile durch spezifische Krankheiten des weiblichen Organismus bedingt ist.

§ 41. Das Berufsrisiko.

Daß Beruf und Lebensweise auf die Lebensdauer des Menschen erheblich einwirken, steht außer allem Zweifel. Das bekannte Buch Westergaards, viele Spezialuntersuchungen der Berufssterblichkeit und auch die von den Versicherungsgesellschaften und Aufsichtsbehörden herausgegebenen Veröffentlichungen behandeln diesen Gegenstand. Dabei treffen die speziellen Statistiken, welche vornehmlich zum Gebrauche der Unfallversicherungsgesellschaften bearbeitet werden, nicht ganz die Frage, welche in der Lebensversicherung von Interesse ist. Ein Beruf kann mit einer erhöhten Unfallgefahr verbunden sein, er kann aber auch ohne diese gesundheitsschädigend sein oder es kann beides zutreffen.

Die Association of Life Insurance Medical Directors und die Actuarial Society of Amarica hat zum Zwecke spezieller Risikountersuchungen ein Komitee eingesetzt, welches die Ergebnisse der groß angelegten statistischen Untersuchungen an Versicherten aus den Vereinigten Staaten und aus Kanada im Jahre 1912 als Medico-actuarial Mortality Investigation veröffentlicht hat, die wir bereits wiederholt zu erwähnen Veranlassung hatten. Hinsichtlich der Ergebnisse über die Berufssterblichkeit seien im folgenden jene Berufe mitgeteilt, für welche sich nach den Untersuchungen eine Übersterblichkeit von 25% und mehr ergeben hat. Wir geben nur die Namen der Berufe und die Sterblichkeitsrate und müssen hinsichtlich aller Einzelheiten auf das Originalwerk verweisen.

Es ergaben sich für die nachfolgenden Berufe die Sterblichkeitsraten: Offiziere der Armee 131; Köche und Chefs in Hotels und Restaurants 152; Arbeiter an elektrischen Lichtfreileitungen 142; Feuerwehrleute 148; Glaspresser, -schneider, -schleifer, -gravierer, ausgenommen Vorarbeiter und Vorstände, 146; Hutmacher, ausschließlich Strohhutmacher, 134; Eigentümer, Direktoren und Leiter von Hotels und Bars, die in der Bar nicht aufwarten, 135 — die aufwarten 178; Eigentümer, Direktoren und Leiter von Brauereien 135; Angestellte von Brauereien 130; Arbeiter und Gehilfen von Brauereien 152; Reisende und Händler für Brauereien und Brennereien 128; Grubeningenieure, -leiter, -direktoren, die gelegentlich unter Tag gehen, 135; Vorarbeiter und Schläger bei Tagbau 160; Arbeiter bei Tagbau 208; Vorarbeiter und Schläger bei Untertagbau (keine Kohlengruben) 168; do. Arbeiter 226; Kohlenbergbau-Bergleute (Anthrazit) 191; do. Erdharz 132; Marineoffiziere 152; Polizisten 139; Arbeiter in Töpfereien 170; Personenzugspersonal (ohne Zugsführer) 137; Lokomotivingenieure 160; Lokomotivheizer 190; Kontrolleure usw. 141; Arbeiter in Eisenkonstruktionswerken 168; Schauspieler 145; Eigentümer, Leiter, Kassierer in Theatern 136; häusliches Dienstpersonal (weiblich) 127; Motorführer bei Straßenbahnen 131; Steinmetze, Bildhauer 214; Offiziere und Ingenieure im Küstenhandel (ausschließlich Tropen) 138; Offiziere und Ingenieure auf Ozeandampfern 156.

Die Lebensversicherung kann aber in der Erfassung aller für die Gefährdung des einzelnen Risikos in Betracht kommenden Momente nicht bis an die Grenze des Möglichen gehen, und die Individualisierung der Risiken darf nicht soweit getrieben werden, daß hierdurch die Ökonomie des Betriebes und die breite Basis, auf welcher allein die Lebensversicherung möglich ist, gemindert wird. In dieser Erkenntnis hat man stets von einer weitgehenden Differenzierung der Berufsgefahr in der Lebensversicherung Abstand genommen und sich damit begnügt, nur ganz extreme Berufsrisiken mit Sonderzuschlägen zu belegen. Zu diesen Berufen dürften die folgenden zu rechnen sein: Bergleute, Arbeiter in Steinbrüchen, die Arbeiter in Betrieben, welche explosible oder gesundheitsschädliche Stoffe erzeugen oder verwenden, die im Alkoholgewerbe beschäftigten Personen und die Seeleute.

Von diesen Risikogruppen kommen für die große Lebensversicherung nur die im Alkoholgewerbe tätigen Personen erheblicher in Betracht. Die anderen Gruppen haben Bedeutung für die Volksversicherung, in welcher man die besonders gefährdeten Risiken meist nicht zuläßt. Das Risiko der im Alkoholgewerbe Tätigen ist ziemlich genau erforscht, und nach den Ergebnissen der hier vorliegenden statistischen Untersuchungen ist man in der Tat voll berechtigt, ja verpflichtet, entsprechende erschwerende Bedingungen vorzusehen. Eine Übersterblichkeit von 100% gehört in diesen Berufsgruppen nicht zu den Seltenheiten, und es wäre gewiß nicht zu vertreten, bei der Versicherung der gesundheitlich minderwertigen Leben Differenzierungen der Risiken weit unter dieser Grenze vorzusehen, beruflich gefährdete Risiken hingegen zur Normalprämie anzunehmen.

Um Mißverständnissen zu begegnen, sei vorweg erwähnt, daß wir hier nicht Risiken im Auge haben, von denen feststeht, daß sie dem Alkohol ergeben sind. Vielmehr handelt es sich um sonst normale Risiken, welche mit der Herstellung und dem Vertriebe alkoholhaltiger Getränke berufsmäßig zu tun haben. Sie unterliegen ausnahmslos der Gefahr, daß die vorhandene Gelegenheit und manchmal auch direktes Berufsinteresse das zur Zeit der Aufnahme mäßige und normale Risiko zu übermäßigem Genuß von Alkohol verleitet oder gar zwingt.

Die heutige Praxis der Lebensversicherungsgesellschaften in der Behandlung der in Rede stehenden Risiken stützt sich auf den im Literaturnachweis angeführten Bericht von Deuchar, Sprague und Low, auf die Erfahrungen der 34 amerikanischen Gesellschaften über 98 besondere Risikoklassen und auf die Erfahrungen der Gothaer Bank über den Zugang der Jahre 1852—1902. Nach den letztgenannten Erfahrungen stellt sich die Sterblichkeit der im Alkoholgewerbe tätigen Berufsgruppen im Durchschnitt auf folgende Beträge, wenn die normale Gothaer Sterblichkeit gleich 100 gesetzt wird: Hoteliers 131, Gastwirte 147, Schankwirte, Kellner, Bierhändler 155, Brauereibesitzer 141, Brauereibedienstete 162, Brenner 121, Weinhändler 104, Weinküfer, Kellermeister 144.

Die Deckung des Mehrrisikos kann durch Prämienzuschlag, Alterserhöhung oder durch einschränkende Bedingungen erfolgen. Bei der Gothaer Bank werden Alterserhöhungen angewendet, welche für die dem Gewerbe der Gastwirte bzw. der Brauer nahestehenden Berufsgruppen betragen:

Beitrittsalter	Alterserhöhung in Jahren	
	für Gastwirte usw.	für Brauer usw.
20	8,8	13,4
30	7,2	8,6
40	6,2	5,7
50	4,8	4,0
60	2,3	2,2

Auch aus den schottischen und amerikanischen Erfahrungen geht hervor, daß die Übersterblichkeit der Brenner erheblich hinter der der Wirte und Brauer zurückbleibt, daß die Sterblichkeit der Weinhändler die normale nur wenig überschreitet.

In gewissem Zusammenhange mit der eben behandelten Frage steht die nach den eventuellen Begünstigungen, welche Abstinenten seitens des Versicherers gewährt werden könnten. Die Frage entbehrt durchaus nicht des praktischen Interesses, da die Abstinentenvereinigungen an die Lebensversicherungsgesellschaften mit dem Verlangen nach besonderen Vorteilen herantreten, indem sie sich auf die besonders günstigen Erfahrungen englischer und schwedischer Gesellschaften mit der Versicherung von Abstinenten berufen. Daß es sich bei den Abstinenten um Risiken gänzlich verschiedener Qualität handeln kann, je nachdem diese den Alkoholgenuß aus religiösen oder sonstigen Gründen verwerfen oder aber deshalb abstinent geworden sind, weil sie die Schäden übermäßigen Alkoholgenusses am eigenen Leibe verspürten, bedarf keines Beweises. Ja es sind Statistiken bekannt, bei denen die Gruppe der Abstinenten eine durchaus ungünstigere Sterblichkeit aufwies. Auch ist die Heranziehung von Statistiken zum Gebrauche unter gänzlich anderen Verhältnissen, wie sie etwa in dieser Hinsicht zwischen England und Deutschland vorliegen, nicht zu rechtfertigen.

Es ist sicherlich nicht leicht, in dieser Frage zu reinen statistischen Ergebnissen zu gelangen. Denn es ist anzunehmen, daß unter den heutigen Abstinenten zahlreiche Personen sind, welche früher nicht abstinent waren und vielleicht sogar früher eine Schädigung der Gesundheit durch den Alkohol erlitten haben, andererseits aber befinden sich in jedem Versicherungsbestande Risiken, welche durch übermäßigen Alkoholgenuß zu Schaden gekommen sind, so daß die Gesamtheit als Vergleichsmaßstab nicht in Betracht kommt, weil als normale Risiken doch nur jene anzusehen sind, welche vom Alkohol einen mäßigen Gebrauch machen. Zur Entscheidung der Frage, ob diesen normalen Risiken die Abstinenten hinsichtlich der Lebensdauer überlegen sind, können aber nur englische statistische Erfahrungen herangezogen werden, weil nur dort das genügende Material vorhanden ist.

Die umfangreichste der einschlägigen Untersuchungen ist die im Literaturnachweis angeführte von R. M. Moore. Er gelangt zu dem Ergebnis, daß die bei seiner Anstalt versicherten Nichtabstinenten gute Durchschnittsrisiken seien, da sich ihre Sterblichkeit der Tafel O^m anschließt. Bei den Abstinenten aber hat sich für jede Versicherungsart und für beide Geschlechter eine erheblich günstigere Sterblichkeit als bei den Nichtabstinenten ergeben. Die von Moor auf Grund überaus sorgfältiger Untersuchungen abgeleiteten Resultate wurden aber von Andrae in sehr scharfsinniger Weise als nicht korrekt erwiesen. Andrae hat nämlich dargetan, daß die Mooreschen Resultate nur dann stichhaltig wären, wenn die Wirkung der Gegenauslese der Versicherten, welche in der Verschiedenheit der Sterblichkeit bei lebenslänglich und abgekürzt Versicherten in auffallender Weise zutage tritt, bei Abstinenten weitaus geringer wäre als bei Nichtabstinenten. Dies anzunehmen ist aber absurd. Die unverhältnismäßig niedrige Mindersterblichkeit der abgekürzt versicherten Abstinenten gegenüber der der lebenslänglich Versicherten erklärt sich daher nur so, daß bereits letztere eine sehr wirksame Selbstauslese zuungunsten der Anstalt ausüben. Hierfür spricht auch das Verhältnis der Männer und Frauensterblichkeit bei Abstinenten und Nichtabstinenten, wie es aus den Untersuchungen Moores hervorgeht. Wenn man auch solch diffizilen Untersuchungen gegenüber alle Zurückhaltung beobachten will, so muß doch zugegeben werden, daß ein einwandfreier Erweis der Mindersterblichkeit der Abstinenten gegenüber den normalen nichtabstinenten Risiken auch aus diesem Material nicht zu erbringen ist. Dieser Beweis könnte wohl nur auf direktem Wege erbracht werden, und Florschütz betont mit Recht, daß hierzu eine nach Todesursachen bearbeitete Untersuchung vorliegen müßte, welche die Wahrheit der Behauptung zu ergeben hätte, daß die gänzliche Enthaltsamkeit vom Alkoholgenuß auf bestimmte Todesursachen oder die Zeit ihres Eintrittes einen günstigen Einfluß ausübt und damit einen nachweisbar günstigeren Verlauf der Sterblichkeit als bei den Risiken mit mäßigem Alkoholgenuß bedingt. Wir sind heute noch weit davon entfernt, das Material für solche Untersuchungen zu besitzen.

§ 42. Die Behandlung der außereuropäischen, insbesondere der Tropenrisiken.

Die meisten Lebensversicherungsgesellschaften übernehmen heute das Mehrrisiko, welches sich aus Reisen des Versicherten in beliebige Länder der Erde und aus dem Aufenthalt in diesen Gebieten ergibt, ohne weiteres, wenn die Police in Kraft getreten ist oder eine verhältnismäßig kurz angesetzte Karenzfrist abgelaufen ist. Man bezeichnet die ohne jeden Vorbehalt in dieser Hinsicht ausgestellten Policen als „Weltpolicen". Die Versicherungsanstalten gehen hierbei eben von der Annahme aus, daß solche Fälle wenigstens in Europa nicht zu häufig sind und wegen ihrer Seltenheit besondere Vorkehrungen nicht bedingen.

Man ist jedoch gezwungen, anders zu verfahren, wenn der Verzug in andere und vielleicht besonders gesundheitsgefährliche Gebiete gerade zum Anlaß der Versicherung genommen wird, und der Versicherungstechniker wird nicht unterlassen dürfen, die Erhöhung der Sterblichkeit, wie sie besonders durch einen Aufenthalt in gewissen tropischen Gebieten bedingt ist, bei der Berechnung der Versicherungswerte zu berücksichtigen. Für alle Gesellschaften, welche eine erhebliche Anzahl von in gesundheitsgefährlichen Gebieten ansässigen Risiken in ihrem Bestande haben, wird offenbar nur eine exakte Lösung der vorliegenden Frage in dem Sinne in Betracht kommen können, daß Sterblichkeitsuntersuchungen, welche sich auf versicherte Leben solcher Gebiete beziehen, für die technischen Berechnungen herangezogen werden müssen. Für die meisten europäischen Gesellschaften wird jedoch diese Notwendigkeit nicht bestehen, weil für sie die Versicherung außereuropäischer Risiken zu den Seltenheiten gehört. Man wird sich demnach auch hier mit der Verwendung von Extraprämien behelfen, welchen die Aufgabe der Ausgleichung des übernommenen Mehrrisikos zufallen wird, und welche an Hand von Sterblichkeitserfahrungen über die in Betracht kommenden Gebiete zu bestimmen sein werden. Streng genommen ist mit einer solchen Maßnahme allerdings erst dann etwas getan, wenn diese besonderen Risiken zwar nicht in großer aber doch in einigermaßen erheblicher Zahl vorhanden wären. Man wird sich aber dabei beruhigen dürfen, daß die Extrazuschläge in ihrer Gesamtheit eine Gruppe von nichtnormalen Risiken kennzeichnen, innerhalb derer auf einen gewissen Risikoausgleich zu rechnen sein wird. Anderenfalls wäre noch immer die Möglichkeit vorhanden, solche Risiken entsprechend rückzuversichern, und gerade für diesen Zweck erweist sich wiederum die Bemessung der Extrazuschläge auf einer rationellen Basis als unbedingt erforderlich. Tatsache ist, daß die Gesellschaften die Annahme von außereuropäischen Risiken schon aus geschäftspolitischen Gründen nicht einfach ablehnen können und gezwungen sind, zur Bemessung der Prämien und der sonstigen Bedingungen, die hier in Betracht kommen, Stellung zu nehmen.

Daß aber bei Aufenthalt des Versicherten in tropischen Gegenden mit einem wesentlich höheren Risiko als bei Aufenthalt in Europa oder sonstigen gemäßigten Gebieten zu rechnen ist, beweisen schon die Untersuchungen über die Sterblichkeit der allgemeinen Bevölkerung. Die Sterblichkeit in den gemäßigten Zonen von Nord- und Südamerika, in Kanada, Südafrika und auch Australien und Neuseeland ist von der der europäischen Bevölkerung nicht wesentlich verschieden. Dasselbe gilt auch von Japan, trotz der Verschiedenheit der Rasse. Ganz anders aber liegen die Verhältnisse in den tropischen und subtropischen Gebieten. So sind z. B. die Sterblichkeitssätze von Europäern im Kongostaat für die Alter 17—38 in Prozent 7,1 ansteigend bis 11,6, an der Westküste Afrikas im Durchschnitt an 6% und in Zentralafrika an 7%. Die Untersuchungen erstrecken sich dabei in der Regel auf die Altersgruppen 20—40. Wenn man also ein europäisches Risiko bei Aufenthalt in gemäßigten Zonen als normal behandeln darf, so gilt dies keinesfalls bei Aufenthalt in den tropischen Gebieten. Allerdings sind gerade in den letzten Jahrzehnten auf dem Gebiete der Tropenhygiene und der Behandlung und der Prophylaxe von Tropenkrankheiten solche Fortschritte gemacht worden, daß auch die für den Versicherer mit der Übernahme solcher Risiken verbundene besondere Gefahr ständig abnimmt.

Bei der Behandlung der Tropenrisiken sind wir in der günstigen Lage, eine erschöpfende Arbeit anführen zu können, welche alle hierher gehörenden Momente in ausgezeichneter Weise zur Darstellung bringt. Es ist dies die im Literaturnachweis angeführte Abhandlung von Braun über die Behandlung der außereuropäischen Risiken in der deutschen Lebensversicherung. Wir müssen für alle Details auf diese Arbeit verweisen und wollen nur die für die praktische Anwendung wesentlichsten Ergebnisse derselben hervorheben.

Für die Beurteilung des Risikos kommen, abgesehen von dem durch den Aufenthaltsort gegebenen Gefahrmoment, noch folgende Umstände in Betracht: Das Risiko wird günstiger zu beurteilen sein, wenn es ihm möglich ist, unter Beobachtung aller tropenhygienischen Vorsichtsmaßregeln seine bisherige Lebensweise beizubehalten. Wenn die Frau des Versicherungskandidaten ebenfalls mit in die Tropen geht, so ist dies ebenfalls ein Umstand zur günstigen Beurteilung. Gegen die spezifischen Tropenkrankheiten erweisen sich jüngere Personen widerstandsfähiger. Die mit dem Tropenaufenthalte verbundene Gefahrerhöhung ist nicht unabhängig vom Alter zu beurteilen, sondern eher mit der Sterblichkeit der einzelnen Lebensalter proportional aufzufassen. Von Wichtigkeit ist es, ob die betreffende Person bereits in den Tropen gelebt und sich an das Klima gewöhnt und ob sie schon Tropenkrankheiten überstanden hat. Man wird für bereits akklimatisierte Risiken eine geringere Prämie verlangen dürfen als für nichtakklimatisierte. Anamnese und Status praesens sind kaum anders zu beurteilen wie bei normalen Risiken. Herz und Verdauungsorgane müssen vollständig gesund sein, Blutarmut und Nervosität bedingen Untauglichkeit für die Tropen. Erforderlich ist überdies Mäßigkeit im Alkoholgenuß und Bedingung, daß Chinin gut vertragen wird.

Aus allen vorliegenden statistischen Untersuchungen geht hervor, daß die erhöhte Sterblichkeit sofort mit dem Tropenaufenthalt einsetzt. Denn die spezifischen Gefahren und Tropenkrankheiten bedrohen alle — die schon längere Zeit in den Tropen Lebenden und die neu Hinzukommenden — so ziemlich gleich. Die ärztliche Auslese ist bei weitem nicht von so nachhaltiger Wirkung wie unter normalen Verhältnissen, und ihre Dauer ist auf höchstens 3 Jahre zu bemessen. Sie findet ein Gegengewicht in der fehlenden Akklimatisierung bei jenen, die noch nicht in den Tropen waren. Im ganzen erweist sich die Tropensterblichkeit als eine Übersterblichkeit in allen Altern. Besondere Tarife für Weiße, welche nach den Tropen gehen, haben holländische, englische und amerikanische Gesellschaften aufgestellt. Sie gelten auch für dort ansässige Personen, gleichgültig ob es sich um Eingeborene handelt oder nicht. Oft wird auch noch ein besonderer Akklimatisierungszuschlag gefordert.

An Sterbetafeln für die tropischen Gegenden kommen in Betracht: die indische Sterbetafel von Dr. P. van Geers, die indische Sterbetafel von R. H. van Dorsten, die Standardtafeln, die amerikanische tropische Tafel von Dr. Jones, die tropische Sterbetafel der New York von 1908, die subtropische Sterbetafel der New York von 1908 — die beiden letzteren abgedruckt in T. A. S. Bd. 10, Nr. 39 — und die indische Sterblichkeitstafel der British Empire Mutual. Soweit die Tafeln veröffentlicht wurden, sind sie in der Arbeit von Braun wieder abgedruckt. Man darf nicht übersehen, daß es sich bei diesen Tafeln stets um ein wenig homogenes Beobachtungsmaterial und, abgesehen von den Tafeln der New York, auch um ein solches von nicht genügend großem Umfange handelt.

Wie schon erwähnt, wird es sich bei europäischen Gesellschaften — abgesehen von den englischen und holländischen — bei den Tropenrisiken niemals um ein ausgedehnteres Geschäft, sondern immer nur um vereinzelte Fälle handeln. Die Herstellung besonderer Tarife wird daher nicht in Betracht kommen können, und es wird sich daher nur um die angemessene Bestimmung der Extraprämien handeln. Diese werden meistens in Prozenten der Versicherungssumme berechnet. Manche Gesellschaften lassen diese Prämien entsprechend der abgelaufenen Versicherungsdauer abnehmen, und in Holland werden die Extraprämien mitunter auch in Prozenten der Normalprämie bemessen. Als Versicherungskombination wird die gemischte Versicherung auf Er- und Ableben bevorzugt. Das hat auch seinen guten Grund in dem Umstande, daß hier durch eine konstant bleibende Extraprämie während der ganzen Versicherungsdauer ein annähernd gleicher Prozentsatz der Übersterblichkeit gedeckt wird, so daß mit Rücksicht auf das früher erwähnte Verhalten der Übersterblichkeit in Abhängigkeit vom Alter die konstant bleibende Extraprämie vom technischen Standpunkte angemessen erscheint und eine Reservelegung von der Extraprämie nicht in Betracht kommt. Spezielle Untersuchungen der Prämienreserven auf Grund tropischer Tafeln haben übrigens ergeben, daß diese Werte mit den nach normalen Tafeln erhaltenen bei der Versicherung auf Er- und Ableben annähernd übereinstimmen.

Um über die durch die Lage des Aufenthaltsortes bedingten Gefahrmomente brauchbare Anhaltspunkte zu gewinnen, hat die skandinavische „Kommission zur Untersuchung von Fragen der Versicherung nichtnormaler Risiken" den Begriff des Postverbindungsgebietes geschaffen. Hierbei wird für einen Platz, der in regelmäßiger Verbindung mit der übrigen Welt steht oder von solchen Verbindungen nicht allzuweit entfernt liegt, unter dem Tropenrisiko nur die spezielle Gefahr des Klimas verstanden, welche überdies durch die Möglichkeit einer geeigneten Lebensweise und ärztliche Hilfe wesentlich gemindert erscheint. Als zum Postverbindungsgebiet gehörig werden dabei alle jene Orte gerechnet, welche wenigstens einmal in der Woche mit der übrigen Welt in geregelter Postverbindung stehen, und solche, welche von dem Hauptpostamte des betreffenden Gebietes höchstens 25 km entfernt sind. Die von dieser Kommission ausgearbeiteten Extraprämien sind daher nach diesem Gesichtspunkte in je zwei Sätzen abgestuft. Außer diesen Prämiensätzen sind solche von der L'Urbaine — L'Assurance moderne Nr. 599—600, Juni 1908 — und von L. Massé und von H. E. Lutt in den im Literaturnachweis angeführten Arbeiten mitgeteilt worden. Auch diese Tabellen sind in die genannte Arbeit von Braun aufgenommen worden. Braun selbst hat auf Grund eingehender Vergleichungen aller ihm zu Gebote stehenden Daten und unter der Annahme, daß Länder und Gegenden mit ähnlichen klimatischen und sonstigen Verhältnissen auch in bezug auf die Sterblichkeit sich ähnlich verhalten werden, neue Sätze für die bei der Tropenversicherung in Betracht kommenden Extraprämien mitgeteilt. Sie werden für die Alter 25 und 50 angegeben, zwischen welchen für zwischenliegende Alter zu interpolieren ist. Wir lassen die für die Praxis wichtige Tafel hier im wörtlichen Abdruck folgen.

Tarif der Extraprämien für außereuropäische Risiken.

	Todesfall lebenslänglich		Gemischt 25 Jahre		Gemischt 20 Jahre	
	Alter		Alter		Alter	
	25	50	25	50	25	50
	$^0/_{00}$ der Versicherungssumme					
Asien:						
Nordchina (nördl. des Jangtsekiang)	3	5	2	5	2	5
Kiautschou	0	0	0	0	0	0
Korea	3	5	2	5	2	5
Japan	3	5	2	5	2	5
Südchina (und Formosa) südl. des Jangtsekiang	5	10	4	9	3	8
Der Malayische Archipel (Niederländisch-Ostindien, Britische Besitzungen, Philippinen und Osttimor)	8	16	6	12	5	10
Cochinchina, Annam	12	20	10	16	8	14
Siam und Tonking	10	18	8	14	7	12
Straits Settlements und Birma	8	16	6	12	5	10
Indien und Ceylon	6	12	5	10	4	8
Belutschistan	6	12	6	10	4	8
Afghanistan	4	8	3	6	3	6
Persien	3	5	2	5	2	5
Kleinasien, Armenien, Kurdistan, Mesopotamien, Syrien und Palästina	0	0	0	0	0	0
Arabien	6	12	5	10	4	8
Nordasien oder Russisch-Asien	2	4	2	3	2	3
Afrika:						
Die Atlasländer (Marokko, Algier, Tunis, Tripolis)	0	0	0	0	0	0
Ägypten	0	0	0	0	0	0
Senegambien, Britisch-Gambia	20	35	10	28	8	24
Nordguinea:						
a) Portugiesisch-Guinea, Französisch-Guinea, Sierra Leone, Liberia, Zahnküste	20	35	10	28	8	24
b) Goldküste, Togo, Dahome	15	25	8	22	8	20
c) Kamerun und Nigeria	20	35	10	28	8	24
Südguinea (Kongogebiet)	20	35	10	28	8	24
Angola	10	18	6	14	5	12
Deutsch-Südwestafrika (Norden)	6	12	4	10	4	8
Deutsch-Südwestafrika (Süden)	0	0	0	0	0	0
Südafrika	0	0	0	0	0	0
Portugiesisch-Afrika	10	18	6	14	5	12
Ostafrika (deutsch und britisch und Sansibar)	10	18	6	14	5	12
Abessinien	5	10	4	8	4	7
Somali-Halbinsel und Küste des Roten Meeres	20	35	10	28	8	24
Madagaskar	15	25	8	22	8	20
Maskarenen	5	10	4	8	4	7
Madeira und Kanarische Inseln	0	0	0	0	0	0

	Todesfall lebenslänglich Alter 20	50	Gemischt 25 Jahre Alter 20	50	Gemischt 20 Jahre Alter 20	50
	‰ der Versicherungssumme					
Amerika:						
Nordamerika	0	0	0	0	0	0
Mexiko (nördl. Teil)	5	9	3	6	3	5
Südmexiko und Mittelamerika (Guatemala, Britisch-Honduras, Republik Honduras, Salvador, Nikaragua, Kostarika, Panama)	12	20	6	16	6	13
Westindien:						
a) Barbados, Jamaika, Kuba, Haiti, Portoriko, Santa Cruz, Trinidad	15	25	8	20	6	15
b) Die übrigen Inseln der Kleinen Antillen	18	30	9	22	8	16
Südamerika:						
a) Brasilien, Gebiet des Amazonenstromes	20	40	10	25	10	20
b) Ekuador, Kolumbia, Brasilien (sonstige nördl. Provinzen), Venezuela und Guayana	12	20	6	16	6	13
c) Brasilien (mittlere Provinzen), Bolivia u. Peru	6	10	3	8	3	6
d) Brasilien (südl. Provinzen), Chile (nördl. Teil), Argentinien (nördl. Teil) und Uruguay	3	6	2	5	2	4
e) Der übrige südl. Teil Südamerikas	0	0	0	0	0	0
Australien:						
Ozeanien:						
a) Fidschi-Inseln, Neu-Kaledonien, Hawai-Inseln	0	0	0	0	0	0
b) Sonstige kleinere Inseln (darunter ehemaliger deutscher Besitz: Karolinen, Palau, Marianen, Marschall-Inseln)	10	18	6	14	5	12
Samoa evtl. die halben Extraprämien.						
c) Neuguinea und Bismarckarchipel	15	25	8	22	8	20

§ 43. Das Kriegsrisiko.

In früheren Zeiten wurde die Deckung des Kriegsrisikos von den Versicherungsgesellschaften im allgemeinen ausgeschlossen. Man nahm in die Versicherungsbedingungen besondere Kriegsklauseln auf, nach welchen bei Ableben infolge der Teilnahme an Kriegsereignissen die Gesellschaften nur zur Erstattung des Rückkaufwertes, des Deckungskapitals, der eingezahlten Prämien usw. verpflichtet waren. Die Ablehnung der Übernahme des Kriegsrisikos geschah wohl in der Erkenntnis, daß eine angemessene Bewertung des Erfordernisses nicht möglich sei, und aus der Abneigung der Versicherungsnehmer, dem Versicherer für den genannten Zweck eine Mehrprämie zu entrichten. Die primitive Bewertung des Kriegsrisikos auf Grund der irgendwie zu ermittelnden Wahrscheinlichkeiten für einen Krieg, für die Teilnahme an einem solchen und für den Tod infolge von Kriegsereignissen sind heute kaum mehr ernst zu nehmen. Für die durch einen Krieg dem Versicherer erwachsende Belastung kommen statistische Daten oder Schätzungen gar nicht in Betracht. Eine direkte Bestimmung der notwendigen Extraprämien ist daher nicht möglich.

Immerhin ist die Deckung des Kriegsrisikos, wie die Erfahrungen im Weltkriege erwiesen haben, ein eminentes wirtschaftliches Bedürfnis, und die Privatversicherung gezwungen, hierzu Stellung zu nehmen, auch wenn sie nicht hoffen kann, zu ganz befriedigenden Resultaten zu gelangen. Es bleibt dahingestellt, ob nicht der Staat, in dessen Gesamtinteresse der Krieg geführt wird, in erster Richtung berufen und verpflichtet ist, im Rahmen seiner Hinterbliebenen- und Invalidenfürsorge für die Kriegsteilnehmer auch die Bereitstellung von Todesfallkapitalien vorzusehen. Das im größten Stile während des Weltkrieges verwirklichte Beispiel Amerikas läßt erkennen, daß auf diesem Gebiete nicht allein die private Lebensversicherung berufen ist, Ersprießliches zu leisten. Für die Lebensversicherung ist es aber sicherlich mißlich, den Versicherungsschutz gerade in Zeiten sistieren zu müssen, wo er dringend benötigt wird, und so haben die einzelnen Gesellschaften seit langem versucht, sich in der vorliegenden Frage zurechtzufinden, so gut es eben ging.

Manche Gesellschaften gingen hier an die Grenze des Möglichen und haben bei ihren Versicherungen die Deckung des Kriegsrisikos kostenlos eingeschlossen. Andere Gesellschaften haben zwar eine Extraprämie nicht verlangt, das Risiko aber doch dadurch begrenzt, daß sie bei Kriegstodesfällen nur mit einer gewissen Maximalsumme haften oder in diesem Falle eine generelle Reduktion der durch Kriegstodesfall fällig gewordenen Versicherungssummen verfügen. Die Mittel für dieses in seiner Höhe kaum abzuschätzende Mehrerfordernis dachten die Anstalten in ihren sonst freien Vermögensbeständen zu besitzen, ohne natürlich für eine rationelle Deckung des Bedarfes sonst in irgendeiner Weise Vorkehrungen treffen zu können.

Weitaus häufiger war jedoch die Gepflogenheit, die Deckung des Kriegsrisikos von der Bezahlung von Extraprämien abhängig zu machen. Diese Prämien werden in der Regel von sämtlichen Versicherten erhoben, welche das wehrpflichtige Alter noch nicht überschritten haben. Ihre Höhe betrug meist einige Promille der Versicherungssumme. Auch in diesem Falle finden sich aber häufige Beschränkungen hinsichtlich der Maximalhöhe der zur Auszahlung gelangenden Versicherungssumme. Bei diesem Verfahren denkt man offenbar durch Ansammlung der in Form von Extraprämien vereinnahmten Mittel entsprechende Fonds zu bilden, welche im Kriegsfalle trotz der Mehrsterblichkeit die Auszahlung der Versicherungssummen in der vorgesehenen Höhe ermöglichen. Fraglich bleibt nur, ob diese Mittel auch zureichen werden.

Um in letzterer Hinsicht noch ein übriges zu tun, wird daher nicht selten noch eine zweite Extraprämie während der Dauer der kriegerischen Ereignisse eingehoben. Manche Anstalten verlangen nur die letztere Extraprämie, so daß die Prämien während der Friedenszeit nicht weiter belastet werden. Gegen dieses Verfahren wäre sicherlich am wenigsten einzuwenden, wenn die Bestimmung der Prämie für die Deckung des Kriegsrisikos einigermaßen exakt vorgenommen werden könnte. Allerdings wird diese Extraprämie dann relativ hoch ausfallen und sich stets auf einige Prozent der Versicherungssumme belaufen. Um die Schwierigkeit der Bestimmung dieser Prämie zu vermeiden, hat man auch das Umlageverfahren in Anwendung gebracht. Nach diesem werden alle Kriegsversicherten zu einem besonderen Verband zusammengefaßt und die Höhe des notwendigen Erfordernisses wird erst nach Beendigung des Krieges festgestellt und im Verhältnis der Risikosummen auf die dem Verbande angehörenden Versicherten umgelegt. Die Höhe der Umlage wird dabei in der Regel auf 4—5% der Risikosumme nach oben begrenzt. Das Umlageverfahren ist aber der Lebensversicherung gänzlich fremd. Auch haben die Erfahrungen nach dem Weltkriege ergeben, daß die Anmeldung der Kriegsschäden sich noch auf mehrere Jahre nach Beendigung des Krieges erstreckt, die entgültige Regulierung des Erfordernisses daher in der Praxis mit Schwierigkeiten verbunden ist.

Die vor dem Weltkriege bei den verschiedenen Gesellschaften in Übung gewesenen Kriegsversicherungsbedingungen wurden während des Krieges unter dem Zwange der Verhältnisse vielfach abgeändert. Man darf sagen, daß in der Mehrzahl der Fälle Anschluß an das zuletzt genannte Verfahren gesucht wurde, demzufolge von den Versicherten, soweit sie Kriegsteilnehmer waren, besondere Extraprämien für die Dauer des Krieges zur Einhebung gebracht wurden. Diese Prämien waren in der Regel nach dem Grade der Gefährdung abgestuft, so daß Offiziere und Mannschaften, und diese wiederum je nach der Art der Truppengattung, verschiedene Extraprämien zu entrichten hatten. Für länger bestehende Versicherungen bereitete die Bezahlung der Extraprämien keine Schwierigkeiten, da in liberaler Weise Policendarlehen gewährt werden konnten. Die Prämien selbst erreichten eine recht beträchtliche Höhe und bewegten sich in der Regel zwischen 2 und 6%, je nach der Truppengattung und der besonderen Verwendung, aber auch darüber hinaus. Die Prämien sind in der Regel Jahresprämien und wurden meist nach der Höhe der Versicherungssumme, nicht nach der Risikosumme bemessen, offenbar deshalb, weil das letztere in der Praxis Schwierigkeiten bereitet hätte.

Für neu abgeschlossene Versicherungen konnte während des Krieges die Deckung des Kriegsrisikos nur durch ad hoc festgestellte Extraprämien bewirkt werden, und darüber hinaus wurden in Deutschland,

Ungarn und in größtem Maße in Österreich reine Kriegsversicherungen ohne Zusammenhang mit bestehenden Lebensversicherungen zum Abschluß gebracht. Die Prämien waren anfangs recht hoch, wurden jedoch im Verlaufe des Krieges erheblich reduziert und bewegten sich im Mittel um 5%. Eine Ermäßigung der Prämien für das zweite und folgende Jahr war vorgesehen.

In England versuchte man während des Krieges die Staffelung der Versicherungssummen derart, daß je nach der Höhe der für die Normalversicherung zu entrichtenden Prämie ein bestimmter Bruchteil der Versicherungssumme, der mit der Dauer der Versicherung anstieg, zur Auszahlung gelangen sollte. Von einer annehmbaren Lösung der Frage kann hier nicht gesprochen werden. Die Reduktion des Versicherungsschutzes fällt gerade im Kriege sehr ins Gewicht, und die Einhebung wenn auch hoher Extraprämien erscheint da als das weitaus kleinere Übel.

Die Versuche, die Frage der Kriegsversicherung im Wege der Rückversicherung oder sonstwie auf einer für die Versicherungsgesellschaften eines Landes gemeinsamen Basis einer befriedigenden Lösung zuzuführen, haben heute nicht mehr Aussicht auf Erfolg als ehedem. Das ist auch nicht verwunderlich, zumal die Interessen der einzelnen Gesellschaften nach ihrer Größe und Kapitalskraft, nach Alter der Gesellschaft und Beschaffenheit des Bestandes und nach sonstigen geschäftspolitischen Momenten zu sehr voneinander abweichen, als daß die Einigung auf ein Programm, auch wenn dieses vom technischen Standpunkte einwandfrei genannt werden könnte, gelingen dürfte. Zudem waren die Erfahrungen im Weltkriege durchaus keine solchen, daß das Thema an Aktualität gewonnen hätte. Zahlreiche englische, amerikanische und auch deutsche Gesellschaften wurden durch die Grippesterblichkeit in weitaus höherem Maße belastet als durch die Kriegssterblichkeit, und wenn auch zuzugeben ist, daß das Resultat in letzterer Hinsicht vielleicht gerade deshalb günstiger ist, weil die Gesellschaften nur zum Teil durch die Zahlung der vollen versicherten Summen belastet wurden, so bleibt das Endergebnis zuungunsten der Grippetodesfälle auch dann noch bestehen, wenn man sich nur auf die Anzahl der Todesfälle, nicht auf die durch Tod fällig gewordenen Summen bezieht. Solche Erfahrungen führen aber den Praktiker dazu, der Lösung einer Frage, der doch nur ein partielles Interesse zukommt, nicht allzuviel Aufmerksamkeit zu widmen, und so sehen wir heute, daß recht zahlreiche Gesellschaften wieder zu den Bedingungen hinsichtlich der Deckung des Kriegsrisikos zurückgekehrt sind, welche bei ihnen vor dem Kriege in Kraft waren. In den Sorgen der Nachkriegszeit sind überdies alle Gelegenheiten, welche zur Sammlung des durch den Weltkrieg in reichem Maße geschaffenen Materials vorhanden waren, bis heute ungenützt geblieben. Ein besonderes Interesse der

Versicherungsnehmer besteht in Friedenszeiten für die Deckung des Kriegsrisikos nicht. Die kostenlose Einbeziehung wird im allgemeinen nicht besonders gewertet und die Zahlung von Extraprämien in Friedenszeiten nur ungern übernommen.

Immerhin hat der Weltkrieg die Erfahrung gebracht, daß sich die Deckung des Kriegsrisikos durch Extraprämien, welche nur während der Dauer des Krieges eingehoben werden, bewerkstelligen läßt, und wenn diese Prämien auch relativ hoch sind, so scheint dieser Weg doch gangbarer als die Belastung des ganzen Versicherungsbestandes mit Extraprämien oder die Einbehaltung von Gewinnanteilen auch in Friedenszeiten, weil alle jene Risiken, welche sich dem Kriegsrisiko nicht unterworfen glauben, gegen solche Maßnahmen Widerstand leisten. Die Bestimmungen der „Thule", welche eine besondere Extraprämie nur für die Zeit des Krieges in Aussicht nahmen und auf das Jahr 1895 zurückgehen, dürften schon damals das Richtige getroffen haben. Die Prämien sind nur vom Risikokapital zu entrichten und wurden wie folgt festgesetzt:

	Offiziere	Unteroffiziere und Mannschaften
Infanterie, Artillerie und Kriegsmarine	10%	6%
Kavallerie	7%	4%
Nichtstreitende der Kriegsmarine	6%	4%
Ingenieurtruppen	5%	3%
Train	4%	3%
Militärärzte und Sanitätstruppen	5%	4%
Übrige Nichtstreitende	3%	3%

Ob die Sätze im einzelnen zutreffen, wäre allerdings erst an Hand der gewonnenen Erfahrungen zu erweisen. Im allgemeinen scheinen sie reichlich hoch, zumal der höchste auf eigenes Risiko zu übernehmende Betrag mit 10 000 schwedischen Kronen begrenzt wurde. Manche Gesellschaften sind bemüht, durch Extraprämien und besondere Zuwendungen aus dem Jahresüberschuß einen Kriegsfond bis zur Gesamthöhe von 5% der Risikosumme anzusammeln. Daß ein Fond in dieser Höhe zur Deckung des Kriegsrisikos genügt, ist kaum zu bezweifeln. Fraglich ist nur, ob zu seiner Bildung stets genügend lange Zeiträume zur Verfügung stehen.

Auch die im Jahre 1916 abgefaßten Musterbestimmungen des Verbandes deutscher Lebensversicherungsgesellschaften haben zwar zu einer sehr eingehenden Behandlung des Gegenstandes seitens der Gesellschaften und der Aufsichtsbehörde, nicht aber zu greifbaren Resultaten geführt. Der Grundgedanke war der, daß die Gesellschaften durch jährliche Zuwendungen eines bestimmten Prozentsatzes der Risikosumme der im wehrpflichtigen Alter stehenden Versicherten einen gemeinsamen Fond bilden sollten, aus welchem in Kriegsjahren die Kosten der Übersterblichkeit zu bestreiten wären. Reicht der Kriegsfond in Zeiten des Bedarfs nicht aus, so sollte zu einer Umlage gegriffen werden, die wieder nach der Risikosumme erhoben, zu der aber alle in Kraft stehenden Versicherungen herangezogen werden sollten, mit Ausnahme der erst nach Beendigung des Krieges abgeschlossenen. Sowohl gegen die den Musterbestimmungen zugrunde gelegten allgemeinen Prinzipien wie gegen viele Details wurden Einwände erhoben. Walther und Höckner vertraten nachdrücklich den Standpunkt, daß nur die Kriegsteilnehmer zu belasten seien und die Höhe der Beiträge erst nach Feststellung des Schadens zu erfolgen habe. Von anderer Seite wurde der Wert eines Kriegsfonds überhaupt angezweifelt und die Aufbringung der nötigen Mittel durch eine unbegrenzte Umlage vertreten. Patzig vertritt die Einhebung mäßiger Extraprämien in Friedenszeiten und die Einhebung eines einmaligen Zuschlages bei Ausbruch des Krieges. Die Beiträge wären nach der Höhe des Risikos abzustufen und Versicherungen, welche einem Kriegsrisiko nicht unterliegen, prinzipiell von der Extrabelastung auszunehmen. Um die Bildung des Kriegsfonds möglichst zu beschleunigen, wurde auch angeregt, hier ähnliche Verfahren anzuwenden, wie sie aus der Amortisation der Abschlußkosten während der Versicherungsdauer bekannt sind, insbesondere die Gewinnbeteiligung aufzuschieben und jeden Versicherten zum Kriegsfond beitragen zu lassen, den auf ihn entfallenden Anteil aber erst bei Fälligkeit der Versicherung nach Maßgabe des Nichtbedarfes rückzuvergüten.

Es würde zu weit führen, hier alle Möglichkeiten zu erörtern. Vom versicherungstechnischen Standpunkte aus muß man allerdings hervorheben, daß man bei dem Bemühen, das Kriegsrisiko in rationeller Weise zu decken, das Prinzip der Gleichheit von Leistung und Gegenleistung kaum zur Stützung der Ansicht heranziehen darf, daß allein die Kriegsteilnehmer für die in Rede stehende Belastung der Gesellschaften beitragspflichtig seien. In Kriegszeiten erleidet die Sterblichkeit, ganz abgesehen von den reinen Kriegstodesfällen, allgemein eine Verschlechterung, und es wäre daher nicht zu rechtfertigen, zur Deckung der Übersterblichkeit im Kriege nur die Kriegsteilnehmer zu belasten.

Der Widerstreit der Meinungen über dieses Thema, der heute, geradeso wie früher, eine einheitliche Regelung der Kriegsversicherungsfragen nicht erwarten läßt, mag unserer Meinung nach darauf zurückzuführen sein, daß in diese Frage so viele Momente nichttechnischer Natur hineinspielen, daß es sich gar nie darum handeln kann, zu entscheiden, was vom Standpunkte der Lebensversicherung, sondern nur darum, was vom Standpunkte des einzelnen Versicherers aus zu geschehen hat. Daß die Deckung des Kriegsrisikos in der Lebensversicherung in weitestmöglichem Ausmaße vorgesehen werden soll, ist kaum in Abrede zu stellen. Ebenso sicher ist es, daß jeder Versicherer die Mittel, welche er zur Deckung des Kriegsrisikos benötigt, nur aus seinen Prämieneinnahmen schaffen kann. Laufende Zuwendungen an einen Kriegsfond, sei es direkt aus den Prämien oder aus den Jahresüberschüssen, sind sehr wohl bei allen Versicherungen zu vertreten, weil in weiterem Sinne alle auf ein Todesfallkapital Versicherten dem Kriegsrisiko unterliegen. Zu vertreten ist es auch, daß die Kriegsteilnehmer für die Zeit des Krieges in höherem Maße zur Leistung von Extraprämien herangezogen werden. Diese Prämien werden erfahrungsgemäß auch gern gezahlt, weil ihnen eine effektive Mehrleistung gegenübersteht. Ist der Versicherer im Besitze eines Kriegsfonds von einigen Prozent der Risikosumme, dann werden diese Extraprämien verhältnismäßig niedriggehalten werden können. Keinesfalls werden sie 5% der Risikosumme im Durchschnitt übersteigen müssen. Ist ein Kriegsfond nicht vorhanden oder durch die lange Dauer des Krieges aufgebraucht, dann ist der Versicherer auf die Extraprämien allein angewiesen. Nach den Erfahrungen des Weltkrieges ist aber kaum zu befürchten, daß eine zu niedrige Veranschlagung der Extraprämien nach Erschöpfung des Kriegsfonds Gefahren mit sich bringt, welche nicht auch aus anderen Gründen einer allgemeinen Verschlechterung der Sterblichkeit zu befürchten ständen. Will man auch in dieser Hinsicht noch ein übriges tun, dann mag man die Möglichkeit einer Umlage auf alle Versicherungen vorsehen. Man wird sie in diesem Falle mit einem relativ niedrigen Betrage nach oben begrenzen können. Hohe Umlagen verbieten sich von selbst. Besser ist es aber, wenn die Umlage unterbleiben kann. Die Bezahlung der Extraprämien während des Krieges unterliegt keinen Schwierigkeiten. Für länger bestehende Versicherungen bietet sich die Möglichkeit, sie im Darlehnswege zu decken, eine Möglichkeit, von der jedoch im Weltkriege nur wenig Gebrauch gemacht werden mußte.

Wir hätten noch zu erwähnen, daß die Lebensversicherungsgesellschaften Versicherungen von Berufsmilitärs in der Regel nur mit einem Zuschlag von 1—5‰ annehmen. Auch die Versicherung von Seeleuten unterliegt dem Zwange zur Bezahlung besonderer Extraprämien, welche im Hinblick auf das hier meist zu übernehmende Tropenrisiko, die besonderen Gefahren des Berufes und die auffallend hohe Frequenzziffer der gewaltsamen Todesursachen und der Unfälle bei diesem Berufe recht ansehnlich bemessen werden.

V. Die Invaliditätszusatzversicherung.

§ 44. Allgemeines.

Schon aus der Überschrift dieses Abschnittes geht hervor, daß die Invaliditätsversicherung im Rahmen dieses Buches nicht als selbständige

Versicherungsart behandelt werden soll. Die Versicherung von Invaliditätsrente wird zwar von einzelnen Versicherungsgesellschaften, und zwar meist in Verbindung mit Altersrente, Witwen- und Waisenrente, d. h. in jener Form betrieben, wie sie durch die Bedürfnisse der überaus zahlreichen Pensionseinrichtungen bedingt ist. Aber die letzten Jahrzehnte haben diesen Versicherungszweig, zumal in Deutschland und Österreich, meist eigenen öffentlich-rechtlichen Versicherungsträgern zugewiesen, so daß er in der Privatversicherung keine erhebliche Rolle mehr spielt. Aber gerade die Bedeutung, welche der Versicherung des Invaliditätsrisikos bei den letztgenannten Instituten zufällt, hat die Einbeziehung dieses Risikos in den Wirkungskreis der Lebensversicherungsgesellschaften notwendig gemacht, wenngleich ihm hier eine selbständige Bedeutung bis zum heutigen Tage nicht erwachsen ist.

Ungeachtet des Umstandes, daß die theoretischen Fundamente der Invaliditätsversicherung bereits vor mehr als 50 Jahren von ersten Fachleuten gelegt wurden und das Interesse an dieser Versicherungsart auch im Rahmen der großen Lebensversicherung nie erloschen ist, kann der Invaliditätsversicherung erst seit der Wende des Jahrhunderts eine auch praktisch ins Gewicht fallende Bedeutung neben den üblichen Formen der Kapitals- und Rentenversicherung zugebilligt werden. Die vorherrschende Tendenz bei der Einführung der Invaliditätsversicherung war aber doch nur die, die Kapitalsversicherung durch Einbeziehung des Invaliditätsrisikos zu erweitern und damit allerdings einem tatsächlichen wirtschaftlichen Bedürfnis gerecht zu werden. Denn auch die weitaus im Vordergrunde des allgemeinen Interesses stehende Versicherung auf Ab- und Erleben bietet in dem Falle nicht vollen Versicherungsschutz, wenn nämlich durch die herabgesetzte oder gänzlich zerstörte Erwerbsfähigkeit des Versicherungsnehmers die Gefahr eintritt, daß dieser die zur Bestreitung der laufenden Prämien erforderlichen Beträge nicht mehr aufzubringen in der Lage ist. Die Lebensversicherung kennt in diesem Falle nur die Möglichkeit der Belehnung der Police bzw. deren Reduktion oder die Aufrechterhaltung der vollen Versicherungssumme für eine beschränkte Anzahl von Jahren, günstigstenfalls bis zum Fälligkeitstermin unter entsprechender Herabsetzung der dann fälligen Erlebenssumme, versagt also gänzlich oder doch zum Teil in den Fällen, in denen ohne Verschulden des Versicherungsnehmers das Bedürfnis nach Aufrechterhaltung des Versicherungsschutzes erst recht besonders hervortritt. Ob hierbei die Verminderung oder Vernichtung der Erwerbsfähigkeit des Versicherten durch Krankheit, Unfall oder andere Ursachen bedingt ist, macht weiter nichts aus. Wir wollen aber gleich an dieser Stelle hervorheben, daß die durch Krankheit bedingte vorübergehende Erwerbsunfähigkeit nicht in den Rahmen unserer Betrachtungen fällt, obwohl die Vorsorge für die Deckung dieses speziellen Risikos z. B. in Frankreich zum guten Teile der privaten Versicherungsindustrie überantwortet ist. Dieser Versicherungszweig bedingt aber administrative Einrichtungen, welche in das Gefüge einer Lebensversicherungsgesellschaft nicht recht hineinpassen und daher wohl besser von eigenen öffentlichen oder privaten Versicherungsträgern zu erfüllen sein werden.

In der Invaliditätsversicherung, wie sie hier in Übereinstimmung mit der Praxis betrachtet wird, soll daher nur jenes Risiko zum Gegenstande der Versicherung gemacht werden, welches sich für den Versicherten aus einer durch irgendwelche Ursachen hervorgerufenen und voraussichtlich dauernden Reduktion oder gar Vernichtung seiner Erwerbsmöglichkeit im Zusammenhange mit einer Beeinträchtigung seiner geistigen oder körperlichen Leistungsfähigkeit ergibt. Wir müssen aber einschränkend bemerken, daß die Deckung des Kriegsinvaliditätsrisikos hierunter nicht einbezogen werden kann. Die hier in Betracht kommenden Versicherungsbedingungen sehen meist eine Differenzierung der Versicherungsleistung nach dem Grade der Invalidität vor. Diese im Anschluß an die Unfallversicherung getroffene Maßnahme ist für die Technik allerdings wegen der schwer zu fassenden Unterscheidung zwischen Erwerbs- und Berufsinvalidität nicht von erheblicher Bedeutung. Ausnahmslos wird auch in den Bedingungen vorgesehen, daß die Leistung des Versicherers, welche in der weitaus überwiegenden Zahl in der Bezahlung einer Rente besteht, nur für die Dauer des Zustandes der Invalidität in Anspruch genommen werden darf. Auch diese Bestimmung ist für den Techniker, wenn auch sonst von praktischer Bedeutung, nicht erheblich, weil es an statistischen Untersuchungen über die Dauer der Invalidität von einmal invalid gewordenen Personen mangelt.

Im übrigen ist es naheliegend, bei einem Versicherungszweige, welcher, wie noch zu zeigen sein wird, die statistischen Fundamente anderen Institutionen entlehnen muß, durch eine strengere Fassung der Versicherungsbedingungen die Mängel des technischen Apparates wenigstens zum Teile auszugleichen. Man darf aber nicht übersehen, daß gerade hierdurch die Einführung dieses Versicherungszweiges, für welchen ein unleugbares Bedürfnis vorliegt, nicht gerade erleichtert wird, und es scheint uns eher am Platze, eine etwas liberalere Fassung und auch Handhabung der Versicherungsbedingungen dadurch zu ermöglichen, daß bei der Wahl der Rechnungsgrundlagen mit aller Vorsicht zu Werke gegangen wird, zumal ziffernmäßig die für die Deckung des Invaliditätsrisikos aufzubringenden Prämien gegenüber den Prämien der normalen Lebensversicherung ohnehin weitaus zurücktreten.

Auf einen Umstand muß allerdings nachdrücklich verwiesen werden. Die Zunahme des Invaliditätsrisikos mit ansteigendem Alter folgt einer ungleich steiler verlaufenden Kurve als die des Sterblichkeitsrisikos. Man wird sich daher, zumal im Hinblick auf die Unzulänglichkeit der zur Verfügung stehenden Rechnungsgrundlagen, hier eine gewisse Beschränkung in dem Sinne auferlegen müssen, daß eine Übernahme des Invaliditätsrisikos über das 60. Lebensjahr hinaus kaum zu empfehlen, über das 65. unter allen Umständen zu vermeiden sein wird. Tatsächlich besteht ein Bedürfnis nach Überschreitung dieser Grenzen nicht, weil die Invaliditätsgefahr zwar mit zunehmendem Alter enorm ansteigt, ihr aber schon durch eine entsprechende Abkürzung der Versicherung besser als durch eine zusätzliche Versicherung des genannten Risikos begegnet werden kann. Damit hängt es auch zusammen, daß in jenen Fällen, wo die Versorgung der Hinterbliebenen das ausschlaggebende Moment beim Versicherungsabschluß ist, die Beschränkung der Prämienzahlung zum 60., äußerstens 65. Lebensjahre die lebenslängliche Prämienzahlung fast ganz zurückgedrängt hat, so daß auch aus der eben erwähnten Beschränkung ein fühlbarer Mangel kaum entstehen kann.

§ 45. Die Formen der Invaliditätszusatzversicherung.

In der großen Lebensversicherung wird die Deckung des Invaliditätsrisikos seitens der Versicherer vornehmlich in den beiden folgenden Arten angeboten. Die Hauptversicherung ist in der Regel eine der gebräuchlichen Formen der Versicherung auf Ab- und Erleben oder die reine Todesfallversicherung mit abgekürzter Prämienzahlung. Für den Fall des Eintrittes der Invalidität des Versicherten soll zunächst die Befreiung von der Verpflichtung zur weiteren Prämienzahlung gewährt werden. Nicht selten wird jedoch neben dieser Versicherungsart überdies die Möglichkeit geboten, eine Rente mitzuversichern, welche meist vom Zeitpunkt des Eintrittes der Invalidität bis zum Fälligkeitstermin der Versicherungssumme zu bezahlen ist und deren Höhe mit einem bestimmten Prozentsatz des versicherten Kapitals bestimmt wird. In beiden Fällen handelt es sich demnach um die Versicherung einer Rente für den Invaliditätsfall, welche im Falle der Prämienbefreiung gerade die Höhe der für die Hauptversicherung zu zahlenden Prämie, im zweitgenannten Falle diese und den Betrag der mitversicherten Rente erreicht. Man könnte demnach die Versicherung auf Ab- und Erleben mit Prämienbefreiung im Invaliditätsfalle auch als eine Versicherung auffassen, für welche Prämie nur so lange zu bezahlen ist, als sich der Versicherte im aktiven Zustande befindet. Beide Auffassungen haben für die technische Behandlung gewisse Vor- und Nachteile, auf welche wir eingehender zurückkommen werden.

Die Kapitalsversicherung auf den Invaliditätsfall hat bis heute in die Praxis kaum Eingang gefunden. Wenn wir schon von dem selbständigen Vertrieb einer solchen Versicherungsart absehen wollen, so wären immerhin im Anschluß an die gebräuchlichen Versicherungsformen der großen Lebensversicherung Kapitalsversicherungen auch auf den Invaliditätsfall denkbar, für welche ein wirtschaftliches Interesse sicherlich nachzuweisen wäre. Es könnte die Versicherung auf Ab- und Erleben dahin ergänzt werden, daß auch beim Eintritt der Invalidität ein bestimmtes Kapital zur Auszahlung gelangt, oder aber daß wenigstens das Kapital der Hauptversicherung vorzeitig ausbezahlt wird, wenn Invalidität vorliegt. Versicherungstechnisch ist dieser Fall mit der Versicherung einer Invaliditätsrente in der Höhe der rechnungsmäßigen Zinsen des Kapitals vom Zeitpunkt der Invalidisierung bis zum Fälligkeitstermin der Hauptversicherung bzw. dem früheren Todesfalle identisch, und es sind weder hinsichtlich des speziellen Risikos noch sonst in technischer Beziehung Weiterungen zu befürchten, welche das gewohnte Ausmaß, in welchem heute die Invaliditätsversicherung zugelassen wird, übersteigen. Wenn sich die Praxis gegen die Kapitalsversicherungen auf den Invaliditätsfall ablehnend verhält, so dürften die Gründe hierfür kaum technischen Erwägungen entstammen. Vielleicht erscheint eine endgültige Entfertigung eines Invalidgewordenen überhaupt nicht erwünscht, weil man nicht geneigt ist, den Zustand der Invalidität in allen Fällen als einen dauernden anzusehen. Jedenfalls ist aber vom technischen Standpunkte auch die Kapitalsversicherung auf den Invaliditätsfall auf die Versicherung einer Invaliditätsrente zurückzuleiten, so daß wir in der letzteren Versicherungsart alle praktisch in Betracht kommenden Fälle der Mitversicherung des Invaliditätsrisikos in der großen Lebensversicherung einbegriffen sehen.

In viel höherem Maße, als dies bei der Lebensversicherung der Fall ist, würde es sich bei der Invaliditätsversicherung empfehlen, eine Differenzierung der Prämien je nach der Höhe des zu übernehmenden Risikos einzuführen. In der großen Lebensversicherung sind heute solche Maßnahmen nur für relativ extreme Fälle in Übung, so daß die überwiegende Anzahl der als normal befundenen Risiken auch zur gleichen Prämie versichert erscheint. Eine Ausnahme macht man hier eventuell bei den weiblichen Risiken, bei den Risiken mit besonderer Berufsgefahr, bei besonderer Gefährdung durch den Aufenthaltsort und wohl stets bei den gesundheitlich minderwertigen Leben. Eine Differenzierung der Risiken im Hinblick auf die Gefahr der Invalidisierung erscheint aber weit mehr geboten. Denn wenn die Erhöhung der Sterbenswahrscheinlichkeit auf das doppelte Ausmaß schon als recht strenge Klassifizierung des Risikos gewertet werden muß, so ist die Erhöhung der Invaliditätsgefahr auf das Doppelte für gewisse Berufe durchaus nichts Besonderes, und die Prämiensätze der Unfallversicherung lehren uns, daß eine recht weitgehende Differenzierung der Prämiensätze mit dem Gefahrmoment nicht nur möglich, sondern aus Gründen der Gerechtigkeit sogar geboten erscheint. Allerdings ist die Beurteilung dieser Frage in der Invaliditätsversicherung deshalb schwieriger, weil die Invalidität auch ganz anderen Ursachen entstammen kann und weil die beiden Rechnungsgrundlagen Sterblichkeit und Invalidität wieder nicht als unabhängige Parameter aufgefaßt werden dürfen, sondern unter wechselseitigem Einfluß stehen. Zudem würde hier nichts zu beginnen sein, solange mangels ausreichender statistischer Daten die Möglichkeit fehlt, das Gefahrenmoment genügend scharf zu bestimmen. Um jedoch wenigstens die gröbsten Ungerechtigkeiten zu vermeiden und zugleich die Prämiensätze der Invaliditätszusatzversicherung möglichst niedrig zu halten, wird in der Praxis dieser Versicherungszweig nur für Risiken offengehalten, bei denen eine besondere Gefährdung durch Beruf, Aufenthaltsort u. a. nicht in Betracht kommt, das Invaliditätsrisiko demnach an sich gering ist. Es werden daher in der Regel außer den minderwertigen Risiken alle Personen, die dem Bergbau oder dem Eisenbahnfahrdienst angehören, ferner Berufssoldaten und Seeleute, aber auch alle jene nicht zugelassen, deren Erwerbsfähigkeit leichter gefährdet erscheint, wie dies etwa bei Sängern der Fall ist.

Die ärztliche Auslese wird offenbar bei Abschluß einer Invaliditätszusatzversicherung auf Momente Bedacht nehmen müssen, welche sonst für den Abschluß einer Lebensversicherung nicht in gleichem Maße von Bedeutung sind. Denn die Umstände, welche für eine Gefährdung des Lebens in Betracht kommen, sind mit jenen, welche eine Beeinträchtigung der Aktivität des zu Versichernden nach sich ziehen können, nicht immer identisch. Man darf hierbei nicht außer acht lassen, daß der Versicherer die ihm gestellte Aufgabe nur dann befriedigend erfüllen wird, wenn er die speziellen Erwerbsverhältnisse des Versicherten berücksichtigt und sich bereit erklärt, die Verpflichtung zur Versicherungsleistung nicht etwa für den Fall der Erwerbsunfähigkeit schlechthin, sondern für den Fall der Unfähigkeit des Versicherten zur Ausübung seines bisherigen Berufes zu übernehmen. Wir haben schon erwähnt, daß die Bedingungen meist vorsehen, daß partielle Invalidität auch nur die entsprechende partielle Versicherungsleistung nach sich ziehen soll. Es braucht aber kaum betont zu werden, daß in der Invaliditätsversicherung mit einem starren Schema gar nichts zu richten ist. Es hätte gar keinen Sinn, den manuellen Arbeiter, der den Verlust des rechten Armes zu beklagen hat, in gleicher Weise behandeln zu wollen wie etwa den Bankdirektor, den das gleiche Mißgeschick in seiner bisherigen Erwerbstätigkeit kaum behindert.

Die Berufsinvalidität bildet keinen Maßstab für die Arbeitsunfähigkeit. Der Begriff der Berufsinvalidität ist kein einheitlicher und hängt von den Anforderungen des Berufes, welche wieder von den wirtschaftlichen Verhältnissen beeinflußt sind, ab. Man weiß auch, daß die Berufsinvalidität von der Höhe der zu erwartenden Rente beeinflußt wird. Für die deutsche Reichsinvalidenversicherung wurde der Begriff der Invalidität wie folgt näher umschrieben: Invalid ist im Sinne des Reichsgesetzes, wer nicht mehr imstande ist, durch eine Tätigkeit, die seinen Kräften und Fähigkeiten entspricht, und ihm unter billiger Berücksichtigung seiner Ausbildung und seines bisherigen Berufes zugemutet werden kann, ein Drittel dessen zu erwerben, was körperlich und geistig gesunde Personen derselben Art und ähnlicher Ausbildung in derselben Gegend durch Arbeit verdienen.

In der Privatversicherung wird es bei Feststellung der Invalidität wohl immer auf das Urteil des Arztes ankommen, aber eine zuverlässige einheitliche Erfassung des Invaliditätszustandes ist wohl kaum zu erreichen. Hierin liegt eine nicht zu übersehende Unsicherheit auch für die Bewertung der technischen Ziffern, zumal die Invaliditätsziffern selbst wenig konstant sind und im Laufe der Zeit recht erheblichen Änderungen unterliegen. Auch die Sterblichkeit der Invaliden ist durchaus nicht genügend bekannt. Zudem hängt diese selbst wieder von den Wahrscheinlichkeiten des Ausscheidens aus dem Zustande der Aktivität ab. Eine erschöpfende Anführung der für die Verpflichtung zur Versicherungsleistung maßgebenden Umstände ist in der Invaliditätsversicherung auch bei sorgfältigster Fassung der Versicherungsbedingungen allgemein kaum möglich. Aus diesem Grunde dürfte auch eine zukünftige sorgfältige Statistik, welche uns zur Zeit aus einem der Lebensversicherung entnommenen Materiale noch nicht zur Verfügung steht, bei weitem nicht jene Bedeutung gewinnen können wie etwa die Ableitung einer Sterbetafel, wo sich die Gesamtheiten der Toten als ganz präzise zu definierende Einheiten darstellen.

Aus all dem geht hervor, daß die in der Praxis gebräuchlichen Formen der Invaliditätszusatzversicherung schon hinsichtlich der Möglichkeit einer eindeutigen Umschreibung der Versicherungsleistung an die Verhältnisse in der großen Lebensversicherung nicht heranreichen. Dies darf bei der Kritik der zu verwendenden Rechnungsgrundlagen nicht außer acht gelassen werden, da es sich ganz gewiß nicht empfehlen wird, mangelhafte Annahmen hinterher durch eine strengere Beurteilung der eintretenden Versicherungsfälle korrigieren zu wollen.

§ 46. Die Rechnungsgrundlagen.

Für die Berechnung von Versicherungswerten auf dem Gebiete der Invaliditätsversicherung kommen, wenn wir wieder vom vorzeitigen Abgang als Rechnungsgrundlage absehen wollen, die Sterblichkeit, der Zinsfuß, die Verwaltungskosten und als neue Rechnungsgrundlage die Invalidität in Betracht.

Über den Rechnungszinsfuß und die Verwaltungskosten ist in diesem Zusammenhange kaum etwas Besonderes zu sagen. Die für die Bemessung der Verwaltungskosten im ersten Teile angeführten

Gesichtspunkte sind auch hier in voller Geltung. Solange vom Versicherten Prämie bezahlt wird, kann demnach nach Entwicklung der der Invaliditätsversicherung eigenen Formeln die Verrechnung der Verwaltungskosten in genau gleicher Weise wie bei der Lebensversicherung erfolgen. Einzig der Umstand wäre zu beachten, daß die Verrechnung und Auszahlung der angefallenen Invalidenrenten selbst Verwaltungskosten verursacht, welche etwa denen vergleichbar sind, welche die Zahlung von Dividenden bei prämienfrei gewordenen Versicherungen verursacht.

Aber schon die Betrachtung der Sterblichkeit als Rechnungsgrundlage führt hier auf eine wesentliche Erweiterung der in der normalen Lebensversicherung herrschenden Verhältnisse. Die in einer Absterbeordnung enthaltenen Sterbenswahrscheinlichkeiten oder Anzahlen der Toten der einzelnen Alter — wobei die abgelaufene Versicherungsdauer berücksichtigt sein mag oder nicht — nehmen keine Rücksicht auf den Umstand, ob das Ableben im Zustande der Aktivität oder Invalidität erfolgte, wie auch die entsprechenden Dekremententafeln der Lebenden diese schlechthin ohne Unterscheidung in aktiv gebliebene und invalid gewordene aufführen. In der Lebensversicherung liegen nun die Verhältnisse so, daß es jedem Antragsteller freisteht, von der Zusatzversicherung auf den Invaliditätsfall Gebrauch zu machen oder nicht, wenn wir von den Risiken, welche zur Invaliditätsversicherung aus den bereits erwähnten Gründen nicht annehmbar sind, absehen wollen. Wenn nun auch die ärztliche Auslese für die die Zusatzversicherung Beantragenden besondere Gesichtspunkte verfolgen wird, so kann die Wirkung derselben doch nur die sein, daß aus dem sonst homogenen Versicherungsbestand eine besondere Gruppe ausgelöst wird, für welche außer den allgemeinen noch einige besondere Auswahlkriterien zutreffen werden. Man kann aber durchaus nicht behaupten, daß diese Kriterien auf die nicht auf Invalidität mitversicherten Risiken nicht zutreffen, weil doch nur ein Bruchteil der Antragsteller die Versicherung auf Invalidität mitbeantragt und daraufhin besonders beurteilt wird. Noch weniger kann aber behauptet werden, daß die auf Invalidität Mitversicherten eine besondere Risikengruppe in dem Sinne bilden, daß für diese die auf die übrigen Versicherten des Bestandes zutreffenden Sterblichkeitssätze nicht entsprechen würden. Es mag wohl sein, daß die auf diese engere Gruppe angewendete strengere Auslese auch bei der Sterblichkeit wirksam wird, aber im Hinblick auf die bei Beantragung der Invaliditätszusatzversicherung sicherlich wirksame Gegenauslese der Versicherten kann mangels jedes statistischen Materials Näheres kaum ausgesagt werden. Man wird daher auch bei Beantragung der Mitversicherung des Invaliditätsrisikos die allgemein verwendete Sterbetafel auch für diese besondere Risikengruppe in Anwendung zu bringen haben, zumal man nicht voraussetzen kann, daß die Aufnahme der Invaliditätszusatzversicherung die Qualität des Versicherungsbestandes einer Gesellschaft in nennenswerter Weise beeinflußt.

Die Eingetretenen werden im Laufe der Zeit entweder durch Tod oder durch Invalidisierung aus dem Zustande der Aktivität, in welchem sie beigetreten sind, ausscheiden. Die Invalidgewordenen wären dann als besondere Gruppe weiter zu verfolgen. Diese wird durch neu hinzukommende Invalide im Laufe der Zeit vermehrt und durch die Todesfälle der Invaliden vermindert. Eine weitere Verminderung dieser Gruppe kann durch Wiedererlangung der Aktivität erfolgen, bleibt jedoch mangels der nötigen Erfahrungsdaten rechnungsmäßig außer Betracht. Um demnach den allmählichen Zerfall der in einem bestimmten Alter beigetretenen Gruppe der Aktiven verfolgen zu können, benötigen wir, wie noch genauer auszuführen sein wird, außer der allgemeinen Sterbenswahrscheinlichkeiten noch die Wahrscheinlichkeiten des Invalidwerdens für die einzelnen Alter und Versicherungsjahre und überdies die Sterbenswahrscheinlichkeiten der Invaliden. Für die letzteren wäre wieder eine nähere Charakterisierung nach Versicherungsjahr und Invalidisierungsjahr vonnöten.

Wie steht es nun mit der Möglichkeit der Beschaffung all dieser Daten, für welche die Lebensversicherung eigenes Beobachtungsmaterial heute noch nicht zur Verfügung hat? Hinsichtlich der Invalidisierungswahrscheinlichkeiten entlehnt man fast allgemein die nötigen Daten den Erfahrungen beim Nichtfahrpersonal der deutschen Eisenbahnverwaltungen, welches wiederholt und für verschiedene Beobachtungsperioden bearbeitet worden ist. Allerdings, auf eine Berücksichtigung der Versicherungsdauer müssen wir auch hier verzichten und ebenso auf die Berücksichtigung des Einflusses der Dauer der Invalidität auf die Sterbenswahrscheinlichkeiten der Invaliden.

Für die ziffernmäßige Bearbeitung des statistischen Materials in einer für die Zwecke der Invaliditätszusatzversicherung völlig zureichenden Form verweisen wir insbesondere auf die noch öfter zu nennende Arbeit von Spangenberg. Tatsächlich haben die bisherigen Erfahrungen ergeben, daß die aus dem genannten Materiale entnommenen Invaliditätswahrscheinlichkeiten den Bedürfnissen der Lebensversicherung nach der bisherigen Auslesepraxis ziemlich entsprechen.

Etwas anders liegen die Verhältnisse schon bei der Herstellung einer geeigneten Dekremententafel der Invalidgewordenen. Wenn wir den Bestand von Personen, welche getrennt nach Alter und abgelaufener Versicherungsdauer das Material für die Herstellung einer Selekttafel bilden, näher betrachten, so werden wir unter den Lebenden jeder einzelnen Position Personen vorfinden, welche wir jeweils in 3 Gruppen einzuteilen hätten. Ein großer Teil der im Zustande der Aktivität Beigetretenen wird auch nach einer Reihe von Jahren gesundheitlich völlig einwandfrei sein, so daß für diese einem Neuabschluß unter normalen Bedingungen nichts im Wege stünde. Eine zweite Gruppe wird einen derart verschlechterten Gesundheitszustand aufweisen, daß auf sie das Prädikat „normales Risiko" nicht mehr zutrifft, ohne daß jedoch Invalidität vorläge. Eine dritte Gruppe werden endlich die Invalidgewordenen bilden. Für die Anzahl der Invaliden ist aber die Invalidisierungswahrscheinlichkeit der einzelnen Alter und die Sterbenswahrscheinlichkeit der Invaliden bestimmend. Die Sterblichkeitssätze der beiden letztgenannten Gruppen als Ganzes betrachtet werden für jedes Beitrittsalter und für jede abgelaufene Dauer aus den Daten der Selekttafel und der entsprechenden Schlußtafel zu erhalten sein, wenn außer der Gesamtzahl der Personen einer Position auch die Anzahl der der ersten Gruppe angehörenden Personen bekannt ist. Die Sterblichkeitssätze der Invalidgewordenen sind aber durch eine solche Analyse nicht zu erhalten, weil die zweite und dritte Gruppe nur als Ganzes betrachtet wird und weil die Sterbenswahrscheinlichkeit eines eben Beigetretenen der Sterbenswahrscheinlichkeit eines Aktiven nicht gleichzuhalten ist. Man ist daher gezwungen, die Sterbenswahrscheinlichkeiten der Invaliden fremdem Material zu entlehnen und auf Grund dieser Sätze die gewünschte Dekremententafel der Invaliden in den einzelnen Positionen zu konstruieren. Dieser Vorgang ist jedoch nicht unbedenklich. Man erkennt dies aus der Betrachtung des extremen Falles, wo bei entsprechend hohem Alter das Merkmal der Invalidität für sämtliche vorhandenen Lebenden zutrifft. Hier müßte die Abfallsordnung der Invaliden mit der verwendeten Tafel der Lebenden schlechthin völlig übereinstimmen, was doch bei Verschiedenheit des Beobachtungsmaterials niemals der Fall sein wird.

Um nun in die als korrekt zu betrachtende Absterbeordnung, welche für die Berechnung der Versicherungswerte im allgemeinen in Betracht kommt, nicht ein derart störendes Moment einzuführen, zieht man es in der Praxis häufig vor, von der Benutzung einer eigenen Absterbeordnung der Invaliden gänzlich abzusehen und für diese die Absterbeordnung der Lebenden schlechthin zu verwenden. Für diesen Vorgang sprechen noch andere Erwägungen. Denn die Verschlechterung der Sterblichkeit bei den Invaliden gegenüber jener der Aktiven ist bei ärztlich untersuchten Risiken sicherlich nicht ohne weiteres mit den analogen Verhältnissen bei nichtausgewählten Risiken vergleichbar. Wichtiger ist allerdings, daß sich aus der genannten Annahme meist recht erhebliche Vereinfachungen der mathematischen Formeln ergeben. Endlich folgt aus ihr eine wenn auch nicht erhebliche Erhöhung der für die Zusatzversicherung geltenden Prämien, welche mit Rücksicht auf die erwähnte allgemeine Unsicherheit der Grundlagen gewiß zu rechtfertigen ist. Wir werden später bei Entwicklung der Formeln wiederholt auf diesen Umstand zurückzukommen haben.

§ 47. Die Invaliditätszusatzversicherung im Rahmen der Normalversicherung.

Wenn es jedem Antragsteller freisteht, die Mitversicherung des Invaliditätsrisikos gegen Zahlung der entsprechenden Zusatzprämie zu verlangen oder nicht, und wenn, wie vorhin ausgeführt, kaum ein Anlaß vorliegen dürfte, die auf Invalidität Mitversicherten auch hinsichtlich der Normalversicherung als eine getrennte Risikogruppe zu behandeln, dann dürfte es sich auch erübrigen, hinsichtlich der technischen Behandlung, Gewinnverteilung u. a. hier eine Sonderstellung vorzubereiten. Es mag zugegeben werden, daß die Behandlung der Invaliditätszusatzversicherung, wie sie nicht selten in der Praxis geübt wird, auf eine solche Sonderstellung hindrängt. Eine etwas andere Auffassung gestattet jedoch leicht, sich hiervon freizumachen. Wir erachten es als selbstverständlich, daß durch den in die freie Wahl des Versicherten gestellten Abschluß einer zusätzlichen Invaliditätsversicherung an dem technischen Aufbau der Hauptversicherung einschließlich Bemessung der Gewinnanteile nichts geändert werden darf. Wir wollen daran festhalten, daß insbesondere die Höhe der für die Hauptversicherung nach Verrechnung der Dividenden zu bezahlenden Prämien in keiner Weise durch die Zusatzversicherung beeinflußt werden darf, mag sich diese auf die Prämienbefreiung im Invaliditätsfalle allein oder auch auf die Versicherung von Kapital oder Rente im Invaliditätsfalle beziehen. In der Praxis wird sehr häufig die Bestimmung getroffen, daß mit dem Eintritt der mitversicherten Invalidität der Bezug der Dividenden aufhört. Eine solche Verfügung wäre jedoch nur dann begründet, wenn die Berechnung der Prämien für die Befreiung von der Beitragsleistung zur Hauptversicherung so erfolgt, daß hierbei auf den Bezug der Dividende gehörig Rücksicht genommen wird. Dies ist jedoch fast niemals der Fall, weil sich die bezüglichen Berechnungen recht kompliziert gestalten würden. Die Dividendenleistung des Versicherers bildet ja, wie wir im ersten Teile gesehen haben, ein sekundäres Moment, welches bei Verwendung der Rechnungsgrundlagen erster Ordnung noch gar nicht in Erscheinung tritt. Die vom Versicherten zu zahlende Prämie gilt mit ihrer Begrenzung nach oben als feststehend, und die Versicherung der Befreiung von der Prämienzahlung hat zunächst mit der Bezahlung einer Invaliditätsrente in eben dieser Höhe zu rechnen. Man kann dies auch so ausdrücken, daß die Prämie der Normalversicherung so lange zu bezahlen ist, als der Versicherte innerhalb der gewählten Versicherungsdauer am Leben ist, im Falle der Mitversicherung der Invalidität jedoch nur so lange, als er sich im Zustande der Aktivität befindet. Die Dividendenleistungen zur Hauptversicherung bleiben dabei außer Betracht.

Eine andere Frage ist jedoch die, wie die aus der Zusatzversicherung selbst entstammenden Überschüsse an die Versicherten zurückgeleitet werden sollen. Es ist klar, daß an diesen Überschüssen nur die Versicherten zu partizipieren haben, aus deren Beiträgen diese Überschüsse entstanden sind. Hiernach wären die auf Invalidität Mitversicherten zu einem eigenen Gewinnverband zusammenzuschließen. Die Frage der Überschußbildung hängt im übrigen genau so wie bei der Normalversicherung auch hier mit der Bemessung der Verwaltungskostenzuschläge und Sicherheitszuschläge und mit der Wahl der übrigen Rechnungsgrundlagen aufs engste zusammen. Was die ersteren anbelangt, so kommen Verwaltungskostenzuschläge vom Typus α für die Zusatzversicherung gar nicht in Betracht. Laufende Kosten vom Typus γ sind wohl kaum zu verrechnen, weil diese zur Gänze aus der Hauptversicherung, solange Prämie bezahlt wird, und im Falle der Invalidisierung aus der in Höhe der Prämie fließenden Invalidenrente gedeckt werden. Für laufende Kosten vom Typus β hingegen wird auch die Zusatzprämie mit dem entsprechenden Aufschlag zu versehen sein, zumal die Inkassovergütung auch aus der Zusatzprämie zu zahlen sein wird. Für die Bestreitung der Liquidationskosten der fällig gewordenen Invalidenrente wird nicht selten eine kleine Kürzung des nachträglich fälligen Kapitals vorgesehen, eine recht schlechte Maßnahme, wie alle jene, deren Berechtigung dem Versicherten nicht ohne weiteres einleuchtet. Da bei der Versicherung der Prämienbefreiung die volle Bruttoprämie versichert erscheint, die Einziehung dieser Prämie jedoch sicherlich nicht weniger Verwaltungskosten verursacht als die einfache Gutschrift derselben für einen Invalidgewordenen, so erübrigen sich alle besonderen Maßnahmen, zumal jetzt die Inkassovergütungen in Wegfall kommen, der Aufschlag β jedoch voll verrechnet worden ist. Von irgend ins Gewicht fallenden Überschüssen aus den Verwaltungskostenzuschlägen kann jedenfalls bei der Invaliditätszusatzversicherung nicht gesprochen werden.

Aber auch die Überschüsse aus dem erzielten Zinsfuß können sich kaum nennenswert bemerkbar machen, weil die Deckungskapitale der Zusatzversicherung bei Beschränkung der Versicherungsdauer zum 60., äußerstens 65. Lebensjahre recht unerheblich sind, im letzten Teile der Versicherungsdauer sogar negativ werden. Man ersieht dies schon daraus, daß die Prämienzahlungsdauer der Zusatzversicherung stets mit der der Hauptversicherung übereinstimmend gewählt wird und daher im letzten Versicherungsjahre noch Zusatzprämie eingeht, obwohl keine Versicherungsleistung mehr zu erwarten ist. Einigermaßen erheblichere Überschüsse können sich daher nur aus der letzten Rechnungsgrundlage, der rechnungsmäßigen Invalidität, ergeben. Für die korrekte Berechnung derselben sind die Unterlagen von Böhmer und Gramberg in den im Literaturnachweis angeführten Arbeiten entwickelt worden.

Auf Grund dieser Methoden kann es auch gelingen, für die Lebensversicherung ein bodenständiges Material zur Ableitung der Invaliditätsdaten im Laufe der Zeit zu erhalten. Bei den heutigen Verhältnissen wird es sich aber noch empfehlen, die hier erzielten Überschüsse besonderen Fonds vorzubehalten, über welche erst nach genügenden Erfahrungen zugunsten der Versicherten nach einem mehr oder weniger summarischen Verfahren zu verfügen sein wird. Als Maßstab einer eventuellen Ausschüttung dieser Überschüsse wird dann in erster Hinsicht die für die Zusatzversicherung aufgewendete Prämienleistung in Betracht kommen.

§ 48. Die Invaliditätsversicherung als spezieller Fall allgemeinerer Betrachtungen.

Wir wenden uns nach den bisherigen nur vorläufigen Bemerkungen allgemeiner Art nunmehr zur Darstellung der bei der Invaliditätsversicherung in Betracht kommenden mathematisch-technischen Fragen. Da die Behandlung derselben in den vorhandenen Lehrbüchern — als speziell diesem Gegenstande gewidmete Monographie kommt nur die im Literaturnachweis angeführte Arbeit von Richard in Betracht — meistens eine recht gedrängte ist, wollen wir hierbei etwas ausführlicher sein, als dies dem Plane dieses Buches, in welchem die Elemente der Versicherungsmathematik stets vorausgesetzt werden, entspricht. Wir wollen sogar in den formelmäßigen Entwicklungen etwas weiter gehen, als dies für die besonderen Zwecke der Invaliditätszusatzversicherung erforderlich wäre, und die Entwicklungen auf allgemeinere Ausführungen stützen, wie sie von Loewy gegeben worden sind. Wie so oft, so ist auch hier das Eindringen in spezielle Fragen für den Anfang verwirrend, und man gewinnt durch möglichst allgemeine Fassung des Problems eine wesentliche Vertiefung der speziellen in der Invaliditätsversicherung vorliegenden Verhältnisse. Es macht hierbei wenig aus, wenn die praktisch zur Verfügung stehenden statistischen Behelfe an die ausgebaute mathematische Theorie noch nicht heranreichen, so daß wir uns bei der praktischen Durchführung der Rechnungen, wie schon früher erwähnt, in vielfacher Hinsicht mit Ersatz behelfen müssen. Jedenfalls scheint es nicht anzugehen, aus diesem Grunde auf Korrektheit der theoretischen und formelmäßigen Entwicklungen verzichten zu wollen. Auch hier gilt das in der Einleitung zum ersten Teile Gesagte, daß mangelhafte Methoden unter speziellen Verhältnissen in der Praxis durchaus standhalten können, daß aber die Entwicklung einer der Praxis dienenden Disziplin nicht von vornherein auf spezielle Verhältnisse abzustellen ist.

Wir haben im ersten Teile dieses Buches unter den Gründen für das Ausscheiden von Personen aus einem Bestande, abgesehen vom freiwilligen Austritt bei Lebzeiten, allein das Absterben zu betrachten gehabt. Die hierfür bestimmenden Maßzahlen, die Sterbenswahrscheinlichkeit, die Sterbensintensität und das zentrale Sterblichkeitsverhältnis gehen in die versicherungstechnischen Formeln ein. Für ihre Verwendung ist einerseits die Möglichkeit ihrer Gewinnung aus dem statistischen Urmaterial, andererseits die für die Rechnung möglichst einfache Gestaltung der Formeln bestimmend. Handelt es sich aber in irgendeinem Zusammenhange bei der allmählichen Verminderung eines Bestandes bestimmt charakterisierter Personen um mehrere Ausscheideursachen, so liegen die Verhältnisse wesentlich anders. Will man nämlich auch jetzt noch das Schema der Wahrscheinlichkeitsrechnung für die versicherungstechnischen Überlegungen beibehalten, so bietet sich sofort eine Schwierigkeit, indem das Multiplikationstheorem der Wahrscheinlichkeitsrechnung nicht ohne weiteres Anwendung finden kann.

Nach diesem Theorem ist die Wahrscheinlichkeit für das gleichzeitige Eintreffen von n verschiedenen Ereignissen, denen die Wahrscheinlichkeiten $p_1, p_2, \ldots p_n$ zukommen, durch das Produkt

$$p_1 \cdot p_2 \cdots p_n$$

gegeben, sofern diese Ereignisse unabhängig voneinander sind, d. h. das Eintreffen oder Ausbleiben eines Ereignisses unabhängig davon ist, ob eins oder mehrere der übrigen Ereignisse eintreffen oder ausbleiben. Bei statistischen Wahrscheinlichkeiten kann im allgemeinen von einer solchen Unabhängigkeit nicht gesprochen werden. Man wird daher gezwungen sein, entweder auf die Anwendung des genannten Theorems zu verzichten oder aber zu untersuchen, unter welchen Bedingungen für neu zu gewinnende statistische Maßzahlen der Multiplikationssatz in Geltung bleibt. Es wird dann noch weiter zu untersuchen sein, in welcher Relation diese neuen Größen, sofern sie existieren, zu den bisherigen voraussetzungslos gewonnenen statistischen Wahrscheinlichkeiten stehen, und weiterhin, ob sich ihre Einführung aus theoretischen und praktischen Gründen rechtfertigt.

Sei demnach durch $l_{[y]+x}$ eine Ausscheideordnung definiert, so daß y das Alter des Eintrittes in die Beobachtung, $y + x$ das Alter zur Zeit der Beobachtung und demnach $l_{[y]+x}$ die Anzahl der Personen bedeutet, welche das Alter $y + x$ unter den von der Ausscheideordnung geforderten Bedingungen erleben. Für das Basisalter der Ausscheideordnung soll $l_{[y]+0} = l_{[y]}$ gelten.

Für die Verminderung des Anfangsbestandes der $l_{[y]}$ Personen seien n Ausscheideursachen maßgebend, so daß während der x Jahre, in denen sich die Anzahl der $l_{[y]}$ Personen auf $l_{[y]+x}$ vermindert hat, $f^{(1)}_{[y]+x}$ aus einem ersten, $f^{(2)}_{[y]+x}$ aus einem zweiten, $f^{(n)}_{[y]+x}$ aus einem $n$ten Grunde ausgeschieden sind. Offenbar sind dann $f^{(1)}_{[y]} = f^{(2)}_{[y]} = \cdots$

$= f^{(n)}_{[y]} = 0$ und diese $f^{(i)}_{[y]+x}$ niemals abnehmende Funktionen von x, während $l_{[y]+x}$ eine niemals zunehmende Funktion von x ist.

Nach dem Gesagten gilt dann die Relation

$$(1) \qquad l_{[y]+x} = l_{[y]} - f^{(1)}_{[y]+x} - f^{(2)}_{[y]+x} - \cdots - f^{(n)}_{[y]+x} = l_{[y]} - \sum_1^n f^{(i)}_{[y]+x}.$$

Die Funktionen $f^{(i)}_{[y]+x}$ sollen als stetige und differentiierbare Funktionen von x vorausgesetzt werden, und auf Grund von (1) gilt dies dann auch von $l_{[y]+x}$.

Auf der Altersstrecke von $y + x$ bis $y + x + h$ werden nun aus dem ersten Ausscheidegrund $f^{(1)}_{[y]+x+h} - f^{(1)}_{[y]+x}$ von den im Alter y in die Beobachtung eingetretenen $l_{[y]}$ Personen ausscheiden und die entsprechende Ausscheidewahrscheinlichkeit ist dann durch

$$(2) \qquad {}_hq^{(1)}_{[y]+x} = \frac{f^{(1)}_{[y]+x+h} - f^{(1)}_{[y]+x}}{l_{[y]+x}}$$

definiert, entspricht also dem Quotienten der aus der ersten Ursache ausgeschiedenen Zahl von Personen durch die gesamte zu Beginn der Beobachtung vorhandene Anzahl der Personen. Die Anzahl der aus der ersten Ursache Ausscheidenden ist hierbei von der Zahl der aus anderen Ursachen auf dieser Altersstrecke Ausscheidenden abhängig, denn es ist klar, daß aus der ersten Ursache nicht eine Person ausscheiden kann, welche bereits vorher aus einer anderen Ursache ausgeschieden ist. Entsprechend sind dann die auf die anderen Ursachen bezüglichen Ausscheidewahrscheinlichkeiten durch

$$\begin{aligned} {}_hq^{(2)}_{[y]+x} &= \frac{f^{(2)}_{[y]+x+h} - f^{(2)}_{[y]+x}}{l_{[y]+x}}, \\ &\cdots\cdots\cdots\cdots \\ {}_hq^{(n)}_{[y]+x} &= \frac{f^{(n)}_{[y]+x+h} - f^{(n)}_{[y]+x}}{l_{[y]+x}} \end{aligned}$$

gegeben, während

$$(3) \qquad {}_hq_{[y]+x} = \frac{\sum_1^n f^{(i)}_{[y]+x+h} - \sum_1^n f^{(i)}_{[y]+x}}{l_{[y]+x}} = \frac{l_{[y]+x} - l_{[y]+x+h}}{l_{[y]+x}}$$

die totale Ausscheidewahrscheinlichkeit aus sämtlichen Ausscheideursachen für eine mit y Jahren in die Beobachtung eingetretene Person auf der Altersstrecke von $y + x$ bis $y + x + h$ darstellt.

Auf Grund von (1), (2) und (3) ergibt sich dann

$$(4) \qquad {}_hq_{[y]+x} = {}_hq^{(1)}_{[y]+x} + {}_hq^{(2)}_{[y]+x} + \cdots + {}_hq^{(n)}_{[y]+x} = \sum_1^n {}_hq^{(i)}_{[y]+x}.$$

Die totale Ausscheidewahrscheinlichkeit setzt sich demnach aus den den einzelnen Ausscheideursachen entsprechenden Ausscheidewahrscheinlichkeiten additiv zusammen. Das Komplement der totalen Ausscheidewahrscheinlichkeit, die totale Verbleibswahrscheinlichkeit, ist dann durch

$$ {}_hp_{[y]+x} = 1 - {}_hq_{[y]+x} = \frac{l_{[y]+x+h}}{l_{[y]+x}} = 1 - \sum_1^n {}_hq^{(i)}_{[y]+x} \tag{5} $$

gegeben.

Lassen wir h gegen die untere Grenze abnehmen, so ergibt sich

$$ \left\{ \begin{aligned} \lim_{h\to 0} {}_hq^{(i)}_{[y]+x} &= \lim_{h\to 0} \left[\frac{f^{(i)}_{[y]+x+h} - f^{(i)}_{[y]+x}}{h} \cdot \frac{h}{l_{[y]+x}} \right] \\ &= \frac{1}{l_{[y]+x}} \cdot \frac{d f^{(i)}_{[y]+x}}{dx} \cdot dx = \mu^{(i)}_{[y]+x} \cdot dx, \end{aligned} \right. \tag{6} $$

wobei die $\mu^{(i)}_{[y]+x}$ die den einzelnen Ausscheideursachen entsprechenden Ausscheideintensitäten bezeichnen, und analog gilt

$$ \left\{ \begin{aligned} \lim_{h\to 0} {}_hq_{[y]+x} &= \frac{1}{l_{[y]+x}} \cdot \sum_1^n \frac{d f^{(i)}_{[y]+x}}{dx} \cdot dx \\ &= -\frac{1}{l_{[y]+x}} \cdot \frac{d l_{[y]+x}}{dx} \cdot dx = \mu_{[y]+x} \cdot dx. \end{aligned} \right. $$

Aus (1) und (4) ergibt sich dann auch

$$ \mu_{[y]+x} = \mu^{(1)}_{[y]+x} + \mu^{(2)}_{[y]+x} + \cdots \mu^{(n)}_{[y]+x}. \tag{8} $$

Vermittels (7) können wir die Anzahl der Personen der Ausscheideordnung für ein bestimmtes Alter durch die totale Ausscheideintensität in der Form

$$ l_{[y]+x} = l_{[y]} \cdot e^{-\int_0^x \mu_{[y]+x} \cdot dx} \tag{9} $$

erhalten, während aus (6)

$$ f^{(i)}_{[y]+x} = \int_0^x \mu^{(i)}_{[y]+x} \cdot l_{[y]+x} \cdot dx = l_{[y]} \int_0^x \mu^{(i)}_{[y]+x} \cdot e^{-\int_0^x \mu_{[y]+x} \cdot dx} \cdot dx \tag{10} $$

folgt. Aus (9) entnimmt man auch

$$ {}_hp_{[y]+x} = e^{-\int_0^{x+h} \mu_{[y]+x} \cdot dx} \cdot e^{\int_0^x \mu_{[y]+x} \cdot dx} = e^{-\int_x^{x+h} \mu_{[y]+x} \cdot dx} = e^{-\int_0^h \mu_{[y]+x+t} \cdot dt} \tag{11} $$

Führt man aber in (2) die Werte aus (10) ein, so erhält man

$$ \begin{aligned} {}_hq^{(i)}_{[y]+x} &= \frac{1}{l_{[y]+x}} \left(\int_0^{x+h} \mu^{(i)}_{[y]+t} \cdot l_{[y]+t} \cdot dt - \int_0^x \mu^{(i)}_{[y]+t} \cdot l_{[y]+t} \cdot dt \right) \\ &= \frac{1}{l_{[y]+x}} \cdot \int_x^{x+h} \mu^{(i)}_{[y]+t} \cdot l_{[y]+t} \cdot dt \end{aligned} $$

und nach einfacher Umformung

$$(12)\qquad {}_h q^{(i)}_{[y]+x} = \int\limits_0^h \mu^{(i)}_{[y]+x+v} \cdot e^{-\int\limits_0^v \mu_{[y]+x+t} \cdot dt} \cdot dv\,.$$

Endlich ist

$$(13)\qquad {}_h q_{[y]+x} = 1 - e^{-\int\limits_0^h \mu_{[y]+x+t} \cdot dt} = 1 - e^{-\int\limits_x^{x+h} \mu_{[y]+x} \cdot dx}\,,$$

während sich durch Summation der Ausdrücke (12)

$${}_h q_{[y]+x} = \int\limits_0^h \mu_{[y]+x+v} \cdot e^{-\int\limits_0^v \mu_{[y]+x+t} \cdot dt} \cdot dv$$

ergibt.

Die bisher betrachteten Wahrscheinlichkeiten für das Ausscheiden aus einer der n Ursachen verdienen insoweit die Bezeichnung abhängige Wahrscheinlichkeiten, als eine Änderung einer oder mehrerer derselben nicht nur die totale Ausscheidewahrscheinlichkeit ${}_h q_{[y]+x}$ beeinflußt, sondern auch auf die einzelnen Ausscheidewahrscheinlichkeiten ${}_h q^{(i)}_{[y]+x}$ einwirkt.

Wird nämlich zu den n bisher betrachteten Ausscheideursachen eine $n+1$ te hinzugenommen, dann möge die neue totale Ausscheidewahrscheinlichkeit mit ${}_h \bar{q}_{[y]+x}$, das Komplement derselben, die totale Verbleibswahrscheinlichkeit mit ${}_h \bar{p}_{[y]+x}$ bezeichnet werden, während die neu hinzugekommene Ausscheidewahrscheinlichkeit aus der $n+1$ ten Ursache ${}_h q^{(n+1)}_{[y]+x}$ ist. Die totale Ausscheidewahrscheinlichkeit ${}_h \bar{q}_{[y]+x}$ wird sich nunmehr zwar wieder als Summe der den $n+1$ Ausscheideursachen entsprechenden Wahrscheinlichkeiten darstellen, hierbei werden aber nicht die ursprünglichen Werte ${}_h q^{(i)}_{[y]+x}$, sondern entsprechend dem Hinzutritt der neuen Ausscheideursache abgeänderte Werte ${}_h \bar{q}^{(i)}_{[y]+x}$ gelten, so daß die totale Ausscheidewahrscheinlichkeit

$${}_h \bar{q}_{[y]+x} = 1 - {}_h \bar{p}_{[y]+x} = \sum_1^n {}_h \bar{q}^{(i)}_{[y]+x} + {}_h q^{(n+1)}_{[y]+x}$$

sein wird.

Die gegenseitige Abhängigkeit der Ausscheidewahrscheinlichkeiten legt die Frage nahe, ob es nicht möglich ist, zunächst rein formal die abhängigen Wahrscheinlichkeiten durch andere Maßzahlen zu ersetzen, so daß unter allen Umständen das Multiplikationsgesetz gewährleistet werden kann. Die Einführung solcher Größen ist aber wohl an die Bedingung gebunden, daß ihnen auch im Hinblick auf die statistische Forschung ein vernünftiger Sinn unterlegt werden kann. Es wird sich demnach in erster Linie darum handeln, für den Fall, daß die Definition solcher Größen gelingt, ihre Beziehungen zu den abhängigen Wahrscheinlichkeiten bzw. den bezüglichen Intensitäten klarzulegen. Die

Einführung solcher Größen, welche in der Literatur als unabhängige, reine, absolute und partielle Wahrscheinlichkeiten bezeichnet werden, ist ein Verdienst J. Karups. Wir wollen abweichend von dem sonst bei der Ableitung der unabhängigen Wahrscheinlichkeiten eingehaltenen Vorgang, welcher auf einer Fiktion von neuen Ausscheideordnungen beruht, die Zurückführung der unabhängigen Wahrscheinlichkeiten auf die abhängigen bzw. die entsprechenden Ausscheideintensitäten direkt aus der Forderung ableiten, daß die ersteren das Multiplikationstheorem zu erfüllen haben.

Sei demnach die totale Verbleibswahrscheinlichkeit

$$(14)\qquad {}_h p_{[y]+x} = 1 - {}_h q^{(1)}_{[y]+x} - {}_h q^{(2)}_{[y]+x} - \cdots - {}_h q^{(n)}_{[y]+x} = 1 - \sum_1^n {}_h q^{(i)}_{[y]+x},$$

so soll unserer Forderung gemäß nunmehr

$$(15)\qquad {}_h p_{[y]+x} = \left(1 - {}_h q'^{(1)}_{[y]+x}\right)\left(1 - {}_h q'^{(2)}_{[y]+x}\right)\cdots\left(1 - {}_h q'^{(n)}_{[y]+x}\right) = \prod_1^n \left(1 - {}_h q'^{(i)}_{[y]+x}\right)$$

gelten, wobei die unabhängigen Wahrscheinlichkeiten durch die Akzente näher bezeichnet sind.

Es fragt sich nun, welche Ausdrücke für die ${}_h q'^{(i)}_{(y)+x}$ zu substituieren sein werden, damit die Relation

$$(16)\qquad 1 - \sum_1^n {}_h q^{(i)}_{[y]+x} = \prod_1^n \left(1 - {}_h q'^{(i)}_{[y]+x}\right)$$

für jeden auf Grund der Ausscheideordnung möglichen Wert von x und h erfüllt ist. Weil aber

$${}_0 q'^{(i)}_{[y]+x} = 0$$

ist, können wir die Relation (16) auch in der Gestalt schreiben

$$(17)\qquad -\sum_1^n {}_h q^{(i)}_{[y]+x} = \prod_1^n \left(1 - {}_h q'^{(i)}_{[y]+x}\right) - 1 = \int_0^h \frac{d \prod_1^n \left(1 - {}_v q'^{(i)}_{[y]+x}\right)}{dv} \cdot dv.$$

Nach den Formeln (11) und (12) ist aber

$$(18)\qquad {}_h q^{(i)}_{[y]+x} = \int_0^h \mu^{(i)}_{[y]+x+v} \cdot {}_v p_{[y]+x} \cdot dv$$

und der Integrand in Relation (17) läßt sich in folgender Art umformen:

$$\begin{aligned} \frac{d}{dv} \prod_1^n \left(1 - {}_v q'^{(i)}_{[y]+x}\right) &= \prod_1^n \left(1 - {}_v q'^{(i)}_{[y]+x}\right) \cdot \frac{d}{dv} \log \prod_1^n \left(1 - {}_v q'^{(i)}_{[y]+x}\right) \\ &= \prod_1^n \left(1 - {}_v q'^{(i)}_{[y]+x}\right) \cdot \sum_1^n \frac{d}{dv} \log\left(1 - {}_v q'^{(i)}_{[y]+x}\right) \\ &= {}_v p_{[y]+x} \cdot \sum_1^n \frac{d}{dv} \log\left(1 - {}_v q'^{(i)}_{[y]+x}\right), \end{aligned}$$

so daß Relation (17) in

$$(19) \qquad -\sum_{1}^{n}\int_{0}^{h} {}_{v}p_{[y]+x}\cdot \mu^{(i)}_{[y]+x+v}\cdot dv = \sum_{1}^{n}\int_{0}^{h} {}_{v}p_{[y]+x}\cdot \frac{d}{dv}\log\left(1-{}_{v}q'^{(i)}_{[y]+x}\right)dv$$

übergeht. Diese Relation soll nun für jeden Wert von x und h, sofern diese nur den Bedingungen der Ausscheideordnung gemäß sind, erfüllt sein, was nur möglich ist, wenn sie als Identität aufgefaßt wird. Hieraus aber ergibt sich, daß allgemein

$$(20) \qquad \frac{d}{dv}\log\left(1-{}_{v}q'^{(i)}_{[y]+x}\right) = -\mu^{(i)}_{[y]+x+v}$$

gelten muß.

Es ist nun leicht zu erweisen, daß wir den für die unabhängigen Wahrscheinlichkeiten abgeleiteten Bedingungsgleichungen (20) genügen, wenn wir die ${}_{v}q'^{(i)}_{[y]+x}$ als Ausscheidewahrscheinlichkeiten einer Gruppe von $l^{(i)}_{[y]}$ Personen auffassen, für welche außer einer bestimmten andere Ausscheidewahrscheinlichkeiten nicht in Betracht kommen. Denn in diesem Falle wäre

$$(21) \qquad {}_{v}q'^{(i)}_{[y]+x} = \frac{l^{(i)}_{[y]+x} - l^{(i)}_{[y]+x+v}}{l^{(i)}_{[y]+x}} = 1 - \frac{l^{(i)}_{[y]+x+v}}{l^{(i)}_{[y]+x}},$$

und wenn wir die entsprechenden Ausscheideintensitäten mit $\mu'^{(i)}_{[y]+x}$ bezeichnen, so erhalten wir wegen (9)

$$\frac{l^{(i)}_{[y]+x+v}}{l^{(i)}_{[y]+x}} = e^{-\int_0^v \mu'^{(i)}_{[y]+x+v}\cdot dv}$$

und demnach

$$1 - {}_{v}q'^{(i)}_{[y]+x} = e^{-\int_0^v \mu'^{(i)}_{[y]+x+v}\cdot dv}.$$

Hieraus aber ergibt sich durch logarithmische Differentiation

$$\frac{d}{dv}\log\left(1-{}_{v}q'^{(i)}_{[y]+x}\right) = -\mu'^{(i)}_{[y]+x+v},$$

so daß sich dann auf Grund von (20)

$$(22) \qquad \mu'^{(i)}_{[y]+x} = \mu^{(i)}_{[y]+x}$$

ergibt.

Die unabhängigen Ausscheidewahrscheinlichkeiten ${}_{v}q'^{(i)}_{[y]+x}$ sind sonach durch Ausscheideordnungen definiert, bei denen die Ausscheidung von Personen stets nur auf Grund einer der Ausscheideursachen, und zwar nach Maßgabe der ursprünglichen Ausscheideintensitäten erfolgt.

Wir können diesen Sachverhalt auch so ausdrücken, daß diese fingierten Ausscheideordnungen aus der ursprünglichen Ausscheideordnung dadurch erhalten werden können, daß wir nur immer eine Ausscheideursache ins Auge fassen und jeweils die aus den anderen

Ursachen ausscheidenden Personen sofort durch solche der ursprünglichen Qualität ersetzen. Diese fingierten Ausscheideordnungen bilden in der Regel den Ausgangspunkt der den unabhängigen Wahrscheinlichkeiten gewidmeten Betrachtungen. Mit der Sache selbst haben sie recht wenig zu tun. Gerade ihre Fiktion hat jedoch zu einer langen Reihe von mißverständlichen Auffassungen Anlaß gegeben, auf welche die Einhaltung des rein formalmathematischen Standpunktes kaum geführt hätte.

Aus (18) und (20) folgt im übrigen unmittelbar die zwischen den abhängigen und unabhängigen Wahrscheinlichkeiten geltende Relation in der Gestalt

$$ {}_h q_{[y]+x}^{(i)} = \int_0^h {}_v p_{[y]+x} \cdot \frac{1}{1 - {}_v q'^{(i)}_{[y]+x}} \cdot \frac{d\, {}_v q'^{(i)}_{[y]+x}}{d v} \cdot d v , \tag{23} $$

wobei

$$ {}_v p_{[y]+x} = \prod_1^n \left(1 - {}_v q'^{(i)}_{[y]+x}\right) . $$

Wir wollen diesen Ausdruck noch in jene vereinfachte Form überführen, in welcher er in der Regel in der Praxis Verwendung findet. Setzen wir $h = 1$, dann ergibt (23)

$$ \begin{aligned} {}_1 q_{[y]+x}^{(i)} &= -\int_0^1 {}_v p_{[y]+x} \cdot \frac{d}{d v} \log\left(1 - {}_v q'^{(i)}_{[y]+x}\right) \cdot d v \\ &= -\int_0^1 \prod_1^n{}' \left(1 - {}_v q'^{(k)}_{[y]+x}\right) \cdot \frac{d}{d v} \left(1 - {}_v q'^{(i)}_{[y]+x}\right) \cdot d v , \end{aligned} $$

wobei der Strich beim Produktzeichen anzeigt, daß das Glied $\left(1 - {}_v q'^{(i)}_{[y]+x}\right)$ unter dem Produkt auszulassen ist.

Da die Funktion $1 - {}_v q'^{(k)}_{[y]+x}$ im Intervall von 0—1 vom Werte 1 bis zum Werte $1 - {}_1 q'^{(k)}_{[y]+x}$ abnimmt und stetig angenommen ist, so ergibt sich unter Anwendung des ersten Mittelwertsatzes der Integralrechnung

$$ {}_1 q_{[y]+x}^{(i)} = -\prod_1^n{}' \left(1 - \Theta\, {}_1 q'^{(k)}_{[y]+x}\right) \int_0^1 \frac{d}{d v} \left(1 - {}_v q'^{(i)}_{[y]+x}\right) \cdot d v $$

und demnach für $\Theta = \frac{1}{2}$ bei Annahme linearer Änderung auf der Intervallstrecke

$$ {}_1 q_{[y]+x}^{(i)} = {}_1 q'^{(i)}_{[y]+x} \prod_1^n{}' \left(1 - \frac{{}_1 q'^{(k)}_{[y]+x}}{2}\right) , \tag{24} $$

eine Formel, welche als Näherung in der Regel in der Praxis angewendet wird. Nehmen wir aber an, daß alle die Veränderung des Bestandes im Intervall charakterisierenden Ziffern linearer Änderung unterliegen, dann haben wir die Beziehungen

$$ l_{[y]+x+v} = l_{[y]+x} - v\left(l_{[y]+x} - l_{[y]+x+1}\right) , $$

$$ f_{[y]+x+v}^{(i)} = v f_{[y]+x}^{(i)} $$

und wegen

$$\mu^{(i)}_{[y]+x} = \frac{1}{l_{[y]+x}} \cdot \frac{d f^{(i)}_{[y]+x}}{d x}$$

$$_1q'^{(i)}_{[y]+x} = 1 - e^{-\int\limits_0^1 \mu^{(i)}_{[y]+x+v} \cdot dv} = 1 - e^{-\int\limits_0^1 \frac{f^{(i)}_{[y]+x}}{l_{[y]+x} - v(l_{[y]+x} - l_{[y]+x+1})} \cdot dv}$$

$$= 1 - \left(\frac{l_{[y]+x+1}}{l_{[y]+x}}\right)^{\frac{f^{(i)}_{[y]+x}}{l_{[y]+x} - l_{[y]+x+1}}}$$

$$= 1 - \left(1 - \frac{(l_{[y]+x} - l_{[y]+x+1})}{l_{[y]+x}}\right)^{\frac{f^{(i)}_{[y]+x}}{l_{[y]+x} - l_{[y]+x+1}}}.$$

Wir können dies auch in der Form schreiben

$$(25) \qquad _1q'^{(i)}_{[y]+x} = 1 - \left(1 - \frac{\sum\limits_1^n f^{(k)}_{[y]+x}}{l_{[y]+x}}\right)^{\frac{f^{(i)}_{[y]+x}}{\sum\limits_1^n f^{(k)}_{[y]+x}}}$$

Wird dieser Ausdruck aber in eine Reihe entwickelt und werden die Glieder von der zweiten Ordnung ab vernachlässigt, so erhält man

$$(26) \qquad _1q'^{(i)}_{[y]+x} = \frac{\frac{f^{(i)}_{[y]+x}}{l_{[y]+x}}}{1 - \frac{1}{2 \cdot l_{[y]+x}}\left(\sum\limits_1^n f^{(k)}_{[y]+x} - f^{(i)}_{[y]+x}\right)} = \frac{_1q^{(i)}_{[y]+x}}{1 - \frac{1}{2}\sum\limits_1^{n}{}' \, _1q^{(k)}_{[y]+x}}.$$

Zur Veranschaulichung beziehen wir uns auf die Invaliditätsstatistik und beschränken uns damit auf zwei Ausscheideursachen. Die eine soll die Invalidisierung und die andere der Tod im Zustande der Aktivität sein. Die auf die erstere Ursache bezügliche abhängige und unabhängige Ausscheidewahrscheinlichkeit sei $i_{[y]+x}$ bzw. $i'_{[y]+x}$, und für die zweite Ausscheideursache seien die analogen Größen $q^{aa}_{[y]+x}$ bzw. $q'^{aa}_{[y]+x}$. Dann ergibt sich auf Grund von (24)

$$(27) \qquad q^{aa}_{[y]+x} = q'^{aa}_{[y]+x}\left(1 - \frac{i'_{[y]+x}}{2}\right); \quad i_{[y]+x} = i'_{[y]+x}\left(1 - \frac{q'^{aa}_{[y]+x}}{2}\right)$$

und auf Grund von (26)

$$(28) \qquad q'^{aa}_{[y]+x} = \frac{q^{aa}_{[y]+x}}{1 - \frac{i_{[y]+x}}{2}}; \qquad i'_{[y]+x} = \frac{i_{[y]+x}}{1 - \frac{q^{aa}_{[y]+x}}{2}},$$

zwei Näherungsformeln, welche für die Praxis von Bedeutung sind.

Aus den vorangegangenen Betrachtungen dürfte klar geworden sein, daß für die strengere theoretische Erfassung sowohl der abhängigen wie der unabhängigen Ausscheidewahrscheinlichkeiten die

Ausscheideintensitäten eine wesentliche Rolle spielen, und da liegt wieder die Frage nahe, inwieweit die Intensitäten selbst durch die Zusammensetzung oder Veränderung der unter Beobachtung stehenden Gesamtheit Veränderungen unterworfen sind. Wir werden hierauf Antwort erhalten, wenn wir neben der geschlossenen Gesamtheit l, bei der nur Ausscheidung aus einer der n Ausscheideursachen in Betracht gezogen wurde, eine andere Gesamtheit L betrachten, bei der sowohl Eintritte als auch „anderweitige" Austritte — aus anderen als den bisherigen n Ausscheideursachen — erfolgen können. Bezeichnen wir jetzt in etwas kürzerer Schreibweise die Zahl der in die Beobachtung eintretenden Personen mit $L(o)$, die Zahl der Abgänge aus den Ausscheideursachen 1 ... bis n auf der Zeitstrecke t mit $F^{(1)}(t), \ldots F^{(n)}(t)$, und die Zahl der Ein- bzw. Austritte während der in Betracht kommenden Zeit t mit $E(t)$ bzw. $A(t)$. Dann ist die Zahl der im Zeitpunkte t in L vorhandenen Personen durch

$$L(t) = L(o) - F(t) + E(t) - A(t) \tag{29}$$

gegeben, wenn

$$F(t) = \sum_1^n F^{(i)}(t)$$

gesetzt wird.

Wir fragen jetzt mit Karup nach den Bedingungen, unter welchen die Gesamtheiten L und l in jedem Zeitpunkte t und für jede der Abgangsursachen die gleichen Intensitäten aufweisen, so daß für jedes i und t die Bedingung

$$\frac{f'^{(i)}(t)}{l(t)} = \frac{F'^{(i)}(t)}{L(t)} \tag{30}$$

erfüllt ist. Wir folgen bei der Aufstellung dieser Bedingungen den Ausführungen Taubers in der im Literaturnachweis angeführten Arbeit.

Wir verfolgen die im Zeitpunkte t vorhandenen $L(t)$ Personen der Gesamtheit L als geschlossene Gesamtheit Λ, d. h. als Gesamtheit, für welche Eintritte oder anderweitige Austritte von Personen vom Zeitpunkte t bis $t + \delta$ nicht in Betracht kommen. Von dieser während der Zeitspanne Δ von t bis $t + \delta$ geschlossenen Gesamtheit Λ werde vorausgesetzt, daß sie während Δ mit der geschlossenen Gesamtheit l gleichartig sei. Dies soll besagen, daß sich für die beiden Gesamtheiten l und Λ die Zahl der Abgänge aus den verschiedenen Ursachen während der Zeitspanne Δ verhalten wie die Anzahlen der zu Beginn der Zeitspanne in den beiden Gesamtheiten vorhandenen Personen.

Wir nennen ferner eine Gesamtheit, in welcher zu Beginn eines Zeitraumes keine Personen vorhanden sind und in welche erst während dieses Zeitraumes Personen eintreten und aus welcher nur Abgänge aus den n Ursachen 1 ... bis n vorkommen, eine während dieses Zeitraumes sukzessive gebildete Gesamtheit mit Abgängen aus den n Ursachen 1 ... bis n.

Betrachten wir nun die während des Zeitraumes Δ in die Gesamtheit L eintretenden Personen als eine während Δ sukzessive gebildete Gesamtheit M und bezeichnen mit $\sigma_1, \sigma_2, \ldots \sigma_n$ die Zahl der Abgänge wegen der Ursachen $1 \ldots$ bis n aus der Gesamtheit M während Δ, und betrachten wir analog die während Δ aus der Gesamtheit L austretenden Personen als eine während Δ sukzessive gebildete Gesamtheit N und nennen $\tau_1, \tau_2, \ldots \tau_n$ die Zahl der Abgänge wegen der Ursachen $1 \ldots$ bis n aus der Gesamtheit N während Δ, dann kann man offenbar die Zahl der Abgänge aus einer der Ursachen, z. B. der Ursache 1 aus der Gesamtheit jener Personen, welche während Δ irgendeinmal der Gesamtheit L angehört haben, in doppelter Weise darstellen.

Erstens als Summe der Abgänge wegen der Ursache 1, die sich während Δ in den beiden Gesamtheiten Λ und M ereignen, und zweitens als Summe der Abgänge wegen der Ursache 1, die sich während Δ in den beiden Gesamtheiten L und N ereignen.

Die erste Summe ist aber gleich

$$\frac{L(t)}{l(t)}\left[f^{(1)}(t+\delta) - f^{(1)}(t)\right] + \sigma_1, \tag{31}$$

weil Λ und l während Δ gleichartig sein sollten und die Zahl der Abgänge aus der Ursache 1 aus l während Δ

$$f^{(1)}(t+\delta) - f^{(1)}(t)$$

beträgt. Die zweite Summe hingegen ist

$$\left[F^{(1)}(t+\delta) - F^{(1)}(t)\right] + \tau_1 \,. \tag{32}$$

Es ist demnach

$$\frac{L(t)}{l(t)} \cdot \frac{f^{(1)}(t+\delta) - f^{(1)}(t)}{\delta} + \frac{\sigma_1 - \tau_1}{\delta} = \frac{F^{(1)}(t+\delta) - F^{(1)}(t)}{\delta}, \tag{33}$$

und man erkennt, daß zum Bestehen der Gleichung (30) die Grenzbedingung

$$\lim_{\delta \to 0} \frac{\sigma_1 - \tau_1}{\delta} = 0, \tag{34}$$

und demnach allgemein

$$\lim_{\delta \to 0} \frac{\sigma_i - \tau_i}{\delta} = 0 \tag{35}$$

erfüllt sein muß. Diesen Bedingungen wird sicher dann genügt, wenn einzeln die

$$\lim_{\delta \to 0} \frac{\sigma}{\delta} = 0 \qquad \text{und} \qquad \lim_{\delta \to 0} \frac{\tau}{\delta} = 0 \qquad \text{sind,} \tag{36}$$

wo

$$\sigma = \sum_1^n \sigma_i \qquad \text{und} \qquad \tau = \sum_1^n \tau_i \,.$$

Man kann statt dieser Grenzbedingungen auch eine Ungleichheitsbedingung treten lassen, die man in folgender Weise formulieren kann:

Sagt man von einer in irgendeinem Zeitraume Δ sukzessive gebildeten Gesamtheit, in welche während desselben E Personen eintreten, dieselbe sei mit einer geschlossenen Gesamtheit l während Δ vergleichbar, wenn die Zahl aller Abgänge aus der sukzessive gebildeten Gesamtheit während Δ kleiner ist als die Zahl aller Abgänge während Δ aus einer mit l gleichartigen Gesamtheit, deren Personenzahl am Schluß dieses Zeitraumes gleich E ist — also in jedem Zeitpunkte während Δ größer als E ist —, dann kann man die Bedingung aufstellen:

M und N sollen mit l während Δ vergleichbar sein.

Denn bei einer mit l vergleichbaren Gesamtheit steht die Personenzahl zur Zeit t und zur Zeit $t+\delta$ im Verhältnis

$$\frac{l(t)}{l(t)-[f(t+\delta)-f(t)]}, \qquad f=\sum_1^n f^{(i)}.$$

Wenn daher die Personenzahl zur Zeit $t+\delta$ gleich $E(t+\delta)-E(t)$, d. h. der Zahl der in M während Δ eintretenden Personen ist, so ist der Bestand zur Zeit t

$$\frac{l(t)}{l(t)-[f(t+\delta)-f(t)]}\,[E(t+\delta)-E(t)],$$

somit die Zahl der Abgänge während Δ gleich

$$\frac{l(t)}{l(t)-[f(t+\delta)-f(t)]}\cdot[E(t+\delta)-E(t)]\cdot\frac{f(t+\delta)-f(t)}{l(t)},$$

und diese letztere Zahl soll der Voraussetzung nach größer als die Zahl σ aller Abgänge aus M während Δ sein. Es ist also

$$\sigma<\frac{E(t+\delta)-E(t)}{l(t)-[f(t+\delta)-f(t)]}\cdot[f(t+\delta)-f(t)]$$

und offenbar

$$\lim_{\delta\to 0}\frac{\sigma}{\delta}=0$$

erfüllt.

Die durch (35) gegebene Grenzbedingung ist recht bemerkenswert. Beschränken wir uns auf eine, etwa die durch den Index 1 bezeichnete Ausscheideursache und betrachten das Ausscheiden aus den anderen Ursachen als anderweitigen Abfall aus dem Bestande, dann ist (35) stets erfüllt, wenn an Stelle eines aus den Ursachen 2 . . . bis n Ausscheidenden sofort eine andere Person der ursprünglichen Qualität gesetzt wird. Denn in diesem Falle ist ja stets

$$\sigma_i-\tau_i=0\,.$$

Wir haben diesen Fall schon früher erwähnt, als wir von den fingierten Ausscheideordnungen sprachen. Andererseits ist es leicht, Fälle aufzuzeigen, wo die Bedingung (35) nicht erfüllt ist. Dies ist z. B. der Fall, wenn die aus den sukzessive gebildeten Gesamtheiten M und N

zufolge der n Ausscheideursachen Ausscheidenden für das Zeitintervall Δ durch $a_i \cdot \delta$ bzw. $b_i \cdot \delta$ gegeben sind, wo die a_i nicht gleich sein sollen den b_i. In diesem Falle wäre nämlich der Grenzwert (35)

$$\lim_{\delta \to 0} \frac{\delta(a_i - b_i)'}{\delta} = a_i - b_i \neq 0 .$$

Sieht man aber von anderweitigen Austritten gänzlich ab, läßt also nur Beitritte und Ausscheidungen aus den n Ursachen zu, dann besagt (35), daß bei Verkleinerung des Intervalls bis an die untere Grenze die Anzahl der Beitretenden von höherer als der ersten Ordnung gegen Null abnehmen muß. Jedenfalls ist die Behauptung — man sehe etwa S. 107 der angeführten Arbeit von Spangenberg —, daß der Begriff der Intensität ganz unberührt davon bleibe, welche Veränderungen die Personengruppe, auf die er bezogen wird, noch durch das Wirken anderer Ursachen erfahre, ihm also eine von der Auffassungsweise des Wahrscheinlichkeitsbegriffes unabhängige ganz besondere Stellung und damit Allgemeingültigkeit zukomme, nicht zutreffend. Für die praktisch in Betracht kommenden Möglichkeiten mag sie allerdings gelten. Man wird hier sogar noch weniger verlangen dürfen und mit Karup für kleinere Zeitintervalle stets von der Annahme der linearen Veränderlichkeit der zu berücksichtigenden Gesamtheiten Gebrauch machen dürfen.

§ 49. Allgemeine Versicherungswerte.

Wir müssen unsere bisherigen ganz allgemeinen Betrachtungen, welche die mathematisch-statistischen Grundlagen betrafen, nun auch nach der versicherungstechnischen Seite ergänzen und jene allgemeinen Formeln entwickeln, als deren Spezialfall sich jene ergeben werden, welche in der großen Lebensversicherung unter Einbeziehung der Versicherung des Invaliditätsrisikos Bedeutung haben.

Sei demnach y das Beitrittsalter zur Versicherung, p deren Dauer, so soll der Versicherer verpflichtet sein, beim Ausscheiden des Versicherten aus irgendeiner der n Ausscheideursachen die Summe $U^{(i)}_{[y]+t}$ zu zahlen, welche von der Ausscheideursache und dem Alter beim Austritt bzw. der abgelaufenen Versicherungsdauer abhängen soll. Bei Ablauf der Versicherung soll die Summe T zur Auszahlung gelangen. Die Versicherung sei gegen laufende Prämie abgeschlossen und die Zahlung der Prämie werde als kontinuierlich angenommen. Die Prämie soll jedoch nur so lange, als nicht eine der n Ausscheideursachen wirksam geworden ist und längstens durch p Jahre entrichtet werden. Wir betrachten die Versicherungswerte zunächst im Sinne der Nettorechnung, ohne auf Verwaltungskosten und Gewinnanteile Rücksicht zu nehmen.

Es sei ${}_tV_{[y]}$ das Nettodeckungskapital, welches wir als differenzierbare Funktion voraussetzen. Man erkennt dann, daß analog Formel (34) des ersten Abschnittes von Teil I das Deckungskapital der Differentialgleichung

$$(37)\qquad \frac{d_t V_{[y]}}{dt} = {}_tV_{[y]}(\delta + \mu_{[y]+t}) + \overline{P}_{[y]+t} - \sum_1^n \mu^{(i)}_{[y]+t} \cdot U^{(i)}_{[y]+t}$$

genügen muß, deren Integration

$$(38)\ {}_tV_{[y]} = e^{\int_0^t(\delta+\mu_{[y]+t})\,dt}\left[\int_0^t e^{-\int_0^t(\delta+\mu_{[y]+t})\,dt}\left\{\overline{P}_{[y]+t} - \sum_1^n \mu^{(i)}_{[y]+t} \cdot U^{(i)}_{[y]+t}\right\}dt + C\right]$$

ergibt, wobei $C = {}_0V_{[y]}$ das bei Beginn der Versicherung vorhandene Deckungskapital — die eventuell bezahlte Einmalprämie — ist.

Mit Rücksicht auf

$$e^{\int_0^t \mu_{[y]+t}\cdot dt} = \frac{l_{[y]}}{l_{[y]+t}}$$

und

$$e^{\int_0^t \delta\cdot dt} = e^{\delta t} = (1+i)^t$$

kann (38) auch in die Form gebracht werden

$$(39)\ {}_tV_{[y]} = \frac{(1+i)^t}{l_{[y]+t}}\left[\int_0^t l_{[y]+t}\cdot v^t\left\{\overline{P}_{[y]+t} - \sum_1^n \mu^{(i)}_{[y]+t} \cdot U^{(i)}_{[y]+t}\right\}dt + l_{[y]}\cdot {}_0V_{[y]}\right],$$

aus welcher die retrospektive Gestalt des Deckungskapitals unmittelbar hervorgeht.

Setzt man in (38) ${}_0V_{[y]} = A_{[y]}$ und $\overline{P}_{[y]+t} = 0$, so erhält man die Einmalprämie unter Rücksicht auf die Zahlung am Ablaufstermine ${}_pV_{[y]} = T$

$$(40)\qquad A_{[y]} = T\cdot e^{-\int_0^p(\delta+\mu_{[y]+t})\,dt} + \int_0^p e^{-\int_0^t(\delta+\mu_{[y]+t})\,dt} \cdot \sum_1^n \mu^{(i)}_{[y]+t} \cdot U^{(i)}_{[y]+t} \cdot dt.$$

Ist hingegen ${}_0V_{[y]} = 0$, dann folgt aus (38) für $t = p$

$$(41)\qquad T e^{-\int_0^p(\delta+\mu_{[y]+t})\,dt} = \int_0^p e^{-\int_0^t(\delta+\mu_{[y]+t})\,dt}\left\{\overline{P}_{[y]+t} - \sum_1^n \mu^{(i)}_{[y]+t} \cdot U^{(i)}_{(y)+t}\right\}dt.$$

Durch Addition von (40) und (41) ergibt sich dann

$$(42)\qquad A_{[y]} = \int_0^p e^{-\int_0^t(\delta+\mu_{[y]+t})\,dt} \cdot \overline{P}_{[y]+t} \cdot dt$$

als Relation zwischen einmaliger und laufender Prämie.

Trennen wir in (42) das Integral

$$\int_0^p \text{ in } \int_0^t \text{ und } \int_t^p,$$

so ergibt sich aus (38) nach leichter Umformung das Deckungskapital in prospektiver Gestalt

$$(43)\quad {}_tV_{[y]} = T\cdot e^{-\int\limits_t^p(\delta+\mu_{[y]+t})\,dt} + \int\limits_t^p e^{\int\limits_u^t(\delta+\mu_{[y]+u})\,du}\left\{\sum_1^n \mu_{[y]+u}^{(i)}\cdot U_{[y]+u}^{(i)} - \overline{P}_{[y]+u}\right\}du$$

und analog zu (39)

$$(44)\quad {}_tV_{[y]} = \frac{1}{l_{[y]+t}}\cdot\left[\frac{l_{[y]+p}\cdot T}{(1+i)^{p-t}} + \int\limits_t^p \frac{l_{[y]+u}}{(1+i)^{u-t}}\cdot\left\{\sum_1^n \mu_{[y]+u}^{(i)}\cdot U_{[y]+u}^{(i)} - P_{[y]+u}\right\}du\right].$$

Nachdem die ersten beiden Glieder in den Ausdrücken (43) und (44) auf Grund von (40) nichts anderes darstellen als $A_{[y]+t}$, so können wir auch schreiben

$$(45)\quad \begin{cases} {}_tV_{[y]} = A_{[y]+t} - \int\limits_t^p e^{\int\limits_u^t(\delta+\mu_{[y]+u})\,du}\cdot \overline{P}_{[y]+u}\cdot du \\ \quad = A_{[y]+t} - \dfrac{1}{l_{[y]+t}}\cdot\int\limits_t^p \dfrac{l_{[y]+u}}{(1+i)^{u-t}}\cdot \overline{P}_{[y]+u}\cdot du. \end{cases}$$

Es ist nun leicht, die erhaltenen Formeln unter Heranziehung der dritten Rechnungsgrundlage zu erweitern und hierbei die sich auf Grund der Verwendung von Rechnungsgrundlagen erster Ordnung ergebenden Dividenden zu berücksichtigen.

Sei wieder y das Beitrittsalter, dann möge $\Delta_{[y]+t}\cdot dt$ die auf das dem Alter $[y]+t$ folgende Zeitelement entfallende Dividende sein.

Der Satz der Erwerbskosten sei α und die Kosten der laufenden Verwaltung in Prozent der laufenden ausreichenden Prämie $\overline{P}^a_{[y]+t}$, demnach für das Zeitelement dt durch $\overline{P}^a_{[y]+t}\cdot\beta\cdot dt$, und weiter durch $\gamma\cdot dt$ gegeben.

Unter Berücksichtigung der Dividenden und der Verwaltungskosten ergibt sich dann als Differentialgleichung des vollständigen Deckungskapitals

$$(46)\quad \frac{d\,{}_tW_{[y]}}{dt} = {}_tW_{[y]}\left(\delta+\mu_{[y]+t}\right) + \overline{P}^a_{[y]+t}(1-\beta) - \gamma - \Delta_{[y]+t} - \sum_1^n \mu_{[y]+t}^{(i)}\cdot U_{[y]+t}^{(i)}.$$

Als Integral erhalten wir dann, wenn wir noch berücksichtigen, daß ${}_0W_{[y]}$ bei laufender Prämienzahlung gleich $-\alpha$ zu setzen ist,

$$(47)\quad {}_tW_{[y]} = e^{\int\limits_0^t(\delta+\mu_{[y]+t})\,dt}\cdot\left[\int\limits_0^t e^{-\int\limits_0^t(\delta+\mu_{[y]+t})\,dt}\cdot K\cdot dt - \alpha\right],$$

wobei

$$K = \overline{P}^a_{[y]+t}(1-\beta) - \gamma - \Delta_{[y]+t} - \sum_1^n \mu_{[y]+t}^{(i)}\cdot U_{[y]+t}^{(i)}.$$

Wir könnten die Zerlegung dieses Ausdruckes entsprechend der Zerlegung der Prämie in ihre einzelnen Bestandteile weiter verfolgen, wie dies im ersten Teile unter relativ einfacheren Annahmen geschehen ist. Doch soll hierauf nicht näher eingegangen werden.

Mit diesen allgemeinen statistischen und versicherungstechnischen Entwicklungen haben wir uns den Rahmen geschaffen, in welchen sich die durch die Mitversicherung der Invalidität bedingten Erweiterungen des technischen Apparates zwanglos einfügen lassen. Wir sind hierbei in theoretischer Hinsicht mehrfach über das im folgenden Notwendige hinausgegangen, wir glaubten jedoch die tiefere Einsicht, welche solche allgemeinen Betrachtungen gewähren, hier vermitteln zu sollen, zumal diesen Untersuchungen in den Lehrbüchern sonst nicht entsprechend Raum gewährt wird.

§ 50. Die speziellen Grundlagen der Invaliditätsversicherung.

Wir wenden uns nunmehr unserer speziellen Aufgabe zu und betrachten zunächst jene Rechnungsgrundlage, welche uns, ganz analog wie in der Lebensversicherung die Sterbetafel, als statistische Basis der Berechnungen in der Invaliditätsversicherung zu dienen hat.

Wir betrachten demnach eine Gesamtheit von $l_{[y]}$ Personen, deren Absterben wir nach einer gegebenen Sterbetafel verlaufend annehmen wollen. $[y]$ gelte demnach wieder als Beitrittsalter in die Beobachtung, und weil wir uns auf einen Bestand von Personen beziehen, für welche ausnahmslos eine ärztliche Auslese in Betracht kommt, so dürfen wir voraussetzen, daß die Absterbeordnung der betrachteten Personengruppe durch eine Selekttafel wiedergegeben wird. Die Lebenden der aufeinanderfolgenden Alter werden sonach durch $l_{[y]}, l_{[y]+1}, \ldots l_{[y]+x}$ gegeben sein.

Zufolge des Hinzutrittes des Merkmales der Invalidität werden wir aber fortan die Lebenden der einzelnen Alter in zwei Gruppen zu trennen haben, je nachdem auf diese das Merkmal der Invalidität zutrifft oder aber sich diese Lebenden in jenem Zustande befinden, in welchem sie auch in die Beobachtung eingetreten sind und welchen wir als Aktivität bezeichnen. Wir wissen, daß zwischen dem Zustande der Aktivität und Invalidität unter Umständen nicht ganz präzise unterschieden werden kann. Wir wissen auch, daß die Qualität eines Risikos etwa 10 Jahre nach erfolgter Auslese durchaus nicht der Qualität eines gleichaltrigen Risikos unmittelbar nach der Auslese im Durchschnitt gleichkommt. Wir müssen daher, um die Begriffe festzulegen, eine Verabredung treffen, welche etwa darin bestehen kann, daß es auf Grund einer neuerlichen ärztlichen Untersuchung jederzeit möglich ist, einwandfrei festzustellen, ob im Verlaufe der Zeit durch Krankheit, Unfall oder andere Ursachen eine derartige Veränderung der Qualität des

Risikos eingetreten ist, daß dieses als invalid im Gegensatze zu aktiv zu bezeichnen ist oder nicht.

Sonach werden wir für jedes Alter $[y] + x$ unter den Lebenden $l_{[y]+x}$ zwischen Aktiven $l^{aa}_{[y]+x}$ und Invaliden $l^{ii}_{[y]+x}$ zu unterscheiden haben, und es wird stets die Relation

$$l_{[y]+x} = l^{aa}_{[y]+x} + l^{ii}_{[y]+x} \tag{48}$$

gelten. Die Invaliden werden vom ersten Versicherungsjahre ab aus der Zahl der Aktiven ausscheiden, und die Anzahl der jeweils vorhandenen Invaliden wird sich aus der Zahl der im Beobachtungsjahre und der Zahl der in früheren Jahren nach Beitritt zur Versicherung Invalidgewordenen unter Abzug der inzwischen nach Eintritt der Invalidität Verstorbenen zusammensetzen. Die Zahl der Invaliden ist demnach zu Beginn der Beobachtung Null, sie wird allmählich zunehmen und in den höheren Altern nach Maßgabe der Zunahme der Sterblichkeit wieder abfallen. Bezeichnen wir demnach die Anzahl der im Alter $[y] + x$ Invalidwerdenden und am Ende des Jahres Lebenden mit $\lambda^{i}_{[y]+x}$, so könnten wir die Anzahl der in den einzelnen Altern aus einem Bestande von $l_{[y]}$ Personen hervorgegangenen und im Alter $[y] + x$ noch lebenden Invaliden bestimmen, wenn uns eine Absterbeordnung der Invaliden zur Verfügung steht. Es ist gar nicht zu bezweifeln, daß für diese Absterbeordnung der Invaliden neben dem erreichten Alter auch der Zeitpunkt der Invalidisierung eine recht erhebliche Rolle spielen wird. Denn die Sterblichkeit eines eben Invalidgewordenen ist mit der eines seit Jahren Invaliden gleichen Alters sicherlich nicht ohne weiteres vergleichbar. Wir müßten demnach streng genommen auch der Sterblichkeit der Invaliden doppelt abgestufte Tafeln unterlegen. Die damit verbundene Komplikation des Rechenapparates wäre aber gänzlich müßig, weil wir heute über Erfahrungsmaterial, welches die Herstellung solcher Tafeln gestattete, nicht verfügen. Wir haben im übrigen schon an früherer Stelle hervorgehoben, daß man in der Praxis gern noch einen Schritt weitergeht und die Sterblichkeit der Invaliden mit der der Lebenden schlechthin gleichsetzt, demnach für beide dieselben Sterblichkeitssätze der angewendeten Selekt- oder auch Aggregattafel verwendet. Dieser Vorgang empfiehlt sich wegen der damit verbundenen Vereinfachung der Rechnung, zumal er keinen anderen Nachteil mit sich bringt als eine relativ kleine Überschätzung der Prämien. Wir werden aber im folgenden an der Annahme festhalten, daß uns die Sterblichkeit der Invaliden für die einzelnen Alter ohne Rücksicht auf den Zeitpunkt der Invalidisierung, wenn auch nur aus Beobachtungsdaten fremden Materials, zur Verfügung steht, werden aber nicht unterlassen, stets darauf zu verweisen, welche Vereinfachungen sich aus der Gleichsetzung der Sterblichkeitssätze der Invaliden und der Lebenden schlechthin ergeben.

Wir müssen endlich an dieser Stelle hervorheben, daß die Erfordernisse der verschiedenen Zweige der öffentlichen Versicherung hinsichtlich des für die Invaliditätsversicherung benötigten statistischen Materials durchaus nicht denen der Privatversicherung gleichzuhalten sind. Hier ist der Ausgangspunkt stets von der im Betriebe verwendeten Tafel der Lebenden schlechthin zu nehmen, während bei der Sozialversicherung die Tafel der Lebenden eine ganz sekundäre Rolle bei den technischen Berechnungen spielt.

Aus der Trennung der Lebenden schlechthin in Invalide und Aktive erhalten wir jetzt zwischen den Anzahlen der jeweils vorhandenen Invaliden, den Anzahlen der in den einzelnen Altern Invalidwerdenden und den Anzahlen der Lebenden der Abfallsordnung der Invaliden die folgenden sofort verständlichen Beziehungen:

$$l^{ii}_{[y]} = 0\,,$$

$$l^{ii}_{[y]+1} = \lambda^{i}_{[y]+1}\,,$$

$$l^{ii}_{[y]+2} = \lambda^{i}_{[y]+2} + \lambda^{i}_{[y]+1} \cdot \frac{l^{i}_{[y]+2}}{l^{i}_{[y]+1}}\,,$$

$$l^{ii}_{[y]+3} = \lambda^{i}_{[y]+3} + \lambda^{i}_{[y]+2} \cdot \frac{l^{i}_{[y]+3}}{l^{i}_{[y]+2}} + \lambda^{i}_{[y]+1} \cdot \frac{l^{i}_{[y]+3}}{l^{i}_{[y]+1}}\,,$$

$$\cdots\cdots\cdots\cdots\cdots$$

$$l^{ii}_{[y]+x} = \lambda^{i}_{[y]+x} + \lambda^{i}_{[y]+x-1} \cdot \frac{l^{i}_{[y]+x}}{l^{i}_{[y]+x-1}} + \cdots + \lambda^{i}_{[y]+1} \cdot \frac{l^{i}_{[y]+x}}{l^{i}_{[y]+1}}\,,$$

oder

$$l^{ii}_{[y]+x} = l^{i}_{[y]+x} \left[\frac{\lambda^{i}_{[y]+1}}{l^{i}_{[y]+1}} + \frac{\lambda^{i}_{[y]+2}}{l^{i}_{[y]+2}} + \cdots + \frac{\lambda^{i}_{[y]+x}}{l^{i}_{[y]+x}} \right].$$

Bezeichnen wir demnach

$$\frac{\lambda^{i}_{[y]+x}}{l^{i}_{[y]+x}} \text{ mit } \gamma_{[y]+x}\,,$$

so erhalten wir auch

$$l^{ii}_{[y]+x} = l^{i}_{[y]+x} \left[\gamma_{[y]+1} + \gamma_{[y]+2} + \cdots + \gamma_{[y]+x}\right],$$

und wenn

$$\sum_{1}^{x} \gamma_{[y]+k} = \Gamma_{[y]+x}$$

gesetzt wird, so ergibt sich

$$l^{ii}_{[y]+x} = l^{i}_{[y]+x} \cdot \Gamma_{[y]+x}\,. \tag{49}$$

Offenbar sind dann die auf der Altersstrecke von $[y] + x$ bis $[y] + x + k$

hervorgegangenen und im Alter $[y] + x + k$ noch lebenden Invaliden durch

(50)
$$\begin{cases} l^i_{[y]+x+k} \cdot \Gamma_{[y]+x+k} - l^i_{[y]+x} \cdot \Gamma_{[y]+x} \cdot \dfrac{l^i_{[y]+x+k}}{l^i_{[y]+x}} \\ \qquad = l^i_{[y]+x+k} \left(\Gamma_{[y]+x+k} - \Gamma_{[y]+x}\right) \end{cases}$$

gegeben.

Bei der Invaliditätszusatzversicherung, wie sie im Rahmen der großen Lebensversicherung Verwendung findet, wird der Ausgangspunkt für die Herstellung der Ausscheideordnung der Aktiven stets bei der Tafel der $l_{[y]+x}$ zu nehmen sein, da, wie bereits erwähnt wurde, kein Grund vorliegt, die auf Invalidität Mitversicherten auch hinsichtlich der Sterblichkeit schlechthin als eine besondere Risikoklasse zu betrachten. Sind demnach die $\lambda^i_{[y]+x}$ und die $l^i_{[y]+x}$ bekannt, dann steht auf Grund von (49) der Aufstellung der durch (48) definierten Ausscheideordnung nichts im Wege.

Hinsichtlich der Bestimmung der Größen $\lambda^i_{[y]+x}$ und $l^i_{[y]+x}$ sind wir jedoch mangels eigener Erfahrungen auf fremdes Material angewiesen. Mit den bei Versicherungsgesellschaften in Anwendung stehenden Sterbetafeln haben die fremden Beobachtungen zu entlehnenden Werte der $l^i_{[y]+x}$ gar nichts zu tun. Benutzt man also diese Werte zur Darstellung der Abfallsordnung der Invaliden, so muß man sich dessen bewußt bleiben, daß man hier nur Aggregattafeln zur Verfügung haben wird, und daß zufolge der Beziehung (49) durch die Wahl dieser Abfallsordnung die Werte der $l^{ii}_{[y]+x}$ und damit auch die der $l^{aa}_{[y]+x}$ beeinflußt werden. Man wird insbesondere dafür Sorge tragen müssen, in den höheren Altern den Anschluß der $l^i_{[y]+x}$ an die $l_{[y]+x}$ zu erreichen, ein Punkt, auf den noch zurückzukommen sein wird.

Die $\lambda^i_{[y]+x}$ müssen aber stets zur gegebenen Absterbeordnung $l_{[y]+x}$ in direkte Beziehung gebracht werden, und ihre Ableitung geschieht vermittels der fremdem Materiale zu entlehnenden Wahrscheinlichkeiten $p^{ai}_{[y]+x}$, womit die Wahrscheinlichkeit bezeichnet wird, daß ein Aktiver des Alters $[y] + x$ im Laufe des Jahres invalid wird und am Ende des Jahres als Invalider am Leben ist. Mangels der erforderlichen Daten wird man hier von der Berücksichtigung des Beitrittsalters Abstand nehmen müssen und diese Wahrscheinlichkeiten daher nur nach dem Alter schlechthin unterschieden in die Rechnung einführen.

Bezeichnet man die der Invalidisierung als Ausscheideursache entsprechende Ausscheideintensität des Alters x mit ν_x, so gehen im Altersintervall $x + v$ bis $x + v + d\,v$ aus l^{aa}_{x+v} Aktiven

$$l^{aa}_{x+v} \cdot \nu_{x+v} \cdot d\,v$$

Invalide hervor, von welchen

$$l^{aa}_{x+v} \cdot \nu_{x+v} \cdot \frac{l^i_{x+1}}{l^i_{x+v}} \cdot d\,v$$

das Alter $x+1$ erleben. Sonach ist die Gesamtzahl der aus l_x^{aa} auf der Altersstrecke von x bis $x+1$ hervorgegangenen und im Alter $x+1$ lebenden Invaliden durch

$$l_{x+1}^{i}\int_0^1 \frac{l_{x+v}^{aa}\cdot \nu_{x+v}}{l_{x+v}^{i}}\,dv$$

definiert und demnach

$$p_{[y]+x}^{ai}=\frac{l_{y+x+1}^{i}}{l_{[y]+x}^{aa}}\cdot\int_0^1 \frac{l_{[y]+x+v}^{aa}\cdot \nu_{y+x+v}}{l_{y+x+v}^{i}}\,dv\,. \tag{51}$$

Andererseits ist

$$\lambda_{[y]+x}^{i}=l_{[y]+x}^{aa}\cdot p_{[y]+x}^{ai}=l_{y+x}^{i}\cdot \gamma_{[y]+x}$$

und daher

$$\gamma_{[y]+x+1}=\int_0^1 \frac{l_{[y]+x+v}^{aa}\cdot \nu_{y+x+v}}{l_{y+x+v}^{i}}\cdot dv\,. \tag{52}$$

Die Auswertung des Integrals wäre etwa nach der Eulerschen Summenformel vorzunehmen. In der Regel wird man jedoch nicht auf diese Formel zurückgreifen, sondern von Näherungen Gebrauch machen, zumal diese, wie die Untersuchungen von Spangenberg ergeben, recht befriedigende Werte liefern und allzu große Genauigkeit in zu großem Gegensatze zur Unsicherheit der statistischen Behelfe stehen würde.

Macht man daher die Annahme, daß sich die Invalidisierungen und die Sterbefälle der Invaliden gleichmäßig auf das Jahr verteilen, dann erhält man als zumeist angewendete Näherung

$$p_x^{ai}=i_x\left(1-\frac{q_x^i}{2}\right). \tag{53}$$

Hierbei haben wir das Basisalter der Vereinfachung wegen unterdrückt, und es bedeutet i_x die abhängige Invalidisierungswahrscheinlichkeit und q_x^i die Sterbenswahrscheinlichkeit des x jährigen Invaliden. Beziehen wir uns auf die Formel (27), so erhalten wir auch

$$p_x^{ai}=i'_x\left(1-\frac{q'^{aa}_x}{2}\right)\left(1-\frac{q_x^i}{2}\right), \tag{54}$$

wofür unter Vernachlässigung der Glieder zweiter Ordnung auch

$$p_x^{ai}=i'_x\left(1-\frac{q'^{aa}_x+q_x^i}{2}\right) \tag{55}$$

gesetzt werden kann.

Die Ableitung von (54) bzw. (55) aus dem Ausdruck (51) ergibt sich auf Grund von

$$l_{x+v}^{aa}=l_x^{aa}\,e^{-\int_0^v\left(\nu_{x+v}+\mu_{x+v}^{aa}\right)dv}$$

und

$$(56)\qquad l^i_{x+v} = l^i_x\, e^{-\int\limits_0^v \mu^i_{x+v}\cdot dv}$$

Hier bedeutet μ^{aa}_x die Sterbensintensität des Aktiven, wobei das Ableben im Zustande der Aktivität angenommen wird, und μ^i_x die Sterbensintensität des Invaliden. Die Formel (56) ist nach (8) und (9) unmittelbar einzusehen.

Führt man die Ausdrücke (56) in (51) ein, so ergibt sich

$$p^{ai}_x = \frac{l^i_{x+1}}{l^i_x}\int\limits_0^1 \frac{e^{-\int\limits_0^v (\nu_{x+v}+\mu^{aa}_{x+v})\,dv}}{e^{-\int\limits_0^v \mu^i_{x+v}\cdot dv}}\cdot \nu_{x+v}\cdot dv\,,$$

und wenn man

$$e^{-\int\limits_0^v \mu^{aa}_{x+v}\cdot dv} \quad\text{und}\quad e^{-\int\limits_0^v \mu^i_{x+v}\cdot dv}$$

gemäß dem ersten Mittelwertsatze der Integralrechnung mit den Werten

$$\left(1-\frac{q'^{aa}_x}{2}\right) \quad\text{und}\quad \left(1-\frac{q^i_x}{2}\right)$$

vor das Integralzeichen setzt, ferner das Integral

$$\int\limits_0^1 e^{-\int\limits_0^v \nu_{x+v}\cdot dv}\cdot \nu_{x+v}\cdot dv = -\int\limits_0^1 d\, e^{-\int\limits_0^v \nu_{x+v}\cdot dv} = 1 - e^{-\int\limits_0^1 \nu_{x+v}\cdot dv}$$

durch i'_x ersetzt, und überdies von

$$l^i_{x+1} = l^i_x\,(1-q^i_x)$$

Gebrauch macht, so erhält man

$$p^{ai}_x = \frac{1-q^i_x}{1-\frac{q^i_x}{2}}\left(1-\frac{q'^{aa}_x}{2}\right)\cdot i'_x\,,$$

wofür die weitere Näherung

$$p^{ai}_x = i'_x\left(1-\frac{q'^{aa}_x}{2}\right)\left(1-\frac{q^i_x}{2}\right)$$

gemäß (54) Anwendung finden kann. Dasselbe Resultat kann auch auf Grund von (12) und (27) erhalten werden.

Wir haben aber noch eine zweite Art der Darstellung der p^{ai}_x anzuführen, welche unter dem Namen der Schärtlinschen Formel bekannt ist.

Bezeichnet nämlich q_x^a die Wahrscheinlichkeit, daß ein Aktiver des Alters x auf der Altersstrecke von x bis $x+1$ stirbt, gleichgültig ob als Aktiver oder inzwischen invalid Gewordener, und ist p_x^a das Komplement dieser Größe gemäß

$$q_x^a + p_x^a = 1$$

und bezeichnet q_x^{ai} die Wahrscheinlichkeit, daß ein Aktiver auf der genannten Altersstrecke invalid wird und hernach im gleichen Jahre stirbt, so daß

$$q_x^{ai} + p_x^{ai} = i_x ;$$

berücksichtigen wir weiter die Beziehung

$$q_x^{aa} + p_x^{aa} = 1 - i_x ,$$

so ergibt sich

$$q_x^{ai} + p_x^{ai} + q_x^{aa} + p_x^{aa} = 1 ,$$
$$q_x^{ai} + q_x^{aa} = q_x^a ,$$
$$p_x^{ai} + p_x^{aa} = p_x^a .$$

Von den l_x Lebenden des Alters x sterben auf der Altersstrecke x bis $x+1$ $l_x q_x$. Hiervon sterben wegen

$$l_x = l_x^{aa} + l_x^{ii}$$

als Aktive $l_x^{aa} \cdot q_x^{aa}$ und als Invalide $l_x^{aa} \cdot q_x^{ai}$ aus der Zahl der l_x^{aa} Aktiven. Von den l_x^{ii} Invaliden sterben $l_x^{ii} \cdot q_x^i$. Demnach gilt

(57) $$l_x \cdot q_x = l_x^{aa} \cdot q_x^{aa} + l_x^{aa} \cdot q_x^{ai} + l_x^{ii} \cdot q_x^i$$

oder $$l_x \cdot q_x = l_x^{aa} \cdot q_x^a + l_x^{ii} \cdot q_x^i = q_x \left(l_x^{aa} + l_x^{ii}\right) .$$

Hieraus folgt aber weiter

$$l_x^{aa}\left(q_x - q_x^a\right) = l_x^{ii}\left(q_x^i - q_x\right) .$$

Aus (57) entnimmt man

(58) $$q_x^{ai} = q_x - q_x^{aa} + \frac{l_x^{ii}}{l_x^{aa}}\left(q_x - q_x^i\right)$$

oder auch

(59) $$q_x^{ai} = q_x^i - q_x^{aa} - \frac{l_x}{l_x^{aa}}\left(q_x^i - q_x\right) .$$

Ganz analoge Beziehungen erhalten wir zwischen den bezüglichen Erlebenswahrscheinlichkeiten, von welchen wir

(60) $$p_x^{ai} = p_x - p_x^{aa} + \frac{l_x^{ii}}{l_x^{aa}}\left(p_x - p_x^i\right)$$

und

(61) $$p_x^{ai} = p_x^i - p_x^{aa} - \frac{l_x}{l_x^{aa}}\left(p_x^i - p_x\right)$$

vermerken.

Es läßt sich leicht erweisen, daß solche Beziehungen auch zwischen den Intensitäten bestehen, und zwar

(62) $$\nu_x = \mu_x^a - \mu_x + \frac{l_x^{ii}}{l_x^{aa}} (\mu_x^i - \mu_x)$$

und

(63) $$\nu_x = \mu_x^a - \mu_x^i - \frac{l_x}{l_x^{aa}} (\mu_x - \mu_x^i),$$

woraus

$$\mu_x^a = \mu_x + \nu_x + \frac{l_x^{ii}}{l_x^{aa}} (\mu_x - \mu_x^i).$$

Hierbei bedeutet μ_x die Sterbensintensität der Lebenden schlechthin, μ_x^i die Sterbensintensität der Invaliden und μ_x^a die Ausscheideintensität aus dem Zustande der Aktivität zufolge Ablebens im aktiven Zustande oder Invalidisierung.

Bei der Absterbeordnung der Lebenden schlechthin werden wir es zumeist mit einer Selekttafel zu tun haben, deren Erlebenswahrscheinlichkeiten durch $p_{[y]+x}$ gegeben sein werden. Die Absterbeordnung der Invaliden wird wohl fremdem Material entnommen werden müssen, und man wird sich dabei auf eine Aggregattafel zu beschränken haben. Namentlich in jenem Falle, wo man es vorzieht, die Sterblichkeitssätze der Invaliden mit denen der Lebenden schlechthin zu identifizieren, wird die Relation (60) ein brauchbares Hilfsmittel zur Konstruktion der Ausscheideordnung bieten. Denn in diesem Falle reduziert sich (60) auf

$$p_{[y]+x}^{ai} = p_{[y]+x} - p_{[y]+x}^{aa}.$$

Sind uns demnach die $p_{[y]+x}^{ai}$ gegeben — die Abhängigkeit dieser Größen vom Beitrittsalter werden wir mangels der nötigen Erfahrungen vollständig nicht berücksichtigen können —, dann vermittelt diese Relation ohne weiteres die Möglichkeit der Herstellung der Abfallsordnung der Aktiven $l_{[y]}^{aa}, l_{[y]+1}^{aa}, \ldots$ für sämtliche Beitrittsalter unter Rücksicht auf die in der Tafel der Lebenden schlechthin zum Ausdruck gebrachte Wirkung der Selektion.

Wir wollen nun unter der speziellen Annahme, daß die Sterblichkeit der Invaliden der der Lebenden schlechthin gleichgesetzt werde, den Gang der Herstellung der Ausscheideordnung nochmals zusammenfassen.

Gegeben sei also die Sterbetafel der Lebenden durch die $l_{[y]+x}$ und auf Grund anderweitiger Beobachtungen die ν_{y+x}, i_{y+x} oder i'_{y+x}. Das unterscheidende Merkmal bei den drei letzten Größen ist sonach nur das erreichte Alter $y+x$. Die Sterblichkeit der Invaliden werde der der Lebenden gleichgesetzt, demnach $q_{[y]+x} = q_{[y]+x}^i$. Da die Lebenden im Zustande der Aktivität in die Beobachtung eintreten, so ist $l_{[y]} = l_{[y]}^{aa}$. Die $p_{[y]+x}^{ai}$ sind unter unseren speziellen Annahmen auf Grund von (53) durch

$$p_{[y]+x}^{ai} = i_x\left(1 - \frac{q_{[y]+x}}{2}\right)$$

gegeben und sind zunächst zu berechnen. Aus ihnen erhält man dann

$$\lambda_{[y]+1}^{i} = l_{[y]} \cdot p_{[y]}^{ai} = l_{[y]}^{aa} \cdot p_{[y]}^{ai} = l_{[y]+1}^{ii} = l_{[y]+1} \cdot \gamma_{[y]+1}$$

und

$$l_{[y]+1}^{aa} = l_{[y]+1} - \lambda_{[y]+1}^{i} = l_{[y]+1} - l_{[y]+1}^{ii}.$$

Ganz analog ergibt sich

$$\lambda_{[y]+2}^{i} = l_{[y]+1}^{aa} \cdot p_{[y]+1}^{ai},$$

$$l_{[y]+2}^{ii} = l_{[y]+2} \cdot [\gamma_{[y]+1} + \gamma_{[y]+2}],$$

$$l_{[y]+2}^{aa} = l_{[y]+2} - l_{[y]+2}^{ii}$$

und allgemein

$$\lambda_{[y]+x}^{i} = l_{[y]+x-1}^{aa} \cdot p_{[y]+x-1}^{ai},$$

$$l_{[y]+x}^{ii} = l_{[y]+x} \cdot [\gamma_{[y]+1} + \cdots \gamma_{[y]+x}],$$

$$l_{[y]+x}^{aa} = l_{[y]+x} - l_{[y]+x}^{ii}.$$

Hierbei sind die

$$\gamma_{[y]+x} = \frac{\lambda_{[y]+x}^{i}}{l_{[y]+x}}.$$

Auf diese Weise wird die ganze Tafel der $l_{[y]+x}^{aa}$ hergestellt. Man wird hierbei in bekannter Weise die nach Ablauf der Wirkung der Selektion in Betracht kommende Kolonne zuerst berechnen und die Werte innerhalb der Wirkung der Selektion von den höheren zu den niederen Altern fortschreitend ermitteln, um stets den Anschluß an die Schlußtafel zu erhalten.

In ganz ähnlicher Weise ist zu verfahren, wenn nicht die abhängigen, sondern die unabhängigen Invaliditätswahrscheinlichkeiten zur Verfügung stehen. Auch jetzt wollen wir wieder von der Annahme der Gleichheit der Sterbenswahrscheinlichkeiten der Lebenden und der Invaliden Gebrauch machen.

Von den $l_{[y]}$ beigetretenen Aktiven wird am Schlusse des Jahres eine gewisse Anzahl im Zustande der Aktivität oder als invalid leben. Unsere spezielle Annahme können wir jetzt auch so zum Ausdruck bringen, daß wir behaupten, daß die aus $l_{[y]+x}^{aa}$ Aktiven hervorgegangenen Lebenden überhaupt für das erreichte Alter $[y] + x + 1$ durch

$$l_{[y]+x}^{aa} \cdot \frac{l_{[y]+x+1}}{l_{[y]+x}}$$

gegeben seien. Denn die Anzahl dieser Lebenden ist tatsächlich

$$l_{[y]+x}^{aa}(p_{[y]+x}^{ai} + p_{[y]+x}^{aa}),$$

und unsere Behauptung besagt demnach, daß

$$p_{[y]+x} = p^{ai}_{[y]+x} + p^{aa}_{[y]+x}\,.$$

Da aber nach (60)

$$p^{ai}_{[y]+x} = p_{[y]+x} - p^{aa}_{[y]+x} + \frac{l^{ii}_{[y]+x}}{l^{aa}_{[y]+x}}\left(p_{[y]+x} - p^{i}_{[y]+x}\right),$$

so ist damit in der Tat nur die Gleichsetzung von $p_{[y]+x}$ und $p^{i}_{[y]+x}$ gemäß unserer Annahme zum Ausdruck gebracht.

Auf Grund der unabhängigen Invaliditätswahrscheinlichkeiten ist nun die Anzahl der aus $l^{aa}_{[y]+x}$ hervorgegangenen und am Ende des Jahres noch lebenden Invaliden durch

$$(64) \qquad i'_{y+x} \cdot l^{aa}_{[y]+x} \cdot \frac{l_{[y]+x+1}}{l_{[y]+x}}$$

gegeben. Denn diese Anzahl $\lambda^{i}_{[y]+x+1}$ ist durch

$$l^{aa}_{[y]+x} \cdot p^{ai}_{[y]+x} = l^{aa}_{[y]+x} \cdot i_{y+x}\left(1 - \frac{q_{[y]+x}}{2}\right)$$

definiert, während wir für (64) auch

$$l^{aa}_{[y]+x}\left(1 - q_{[y]+x}\right) \cdot \frac{i_{y+x}}{1 - \frac{q^{aa}_{[y]+x}}{2}}$$

setzen können. Unserer Annahme gemäß ist aber die Wahrscheinlichkeit $p^{a}_{[y]+x}$ eines Aktiven, nach einem Jahre als Aktiver oder Invalider zu leben, gleich $p_{[y]+x}$ und daher auch $q^{a}_{[y]+x} = q_{[y]+x}$. Weil aber

$$q^{a}_{[y]+x} = q^{aa}_{[y]+x} + q^{ai}_{[y]+x}$$

und

$$q^{ai}_{[y]+x} = i_{y+x} - p^{ai}_{[y]+x} = i_{y+x} \cdot \frac{q_{[y]+x}}{2},$$

so ist

$$1 - \frac{q^{aa}_{[y]+x}}{2} = 1 - \frac{q_{[y]+x}}{2} + \frac{i_{y+x} \cdot q_{[y]+x}}{4}$$

und demnach wie stets unter Vernachlässigung der Glieder höherer Ordnung

$$i'_{y+x} \cdot l^{aa}_{[y]+x} \cdot \frac{l_{[y]+x+1}}{l_{[y]+x}} = l^{aa}_{[y]+x} \cdot i_{y+x} \cdot \frac{1 - q_{[y]+x}}{1 - \frac{q_{[y]+x}}{2}} = l^{aa}_{[y]+x} \cdot p^{ai}_{[y]+x}\,.$$

Daß es richtig ist, unter unserer beschränkenden Annahme die Anzahl der aus $l^{aa}_{[y]+x}$ Aktiven im Laufe des Jahres hervorgegangenen und am Ende des Jahres lebenden Invaliden durch (64) zu bestimmen, ergibt sich auch aus der folgenden einfachen Überlegung:

Definitionsgemäß ist i'_{y+x} die Invalidisierungswahrscheinlichkeit, wenn von anderen Ausscheideursachen gänzlich abgesehen wird. Nun sind aber — immer unter der Annahme $l_{[y]+x} = l^{i}_{[y]+x}$ — am Ende des Jahres tatsächlich

$$l^{aa}_{[y]+x} \cdot \frac{l_{[y]+x+1}}{l_{[y]+x}}$$

aus $l^{aa}_{[y]+x}$ Aktiven hervorgegangene Lebende vorhanden. Die Anzahl der unter diesen vorhandenen Invaliden wird also durch Multiplikation der Zahl dieser Lebenden mit der unabhängigen Invalidisierungswahrscheinlichkeit erhalten, so daß (64) mit $l^{aa}_{[y]+x} \cdot p^{ai}_{[y]+x}$ übereinstimmen muß.

Für die Konstruktion der Ausscheideordnung sind demnach die unabhängigen Invalidisierungswahrscheinlichkeiten recht bequeme Hilfsmittel, mit welchen man in dem vorliegenden Falle genau so einfach zum Ziele gelangt wie mit den i_{y+x}.

Das Verfahren der Herstellung der Ausscheideordnung verläuft dann in folgender Art:

Aus $l_{[y]} = l^{aa}_{[y]}$ in die Beobachtung eingetretenen Aktiven gehen im Laufe des Jahres Invalide hervor, deren Anzahl am Ende des Jahres

$$\lambda^{i}_{[y]+1} = i'_{[y]} \cdot l^{aa}_{[y]} \cdot \frac{l_{[y]+1}}{l_{[y]}} = i'_{y} \cdot l_{[y]+1}$$

ist. Sonach ist auch

$$l^{ii}_{[y]+1} = \lambda^{i}_{[y]+1} = i'_{y} \cdot l_{[y]+1}$$

und

$$l^{aa}_{[y]+1} = l_{[y]+1} - l^{ii}_{[y]+1} = l^{aa}_{[y]} \cdot \frac{l_{[y]+1}}{l_{[y]}} (1 - i'_{y}) .$$

In gleicher Weise verfährt man mit $l^{aa}_{[y]+1}$ und erhält

$$\lambda^{i}_{[y]+2} = i'_{y+1} \cdot l^{aa}_{[y]+1} \cdot \frac{l_{[y]+2}}{l_{[y]+1}},$$

$$l^{aa}_{[y]+2} = l^{aa}_{[y]+1} \cdot \frac{l_{[y]+2}}{l_{[y]+1}} (1 - i'_{y+1}),$$

$$l^{ii}_{[y]+2} = l_{[y]+2} - l^{aa}_{[y]+2}$$

und allgemein

$$\lambda^{i}_{[y]+x} = i'_{[y]+x-1} \cdot l^{aa}_{[y]+x-1} \cdot \frac{l_{[y]+x}}{l_{[y]+x-1}},$$

$$l^{aa}_{[y]+x} = l^{aa}_{[y]+x-1} \cdot \frac{l_{[y]+x}}{l_{[y]+x-1}} (1 - i'_{y+x-1}),$$

$$l^{ii}_{[y]+x} = l_{[y]+x} - l^{aa}_{[y]+x} .$$

Auch jetzt wird man zunächst die Schlußtafel der Abfallsordnung berechnen und die, für die ersten, unter dem Einfluß der Selektion stehenden Versicherungsjahre in Betracht kommenden Anzahlen der Aktiven zurückberechnen, um überall den Anschluß zu erhalten.

Sieht man sich aber veranlaßt, aus irgendwelchen Gründen von der Annahme $l_{[y]+x} = l^{i}_{[y]+x}$ keinen Gebrauch zu machen, ein Fall, der dann vorliegen wird, wenn über die Sterblichkeit der Invaliden genügend Erfahrungen aus den Beobachtungen der Versicherungsgesellschaften zur Verfügung sein werden, dann wird man unter Benutzung der abhängigen Wahrscheinlichkeiten bei Herstellung der Ausscheideordnung in folgender Art zu verfahren haben, wobei zweckmäßig die Berechnung der $\gamma_{[y]+x}$ und $\Gamma_{[y]+x}$ für später noch deutlicher werdende Zwecke mitgenommen wird. Man hat dann

$$\lambda^{i}_{[y]+1} = l^{ii}_{[y]+1} = l^{aa}_{[y]} \cdot p^{ai}_{[y]} = l^{aa}_{[y]} \cdot i_y \cdot \left(1 - \frac{q^i_y}{2}\right),$$

$$l^{ii}_{[y]+1} = l^{i}_{y+1} \cdot \gamma_{[y]+1}$$

und hieraus

$$l^{aa}_{[y]+1} = l_{[y]+1} - l^{ii}_{[y]+1}.$$

Weiter

$$\lambda^{i}_{[y]+2} = l^{aa}_{[y]+1} \cdot i_{y+1} \cdot \left(1 - \frac{q^i_{y+1}}{2}\right),$$

$$l^{ii}_{[y]+2} = l^{i}_{y+2}\left(\gamma_{[y]+1} + \gamma_{[y]+2}\right),$$

$$l^{aa}_{[y]+2} = l_{[y]+2} - l^{ii}_{[y]+2}$$

und allgemein

$$\lambda^{i}_{[y]+x} = l^{aa}_{[y]+x-1} \cdot i_{y+x-1} \cdot \left(1 - \frac{q^i_{y+x-1}}{2}\right),$$

$$l^{ii}_{[y]+x} = l^{i}_{y+x} \cdot \left(\gamma_{[y]+1} + \gamma_{[y]+2} + \cdots \gamma_{[y]+x}\right),$$

$$l^{aa}_{[y]+x} = l_{[y]+x} - l^{ii}_{[y]+x}.$$

Hierbei sind die

$$\gamma_{[y]+x} = \frac{\lambda^{i}_{[y]+x}}{l^{i}_{y+x}} \quad \text{und} \quad \Gamma_{[y]+x} = \gamma_{[y]+1} + \cdots \gamma_{[y]+x}.$$

Wir müssen an dieser Stelle noch auf einen Punkt näher eingehen, dem oft nicht die nötige Aufmerksamkeit geschenkt wird.

Die in der Pensionsversicherung meist gebräuchliche Art der Herstellung einer Aktivitätsordnung — Ausscheidetafel oder Ausscheideordnung der Aktiven — geht auf Zimmermann zurück und beruht auf der Formel

$$l^{aa}_{[y]+x+1} = l^{aa}_{[y]+x}\left(1 - q^{aa}_{[y]+x} - i_{[y]+x}\right). \tag{65}$$

Die Anzahl der ausscheidenden Invaliden selbst ist für die Herstellung der genannten Ausscheideordnung zunächst nicht von Belang. Ganz anders ist dies aber, wenn wir eine bestimmte Gesamtheit von Lebenden schlechthin $l_{[y]+x}$ in ihrer allmählichen Auflösung in die Gesamtheiten der Aktiven und Invaliden weiter verfolgen. Das hier einzuhaltende Verfahren steht zu dem von Zimmermann nicht etwa in einem Gegensatz, liefert aber mehr und ist das für die Invaliditätszusatzversicherung allein brauchbare, weil wir hier von einer gegebenen

Sterbetafel auszugehen haben, wobei die vorhandenen Lebenden, Aktiven und Invaliden stets durch die Relation

$$l_{[y]+x} = l^{aa}_{[y]+x} + l^{ii}_{[y]+x}$$

verbunden bleiben müssen. Zufolge der Relation

$$l_{[y]+x} \cdot p_{[y]+x} = l^{aa}_{[y]+x} \left(p^{aa}_{[y]+x} + p^{ai}_{[y]+x}\right) + l^{ii}_{[y]+x} \cdot p^{i}_{[y]+x}$$

hat man auch

$$\begin{aligned} l_{[y]+x+1} = {} & l^{aa}_{[y]+x}\left(1 - q^{aa}_{[y]+x} - i_{[y]+x}\right) \\ & + l^{aa}_{[y]+x} \cdot i_{[y]+x} \cdot \left(1 - \tfrac{1}{2} q^{i}_{[y]+x}\right) + l^{ii}_{[y]+x}\left(1 - q^{i}_{[y]+x}\right). \end{aligned}$$

Hier erscheint demnach das erste Glied für die Zimmermannsche Ausscheideordnung definierend, während die beiden anderen Glieder die jeweils vorhandenen Invaliden angeben.

Zufolge der Relation

$$l_{[y]+x} \cdot q_{[y]+x} = l^{aa}_{[y]+x} \cdot q^{a}_{[y]+x} + l^{ii}_{[y]+x} \cdot q^{i}_{[y]+x}$$

besteht aber zwischen den Größen $q_{[y]+x}$, $q^{a}_{[y]+x}$ und $q^{i}_{[y]+x}$ ein Zusammenhang, dem entsprechend unter der Annahme, daß die Sterblichkeit der Aktiven kleiner ist als die der Lebenden schlechthin, die Sterblichkeit der Invaliden größer sein muß als die Sterblichkeit der Lebenden schlechthin. Hieraus folgt aber, daß es nicht angeht, die $q^{i}_{[y]+x}$, sofern sie fremdem Material entnommen werden müssen, kritiklos bei der Konstruktion der Tafeln zu verwenden. Denn auf Grund der Relationen

$$q^{ai}_{[y]+x} = i_{[y]+x} \cdot \frac{q^{i}_{[y]+x}}{2}$$

und

$$q^{ai}_{[y]+x} = q^{i}_{[y]+x} - q^{aa}_{[y]+x} - \frac{l_{[y]+x}}{l^{aa}_{[y]+x}}\left(q^{i}_{[y]+x} - q_{[y]+x}\right)$$

folgt

$$q^{aa}_{[y]+x} = q^{i}_{[y]+x}\left(1 - \frac{i_{[y]+x}}{2} - \frac{l_{[y]+x}}{l^{aa}_{[y]+x}}\right) + q_{[y]+x} \cdot \frac{l_{[y]+x}}{l^{aa}_{[y]+x}}, \tag{66}$$

so zwar, daß von den 4 Größen $q_{[y]+x}$, $q^{aa}_{[y]+x}$, $q^{i}_{[y]+x}$ und $i_{[y]+x}$ stets eine durch die drei anderen gegeben ist. Welche der 4 Größen gegeben sind, ist für die Herstellung der korrekten Ausscheideordnung gleichgültig. Für die Invaliditätszusatzversicherung werden jedoch unter allen Umständen die Größen $l_{[y]+x}$ bzw. $q_{[y]+x}$ als gegeben anzusehen sein. Hierzu treten dann die $i_{[y]+x}$ und endlich die $q^{i}_{[y]+x}$, gleichgültig ob diese mit den $q_{[y]+x}$ identifiziert werden oder nicht. Die $q^{aa}_{[y]+x}$ sind aber dann auch schon vollständig festgelegt. Ein Widerspruch der $q^{aa}_{[y]+x}$ mit den $q_{[y]+x}$ kann sich dann nicht ergeben, wenn ihn nicht schon die $q^{i}_{[y]+x}$ enthalten. Wenn man von der plausiblen Annahme ausgeht, daß in den höchsten Altern nur noch Invalide und gar keine

Aktiven mehr vorhanden sind, so bedingt diese Annahme, wenigstens für diese Alter, die $q^{i}_{[y]+x}$ und $q_{[y]+x}$ einander gleichzusetzen. Man müßte dann von einem gewissen Alter ab die Werte der $q^{i}_{[y]+x}$ an die der $q_{[y]+x}$ anschließen lassen. Von diesem Alter $[y]+k+1$ müßte daher die Zahl der Aktiven

$$l^{aa}_{[y]+k+1} = l_{[y]+k+1} - l^{ii}_{[y]+k+1} = 0$$

sein, und es ergibt sich dann

$$l^{ii}_{[y]+k+1} = l^{ii}_{[y]+k} \cdot p_{[y]+k} + l^{aa}_{[y]+k} \cdot i_{[y]+k}\left(1 - \frac{q_{[y]+k}}{2}\right)$$

und

$$l_{[y]+k+1} - l^{ii}_{[y]+k} \cdot p_{[y]+k} - l^{aa}_{[y]+k} \cdot i_{[y]+k}\left(1 - \frac{q_{[y]+k}}{2}\right) = 0$$

oder

$$l^{aa}_{[y]+k}\left(1 - q_{[y]+k}\right) - l^{aa}_{[y]+k} \cdot i_{[y]+k}\left(1 - \frac{q_{[y]+k}}{2}\right) = 0\,;$$

somit müßte die letzte noch in Betracht kommende Invalidisierungswahrscheinlichkeit

$$i_{[y]+k} = \frac{1 - q_{[y]+k}}{1 - \frac{q_{[y]+k}}{2}}$$

gesetzt werden, während alle folgenden mit Null anzunehmen sind.

Wir brauchen nach dem Gesagten wohl nicht näher auf unzureichende Methoden einzugehen, welche bei Behandlung dieses Gegenstandes in der Praxis nicht selten sind. Sie gehen sämtlich aus einer Verkennung der Funktion der für das Gesamtgeschäft geltenden, als Rechnungsgrundlage in Verwendung stehenden Sterblichkeitstafel hervor, indem man bei Behandlung des Invaliditätsrisikos im Rahmen der Zusatzversicherung auf gänzlich andersgeartetes statistisches Material greift und damit die Berechnung der normalen Versicherungswerte für die auf Invalidität Mitversicherten nach ganz anderen Gesichtspunkten vornimmt. Das wäre aber nur dann zu rechtfertigen, wenn für diese Risiken die allgemein verwendete Sterbetafel als unzutreffende Grundlage nachzuweisen wäre. Wir haben schon früher darauf hingewiesen, daß dies nicht der Fall ist, weil einerseits in dem nicht auf Invalidität mitversicherten Versicherungsbestande, der heute bei den meisten Gesellschaften weitaus überwiegt, Invalidisierungen geradeso wie in dem der Zusatzversicherung unterliegenden Bestande vorkommen, die Ableitung der Sterbetafeln demnach hier eine Differenzierung der Risiken nicht zum Ausdruck bringt, andererseits aber, selbst wenn zugegeben wird, daß sich die Sterblichkeit der auf Invalidität Mitversicherten von der der übrigen Versicherten unterscheiden mag, diese Abweichungen sicherlich nicht an jene heranreichen können, welche durch die Verwendung fremden statistischen Materials in die Rechnung eingeführt werden. Es erscheint hier als das kleinere Übel, wenn der Anspruch und die Prämien der Zusatzversicherung allein auf Grund fremden Materials ohne jeden Zusammenhang mit der für die Normalversicherung verwendeten Tafel berechnet werden, es also nicht als Ungereimtheit empfunden wird, daß Versicherungswerte für dasselbe Risiko zum gleichen Zeitpunkte nach zwei ganz verschiedenen Sterbetafeln zur Berechnung gelangen. Denn ein solches Verfahren verbürgt wenigstens, daß die Zusatzprämien sämtlich positiv ausfallen. Aber man geht in der Praxis soweit, bei Mitversicherung der Invalidität die sonst verwendete Normalsterbetafel ganz auszuscheiden und alle Versicherungswerte, auch die der Hauptversicherung, nach anderen Grundlagen zu berechnen. Daß hierbei die sonderbarsten Ungereimtheiten zutage treten können, liegt auf der Hand.

Die für die Zwecke der Invaliditätsversicherung veröffentlichten Tafelwerke sind daher in der großen Lebensversicherung nicht unmittelbar zur Berechnung von Versicherungswerten verwendbar. Hier muß immer die normale Sterbetafel, welche für den ganzen Betrieb in Verwendung steht, durch Heranziehung der Invalidisierungswahrscheinlichkeiten und eventuell der Sterblichkeitssätze der Invaliden in dem Sinne ausgestaltet werden, wie dies im vorstehenden zwecks Herstellung der vollständigen Ausscheideordnung im Sinne eines Zerfalles des Bestandes der Lebenden in Aktive und Invalide zur Darstellung gelangt ist. Über den hierbei einzuhaltenden Vorgang kann die im Literaturnachweis angeführte Arbeit von Spangenberg noch manches wertvolle Detail vermitteln.

Wir hätten nur noch zu erwähnen, daß bei der Invaliditätsversicherung im Rahmen der öffentlichen Versicherung, also insbesondere bei den versicherungstechnischen Berechnungen für Pensionseinrichtungen, die Möglichkeit der Wiedererlangung der Aktivität oder Reaktivierung der invalid Gewordenen ein nicht zu vernachlässigender Umstand ist, den man bei den Rechnungen gern berücksichtigt, zumal statistisches Material zur Bewertung desselben zur Verfügung steht. In der großen Lebensversicherung wird man aber auf die Reaktivierungsmöglichkeit zumindest in den technischen Berechnungen kaum Rücksicht zu nehmen haben, wenn auch sonst die Versicherungsbedingungen das Erlöschen des Anspruches auf die zusätzliche Versicherungsleistung im Falle der Wiedererlangung der Aktivität vorsehen. Die Verhältnisse sind da bei Pensionseinrichtungen und in der Lebensversicherung grundverschieden. Ziffernmäßig dürften die Reaktivierungen bei der letzteren nicht annähernd so ins Gewicht fallen, und ihre Vernachlässigung wirkt im Sinne einer Erhöhung der Zusatzprämien, welche im Hinblick auf die allgemeine Unsicherheit des rechnerischen Kalküls dieses noch nicht auf gesicherte Grundlagen aufgebauten Versicherungszweiges wohl zu verantworten ist. Wir haben es daher unterlassen, auf diese weitere Komplikation des technischen Apparates näher einzugehen.

Bei unseren Betrachtungen war stets die Selekttafel, nach der die versicherungstechnischen Berechnungen im allgemeinen vorzunehmen sein werden, als Ausgangspunkt aller für die Invaliditätszusatzversicherung zu ermittelnden Daten zu betrachten. Wir durften deshalb auch die in einem bestimmten Alter Beitretenden $l_{[y]}$ als Aktive $l_{[y]}^{aa}$ auffassen. In vielen Betrieben wird aber noch an der Verwendung von Aggregattafeln festgehalten, und es fragt sich, ob auch dann an dem angegebenen Aufbau der Ausscheideordnungen nichts geändert werden muß, zumal doch in diesem Falle die Lebenden des Alters l_y, wie sie die Aggregattafel ergibt, als aus Aktiven und Invaliden bestehend aufgefaßt werden müssen, und es daher auch nicht angeht, im Beitrittsalter y einfach l_y und l_y^{aa} gleichzusetzen.

Man überlegt aber leicht, daß aus diesem Umstande Weiterungen nicht zu befürchten sind. Sehen wir zunächst von der Zusatzversicherung ab, so bringt die Verwendung von Aggregattafeln eine Untersterblichkeit während der Periode der Wirksamkeit der Selektion und eine Verkleinerung der Sterblichkeitssätze nach Ablauf dieser Periode gegenüber den Sätzen der korrekten Schlußtafel mit sich. Aus dieser Verschiebung des tatsächlichen gegenüber dem rechnungsmäßigen Sterblichkeitsverlauf kann der Versicherer unter besonderen Umständen, z. B. zwecks Amortisation der Abschlußkosten, Vorteil ziehen, und wir haben auf diesen Umstand gelegentlich der Besprechung der Methoden der Berechnung des Deckungskapitals hingewiesen. Im Grunde bleibt aber die Verwendung der Aggregattafel doch nur ein bewußtes Abweichen von dem zu erwartenden Verlauf der Ereignisse. Die Verwendung einer solchen Rechnungsgrundlage hat mit der Qualität der in die Versicherung eintretenden Risiken selbst nichts zu tun, und auch eine Gesellschaft, die die Aggregattafel verwendet, wird in ihrem Neuzugange nur Risiken aufzuweisen haben, auf welche das Prädikat der Aktivität zutrifft. Dies gilt wenigstens im allgemeinen. Konstruiert man nun für l_y Beigetretene eine Ausscheideordnung der Aktiven unter der Annahme, daß diese l_y Lebenden alle im Zustande der Aktivität sind, dann besagt dies nur, daß man statt der früher in Betracht gezogenen Sterblichkeit nach der Selektionstafel nunmehr die nach der Aggregattafel zugrunde legt, demnach auch in die Ausscheideordnung der Lebenden und in ihren allmählichen Zerfall in Aktive und Invalide statt der Selektionssterblichkeit die Aggregatsterblichkeit einführt. An der Herstellung der Abfallsordnungen aber wird hierdurch prinzipiell nichts geändert. Fragt man im besonderen nach der Anzahl der aus l_y im Alter y Beigetretenen, im Alter $y + x$ noch vorhandenen Aktiven l_{y+x}^{aa} und Invaliden l_{y+x}^{ii}, so ist genau derselbe Gang der Berechnung einzuhalten wie früher. Die Rechnungen werden sich nur in jenem Ausmaße vereinfachen, als jetzt auch die Werte der γ_{y+x} und Γ_{y+x} nur nach dem Alter, nicht aber nach dem Alter und Beitrittsalter zu tabellieren sein werden, wie dies jetzt auch bei den l_{y+x} gegenüber den $l_{[y]+x}$ der Selekttafel der Fall ist.

Wir werden noch sehen, daß für gewisse Zwecke gerade die Berechnung der Tafeln der $l^{ii}_{[y]+x}$ bzw. l^{ii}_{y+x} Vorteile bei den Rechnungen der Versicherungswerte der Zusatzversicherung bietet. Die zu bewältigende Rechenarbeit bleibt im übrigen bei Verwendung von Selekt- und von Aggregattafeln dieselbe, da es sich bei Ermittlung der l^{ii}_{y+x} stets um die Anzahl der aus einem Bestande von $l_{[y]}$ bzw. l_y Beigetretenen für die Alter $[y]+x$ bzw. $y+x$ vorhandenen Invaliden handelt, die Tafeln der $l^{ii}_{[y]+x}$ bzw. l^{ii}_{y+x} daher immer vom Zugangsalter ab zu berechnen sind.

§ 51. Die Berechnung der Versicherungswerte der Invaliditätszusatzversicherung.

Wir haben schon einleitend erwähnt und es wird dies aus dem folgenden noch näher hervorgehen, daß die verschiedenen Arten der zur Zeit in der Praxis angewendeten Invaliditätszusatzversicherungen sämtlich auf die Versicherung einer für den Invaliditätsfall zahlbaren Rente zurückzuführen sind. Die Gewährung dieser Rente ist in der Regel bis zum Fälligkeitstermin der Hauptversicherung bzw. dem früheren Ablebensfall vorgesehen. Die Versicherung dieser Rente wird selbst gegen laufende Prämie gewährt, welche bis zum Zeitpunkt des Ablebens bzw. der Invalidisierung, längstens bis zum Fälligkeitstermin zu entrichten ist. Diese Zusatzprämie ist im allgemeinen zugleich mit den Prämien der Hauptversicherung zu entrichten.

Es sei nun wieder auf Grund der für die Berechnung der normalen Versicherungswerte in Anwendung stehenden Sterbetafel, einer Absterbeordnung für Invalide und der Invalidisierungswahrscheinlichkeiten eine Ausscheideordnung hergestellt, so daß

$$l_{[y]+x} = l^{aa}_{[y]+x} + l^{ii}_{[y]+x}$$

gilt, wobei $l^{aa}_{[y]+x}$ die von $l_{[y]} = l^{aa}_{[y]}$ im Alter $[y]+x$ noch vorhandenen Aktiven, $l^{ii}_{[y]+x}$ die aus $l_{[y]}$ während der x Jahre hervorgegangenen und im Alter $[y]+x$ noch lebenden Invaliden bezeichnet.

Ist dann $p^{ai}_{[y]+x}$ wieder die Wahrscheinlichkeit, daß ein dieser Ausscheideordnung des Beitrittsalters $[y]$ angehörender Aktiver des Alters $[y]+x$ im darauffolgenden Jahre invalid wird und am Ende dieses Jahres noch lebt, dann kann man den Anspruch auf eine bis zum Ableben zahlbare Invaliditätsrente, welche zum ersten Male am Anfange des dem Invalidisierungsjahre folgenden Jahres bezahlt wird, wie folgt aufbauen: Bezeichnet $a^{i}_{[y]+x}$ den Wert der postnumerando zahlbaren

Rente für einen Invaliden des Alters $[y] + x$, dann ist der Wert der an die auf der Altersstrecke von $[y] + x$ bis $[y] + x + 1$ Invalidwerdenden vom Beginn des folgenden Jahres ab zu bezahlenden Rente, bezogen auf den Beginn des Jahres, durch

$$v \cdot l^{aa}_{[y]+x} \cdot p^{ai}_{[y]+x}\left(1 + a^{i}_{[y]+x+1}\right)$$

gegeben. Für die auf der Altersstrecke $[y] + x + t$ bis $[y] + x + t + 1$ Invalidwerdenden ist analog der auf den gleichen Termin zu bewertende Anspruch

$$v^{t+1}\, l^{aa}_{[y]+x+t} \cdot p^{ai}_{[y]+x+t}\left(1 + a^{i}_{[y]+x+t+1}\right).$$

Demnach ist der gesamte Anspruch, bezogen auf den Beginn des durch das Alter $[y] + x$ gegebenen Jahres, mit

$$(67) \qquad a^{ai}_{[y]+x} = \frac{v}{D^{aa}_{[y]+x}} \cdot \sum_{0}^{\infty}{}_{t}\, D^{aa}_{[y]+x+t} \cdot p^{ai}_{[y]+x+t}\left(1 + a^{i}_{[y]+x+t+1}\right)$$

anzusetzen. Beziehen wir uns aber auf den Beginn der Versicherung, der dem Beitrittsalter $[y]$ entspricht, dann ist der Anspruch

$$(68) \qquad a^{ai}_{[y]} = \frac{v}{D^{aa}_{[y]}} \cdot \sum_{0}^{\infty}{}_{t}\, D^{aa}_{[y]+t} \cdot p^{ai}_{[y]+t}\left(1 + a^{i}_{[y]+t+1}\right).$$

Für die Zwecke der Invaliditätszusatzversicherung kommt aber vor allem die temporäre Versicherung einer höchstens bis zum Fälligkeitstermin der Hauptversicherung zahlbaren Invalidenrente in Betracht. Der Anspruch auf eine solche Rente wäre daher mit

$$(69) \qquad {}_{||n}a^{ai}_{[y]+x} = \frac{v}{D^{aa}_{[y]+x}} \cdot \sum_{0}^{n-1}{}_{t}\, D^{aa}_{[y]+x+t} \cdot p^{ai}_{[y]+x+t}\left(1 + {}_{n-2-t}a^{i}_{[y]+x+t+1}\right)$$

bzw., wenn wir uns wieder auf den Beginn der Versicherung beziehen, mit

$$(70) \qquad {}_{||n}a^{ai}_{[y]} = \frac{v}{D^{aa}_{[y]}} \cdot \sum_{0}^{n-1}{}_{t}\, D_{[y]+t} \cdot p^{ai}_{[y]+t}\left(1 + {}_{n-2-t}a^{i}_{[y]+t+1}\right)$$

anzusetzen.

Gegenüber den Formeln der Pensionsversicherung wäre zu bemerken, daß hier die Zahlung der Invalidenrente meist unmittelbar nach dem Zeitpunkte der Invalidisierung vorgesehen wird, während in der großen Lebensversicherung die Zahlung der Rente mit dem Anfang der Versicherungsjahre als das Natürliche erscheint, weil die Versicherung der Befreiung von der Prämienzahlung im Falle der Invalidität auf diese Termine hinweist, mit welchen man dann auch die der Zahlung einer außerdem versicherten Invaliditätsrente zusammenfallen läßt.

Die Formeln (69) und (70) sind für die praktische Rechnung nicht gerade geeignet. Man kann aber diesen Anspruch noch in einer anderen Art ansetzen, welche den Zusammenhang der $l_{[y]+x}$, $l^{aa}_{[y]+x}$ und $l^{ii}_{[y]+x}$

mehr hervortreten läßt und für die Rechnung viel geeigneter ist. Die bezüglichen Formeln gehen auf Schärtlin zurück.

Ist $a_{[y]+x}$ der Barwert der gewöhnlichen nachschüssigen Rente,

$a^{i}_{[y]+x}$ der Barwert der nachschüssigen Rente eines Invaliden,

$a^{aa}_{[y]+x}$ der Barwert der nachschüssigen Aktivitätsrente,

$a^{ai}_{[y]+x}$ der Wert des Anspruches auf Invaliditätsrente für einen Aktiven des Alters $[y]+x$, und

$a^{a}_{[y]+x}$ der Barwert der nachschüssigen Leibrente eines Aktiven, zahlbar, solange dieser im Zustande der Aktivität oder Invalidität lebt, dann ist

$$a^{a}_{[y]+x} = a^{aa}_{[y]+x} + a^{ai}_{[y]+x}\,. \tag{71}$$

Es gilt weiter die Relation

$$l_{[y]+x}\cdot a_{[y]+x} = l^{aa}_{[y]+x}\cdot a^{a}_{[y]+x} + l^{ii}_{[y]+x}\cdot a^{i}_{[y]+x} \tag{72}$$

oder auch

$$l^{aa}_{[y]+x}\left(a_{[y]+x} - a^{a}_{[y]+x}\right) = l^{ii}_{[y]+x}\left(a^{i}_{[y]+x} - a_{[y]+x}\right) \tag{73}$$

und daher

$$\left\{\begin{aligned} a^{ai}_{[y]+x} &= a_{[y]+x} - a^{aa}_{[y]+x} + \frac{l^{ii}_{[y]+x}}{l^{aa}_{[y]+x}}\left(a_{[y]+x} - a^{i}_{[y]+x}\right),\\ a^{ai}_{[y]+x} &= a^{i}_{[y]+x} - a^{aa}_{[y]+x} - \frac{l_{[y]+x}}{l^{aa}_{[y]+x}}\left(a^{i}_{[y]+x} - a_{[y]+x}\right). \end{aligned}\right. \tag{74}$$

Die Identität der Ausdrücke (67) und (74) ist leicht zu erweisen, wenn man in (67) für $l^{aa}_{[y]+x+t}\cdot p^{ai}_{[y]+x+t}$ den gleichwertigen Ausdruck

$$l^{ii}_{[y]+x+t+1} - l^{ii}_{[y]+x+t}\cdot \frac{l^{i}_{[y]+x+t+1}}{l^{i}_{[y]+x+t}}$$

einsetzt. Für die Schärtlinsche Formel (74) ist aber bemerkenswert, daß sie formal auch für den aufgeschobenen Anspruch auf Invaliditätsrente und für den temporären Anspruch auf temporär zahlbare Invaliditätsrente in Geltung bleibt.

Besteht nämlich ein Anspruch auf Invaliditätsrente nur dann, wenn die Invalidisierung erst nach n Jahren eintritt, dann ist der Barwert dieses Anspruches nach n Jahren

$$a^{ai}_{[y]+x+n}$$

und der Wert desselben zum Alter $[y]+x$

$$_{n|}a^{ai}_{[y]+x} = \frac{D^{aa}_{[y]+x+n}}{D^{aa}_{[y]+x}}\cdot a^{ai}_{[y]+x+n}\,. \tag{75}$$

Soll jedoch der Aufschub in der Weise gelten, daß die Rentenzahlung unter allen Umständen erst nach n Jahren erfolgt, dann aber auch jenen Invalidgewordenen gewährt wird, deren Invalidisierung innerhalb der Aufschubsdauer erfolgte, dann ist für $l^{aa}_{[y]+x}$ Aktive der Wert dieser erst nach n Jahren zu gewährenden Invaliditätsrente für diesen Zeitpunkt

$$l^{aa}_{[y]+x+n} \cdot a^{ai}_{[y]+x+n} + \left(l^{ii}_{[y]+x+n} - l^{ii}_{[y]+x} \cdot \frac{l^{i}_{[y]+x+n}}{l^{i}_{[y]+x}}\right) a^{i}_{[y]+x+n},$$

der Barwert dieses Anspruches für einen Aktiven des Alters $[y]+x$ daher

$$\frac{D^{aa}_{[y]+x+n}}{D^{aa}_{[y]+x}} \cdot a^{ai}_{[y]+x+n} + \left(\frac{D^{ii}_{[y]+x+n}}{D^{aa}_{[y]+x}} - \frac{D^{ii}_{[y]+x}}{D^{aa}_{[y]+x}} \cdot \frac{D^{i}_{[y]+x+n}}{D^{i}_{[y]+x}}\right) a^{i}_{[y]+x+n}.$$

Bezeichnen wir diesen Anspruch mit ${}_{n||}a^{ai}_{[y]+x}$, so ist auch

$$(76) \qquad {}_{n||}a^{ai}_{[y]+x} = {}_{n|}a^{ai}_{[y]+x} + \frac{1}{D^{aa}_{[y]+x}}\left(D^{ii}_{[y]+x+n} - D^{ii}_{[y]+x} \cdot \frac{D^{i}_{[y]+x+n}}{D^{i}_{[y]+x}}\right) a^{i}_{[y]+x+n}.$$

Hieraus und aus (72) folgt aber

$$(77) \qquad {}_{n||}a^{ai}_{[y]+x} = {}_{n|}a_{[y]+x} - {}_{n|}a^{aa}_{[y]+x} + \frac{l^{ii}_{[y]+x}}{l^{aa}_{[y]+x}}\left({}_{n|}a_{[y]+x} - {}_{n|}a^{i}_{[y]+x}\right).$$

Zufolge der Bedeutung von ${}_{n||}a^{ai}_{[y]+x}$ folgt nun für den temporären Anspruch einer temporär zahlbaren Invaliditätsrente

$$(78) \qquad {}_{||n}a^{ai}_{[y]+x} = a^{ai}_{[y]+x} - {}_{n||}a^{ai}_{[y]+x}$$

und daher wegen (74) und (77)

$$(79) \qquad {}_{||n}a^{ai}_{[y]+x} = {}_{|n}a_{[y]+x} - {}_{|n}a^{aa}_{[y]+x} + \frac{l^{ii}_{[y]+x}}{l^{aa}_{[y]+x}}\left({}_{|n}a_{[y]+x} - {}_{|n}a^{i}_{[y]+x}\right)$$

oder für das Beitrittsalter $[y]$

$$(80) \qquad {}_{||n}a^{ai}_{[y]} = {}_{|n}a_{[y]} - {}_{|n}a^{aa}_{[y]}.$$

Sind demnach die temporären gewöhnlichen Renten, die temporären Aktivitätsrenten und die temporären Renten für Invalide berechnet, so ist der Wert des gesuchten Anspruches der temporären Versicherung einer temporär zahlbaren Invaliditätsrente aus (79) und (80) in einfachster Weise zu erhalten.

Für die Rechnung überaus bequem ist auch das folgende Verfahren, welches die Berechnung der $\gamma_{[y]+x}$ und $\Gamma_{[y]+x}$ voraussetzt.

Wir beziehen uns auf die bereits bekannten Relationen

$$\begin{aligned} l_{[y]+x} &= l^{aa}_{[y]+x} + l^{ii}_{[y]+x}, \\ &= l^{aa}_{[y]+x} + l^{i}_{[y]+x}\left(\frac{\lambda^{i}_{[y]+1}}{l^{i}_{[y]+1}} + \cdots \frac{\lambda^{i}_{[y]+x}}{l^{i}_{[y]+x}}\right), \\ &= l^{aa}_{[y]+x} + l^{i}_{[y]+x}\left(\gamma_{[y]+1} + \cdots \gamma_{[y]+x}\right), \\ &= l^{aa}_{[y]+x} + l^{i}_{[y]+x} \cdot \Gamma_{[y]+x}. \end{aligned}$$

Die Berechnungsweise der $\gamma_{[y]+x}$ haben wir an früherer Stelle besprochen und wollen nur noch anführen, daß sich diese Größen exakt aus

$$\gamma_{[y]+x+1} = \int_0^1 \frac{l^{aa}_{[y]+x+t}}{l^{i}_{[y]+x+t}} \cdot \nu_{[y]+x+t} \cdot dt$$

berechnen lassen. Für das Alter $[y] + x + k$ gilt dann

$$\begin{aligned} l_{[y]+x+k} &= l^{aa}_{[y]+x+k} + l^{ii}_{[y]+x+k}, \\ &= l^{aa}_{[y]+x+k} + l^{i}_{[y]+x+k} \cdot \Gamma_{[y]+x+k}; \end{aligned}$$

und die auf der Altersstrecke von $[y] + x$ bis $[y] + x + k$ aus den $l^{aa}_{[y]+x}$ Aktiven hervorgegangenen und im Alter $[y] + x + k$ lebenden Invaliden sind dann durch den Ausdruck

$$l^{i}_{[y]+x+k} \cdot \Gamma_{[y]+x+k} - l^{i}_{[y]+x} \cdot \Gamma_{[y]+x} \cdot \frac{l^{i}_{[y]+x+k}}{l^{i}_{[y]+x}}$$

oder

$$l^{i}_{[y]+x+k}\left(\Gamma_{[y]+x+k} - \Gamma_{[y]+x}\right) \tag{81}$$

gegeben. Sind die $l^{aa}_{[y]+x}$ und die $l^{ii}_{[y]+x}$ bekannt, dann ergeben sich übrigens die $\Gamma_{[y]+x}$ aus

$$\Gamma_{[y]+x} = \frac{l^{ii}_{[y]+x}}{l^{i}_{[y]+x}}.$$

Die $\Gamma_{[y]+x}$ gestatten aber, sich bei den Berechnungen vom Beitrittsalter $[y]$ unabhängig zu machen, so daß die auf einer beliebigen Altersstrecke hervorgegangenen und am Ende derselben noch lebenden Invaliden stets leicht zur Verfügung stehen, wenn die $\Gamma_{[y]+x}$ berechnet vorliegen. Der Anspruch eines Aktiven auf lebenslänglich zahlbare Invalidenrente ist nun auch mit Hilfe der Anzahlen der in den einzelnen Jahren Invalidwerdenden in der Gestalt

$$a^{ai}_{[y]+x} = \frac{1}{l^{aa}_{[y]+x}}\left[\lambda^{i}_{[y]+x+1} \cdot v\left(1 + a^{i}_{[y]+x+1}\right) + \cdots\right] \tag{82}$$

anzusetzen, und wenn wir die Größen

$$\left(1 + a^{i}_{[y]+x}\right) v^{y+x} \cdot \lambda^{i}_{[y]+x} = \psi_{[y]+x} \tag{83}$$

setzen und diese Größen $\psi_{[y]+x}$ sowie deren Summen berechnen, so ist dieser Anspruch auch

$$a^{ai}_{[y]+x} = \frac{\sum t\, \psi_{[y]+x+t+1}}{D^{aa}_{[y]+x}}, \tag{84}$$

während sich der temporäre Anspruch auf lebenslänglich zahlbare Invalidenrente als

$$_{|n}a^{ai}_{[y]+x} = \frac{\sum t\, \psi_{[y]+x+t+1} - \sum t\, \psi_{[y]+x+n+t+1}}{D^{aa}_{[y]}} \tag{85}$$

ergibt. Man erkennt aber jetzt, daß sich aus (85) der Wert des temporären

Anspruches auf temporär zahlbare Invalidenrente dadurch ableitet, daß man von (85) den Wert der Invalidenrente in Abzug bringt, welche die auf der Altersstrecke $[y]+x$ bis $[y]+x+n$ Invalidgewordenen und im Alter $[y]+x+n$ noch lebenden Invaliden von diesem Alter ab zu beziehen haben. Die Anzahl dieser Invaliden ist aber

$$l^{i}_{[y]+x+n}\left(\Gamma_{[y]+x+n}-\Gamma_{[y]+x}\right)$$

und wenn wir statt der Anzahl der Lebenden wieder die bezüglichen diskontierten Zahlen verwenden, erhalten wir für den Wert des gesuchten Anspruches

$$(86)\begin{cases} {}_{\|n}a^{ai}_{[y]+x} = {}_{|n}a^{ai}_{[y]+x} - \left(\Gamma_{[y]+x+n}-\Gamma_{[y]+x}\right)\dfrac{D^{i}_{[y]+x+n}}{D^{aa}_{[y]+x}}\cdot a^{i}_{[y]+x+n} \\ \quad = {}_{|n}a^{ai}_{[y]+x} - \left(\Gamma_{[y]+x+n}-\Gamma_{[y]+x}\right)\cdot\dfrac{\sum D^{i}_{[y]+x+n}}{D^{aa}_{[y]+x}} \\ \quad = \dfrac{1}{D^{aa}_{[y]+x}}\left[\left(\sum\psi_{[y]+x+1}-\sum\psi_{[y]+x+n+1}\right)-\left(\Gamma_{[y]+x+n}-\Gamma_{[y]+x}\right)\sum D^{i}_{[y]+x}\right. \end{cases}$$

Für das Beitrittsalter $[y]$ aber ergibt sich

$$(87)\begin{cases} {}_{\|n}a^{ai}_{[y]} = {}_{|n}a^{ai}_{[y]} - \Gamma_{[y]+n}\cdot\dfrac{\sum D^{i}_{[y]+n}}{D^{aa}_{[y]}} \\ \quad = \dfrac{1}{D^{aa}_{[y]}}\left[\left(\sum\psi_{[y]+1}-\sum\psi_{[y]+n+1}\right)-\Gamma_{[y]+n}\cdot\sum D^{i}_{[y]+n}\right]. \end{cases}$$

Wir haben bisher das Beitrittsalter $[y]$ stets in eckigen Klammern geschrieben, obwohl, wie schon früher angeführt, die Entlehnung der statistischen Unterlagen aus fremdem Material die Berücksichtigung des Selektionsmomentes nicht bei allen in Betracht kommenden Größen zulassen wird. Wir wollen es aber nicht unterlassen, wieder auf die einfache Gestalt der Ausdrücke zu verweisen, welche sich ergeben, wenn man die Annahme macht, daß die Sterblichkeit der Invaliden der der Lebenden schlechthin gleichkommt. Wir erhalten unter dieser Annahme insbesondere statt (79) den einfachen Ausdruck

$$(88)\qquad {}_{\|n}a^{ai}_{[y]+x} = {}_{|n}a_{[y]+x} - {}_{|n}a^{aa}_{[y]+x},$$

so daß wir für jedes Alter $[y]+x$ den temporären Anspruch auf temporäre Invalidenrente einfach durch die Differenz der bezüglichen temporären gewöhnlichen Rente und der temporären Aktivitätsrente erhalten, eine Formel, deren Verwendung in der Praxis im Hinblick auf die Unsicherheit der Grundlagen wegen ihrer Einfachheit wohl allen anderen vorzuziehen ist. Nach Formel (80) gilt die gleiche Vereinfachung allgemein, jedoch nur für die Berechnung des genannten Anspruches im Zeitpunkte des Beitrittes.

Die Berechnung des Anspruches auf eine gleichbleibende Invaliditätsrente, wie wir sie bisher betrachtet haben, bildet zwar in der Praxis der Invaliditätszusatzversicherung die Regel, es mögen aber immerhin Fälle vorkommen, wo z. B. die Prämien der Hauptversicherung nicht in gleicher Höhe für die ganze Versicherungsdauer vorgesehen sind und daher bei der Versicherung der Prämienbefreiung im Falle der Invalidität die Versicherung auf eine Invaliditätsrente auf in den einzelnen Jahren verschiedene Beträge in Betracht kommt. Für die Berechnung solcher Versicherungswerte sind aber die Formeln (69) und (70) nicht zu gebrauchen. Wohl aber ist das Schärtlinsche Verfahren sowie die Berechnungsweise mit Hilfe der $\Gamma_{[y]+x}$ auch in diesem Falle anwendbar.

Aus der Relation

$$l_{[y]+x} \cdot {}_n p_{[y]+x} = l^{aa}_{[y]+x} \left({}_n p^{aa}_{[y]+x} + {}_n p^{ai}_{[y]+x} \right) + l^{ii}_{[y]+x} \cdot {}_n p^{i}_{[y]+x}$$

erhält man zunächst

$${}_n p^{ai}_{[y]+x} = {}_n p_{[y]+x} - {}_n p^{aa}_{[y]+x} + \frac{l^{ii}_{[y]+x}}{l^{aa}_{[y]+x}} \left({}_n p_{[y]+x} - {}_n p^{i}_{[y]+x} \right),$$

und wenn man beiderseits mit v^n multipliziert,

$$(89) \qquad {}_n E^{ai}_{[y]+x} = {}_n E_{[y]+x} - {}_n E^{aa}_{[y]+x} + \frac{l^{ii}_{[y]+x}}{l^{aa}_{[y]+x}} \left({}_n E_{[y]+x} - {}_n E^{i}_{[y]+x} \right),$$

wobei E den Wert der Erlebensversicherung, welche unter den durch die Indizes näher bezeichneten Umständen fällig wird, ausdrückt. Es bedeutet demnach ${}_n E^{ai}_{[y]+x}$ den Wert des Kapitals eins, welches an einen jetzt $[y] + x$-jährigen Aktiven zur Auszahlung gelangt, wenn er im Alter $[y] + x + n$ als Invalider am Leben ist. Setzen wir nun

$$a_{[y]+x}(e_2, \ldots e_m) = \sum_{1}^{m-1} {}_\lambda E_{[y]+x} \cdot e_{\lambda+1},$$

$$a^{aa}_{[y]+x}(e_2, \ldots e_m) = \sum_{1}^{m-1} {}_\lambda E^{aa}_{[y]+x} \cdot e_{\lambda+1},$$

$$a^{i}_{[y]+x}(e_2, \ldots e_m) = \sum_{1}^{m-1} {}_\lambda E^{i}_{[y]+x} \cdot e_{\lambda+1},$$

$$a^{ai}_{[y]+x}(e_2, \ldots e_m) = \sum_{1}^{m-1} {}_\lambda E^{ai}_{[y]+x} \cdot e_{\lambda+1},$$

multiplizieren (89) für $n = 1 \ldots m - 1$ mit $e_2, \ldots e_m$ und addieren, so erhalten wir

$$(90) \quad \left\{ \begin{aligned} a^{ai}_{[y]+x}(e_2, \ldots e_m) &= a_{[y]+x}(e_2, \ldots e_m) - a^{aa}_{[y]+x}(e_2, \ldots e_m) \\ &\quad + \frac{l^{ii}_{[y]+x}}{l^{aa}_{[y]+x}} \left(a_{[y]+x}(e_2, \ldots e_m) - a^{i}_{[y]+x}(e_2, \ldots e_m) \right). \end{aligned} \right.$$

Wird im besonderen wieder angenommen, daß die Sterblichkeit der Invaliden und jene der Lebenden schlechthin einander gleichzuhalten sind, dann vereinfacht sich dieser Ausdruck zu

$$(91)\qquad a^{ai}_{[y]+x}(e_2, \ldots e_m) = a_{[y]+x}(e_2, \ldots e_m) - a^{aa}_{[y]+x}(e_2, \ldots e_m).$$

Damit ist der Anspruch auf eine Invaliditätsrente, welche zu Beginn des 2., 3., ... m ten Jahres mit den Beträgen $e_2, \ldots e_m$ zu zahlen ist, auf eine für die Berechnung geeignete Form gebracht. Für den Zeitpunkt des Beitrittes ergibt sich ohne Beschränkung wieder die einfachere Relation

$$(92)\qquad a^{ai}_{[y]}(e_2, \ldots e_n) = a_{[y]}(e_2, \ldots e_n) - a^{aa}_{[y]}(e_2, \ldots e_n).$$

Beziehen wir uns aber auf den Ausdruck

$$(93)\qquad a^{ai}_{[y]+x}(e_2, \ldots e_m) = \sum_{1}^{m-1} {}_{\lambda}E^{ai}_{[y]+x} \cdot e_{\lambda+1},$$

so können wir die ${}_{\lambda}E^{ai}_{[y]+x}$ vermittels

$${}_{\lambda}p^{ai}_{[y]+x} = \frac{l^{i}_{[y]+x+\lambda}}{l^{aa}_{[y]+x}} (\Gamma_{[y]+x+\lambda} - \Gamma_{[y]+x})$$

in die Gestalt bringen

$${}_{\lambda}E^{ai}_{[y]+x} = \frac{D^{i}_{[y]+x+\lambda}}{D^{aa}_{[y]+x}} (\Gamma_{[y]+x+\lambda} - \Gamma_{[y]+x})$$

und daher, wenn diese Größen tabelliert vorliegen, den gesuchten Versicherungswert auch direkt aus (93) berechnen. Auch hier ergibt sich für den Versicherungsbeginn eine Vereinfachung, indem dann

$${}_{\lambda}E^{ai}_{[y]+x} = \frac{D^{i}_{[y]+\lambda}}{D^{aa}_{[y]}} \cdot \Gamma_{[y]+\lambda} = \frac{D^{ii}_{[y]+\lambda}}{D^{aa}_{[y]}}$$

und daher

$$a^{ai}_{[y]}(e_2, \ldots e_n) = \frac{1}{D^{aa}_{[y]}} \cdot \sum_{1}^{n-1} D^{ii}_{[y]+\lambda} \cdot e_{\lambda+1}$$

erhalten wird. Welchem Verfahren man den Vorzug bei numerischen Berechnungen geben wird, hängt von den zur Verfügung stehenden Hilfsgrößen ab. Man wird in jedem Falle leicht entscheiden, auf welchem Wege man mit dem geringsten Arbeitsaufwand zum Ziele gelangt. Die korrekte Berechnung wird sich aber stets empfehlen, zumal bei dem in der Praxis häufig vorkommenden Falle, wo die Prämien der Hauptversicherung planmäßig mit der Versicherungsdauer abfallen, die Zusatzprämien für die Befreiung von der Prämienzahlung im Falle der Invalidisierung von der Art des Abfalles der Prämien der Hauptversicherung erheblich beeinflußt werden.

Wenn wir nun noch nach dem Betrage des Anspruches auf m teljährig zahlbare Invalidenrente fragen, wobei die erste Rentenrate zu

Beginn des auf den Zeitpunkt der Invalidisierung folgenden Zeitabschnittes fällig ist, so bleibt offenbar die Schärtlinsche Formel, wie aus der Art ihrer Ableitung hervorgeht, gültig, und es ist

$$a_x^{(m)\,a\,i} = a_x^{(m)} - a_x^{(m)\,a\,a} + \frac{l_x^{i\,i}}{l_x^{a\,a}}\left(a_x^{(m)} - a_x^{(m)\,i}\right). \tag{94}$$

Man hätte dann für die vorkommenden Rentenausdrücke in bekannter Weise

$$a_x^{(m)} = a_x + \frac{m-1}{2m} - \frac{m^2-1}{12\,m^2}\left(\mu_x + \delta\right),$$

$$a_x^{(m)\,i} = a_x^{i} + \frac{m-1}{2m} - \frac{m^2-1}{12\,m^2}\left(\mu_x^{i} + \delta\right),$$

$$a_x^{(m)\,a\,a} = a_x^{a\,a} + \frac{m-1}{2m} - \frac{m^2-1}{12\,m^2}\left(\mu_x^{a} + \delta\right)$$

zu substituieren. In der Regel vernachlässigt man aber den Einfluß der Differenzen der zweiten Glieder und erhält dann

$$a_x^{(m)\,a\,i} = a_x^{a\,i}.$$

Von der gleichen Näherung wird auch bei temporären und bei aufgeschobenen Ansprüchen Gebrauch gemacht.

Als einzige Art einer Kapitalsversicherung auf den Invaliditätsfall wollen wir eine Versicherung auf den Ab- und Erlebensfall betrachten, bei der jedoch auch im Falle des Eintrittes der Invalidität während der Versicherungsdauer das Kapital unter Wegfall jedes weiteren Anspruches aus der Versicherung zur Auszahlung gelangt. Eine solche Versicherung kann daher als eine Kombination einer kurzen Todesfallversicherung, zahlbar, wenn das Ableben im Zustande der Aktivität erfolgt, einer kurzen Kapitalsversicherung auf den Invaliditätsfall und einer Erlebensversicherung, zahlbar, wenn der Versicherte den Fälligkeitstermin im Zustande der Aktivität erlebt, aufgefaßt werden.

Bezeichnet dann ${}_mA_{[y]+x}$ die kurze Ablebensversicherung und ${}_mE_{[y]+x}$ die Erlebensversicherung, wobei die noch hinzutretenden Indizes die näheren Umstände angeben, unter denen das Ableben bzw. Erleben erfolgt, so gelten die Relationen

$$\begin{cases} l_{[y]+x}\cdot {}_mA_{[y]+x} = l_{[y]+x}^{a\,a}\left({}_mA_{[y]+x}^{a\,a} + {}_mA_{[y]+x}^{a\,i}\right) + l_{[y]+x}^{i\,i}\cdot {}_mA_{[y]+x}^{i}, \\ l_{[y]+x}\cdot {}_mE_{[y]+x} = l_{[y]+x}^{a\,a}\left({}_mE_{[y]+x}^{a\,a} + {}_mE_{[y]+x}^{a\,i}\right) + l_{[y]+x}^{i\,i}\cdot {}_mE_{[y]+x}^{i}, \end{cases} \tag{95}$$

welche wir auch in der Form

$$l_{[y]+x}\cdot A_{[y]+x,\,\overline{m|}} = l_{[y]+x}^{a\,a}\left(A_{[y]+x,\,\overline{m|}}^{a\,a} + A_{[y]+x,\,\overline{m|}}^{a\,i}\right) + l_{[y]+x}^{i\,i}\,A_{[y]+x,\,\overline{m|}}^{i} \tag{96}$$

zusammenfassen können. Es bedeuten sonach $A_{[y]+x,\,\overline{m|}}$ die gewöhnliche Versicherung auf Ab- und Erleben, $A_{[y]+x,\,\overline{m|}}^{a\,a}$ die analoge Versicherung für einen Aktiven des Alters $[y]+x$, wenn das Ab- oder Erleben im Zustande der Aktivität erfolgt, $A_{[y]+x,\,\overline{m|}}^{a\,i}$ die gleiche Versicherung eines Aktiven, wenn das Ab- oder Erleben im Zustande der Invalidität erfolgt, und $A^{i}_{[y]+x,\overline{m}|}$ die gleiche Versicherungsart für einen Invaliden. Aus (96) folgt dann

$$(97)\quad A^{ai}_{[y]+x,\overline{m}|} = A_{[y]+x,\overline{m}|} - A^{aa}_{[y]+x,\overline{m}|} + \frac{l^{ii}_{[y]+x}}{l^{aa}_{[y]+x}}\left(A_{[y]+x,\overline{m}|} - A^{i}_{[y]+x,\overline{m}|}\right).$$

Bezeichnet nun $({}_mA^{ai}_{[y]+x})$ die in Rede stehende kurze Versicherung auf den Invaliditätsfall, dann ist

$$(98)\quad {}_mA^{aa}_{[y]+x} + \left({}_mA^{ai}_{[y]+x}\right) + {}_mE^{aa}_{[y]+x} = 1 - d\left(1 + a^{aa}_{[y]+x,\overline{m-1}|}\right).$$

Andererseits ist aber die Versicherung eines Aktiven des Alters $[y]+x$ für den Ab- und Erlebensfall durch

$$A^{a}_{[y]+x,\overline{m}|} = {}_mA^{a}_{[y]+x} + {}_mE^{a}_{[y]+x} = 1 - d\left(1 + a^{a}_{[y]+x,\overline{m-1}|}\right),$$

$$(99)\quad {}_mA^{aa}_{[y]+x} + {}_mA^{ai}_{[y]+x} + {}_mE^{aa}_{[y]+x} + {}_mE^{ai}_{[y]+x} = 1 - d\left(1 + a^{aa}_{[y]+x,\overline{m-1}|}\right) - d\cdot {}_{||m-1}a^{ai}_{[y]+x}$$

gegeben.

Aus (98) und (99) folgt für den gesuchten Versicherungswert der Ausdruck

$$(100)\quad \left({}_mA^{ai}_{[y]+x}\right) = {}_mA^{ai}_{[y]+x} + {}_mE^{ai}_{[y]+x} + d\cdot {}_{||m-1}a^{ai}_{[y]+x},$$

und wenn wir von (97) Gebrauch machen,

$$\left({}_mA^{ai}_{[y]+x}\right) = A_{[y]+x,\overline{m}|} - A^{aa}_{[y]+x,\overline{m}|} + \frac{l^{ii}_{[y]+x}}{l^{aa}_{[y]+x}}\left(A_{[y]+x,\overline{m}|} - A^{i}_{[y]+x,\overline{m}|}\right) + d\cdot {}_{||m-1}a^{ai}_{[y]+x}.$$

Nachdem der gesamte Versicherungsanspruch durch

$$\left({}_mA^{ai}_{[y]+x}\right) + {}_mA^{aa}_{[y]+x} + {}_mE^{aa}_{[y]+x} = \left({}_mA^{ai}_{[y]+x}\right) + A^{aa}_{[y]+x,\overline{m}|}$$

gegeben ist, so folgt für die Versicherung auf Ab- und Erleben unter Einschluß der Kapitalsversicherung auf den Invaliditätsfall der Ausdruck

$$(101)\quad A_{[y]+x,\overline{m}|} + \frac{l^{ii}_{[y]+x}}{l^{aa}_{[y]+x}}\left(A_{[y]+x,\overline{m}|} - A^{i}_{[y]+x,\overline{m}|}\right) + d\cdot {}_{||m-1}a^{ai}_{[y]+x}.$$

Der gesuchte Versicherungswert ist somit auf die Versicherung des temporären Anspruches auf temporäre Invalidenrente und auf sonst bekannte Versicherungswerte zurückgeführt.

Man erkennt sogleich, daß sich auch hier unter der Annahme, daß die Sterblichkeit der Invaliden jener der Lebenden schlechthin gleichzusetzen ist, der Ausdruck zu

$$(102)\quad A_{[y]+x,\overline{m}|} + d\cdot {}_{||m-1}a^{ai}_{[y]+x}$$

vereinfacht. Für den Beginn der Versicherung aber gilt $l^{ii}_{[y]} = 0$, und es gilt daher für diesen Zeitpunkt ohne jede beschränkende Annahme hinsichtlich der Sterblichkeit der Invaliden

$$(103)\quad A_{[y],\overline{n}|} + d\cdot {}_{||n-1}a^{ai}_{[y]}.$$

Die Richtigkeit der letzteren Formel ist unmittelbar einzusehen, da der Versicherer bei vorzeitiger Auszahlung des Kapitals im Falle der Invalidisierung offenbar die Zinsen des Kapitals bis zum früheren Ableben bzw. dem Fälligkeitstermin der Versicherung verliert. Man darf sich aber nicht verleiten lassen, für einen späteren Zeitpunkt der Versicherungsdauer $[y]+x$ in gleicher Weise zu schließen, da jetzt seit Beginn der Versicherung bereits rechnungsmäßig Invalide $l^{ii}_{[y]+x}$ vorhanden sind und daher das in (101) auftretende Korrekturglied in Geltung tritt.

Wir sehen, daß sowohl die Versicherung der Befreiung von der Prämienzahlung im Invaliditätsfalle und die Versicherung einer zusätzlichen Invaliditätsrente, wie auch der Fall der Kapitalsversicherung auf den Invaliditätsfall auf die Versicherung eines temporären Anspruches auf temporär zahlbare Invalidenrente zurückzuführen ist, so daß im Rahmen der Invaliditätszusatzversicherung nur diese Versicherungsart zu betrachten ist.

Wir fassen die erhaltenen Resultate im folgenden zusammen:

Es sei die für die Hauptversicherung zu zahlende Prämie B, der Betrag der eventuell zur Auszahlung gelangenden Invalidenrente c und der Betrag der Kapitalsversicherung auf den Invaliditätsfall 1. Dann erhalten wir

1. den Barwert des Anspruches auf Befreiung von der Prämienzahlung im Invaliditätsfalle, wenn die Versicherungsdauer n ist durch

$$B \cdot {}_{||n-1}a^{ai}_{[y]}, \tag{104}$$

2. den Barwert des Anspruches auf Invaliditätsrente, zahlbar zum ersten Male am Beginn des dem Invalidisierungsjahre folgenden Versicherungsjahres, zum letzten Male zu Beginn des n ten Versicherungsjahres, sofern der Versicherte dann noch am Leben ist, sonst bis zum Beginn des Jahres des Ablebens durch

$$c \cdot {}_{||n-1}a^{ai}_{[y]}, \tag{105}$$

3. den Wert der Mehrleistung durch eine Kapitalszahlung im Invaliditätsfalle, zahlbar am Ende des Invalidisierungsjahres durch

$$d \cdot {}_{||n-1}a^{ai}_{[y]}. \tag{106}$$

Wird aber angenommen, daß die Versicherungssumme im Invaliditätsfalle sofort fällig wird, und machen wir von der Annahme der gleichmäßigen Aufteilung der Invalidisierungs- und Sterbefälle über das Jahr Gebrauch, dann wäre dieser Anspruch auf die Zahlung des Kapitals im Invalidisierungsfalle ohne Rücksicht auf die Hauptversicherung mit

$$\frac{i}{\delta}\left({}_{n}A^{ai}_{[y]}\right) \tag{107}$$

zu bewerten. Der Versicherer erhält dann aus der Hauptversicherung im Falle früheren Ablebens oder am Fälligkeitstermine diese Summe gewissermaßen ersetzt und der Wert dieses Rückersatzes wäre

$$\frac{i}{\delta}\, {}_nA^{ai}_{[y]} + {}_nE^{ai}_{[y]}. \tag{108}$$

Seine tatsächliche Mehrleistung bei Übernahme der Zusatzversicherung ist demnach

$$\frac{i}{\delta}\left({}_nA^{ai}_{[y]}\right) - \frac{i}{\delta}\, {}_nA^{ai}_{[y]} - {}_nE^{ai}_{[y]},$$

was sich wegen

$$\left({}_nA^{ai}_{[y]}\right) = {}_nA^{ai}_{[y]} + {}_nE^{ai}_{[y]} + d_{||n-1}\, a^{ai}_{[y]}$$

auch in der Form

$$d \cdot \frac{i}{\delta} \cdot {}_{||n-1}\, a^{ai}_{[y]} + \left(\frac{i}{\delta} - 1\right) {}_nE^{ai}_{[y]} \tag{109}$$

schreiben läßt.

§ 52. Zusatzprämien und Zusatzdeckungskapital.

Die Deckung der Versicherungsansprüche aus der Invaliditätszusatzversicherung erfolgt durch die Invaliditätszusatzprämien, und da die Hauptversicherung und die Zusatzversicherung von ein und demselben Versicherer betrieben wird, ist es fast selbstverständlich, daß nicht nur hinsichtlich der Prämienzahlungstermine engster Anschluß an die Hauptversicherung gesucht wird, sondern daß geradezu die beiden Prämien zu einer zusammengezogen werden. Die Gepflogenheiten der Gesellschaften gehen aber hier auseinander, und während die einen Tarife mit und ohne Einschluß des Invaliditätsrisikos herausgeben, ziehen es andere vor, die Zusatzprämien getrennt als Prämien oder Prämienaufschläge bekannt zu geben. Solange es sich um die Versicherung der Befreiung von der Prämienzahlung allein handelt, mag beides angehen; tritt aber die unter 2. und 3. genannte Zusatzversicherung hinzu, dann wird man wohl besser die Zusatzprämien getrennt behandeln, zumal wenn die Höhe der Zusatzversicherung, was auch vorkommt, innerhalb gewisser Grenzen dem Versicherungsnehmer freigestellt bleibt.

Bei der Prämienbefreiung im Invaliditätsfalle wird die Zusatzprämie für eine Invalidenrente in der Höhe der Prämien der Hauptversicherung zu berechnen sein, wobei anzunehmen ist, daß die Zusatzprämie nur solange zu bezahlen ist, als sich der Versicherte im Zustande der Aktivität befindet. Bezeichnen wir diese Zusatzprämie mit ${}_nz_{[y]}$, so wird diese aus der Relation

$${}_nz_{[y]} \cdot \left(1 + {}_{n-1}a^{aa}_{[y]}\right) = B \cdot {}_{||n-1}a^{ai}_{[y]} \tag{110}$$

zu bestimmen sein, wenn die Prämien der Hauptversicherung in gleicher Höhe vorgesehen sind. Andernfalls müßten beiderseits die die Veränderlichkeit der Prämie zum Ausdruck bringenden Rentenwerte Verwendung finden, wobei Formel (90) bzw. (92) heranzuziehen wäre. Auf die Dividende, um welche sich die Prämie der Hauptversicherung eventuell ermäßigt, hat die Zusatzversicherung keine Rücksicht zu nehmen. Die Dividende ist ganz ohne Rücksicht, ob der Versicherte die Prämien im Zustande der Aktivität oder Invalidität entrichtet, berechnet, und die nicht selten vorkommende Gepflogenheit, die Dividendenzahlung mit dem Eintritt der Invalidität ruhen zu lassen, wenn eine Zusatzversicherung auf Prämienbefreiung im Invaliditätsfalle genommen wurde, durch nichts zu rechtfertigen. Über die aus der Zusatzprämie selbst fließenden Überschüsse und ihre Verwendung haben wir aber schon an früherer Stelle das wenige, was nach dem heutigen Stande der Angelegenheit gesagt werden kann, mitgeteilt.

Die Zusatzprämien für die unter (2) und (3) genannten Versicherungsarten berechnen sich ganz analog, und es erübrigt sich wohl, bei der Einfachheit der hier vorliegenden Verhältnisse noch Näheres anzuführen.

Die Berechnung des zusätzlichen Deckungskapitals aber erfolgt wohl stets am einfachsten mittels der Prämiendifferenzformel, nach welcher sich das Nettodeckungskapital durch

$$(111) \qquad \left({}_{n-\nu}z_{[y]+\nu} - {}_{n}z_{[y]}\right) \cdot \left(1 + {}_{n-\nu-1}a^{aa}_{[y]+\nu}\right)$$

darstellen läßt. Hierbei bedeutet ${}_{n-\nu}z_{[y]+\nu}$ die für den Termin der Deckungskapitalberechnung und die restliche Versicherungsdauer in Betracht kommende Zusatzprämie für die der Zusatzversicherung unterliegenden Leistungen des Versicherers. Nach der Invalidisierung aber ist das Deckungskapital für den Fall (1) und (2) durch die bezügliche Rente eines Invaliden bestimmt.

In jenem Falle, wo sich der Versicherer darauf beschränkt, nur die Versicherung der Prämienbefreiung im Invaliditätsfalle, nicht aber zusätzliche Rente oder Kapital zu versichern, kann man bei den technischen Berechnungen auch einen anderen Weg einschlagen, welcher in der Praxis häufig gegangen wird. Hierbei wird der Versicherungsanspruch genau so gerechnet, wie dies ohne Berücksichtigung der zusätzlichen Versicherungsleistung geschieht. Die Prämien hingegen werden als nur im Zustande der Aktivität zahlbar angenommen. Da nun für den Beginn der Versicherung der Barwert des Gesamtanspruches gleich ist dem Barwerte der Prämien, so ist der erstere, wenn wir gleich auf die Verwaltungskosten Rücksicht nehmen, gleichzusetzen der unbekannten Bruttoprämie B^{aa} multipliziert mit der entsprechenden Aktivitätsrente $1 + {}_{n-1}a^{aa}_{[y]}$. Hierbei sei allgemein $1 + {}_{n-1}a^{aa}_{[y]}$ als Barwert jener Aktivitätsrente aufgefaßt, welche im übrigen den Bedingungen der Prämienzahlung entspricht. Wir werden sonach, genau so wie im gewöhnlichen Falle, von einer ausreichenden Prämie sprechen dürfen, und an den bezüglichen Formeln des ersten Teiles wird sich nichts ändern, als daß eben an Stelle der Sterbetafel für die Bewertung der Prämienzahlung die Aktivitätstafel treten wird. Hinsichtlich der Bemessung der Tarifprämien sind dieselben Annahmen bezüglich der Verwaltungskosten und Gewinnanteile zu machen wie sonst. Die für die Befreiung von der Prämienzahlung erforderliche Prämie ist dann einfach durch die Differenz $B^{aa} - B$ gegeben. Natürlich muß die Aktivitätstafel in korrekter Weise aus der für die Hauptversicherung verwendeten Rechnungsgrundlage ermittelt sein.

Die Deckungskapitale werden alsdann am besten in die der Hauptversicherung und der Zusatzversicherung zu trennen sein, wobei das zusätzliche Deckungskapital durch

$$(112) \qquad - B^{aa}\left(1 + {}_{n-\nu-1}a^{aa}_{y+\nu}\right) + B\left(1 + {}_{n-\nu-1}a_{[y]+\nu}\right)$$

zu erhalten sein wird.

Auf die Frage, welchem der beiden Verfahren in der Praxis der Vorzug einzuräumen sein wird, wäre zunächst zu sagen, daß bei der heutigen Art der Risikenbewertung für eine Trennung des Versicherungsbestandes in zwei Bestände, je nachdem Invalidität mitversichert ist oder nicht, kein Anlaß vorliegt. Das zuletzt besprochene Verfahren würde aber erst dann vorteilhaft erscheinen, wenn es sich bei den die Invalidität Mitversichernden auch um einen eigenen Gewinnverband handeln würde. Wenn die getrennte Berechnung der Zusatzprämien und Deckungskapitale unwesentlich erscheint, dann bietet dieses Verfahren gewiß rechnerische Vorteile. Man darf aber nicht übersehen, daß es nur für den Fall der Versicherung der Prämienbefreiung anwendbar ist, ein Fall, der heute in der Praxis recht selten geworden ist. Theoretisch steht die eben erwähnte Methode gegenüber der früheren schon im Hinblick auf ihre beschränktere Anwendbarkeit zurück. Für die im Hinblick auf die einzelnen Versicherungskombinationen geltenden mathematischen Formeln für die Zusatzprämie und das zusätzliche Deckungskapital, deren Ableitung und Anführung dem Plane dieses Buches fernliegt, können wir auf das im Literaturnachweis angeführte Buch von P. J. Richard und auf die 4. Auflage der Versicherungsmathematik von A. Loewy verweisen.

Literaturnachweis
zu den Abschnitten I—V.

I. Risikotheorie.

Altenburger, J.: Das Problem des mathematischen Risikos. VI. Congr. Intern Bd. 1, 2, S. 957.

Arany, D.: Das Risiko des Lebens- und Rentenversicherungsgeschäftes. VI. Congr. Intern. Bd. 1, 2, S. 965.

Berger, Dr. A.: Über totale Rückversicherung. Österr. Revue Jg. 48, H. 46, 47.

Blaschke, Dr. E.: Vorlesungen über mathematische Statistik, S. 185ff. Leipzig 1906.

Blaschke, Dr. E.: Die Anwendbarkeit der Wahrscheinlichkeitslehre im Versicherungswesen. Statist. Monatsschr. 1901.

Bohlmann, Dr. G.: Lebensversicherungsmathematik. Encyklopädie d. math. Wiss. I, D, 4b.

Bohlmann, Dr. G.: Die Theorie des mittleren Risikos in der Lebensversicherung. VI. Congr. Intern. Bd. 1, S. 593.

Bohlmann, Dr. G.: Die Grundbegriffe der Wahrscheinlichkeitsrechnung und ihre Anwendung auf die Lebensversicherung. Verhandl. d. intern. Math.-Congr. Rom 1908.

Bohlmann, Dr. G.: Über Versicherungsmathematik. — Klein und Riecke: Über angewandte Mathematik und Physik. Leipzig 1900.

Bortkiewicz, Dr. L. v.: Mitt. d. Verb. d. österr. u. ungar. Vers.-Techniker, S. 1. Wien 1900.

Bortkiewicz, Dr. L. v.: Österr. Revue Jg. 31, S. 150.

Bremiker, C.: Das Risiko bei Lebensversicherungen. Berlin 1859.

Broggi, Dr. U.: Versicherungsmathematik, S. 313ff. Leipzig 1911.

Cantelli, F. P.: Intorno a un teorema fondamentale della teoria del rischio. Boll. dell' ass. degli attuari italiani 1910, Nr. 24.

Czuber, Dr. E.: Wahrscheinlichkeitsrechnung. Encyklopädie d. math. Wiss. I, D. 1.

Czuber, Dr. E.: Wahrscheinlichkeitsrechnung Bd. 2, S. 408ff. Leipzig 1910.

Engelbrecht, Dr. G.: Österr. Revue Jg. 30, H. 33, 39, 40, 41.

Elderton, W. P.: Some notes on the effect of deviation from the mean amount of claims on the reserves of a life office. VI. Congr. Intern. Bd. 1, 1, S. 715.

Gram, I. P.: Über die Sicherheitsreserven der Lebensversicherung. VI. Congr. Intern. Bd. 1, 1, S. 575.

Gram, I. P.: Tidskrift for Mathematik og Physik. Raekke 5, Jg. 6, S. 97.

Guldberg, Dr. A.: Zur Theorie des Risikos. VI. Congr. Intern. Bd. 1, 1, S. 753.

Hall, C.: A method of measuring the maximum amount, which an insurance company may properly assume upon a single risk. T. A. S. Bd. 2, S. 59.

Hattendorf, K.: Über die Berechnung der Reserven und des Risikos bei der Lebensversicherung. Masius' Rundschau Bd. 18, S. 1, 25, 145, 169. 1868.

Hausdorff, F.: Das Risiko bei Zufallsspielen. Leipziger Berichte Bd. 49, S. 497.

Henderson, R.: T. A. S. Bd. 2, S. 44.

Insolera, F.: Corso di matematica finanziaria. Kap. IV. Torino-Genova 1923.

Kanner, M.: Deutsche Versicherungszeitung Jg. 8, S. 335.
King, G.: II. Congr. Intern. S. 122.
Küttner, W.: Das Risiko der Lebensversicherungsanstalten und Unterstützungskassen. Veröff. d. V. f. V. W. H. 7. 1906.
Küttner, W.: Zur Theorie des Risikos und der Dispersion. Z. f. d. g. V. W. Bd. 6, S. 519.
Landré, C.: Mathematisch-technische Kapitel zur Lebensversicherung, S. 430ff. Jena 1905.
Landré, C.: Aperçu succinct des théories du plein de l'assurance. II. Congr. Intern. S. 110.
Laurent, H.: Journal des actuaires francçais Bd. 2, S. 61. 1873. (Vgl. auch dessen Traité du calcul des Probabilités und Théorie et pratique des assurance sur la vie.)
Lundberg, F.: Über die Theorie der Rückversicherung. VI. Congr. Intern. Bd. 1, 2, S. 877.
Mack, M.: Das Risiko bei Lebensversicherungen. Assek. Jahrbuch Bd. 12.
Medolaghi, P.: Di una theoria nuova del rischio. Bolletino dell' ass. degli attuari italiani 1908, Nr. 20.
Medolaghi, P.: La theoria del rischio e le sue applicacioni. VI. Congr. Intern. Bd. 1, 1, S. 723.
Nichols, W. S.: T. A. S. Bd. 8, S. 1; Bd. 9, S. 2.
Onnen, H.: Het maximum van verzekerd bedrag. Diss. Utrecht 1896.
Peek, I. H.: Das Problem vom Risiko in der Lebensversicherung. Zeitschr. f. Vers.-Recht u. Wiss. Bd. 5, S. 169.
Peek, I. H.: Toepassing der Waarschijnlijkheids-Rekening op Levensverzekering en Sterfte Statistik. Diss. Utrecht 1898.
Radtke, Dr. P.: Die Stabilität der Lebensversicherungsanstalten. Z. f. d. g. V. W. Bd. 3, S. 399. 1903.
Raedell, C.: Vollständige Anweisung, die Lebensfähigkeit von Versicherungsanstalten zu untersuchen. Berlin 1857.
Rothauge, Dr. R.: Das technische Zufallrisiko. VI. Congr. Intern. Bd. 1, 1, S. 685.
Schilplin, Dr. E.: Über das Maximum der Eigenversicherung und das finanzielle Risiko bei der Lebensversicherung. Bull. des com. perm. d. Congr. Intern. 1902.
Schönwiese, R.: Das Maximum der Versicherungssumme. Österr. Vers.-Zeit. Jg. 23, S. 346.
Sprague, Dr. Th. B.: On the limitation of risks. J. I. A. Bd. 12, S. 20.
Tauber, Dr. A.: Über Risiko und Sicherheitszuschlag. VI. Congr. Intern. Bd. 1, 2, S. 781.
Tauber, Dr. A.: Über Risikowert und Sparwert einer Versicherung. Z. f. d. g. V. W. Bd. 23, S. 312.
Wagner, K.: Das Problem vom Risiko in der Lebensversicherung. Jena 1898.
Wittstein, Th.: Das mathematische Risiko der Versicherungsgesellschaften. Hannover 1885.
Wittstein, Th.: Weitere Folgerungen aus der Theorie des mathematischen Risikos. Assek.-Jahrb. Bd. 8, S. 3.

II. Rückversicherung.

Abshagen, W.: Ein neuer Weg für die Lebensrückversicherung. Stuttgart 1919.
Bazin, E.: La réassurance dans l'assurance-vie en Espagne. VII. Congr. Intern. S. 27.
Berger, Dr. A.: Über totale Rückversicherung. Österr. Revue Jg. 48, H. 46, 47.
Braun, Dr. H.: Ein Beitrag zur Technik der Lebensrückversicherung. Z. f. d. g. V. W. Bd. 14, S. 423.

Breiter, A.: Zur Frage der Lebensrückversicherung. Z. f. d. g. V. W. Bd. 23, S. 187.
Francois, L.: La réassurance dans l'assurance sur la vie. VII. Congr. Intern. Bd. 1, S. 3.
Hall, Dr. F.: Die Technik der Lebensrückversicherung. Masius' Rundschau Bd. 14, 4, S. 37.
Hall, Dr. F.: Die deutsche Lebensrückversicherung. Diss. München 1913.
Hermannsdorfer, Dr. F.: Wesen und Behandlung der Rückversicherung. 2. Aufl. München 1924.
Lundberg, F.: Über die Theorie der Rückversicherung. VI. Congr. Intern. Bd. 1, 2, S. 877.
Manileve, A.: La réassurance dans l'assurance-vie. VII. Congr. Intern. Bd. 1, S. 49.
Medolaghi, P.: La teoria del rischio e la sue applicazioni. VI. Congr. Intern. Bd. 1, 1, S. 723.
Meidell, Birger: Zur Theorie des Maximums. VII. Congr. Intern. Bd. 1, S. 85.
Moll, Dr. P.: Die Rückversicherung in der Lebensversicherung. VII. Congr. Intern. Bd. 1, S. 101.
Wilson, S. S. B.: Re-assurance in life assurance. VII. Congr. Intern. Bd. 1, S. 61.
Vgl. auch die Literaturangaben des Abschnittes Risikotheorie.

III. Die Versicherung der minderwertigen Leben.

Abel, Dr. A.: Die Versicherung nichtnormaler Leben auf Grund neuzeitlicher Rechnungsgrundlagen und der Ergebnisse von Spezialuntersuchungen. Z. f. d. g. V. W. Bd. 15, S. 413; Bd. 16, S. 537.
Altenburger, J.: Kurze Bemerkungen zur Versicherung minderwertiger Leben. VI. Congr. Intern. Bd. 1, S. 1349.
Altenburger, J.: Zur Statistik der Todesursachen. Vers.-wiss. Mitt. Bd. 5, S. 49.
Ashley, C. H.: Decreasing debts on Endowment Assurances. J. I. A. Bd. 51, S. 126.
Ashley, C. H.: Extra Premiums in Limited Payment Policies. J. I. A. Bd. 53, S. 301.
Berger, Dr. A.: Über die Versicherung minderwertiger Leben. Österr. Zeitschr. f. Öff. u. priv. Vers. Bd. 3, S. 27.
Blaschke, Dr. E.: Denkschrift zur Lösung des Problems der Versicherung minderwertiger Leben. Wien 1895.
Blaschke, Dr. E.: Die Todesursachen bei österreichischen Versicherten. Vers.-wiss. Mitt. Bd. 9, S. 1.
Blaschke, Dr. E.: Empfiehlt es sich, die in der normalen Versicherung derzeit unversicherbaren Leben nach besonderen Gefahrenklassen zu versichern usw.? VI. Congr. Intern. Bd. 1, 2, S. 1261.
Braun, Dr. H.: Über die Sterblichkeit von Lebensversicherten, die in bezug auf Heredität, Anamnese oder Status praesens eine Minderwertigkeit aufweisen. Blätter f. Vertrauensärzte d. Lebensvers. Bd. 7, S. 21, 47, 57.
Braun, Dr. H.: Über das Abhängigkeitsverhältnis zwischen Krankheitsanlagen und Todesursachen. Vers.-wiss. Mitt. d. dtsch. Vereins f. Vers.-Wes. in d. tschechoslow. Rep. H. 2, S. 17.
Braun, Dr. H.: Über die mittelbare Abhängigkeit von Risikomerkmalen. Z. f. d. g. V. W. Bd. 24, S. 329.
Brix, Dr. H.: Zur Versicherung erhöhter Risiken in Finnland. Z. f. d. g. V. W. Bd. 24, S. 281.
Burn, J.: The treatment of under-average lives by assurance companies. V. Congr. Intern. Bd. 1, S. 205.
Czuber, Dr. E.: Die statistischen Forschungsmethoden. Wien 1921.

Drachmann: Die neuen dänischen Sterblichkeitstafeln für minderwertige Leben. Skandinavisk Aktuarietidskrift H. 4. 1919.

Elderton, W. P.: Notes on the treatment of extra risk. J. I. A. Bd. 54, S. 24.

Engelbrecht, Dr. G.: Die Versicherung minderwertiger Leben. Z. f. d. g. V. W. Bd. 26, S. 272.

Engelbrecht, Dr. G.: Zum Problem der Versicherung minderwertiger Risiken. VI. Congr. Intern. Bd. 1, S. 1235.

Englund, K.: Est-il recommandable d'assurer les têtes non admises actuellement à l'assurance d'après des classes spéciales des risques etc. VI. Congr. Intern. Bd. 1, S. 1311.

Feilchenfeld, Dr.: Die Versicherung der minderwertigen Leben. Blätter f. Vertrauensärzte der Lebensvers. Bd. 4, H. 1., S. 12.

Fleury, E.: De la surprime pour les risques sureleves et des reserves correspondantes. V. Congr. Intern. Bd. 1, S. 199.

Florschütz, Dr.: Die Versicherung der Abgelehnten. Z. f. d. g. V. W. Bd. 16, S. 431.

Florschütz, Dr.: Die Sterblichkeit und die Todesursachen der ersten fünf Versicherungsjahre unter den seit 1904 Versicherten der Gothaer Lebensversicherungsbank. Blätter f. Vertrauensärzte d. Lebensvers. Bd. 3, H. 2, S. 17.

Florschütz, Dr.: Die Versicherung der Abgelehnten. Blätter f. Vertrauensärzte d. Lebensvers. Bd. 7, H. 3/4, S. 25.

Florschütz, Dr.: Die Sterblichkeit und die Todesursachen der ersten fünf Versicherungsjahre. Z. f. d. g. V. W. Bd .12, S. 299.

Fouse, G.: Gutachten an den Präsidenten der L. J. Clearing Company. Elsners Vers.-Zeit. 1892, Nr. 32, 33, 34.

Gollmer, Dr.: Die Todesursachen bei den Versicherten der Gothaer Lebensversicherungsbank auf Grund der Beobachtungen von 1829—1896. IV. Congr. Intern. 1906.

Groß, Dr. W.: Die Versicherung der minderwertigen Leben. Lösung des Problems durch Tarifbildung. Löwenbergs Sammlung vers.-techn. Arbeiten. Wien 1914.

Hagstrom, K. G.: Zur Versicherung anormaler Leben. Skandinavisk Aktuarietidskrift 1922, S. 159; 1923, S. 238.

Hardy, G. F.: On a Method computing the temporary deductions to be made from sums assured upon rated up lives in lien of extra premium. J. I. A. Bd. 32, S. 153.

Heiligenpahl, F.: Die Versicherung ohne ärztliche Untersuchung. Z. f. d. g. V. W. Bd. 12, S. 132, 406, 627.

Höckner, Dr. G.: Die Behandlung der Zuschlagsprämien für erhöhte Risiken. V. Congr. Intern. Bd. 1, S. 179.

Hunter, A.: Treatment of under-average lives-suitable plans for their insurance VI. Congr. Intern. Bd. 1, S. 1349.

Hunter, A.: Selection of risks from the actuarial standpoint. T. A. S. Bd. 12, Nr. 45. 1911.

Humphreys, G.: Die Ergebnisse der Versicherungsgesellschaft Eagle in bezug auf die sog. „ungesunden" Leben und über deren Sterblichkeitsverhältnisse. Vereinsblatt f. d. dtsch. Vers.-Wes. Jg. 1875, Nr. 11.

Karup-Gollmer-Florschütz: Aus der Praxis der Gothaer Lebensversicherungsbank. Jena 1902.

Kehm, Dr. M.: Über die Versicherung minderwertiger Leben. Jena 1898.

Kimmel, A.: Die neue deutsche Versicherung der Abgelehnten. Z. f. d. g. V. W. Bd. 16, S. 507.

Koeppler, H.: Zur Berechnung der Zuschlagsprämien und erhöhten Prämien. Z. f. d. g. V. W. Bd. 23, S. 149.

Krebs, C.: Zur Behandlung der Zuschlagsprämien für erhöhte Risiken in Dänemark. V. Congr. Intern. Bd. 1, S. 171.

Kruis, J. G.: Des surprimes pour risques surélevés. V. Congr. Intern. Bd. 1, S. 227.

Lazarus, W.: Die Versicherung der Abgelehnten. Assek.-Jahrb. Bd. 9, 2, S. 38.

Lembourg, Ch.: Est-il recommandable d'assurer etc. VI. Congr. Intern. Bd. 1, S. 1169.

Lutt, H. E. W.: Is it desirable to divide under-average lives for the purpose of assurance into special classes etc. VI. Congr. Intern. Bd. 1, S. 1249.

Lutt, H. E. W.: On Extra Premiums. J. I. A. Bd. 41, S. 482.

Maingie, L.: Est-il recommandable etc. VI. Congr. Intern. Bd. 1, S. 1179.

Messenger, H. J.: Is it desirable so divide etc. VI. Congr. Intern. Bd. 1, S. 1363.

Meyer, Dr. H.: Die Todesursachen bei den Versicherten der bürgerlichen Bevölkerung während des Krieges. Z. f. d. g. V. W. Bd. 19, S. 280.

Mitteilungen aus der Geschäfts- und Sterblichkeitsstatistik der Lebensversicherungsbank für Deutschland in Gotha für die 50 Jahre von 1829—1878.

Palme, Sven: Wirksamkeit des skandinavischen Komitees für Untersuchungen von nichtnormalen Risiken. VI. Congr. Intern. Bd. 1, S. 1317.

Palme, Sven: Ein Beitrag zum Studium der Sterblichkeit minderwertiger Leben. Z. f. d. g. V. W. Bd. 22, S. 58.

Palme, Sven: Die Behandlung der Zuschlagsprämien für erhöhte Risiken in Schweden. V. Congr. Intern. Bd. 1, S. 233.

Palmquist, Dr. R.: Zum Studium der Sterblichkeit minderwertiger Leben. Skandinavisk Aktuarietidskrift Bd. 4.

Palmquist, Dr. R.: Undersökning af dödligheten bland tuberkulöst belastade och med vissa andra sjukdomsanlag behaftade försökrade. Stockholm 1921.

Pedersen, J.: Über Versicherung minderwertiger Leben. VI. Congr. Intern. Bd. 1, S. 1207.

Pedersen, J.: Über die Versicherung minderwertiger Leben. Jena 1906.

Probst, Dr. F.: Zur Technik der Versicherung minderwertiger Leben. Z. f. d. g. V. W. Bd. 24, S. 66.

Rogers, Dr. M. D.: Medical selection as influenced by the Spezialized Mortality Investigation. New York 1906.

Rudolph, Dr. K.: Neue Beiträge zur Versicherung minderwertiger Leben. Z. f. d. g. V. W. Bd. 20, S. 44.

Rusher, E. A.: An Investigation into the effects of Family and Personal History upon the rates of mortality etc. J. I. A. Bd. 47, S. 433.

Ryan, G. H.: On the subject of Extra Risks considered in relation to a hypothetical table of mortality based on the H M table. J. I. A. Bd. 24, S. 19.

Ryan, G. H.: On a method for determining the extra premiums to be charged in respect of Two-Life Assurances. J. I. A. Bd. 24, S. 305.

Schönwiese, Dr.: Die Versicherung minderwertiger Leben. Z. f. d. g. V. W. 1914, S. 426.

Schrüfer, Dr. F.: Zur Technik der Versicherung minderwertiger Leben. Z. f. d. g. V. W. Bd. 23, S. 196.

Spitzer, Dr. L.: Zur Versicherung minderwertiger Leben. Vers.-wiss. Mitt. Bd. 5, S. 39.

Sturm, Dr.: Die gesundheitlich minderwertigen Leben und die Versicherungsmedizin. Blätter f. Vertrauensärzte d. Lebensvers. Bd. 12, H. 3, S. 33.

Sunderland, A. W.: On a method frequently adopted of treating under-average lives for assurance purposes by making temporary deductions from the sums assured. J. I. A. Bd. 29, S. 419.

Tiselius, Dr. H.: Untersuchungen über die Sterblichkeit minderwertiger Leben in Skandinavien und Finnland. Z. f. d. g. V. W. 1904, S. 16; Assek.-Jahrb. Bd. 24, 2, S. 112.

Todhunter, R.: Decreasing debts on Endowment Assurances. J. I. A. Bd. 49, S. 266.
White, F. W. and J. H. Whittall: On Extra mortality. J. I. A. Bd. 24, S. 385.

IV. Die Behandlung der Extrarisiken.

Andrae, Dr. A.: Die Sterblichkeit der Abstinenten. V. Congr. Intern. Bd. 1, S. 461.
Andrae, Dr. A.: Die Sterblichkeit in den Alkoholgewerben. V. Congr. Intern. Bd. 1, S. 491.
Baker, H. J.: Assurance if female lives. V. Congr. Intern. Bd. 1, S. 591.
Bischoff, D.: Die Versicherung von Abstinenten. V. Congr. Intern. Bd. 1, S. 453.
Bischoff, D.: Die Versicherung von Personen, die mit der Herstellung und dem Vertrieb alkoholhaltiger Getränke berufsmäßig in Beziehung stehen. V. Congr. Intern. Bd. 1, S. 483.
Braun, Dr. H.: Die Behandlung außereuropäischer, insbesondere von Tropenrisiken in der deutschen Lebensversicherung. Z. f. d. g. V. W. Bd. 12, S. 1, 361.
Braun, Dr. H.: Tropenversicherungen und Tropensterblichkeit. Österr. Revue 1909, Nr. 10, 11.
Breiter, A.: Einiges zur Frauenversicherung. Z. f. d. g. V. W. Bd. 15, S. 601.
Brüders: Das Kriegsrisiko in der Lebensversicherung. Straßburg 1908.
Chatam, J.: On premium deduced from the Mortality-experience 1863—1893. T. F. A. Bd. 1, S. 109.
Chatam, J.: Methods of insuring persons, whose occupations connect them with the manufacture or sale of alkoholic liquor. V. Congr. Intern. Bd. 1, S. 533.
Chatam, J.: Taux de mortalité en diverses contrées etc. III. Congr. Intern. S. 304.
Czuber, Dr. E.: Lebensversicherung und Krieg. Vers.-wiss. Mitt. Bd. 10. 1916.
Deuchar, Sprague, Low: Mortality in the liquor trade. J. I. A. Bd. 38, S. 245.
Dumas, S.: L'assurance des risques de guerre. Mitt. d. Vereinig. schweiz. Vers.-Mathem. 1911, H. 6.
Eggenberger, Dr. J.: Zuschlagsprämien für erhöhte Risiken in der Lebensversicherung. V. Congr. Intern. Bd. 1, S. 279.
Ekholm, N.: Zur Lebensversicherung der Frauen in Schweden. V. Congr. Intern. Bd. 1, S. 617.
Experience of thirty four life companies upon ninety eight special classes of risks. New York 1903.
Germania in Stettin: Statistische Erhebungen über die Sterblichkeitsverhältnisse bei verschiedenen Berufen. Berlin 1882 und 1883.
Germania in Stettin: Die Männer- und Frauensterblichkeit nach den Erfahrungen der Germania. Z. f. V. W. 1897, S. 39.
Germania in Stettin: Ein Beitrag zur Statistik über die Frauensterblichkeit. Z. f. V. W. 1890, S. 35.
Goldschmidt, L. und K. Samwer: Die Versicherung von Frauen. V. Congr. Intern. Bd. 1, S. 573.
Höckner, Dr. G.: Sterblichkeitsstatistik für einzelne Risikengattungen. Z. f. d. g. V. W. 1908, S. 39.
Höckner, Dr. G.: Gegen die „Musterbestimmungen" usw. Z. f. d. g. V. W. Bd. 17, S. 399.
Hunter, A.: Mortality in semi-tropical and tropical countries. T. A. S. Bd. 10.
Hunter, A.: Mortality among non-caucasian races. IV. Congr. Intern. Bd. 1.
Keller, Dr. M.: Die Behandlung des Kriegsrisikos in der Lebensversicherung. Veröff. d. Ver. f. V. W. 1922, H. 31.
Lubarsch, Dr. L.: Zur Rückversicherung der Kriegsgefahr in der Lebensversicherung. Z. f. d. g. V. W. Bd. 17, S. 91.
Lutt, H. E. W.: On extra premiums. J. I. A. Bd. 43.

Massé, L.: Risques coloniaux. III. Congr. Intern. S. 390.
Massé, L.: L'assurance des femmes. V. Congr. Intern. Bd. 1, S. 585.
Mc Donald, J.: On the mortality among persons engaged in the trade in intoxicating beverages. V. Congr. Intern. S. 518.
Moir, H.: First years risk. T. F. A. Bd. 1, S. 25.
Moore, R. M.: On the comparative mortality among assured lives of abstainers and non-abstainers from alkoholic beverages. J. I. A. Bd. 38.
Palme, S.: Die Behandlung der Zuschlagsprämien für erhöhte Risiken in Schweden. V. Congr. Intern. Bd. 1, S. 235.
Patzig, Dr. A.: Kriegsversicherung der Zukunft. Deutsche Vers.-Presse 1917, S. 67 u. 75.
Reports of the mortality records of the Mutual Life Insurance Company. New York 1900.
Ryan, G. H.: Some statistics of female assured lives. J. I. A. Bd. 29, S. 71.
Sprague, A. E.: On the rate of mortality in certain parts of Africa. J. I. A. Bd. 33.
Teece, R.: A comparison of american and australian mortality. T. A. S. Bd. 3.
Teece, R.: Female mortality. V. Congr. Intern. Bd. 1, S. 559.
Thomson, S. C.: Notes on mortality in India and some other tropical countries. T. F. A. Bd. 1, Nr. 10; idem IV. Congr. Intern. Bd. 1.
Whittaker, T. P.: Alkoholic beverages and longevity. Contemporary review, March 1904.

V. Die Invaliditätszusatzversicherung.

Amtmann, Dr. H.: Zum Streit über die Schärtlinsche Gesamtheit in der Invaliditätsversicherung. Z. f. d. g. V. W. Bd. 16, S. 533.
Amtmann, Dr. H.: Über die technischen Rechnungen bei Pensionsbemessung nach Gehaltsdurchschnitten. Z. f. d. g. V. W. Bd. 14, S. 214.
Amtmann, H. und E. Pfaffenberger: Zur Mathematik der Pensionsversicherung. Jena 1907.
Beckmann, A. und H. Niebour: Tafeln zur Ermittlung der Invaliden- und Altersrenten. Berlin 1913.
Behm, G.: Statistik der Mortalitäts-, Invaliditäts- und Morbilitätsverhältnisse bei dem Beamtenpersonal der deutschen Eisenbahnverwaltungen. Berlin 1874 bis 1884.
Behm, G.: Beiträge zur Theorie der Dienstunfähigkeits- und Sterbeverhältnisse, bearbeitet von Zimmermann und Zillmer. Berlin 1886—1891.
Belt, H. A. van der: Meaning, use and calculation of independent probabilities etc. VII. Congr. Intern. Bd. 2, S. 389.
Bentzien, H.: Sterbetafel für Pensionierte (Dienstunfähige). Vereinsblatt f. d. dtsch. Vers.-Wes. 1892, Nr. 5.
Bentzien, H.: Neuberechnete Tafeln zur Dienstunfähigkeits- und Sterbestatistik des Vereins deutscher Eisenbahnverwaltungen. Vereinsblatt f. d. dtsch. Vers.-Wes. 1894, 1, 2.
Berger, Dr. A.: Allgemeine Bemerkungen zur Berechnung von Versicherungswerten. Mitt. d. Österr. u. Ungar. Verb. d. Privatvers.-Anstalten. Wien 1912.
Böhmer, Dr. P.: Näherungsformeln für den Risikogewinn usw. Z. f. d. g. V. W. Bd. 9, S. 774; Bd. 10, S. 728.
Böhmer, Dr. P.: Theorie der unabhängigen Wahrscheinlichkeiten. VII. Congr. Intern. Bd. 2, S. 327.
Böhmer, Dr. P.: Die Grundlagen der Theorie der Invaliditätsversicherung. Jahrbuch für Versicherungsmathematik Bd. 1. 1914.
Böhmer, P. und W. Gramberg: Der Risikogewinn in der Lebens- und Invaliditätsversicherung. Berlin 1906.

Bohren, Dr. A.: Über den Stand der Invalidenversicherung. Assek.-Jahrb. Bd. 34, 2, S. 94.

Braun, Dr. H.: Zur Lebensversicherung mit Einschluß des Invaliditätsrisikos. Z. f. d. g. V. W. 1911, S. 48.

Braun, Dr. H.: Die Abhängigkeit einiger bei der Pensionsversicherung vorkommender Wahrscheinlichkeitswerte von der Versicherungsdauer. Assek.-Jahrb. Bd. 33, 2, S. 3.

Eggenberger, J.: Zur Frage der Invalidensterblichkeit. Assek.-Jahrb. Bd. 25, 26, 28.

Eggenberger, J.: Z. f. d. g. V. W. Bd. 3, S. 228; Bd. 4, S. 129.

Falkowicz, Ph.: Der Pensionsfond. Prag 1892.

Fielder, W. C.: Policies with waiwer of Premium on Temporary and Permanent Disability. I. Students' Society Bd. 1, Nr. 4. 1914.

Hamza, E.: Note sur la théorie mathématique del'assurance contre le risque d'invalidité d'origine morbide, sénile ou accidentelle. II. Congr. Intern. S. 154.

Honsig, H.: Die Pensionsversicherung. Leipzig 1909.

Hunter, A.: Total Permanent Disability Benefits in relation of Life Assurance. (Actuarial Studies Nr. 5.) 1920.

Insolera, F.: Sulla mortalità degli invalidi. Giornale d. economisti e rivista di statistica, ottobre 1913.

Jahn: Invalidität und Sterbensverhältnisse usw. Zeitschr. d. sächs. statist. Bureaus Bd. 50, S. 222.

Karup, Dr. J.: Die Finanzlage der Gothaischen Staatsdiener-Witwen-Sozietät am 31. XII. 1890. Dresden 1893.

Karup, Dr. J.: Reform des Rechnungswesens. Jena 1903.

Karup, Dr. J.: Die Invaliditätswahrscheinlichkeit als Funktion der Berufsklasse und des Dienstalters. VI. Congr. Intern. Bd. 2, S. 725.

Karup, Dr. J.: Die Reform des Beamtenpensionsinstitutes der Mitglieder des Assekuranz-Vereins von Zuckerfabriken in der österr.-ungar. Monarchie zu Prag 1898.

Küttner, W.: Die Gefahrenpunkte der Invalidenversicherung für den Versicherungsmathematiker. Z. f. d. g. V. W. Bd. 15, S. 49.

Leubin, R.: Versicherungstechnische Orientierung der Pensions- und Hilfskassen der schweizerischen Bundesbahnen. Bern 1903.

Loewy, Dr. A.: Versicherungsmathematik. 4. Aufl. Berlin 1923.

Loewy, Dr. A.: Zur Theorie und Anwendung der Intensitäten in der Versicherungsmathematik. Heidelb. Sitzber. Abt. A. 1917.

Maingie, L.: L'assurance contre le risque d'Invalidité. III. Congr. Intern. S. 69.

Malechewsky, B. v.: Theorie und Praxis der Pensionskassen. (Russisch.) St. Petersburg 1890.

Messina, L.: La probabilità parziali nella matematica attuariale. Boll. del cred. e della providenza. S. 23. Roma 1915.

Meyer, H.: Beiträge zur Pensionsversicherung. Jena 1903.

Meyer, H.: Zur Berechnung der Anwartschaft auf Invalidenpension. Z. f. d. g. V. W. Bd. 3, S. 534; Bd. 4, S. 131.

Moir, Henry: Disability Benefits. Reprinted from the Proceedings of the Association of Life Insurance Presidents. New York 1913.

Moser, Dr. Ch.: Invaliden- und Altersversicherung. Bern.

Pasquier, L. G. du: Mathematische Theorie der Invaliditätsversicherung. Mitt. d. Vereinig. schweiz. Vers.-Math. H. 8, S. 1. 1913.

Pasquier, L. G. du: Neue mathematische Grundlage der partiellen Wahrscheinlichkeiten usw. VII. Congr. Intern. Bd. 2, S. 399.

Parthier, H.: Zur Wahl der Rechnungsgrundlagen in der Versorgungsversicherung. Z. f. d. g. V. W. Bd. 16, S. 61.

Radtke, P.: Zur Ermittlung des Invaliditätsgewinnes und des Sterbensgewinnes bei der Invalidenversicherung. Veröff. d. Ver. f. V. W. Bd. 4, S. 139.

Richard, P. J.: Etude sur l'assurance complementaire de l'assurance sur la vie. Paris 1911.

Riedel, A.: Die Rechnungsgrundlagen der allgemeinen Pensionsanstalt. Triest 1912.

Riedel, A.: Tabellarische Auswertung der Rechnungsgrundlagen für Bureaubeamtenpensionsfonds. Triest 1912.

Riedel, A.: Die neuen 4proz. Rechnungsgrundlagen der allgemeinen Pensionsanstalt. Triest 1914.

Riedel, A.: Assek.-Jahrb. Bd. 28.

Riedel, A.: Über die Abhängigkeit der Invalidensterblichkeit von der Dauer der Invalidität. VI. Congr. Intern. Bd. 2, S. 753.

Riysser, R.: Importance, application et calcul des probabilites independentes etc. VII. Congr. Intern. Bd. 2, S. 369.

Rosmanith, G.: Bedeutung, Anwendung und Berechnung der unabhängigen Wahrscheinlichkeiten usw. VII. Congr. Intern. Bd. 2, S. 347.

Schaertlin, Dr. G.: Zur mathematischen Theorie der Invaliditätsversicherung. Bern 1907; Mitt. d. Ver. schweiz. Vers.-Math. Bd. 1, S. 45.

Schaertlin, Dr. G.: Über die Höhe der finanziellen Belastung usw. Zeitschr. f. schweiz. Statistik Bd. 25, S. 225.

Sucro, Th.: Statistische Untersuchung über die Sterblichkeits- und Dienstunfähigkeitsverhältnisse der bayerischen mittleren Eisenbahnbeamten. Berlin 1917.

Tauber, Dr. A.: Die Sterblichkeitsuntersuchung in der Invalidenversicherung. Österr. Revue. Wien 1914.

Tauber, Dr. A.: Über die Berechnung von Invaliden- und Witwenpensionen bei steigenden Gehalten. Vers.-wiss. Mitt. Bd. 4, S. 66.

Tauber, Dr. A.: Die Ermittlung von Wahrscheinlichkeiten aus Beobachtungen einer Gesamtheit mit beliebigen Zu- und Austritten. Vers.-wiss. Mitt., N. F., Bd. 1, S. 285.

Woodward, A. P.: The Disability Insurance Policy. Annals American Academy of Political and Social Science 1917.

Woodward, I. H.: Disability Benefits in Life Insurance Policies. Proceedings Casually Actuarial Society of America Bd. 7. 1920.

Zimmermann, H.: Statistik der Sterbens- und Dienstunfähigkeitsverhältnisse der Eisenbahnbeamten. Berlin 1886—1887.

Zimmermann, H.: Die Herstellung statistischer Grundlagen für die Invalidenversicherung. Veröff. d. Ver. f. V. W. H. 4, S. 213.

Zimmermann, H.: Z. f. d. g. V. W. Bd. 8, S. 535.

Namen- und Sachverzeichnis zum ersten und zweiten Teil.

Die Zahlen beziehen sich auf die Seiten von Teil I bezw. II.

GPSR Compliance

The European Union's (EU) General Product Safety Regulation (GPSR) is a set of rules that requires consumer products to be safe and our obligations to ensure this.

If you have any concerns about our products, you can contact us on ProductSafety@springernature.com

In case Publisher is established outside the EU, the EU authorized representative is:

Springer Nature Customer Service Center GmbH
Europaplatz 3
69115 Heidelberg, Germany

Batch number: 10844655

Printed by Printforce, the Netherlands